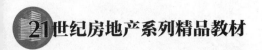

21世纪房地产系列精品教材

U0368643

房地产金融

（第2版）

董藩　赵安平◎编著

Real Estate Finance

清华大学出版社

北京

内 容 简 介

本书注重理论联系实际，在阐述房地产金融基本知识和基本理论的基础上，系统地编排了实务方面的内容。同时特别引入了有关房地产市场运行与金融支持间关系的内容，帮助读者加深对房地产行业在整个国民经济中地位和作用的理解，并为进一步投身理论研究做好准备。

本书共分九章，主要包括金融基础知识、房地产金融概述、中国房地产金融发展概况、房地产开发贷款、房地产开发企业的其他融资方式（上市融资、债券融资和项目融资）、房地产信托与房地产投资信托基金、个人住房贷款、住房金融体系与住房公积金以及房地产证券化等内容。

本书可作为普通高等院校经济、金融、房地产经营管理、土地资源管理、工商管理等专业的教学用书，同时也对房地产和金融行业的从业人员的日常学习和专业进修有较高的参考价值。

图书在版编目（CIP）数据

房地产金融/董藩，赵安平编著. —2版. —北京：清华大学出版社，2019（2022.7重印）
（21世纪房地产系列精品教材）
ISBN 978-7-302-52401-4

Ⅰ. ①房…　Ⅱ. ①董…　②赵…　Ⅲ. ①房地产金融-高等学校-教材　Ⅳ. ①F293.338

中国版本图书馆 CIP 数据核字（2019）第 041447 号

责任编辑：杜春杰
封面设计：刘　超
版式设计：魏　远
责任校对：马子杰
责任印制：杨　艳

出版发行：清华大学出版社
　　　　　网　　　址：http://www.tup.com.cn，http://www.wqbook.com
　　　　　地　　　址：北京清华大学学研大厦 A 座　　　邮　　编：100084
　　　　　社 总 机：010-83470000　　　　　　　　邮　　购：010-62786544
　　　　　投稿与读者服务：010-62776969，c-service@tup.tsinghua.edu.cn
　　　　　质量反馈：010-62772015，zhiliang@tup.tsinghua.edu.cn
　　　　　课件下载：http://www.tup.com.cn，010-62788903
印 刷 者：北京富博印刷有限公司
装 订 者：北京市密云县京文制本装订厂
经　　销：全国新华书店
开　　本：185mm×230mm　　印　张：18.5　　　字　　数：404 千字
版　　次：2012 年 5 月第 1 版　2019 年 6 月第 2 版　　印　　次：2022 年 7 月第 3 次印刷
定　　价：58.00 元

产品编号：067500-02

丛书编委会

（以汉语拼音为序）

丛书序言

——大力推进房地产专业教育和知识普及工作

1998年以来，中国房地产业快速发展，已成为国民经济的主导产业和支柱产业，取得了令世人瞩目的成就，尤其是在改善广大城镇居民住房条件、改变城镇面貌、促进经济增长、扩大就业四个方面，更是发挥了其他行业所无法替代的巨大作用。这一切，仅从中国城镇人均居住面积的变化便不难看出：中华人民共和国成立初期为4.5平方米，但到了1978年，反而下降到了3.6平方米；1990年为7.1平方米，到了1998年也只有9.3平方米。现在我们的人均居住面积已经达到近40平方米了。

然而，随着房地产业的发展，一系列问题和矛盾也出现了。诸如房价问题、住房保障和宏观调控问题、政府对房地产市场的干预以及市场机制运行阻力增加等，这些问题和矛盾倘若得不到有效解决，势必给房地产业的可持续发展埋下隐患。

这些问题的出现，均与大众和决策层对房地产市场认识的偏差联系在一起，而这些认识上的缺欠，又与房地产教育的短缺、房地产理论的落后、房地产专业知识普及的乏力是密切相连的。这种境况的出现，既有必然的逻辑，又有偶然事件的诱使。而要改变这种现实，必须抓好房地产教育、房地产理论研究工作，同时大力推进房地产专业知识的普及工作。房地产教材的编写，就是一项实实在在的工作内容。为搭建起中国的房地产学科，十几年来，我与我的合作者一直在积极探索。

早在2000—2001年，在东北财经大学出版社编辑谭焕忠先生的鼓励和运作下，我就主编了"最新房地产经营管理丛书"，在这方面做了积极尝试，受到房地产业内和财经教育界的关注。后来我们又对这套丛书进行了修订、完善，个别分册还出版了第三版和第四版，成为普通高等教育"十一五"国家级规划教材。但是，随着时间的推移，这些教材又有了更新的必要。为此，从2009年开始，我们与清华大学出版社合作，邀请国内多所知名高校的房地产专家、学者，重新编著了一套"21世纪房地产经营管理系列教材"，包括《房地产经济学》《房地产开发》《房地产投资分析》《房地产市场营销》《房地产金融》《房地产开发企业会计》《房地产估价》《房地产法律与制度》《房地产管理信息系统》《物业管理》《住房保障制度》《房地产合同管理》等。

从整套教材来看，不仅有介绍房地产行业基本知识的《房地产经济学》，还将房地产行业和项目所涉及的主要业务知识分册进行了讲解。浏览一下这套丛书各分册的书名就会发现，其中暗含着"投资分析—开发—监理—营销—物业管理—估价"这样的纵向逻辑脉络，主要阶段基本知识的讲解全部囊括其中；同时，又顺着横向逻辑关系对与房地产有关的金融、会计、法规知识按照教材体系做了详细整理。读完该套教材后，读者对房地产行业的理论、业务知识、分析方法、法律规定便有了基本了解。身边准备这么一套房地产专业书籍，遇到什么问题也基本都能从中找到答案。非常重要的一点是，我们充分考虑到房地产行业的实践性，十分注重理论联系实际。当读者阅读过我们的教材之后，也会深刻体会到该套教材的这一显著特征。

在前面多年房地产教学、科研和教材编写基础上的该套教材，与以往的教材相比，无论是基础知识的梳理、内容的安排，不同分册间知识的衔接，还是文字的表述、写作的规范性，都又有了明显进步。所以，该套教材出版后再次引起房地产、工程管理和物业管理专业领域和房地产业界的普遍关注，十分畅销。

随着时间的推移，该套"21 世纪房地产经营管理系列教材"又到了该修订的时间。清华大学出版社根据各方意见，对该套丛书做了筛选，出版社杜春杰编辑与相关作者进行了沟通。大家按照安排，在保持原貌的基础上，对本套教材中涉及的过时的表述、案例、政策、数据、参考文献等都做了必要的更新，力求向精品化教材的方向发展，丛书的名称也因此更改为"21 世纪房地产系列精品教材"。

无论是在第 1 版的编写中，还是在本次修订中，我们都得到了胡乃武、王健林、任志强等学界前辈、同行专家和行业领袖的大力支持。我要特别感谢王健林和任志强两位著名企业家对我的团队和北京师范大学房地产研究中心的长期支持与鼓励。同时，我们还参阅了很多教材、著作、论文和新闻稿件，在每本书的注释或参考文献中都有专门列示，也要感谢这些作者。清华大学出版社的杜春杰编辑为本套丛书的出版和修订付出了巨大心血。在此，我们对相关顾问和编辑表示深深的谢意。

由于水平、能力等原因，修订后的这套教材仍可能存在一些错误或不足之处，欢迎大家继续批评指正，以便下次修订时加以完善。

董 藩

2016 年 1 月于北京

第 2 版前言

如今，房地产和金融是两个让广大中国人民既爱又恨的行业，说"爱"是因为这两个行业的从业者不仅工作风光，而且收入不菲；说"恨"是因为它们似乎与普通老百姓的关系越来越生疏，除了高涨的房价，银行越来越多的收费项目也逐渐成为人们茶余饭后调侃的对象。然而当大多数人在抱怨银行从买房人的贷款中赚得盆满钵满时，有一些人却正实实在在地借助中国繁荣的房地产金融市场实现着自己的财富梦想！

纵观世界经济史，凡是经历过经济起飞和 GDP 高速增长的国家，无一例外地会出现房地产价格快速上涨的现象，而且其上涨速度一般都远远超过 GDP 的增长速度，这使得房地产业成为拉动国民经济持续增长的主要动力源和支柱产业之一。为什么房地产业可以超越 GDP 增速而很多其他行业却不行？答案很简单，这就是"金融的支持"。陈志武教授在《金融的逻辑》一书中指出，"金融的核心是跨时间、跨空间的价值交换"，而金融的价值则在于"将未来的钱"变成"今天的钱"。可以说，正是因为有了金融这个工具，才让普通人承受得起高昂的房价，从而提前实现了改善自身居住条件的愿望。

也许有人会指责说现在的房价太高，难以承受。确实，随着中国一线城市的崛起和需求爆发，房价问题已超出了经济范畴，成为社会公众问题。但或许很多人并没有想过，随着收入水平不断提高以及融资渠道的日益拓宽，今天看似高不可攀的房价也许 5 年、10 年之后就不再那么"刺眼"了：《人民日报》1989 年 2 月 20 日曾刊文说，北京每平方米房价达 1 600～1 900 元，一名大学毕业生要工作 100 年才能买上两居室。今天再看这篇文章，我们很感慨——应该多学一点儿房地产金融知识。

作为一个交叉学科，房地产金融自身具有鲜明的特点——从房地产的角度去讲解金融。然而，当代金融学博大精深，没有良好的经济学和数学基础往往很难学好金融学。因此，如何帮助缺少经济学、金融学背景的学生在理解房地产相关知识的同时学好金融，从而将房地产金融知识融会贯通，就成了一个很棘手的问题。为此我们在如下两个方面做了探索和尝试，从而使本书相较于以往教材或著作来说，结构更加清晰，内容更加紧凑。

首先，本书的九个章节恰好可以分成三个部分。第一、二、三章为第一部分，主要讲解有关金融学与房地产金融的相关基础知识和政策法规，力图使读者在初步了解当代金融学的基础上，尽快对中国房地产金融的来龙去脉产生直观感受；第四、五、六章为第二部分，主要讲解房地产开发企业的融资问题，包括银行贷款融资、金融市场融资以及创新的

房地产投资信托基金融资；第七、八、九章为第三部分，主要介绍与个人购房融资有关的知识，其中第七、八两章分别讲解了个人住房贷款以及住房公积金贷款，第九章则介绍了与个人住房按揭贷款有着密切联系的房地产资产证券化业务。

其次，本书在正文或阅读材料中适当增加了对社会焦点问题的介绍，如"假按揭""房价地价之争""次贷危机"等内容。这些资料可以让学生初步了解到学界对这些热点问题的看法，用来分析问题的理论工具是什么样的，进而点燃青年学子从事理论研究的理想。

当然我们在写作过程中也有一些遗憾：一是限于篇幅，没有将有关公司及个人商用房贷款的内容纳入；二是考虑到读者的数学基础，没有将房地产开发投融资决策以及房地产按揭贷款定价等问题引入；三是对房地产企业融资部分的内容介绍有限。对这几点，要给大家做出特别说明。

本书第一、二章由董藩教授和赵安平博士共同完成，第三章由董藩完成，第四至九章由赵安平完成，董藩做了修改。在修改过程中，李英博士、刘新华博士等给予了很多帮助。本书在编写过程中，参考了部分教材、论文和其他文献资料，在此对原作者一并表示衷心感谢。同时，由于作者水平有限，书中难免有不妥之处，敬请读者批评指正。最后需要说明的是，本书可作为房地产开发与经营、工程管理、土地资源管理、工商管理专业的本科教材，同时也可作为经济学、金融学等专业学生的课外读物以及房地产和金融从业人员的工作参考用书。

董　藩　赵安平

2018 年 2 月于北京

目　　录

第一章 金融基础知识

 **学习目标**

通过对本章的学习，学生应了解或掌握如下内容：
1. 与金融理论相关的基础概念与知识；
2. 金融学的一般分析方法；
3. 与房地产金融工作相关的银行信贷知识；
4. 与房地产调控相关的货币政策的含义、分类与手段。

 导言

随着经济的飞跃式发展，金融学在中国逐渐成为一门显学[①]，吸引着越来越多的学子投身其中。而金融学本身作为经济学下属的二级学科，分支众多，其中有的偏重理论研究，如投资学、公司金融学、金融工程学和金融经济学；有的则更偏重实务，如房地产金融学。一般来说，理论是实务的基础，因此要学好房地产金融学，就必须首先掌握一定的金融学基础知识，同时也要对房地产金融实务工作中所涉及的问题有一个初步了解。

第一节 金融的基本概念

早在古希腊时期，当第一张借据（英文简称 IOU）产生的那一刻，金融就出现了。所谓金融，是指资金的融通和借贷，它所要解决的核心问题是如何在不确定的环境下对资金进行动态的最优配置。从这个意义上讲，"不确定"和"动态最优"两个概念体现了金融的两个关键理解角度。

[①] 显学通常是指与现实联系密切，引起社会广泛关注的学问；相反，隐学则是指离现实较远，不那么为世人瞩目的学问。

一、金融与金融学

（一）金融概述

在经济学中，金融是指有关货币、信贷的所有经济关系和交易行为的总称，它涉及货币、借贷、证券、银行以及金融中介和金融市场诸多范畴。在现实生活中，货币的流通、资金的结算、证券的发行和买卖、信贷的发放与收回以及各种形式的金融信托与保险等，都属于金融活动。金融活动按照是否有金融中介机构参与，分为直接金融活动和间接金融活动两类。

在直接金融活动中，货币资金的实际融出方和实际融入方直接进行资金融通，不借助中介机构的借贷环节。直接金融活动通常发生在广义的金融市场中，如债券市场、股票市场等。而随着现代金融活动中衍生金融产品的大量出现，发生在狭义金融市场——交易所之外的场外交易正逐渐成为直接金融活动的重要补充形式。直接金融活动的主要方式包括：有价证券的直接买卖，货币资金所有方向借款方的直接放贷，预收预付和商品赊销赊购等。直接金融活动受融资双方的资金数量、资信程度等因素的影响较大。

在间接金融活动中，金融机构（主要指商业银行和保险公司）作为中介参与货币资金供需双方之间的融资活动。金融机构借助其广泛的信息、社会关系、众多的经营网点、较高的信用等级等优势充分调动了社会闲置资金参与再生产活动。商业银行作为人们最熟悉的金融中介机构，其存贷款业务活动就是最典型的间接金融活动。其实，现代商业银行的经营范围已经远远超出了传统的存贷款业务，它的其他业务如保理、保函、贴现等都具有间接融资的性质。

不同国家的直接金融活动和间接金融活动的发达程度差别很大。例如，在中国，间接金融活动是企业和公众投融资的最主要的方式，每年全社会融资总额的 80%～90%以上依靠银行中介完成；而在美国，金融市场异常活跃，发行债券和各种票据是企业融通资金的主要途径。一些研究者曾经一度认为金融市场的效率高于金融中介机构，因此美国式的直接融资是金融活动发展到高级阶段的产物和标志。事实上，大量研究表明，并没有确凿的证据能够证明间接融资活动比直接融资活动效率低，不同国家形成不同的金融活动方式是历史演进的结果。还以美国为例，其银行这类金融中介之所以不如金融市场发达，是因为美国建国初期联邦各州为防止本州资金外流，严格限制银行的跨地域经营，这样美国的商业银行都只能采用"单一银行制"形式，少数实力较强的银行需要采用银行控股的方式才能进行扩张，这无疑大大限制了间接金融活动的发展。与此同时，企业通过金融市场发行商业票据来补充流动资金、通过发行股票和债券筹措长期投资资金相对来说则更加方便，于是便形成了如今美国金融的组织形式。

与金融活动密切相关的另一个概念是金融工具。资金融通需要借助于一定的金融工具才能进行。所谓的金融工具有时也被称为金融产品，上文提到的借据（IOU）就是最简单的金融工具。金融工具是在信用活动中产生的，能够据以进行货币资金交易的合法凭证，一般具有期限性、流动性、风险性和收益性等基本特征，并且具有多种类型。按照期限不同可将其分为货币市场工具和资本市场工具，前者如商业票据、国库券、可转让大额定期存单（Certificates of Deposit，CDs）、回购协议等，后者如股票和债券；按照流动性可将其分为完全流动性金融工具和有限流动性金融工具，前者包括纸币和活期存款，后者则包括存款凭证、商业票据、股票和债券等。有限流动性金融工具也具备流通和转让的特性，但须附加有一定的条件，故其变现能力较差。

大量使用衍生金融工具是现代金融活动的一个显著特征。衍生金融工具是指在基础金融工具基础上派生出来的新的金融合约，其价格取决于基础金融工具的特征。这类合约包括金融远期、金融期货、金融期权和金融互换四大类基本型。在这四种基础类型之下，又派生出汇率衍生工具、利率衍生工具、股票衍生合约、债券衍生合约等细分产品，例如远期外汇合约、远期利率协议、股指期货、货币互换等。此外，通过混合上述四类基础金融工具又可以形成更加复杂的衍生工具，次贷危机后尽人皆知的信用违约互换（Credit Defaults Swap，CDS）就是一种较为复杂的信用衍生金融工具。

（二）现代金融学

明确了金融的含义也就清楚了金融学的研究内容和研究对象。事实上，在国内外大学的金融专业中，其课程设置是多种多样的，但总体上说，以下几门课程总是常规性的，包括投资学、公司金融学（财务管理学）、金融市场学、金融经济学、货币银行学、国际金融学、数理金融学以及金融计量经济学。这些课程之间存在密切的联系，并在教学内容和课程设置上存在着一定程度的重叠。尽管可以将如此之多的课程罗列起来，但金融学作为一个完整的学科仍然显得有些零散，缺乏统一的理论基础和方法论指导应是主要原因。

现在越来越多的学者认为金融学的诸多分支学科所考察的不过是在不同层次发生的金融现象而已，应当借鉴经济学中微观经济学和宏观经济学的分类方法，将金融学分为微观金融学和宏观金融学两类，再辅以提供方法论支撑的数理金融学和金融计量经济学，从而构成完整统一的金融学学科体系。图1-1展示了现代金融学的基本结构框架。

微观金融学主要研究金融市场中个体投资者、融资者、政府和金融机构的投融资行为以及金融资产的定价等微观层次的金融活动，即从个体效用/利润最优化的角度探讨微观金融主体的金融决策和行为，揭示出资金在时间和风险两个维度上的配置规律。时间维度的资源配置是指动态安排最优消费、投资比例，使用的分析工具是动态最优化理论，如最优控制和动态规划，对应的经典金融模型是消费资本资产定价（C-CAPM）模型。风险维度的资源配置是指在风险和预期平均收益之间寻找最优平衡点，使用的分析工具是静态最优化理论和矩阵代数，对应的经典模型是套利定价（APT）模型。

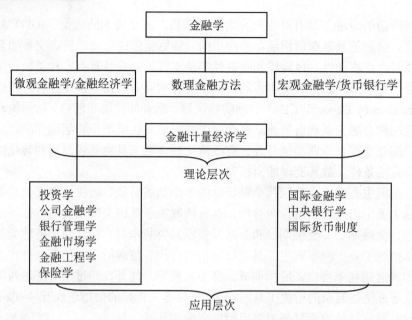

图 1-1　现代金融学学科的基本框架结构[①]

宏观金融学侧重研究整个金融系统的运行问题，即从整体角度讨论金融系统的运行规律及其与其他经济系统的相互关系。其核心是借助货币的整体供求关系，研究金融系统的总体运行和经济运行问题。其中利率与汇率是影响宏观金融和经济运行的重要变量；货币政策是国家调节宏观经济运行的重要工具；通货膨胀与通货紧缩是宏观经济和货币供求失衡的极端状态。此外金融监管和危机防范也是宏观金融分析的重要内容。

在宏观分析中，利率、汇率和价格是人们关注的焦点，三者作为宏观经济金融系统的内生变量，相互作用、相互影响，好似物理学中的"三体"运动，人们必须使三者之一固定不变才能令宏观经济趋于稳定，而对那个固定变量的选择，实际上就构成了政府宏观经济或金融管理的全部内容。例如，中国是通过有管理的浮动汇率体制实现汇率的相对稳定，而西欧国家则通过施行相对严格的货币纪律来实现物价的相对稳定（通货膨胀目标制）。

二、金融市场、金融机构和金融制度

（一）金融市场

金融市场有狭义和广义之分。前文中提到的金融市场即是狭义的金融市场，它专指进

[①] 邵宇，刁羽. 微观金融学及其数学基础[M]. 北京：清华大学出版社，2009：9. 此思想源于钱颖一教授早年一篇关于经济学、金融学教学与学习的文章，引用时对个别之处做了修正。

行资金融通的场所，是一个实体存在的概念，例如证券交易所、期货交易所等；广义的金融市场是指各类金融机构及个人资金交易活动的总称，在这里一切与信用和资金流通相关的经济活动都被囊括其中。

1. 金融市场的分类

按交易期限的不同，通常可以将金融市场划分为货币市场和资本市场；按金融交易的交割期限不同，又可将金融市场划分为现货市场和期货市场。

（1）货币市场。交易期限在一年以内的短期金融交易市场被称作货币市场，它是金融市场的重要组成部分。由于该市场上主要的金融工具是政府、银行及工商企业发行的短期信用工具，具有期限短、流动性强和风险小的特点，而在货币供应量层次划分上被置于现金货币和存款货币之后，称之为"准货币"，所以将该市场称为"货币市场"。货币市场由同业拆借市场、票据贴现市场、可转让大额定期存单市场和短期证券市场四个子市场构成。

（2）资本市场。又称"长期金融市场""长期资金市场"，是期限在一年以上的各种资金借贷和证券交易的场所。资本市场上交易的是一年期以上的长期证券，因为在长期金融活动中，涉及资金期限长、风险大，具有长期较稳定收入，类似于资本投入，故称之为"资本市场"。资本市场可以分为一级市场和二级市场，其中，一级市场是证券发行市场，二级市场则是证券交易市场。在中国境内具有典型代表意义的资本市场包括国债市场、股票市场、企业中长期债券市场和中长期放款市场。

2. 金融市场的功能

金融市场对于国民经济的作用是极端重要的，它对于优化金融资源配置、提高资金使用效率等方面都具有重要意义。概括起来，金融市场具有如下几种功能。

（1）资本转换功能。在社会总储蓄向总投资的转化过程中，必须借助于一定的中介才能顺利完成。金融市场就充当了这种转化的中介。因为在社会资金的供求者之间，关于资金的数量、资金成本、资金占用时间等方面往往难以达成一致，而通过金融市场的介入能够有效弥合供求双方的分歧，使社会资金流动成为可能。金融市场既是投资的场所又是融资的场所，它创造了多样的金融工具并赋予金融资产以流动性，从而使得资金的需求者方便、经济地获取所需资金，使资金供给者获得满意的投资渠道。因此，借助金融市场，可以达到社会储蓄向社会投资转化的目的。

（2）资源配置功能。在金融市场上，随着金融工具的流动，相应地发生了价值和财富的再分配。金融市场的这种配置功能表现为如下三个方面：一是资金的配置，即通过金融市场使资金流向最有发展潜力、能为投资者带来最大利润的企业和部门，从而使得稀缺的资源得到最有效率的利用；二是财富的再分配，政府、企业和个人通过持有金融资产来保有财富，而各种金融产品价格的波动就实现了财富的再分配；三是风险的再分配，根据对风险的偏好程度不同，经济主体可以分为风险偏好型、中立型和厌恶型，利用金融市场中的金融工具，厌恶风险的经济主体就可以把风险转嫁给偏好风险的经济主体，从而实现风险的再分配。

（3）经济结构调节功能。在经济结构方面，人们对金融工具的选择实际上是对投融资方向的选择。金融机构或者金融市场参与者对这些部门的追逐或疏远将导致部门间的优胜劣汰，从而达到调节经济结构的目的。在宏观调控方面，政府实施货币政策和财政政策从来都离不开金融市场，如中央银行的公开市场操作离不开银行间市场，而财政政策则离不开国债市场。

（4）宏观经济状况揭示功能。金融市场被公认为国民经济的"晴雨表"，是国民经济的信号系统。金融市场交易直接或者间接地反映了货币供给的变动，宽松或从紧的货币政策都要依靠金融市场来实施，因而通过观察金融市场的波动就可以了解政策情况。此外，随着世界金融市场形成和信息技术的进步，人们可以通过观察一个国家或地区的利率和汇率变化来了解该国甚至世界经济状况。总之，金融市场不仅反映了微观经济的运行情况，而且反映着宏观经济的状况。

（二）金融制度和金融机构

金融制度是指一个国家以法律形式所确定的金融体系结构，以及组成该体系的各类金融机构的职责分工和相互关系。从广义上说，金融制度包括金融中介机构、金融市场、金融监管制度等三个方面的内容。具体来说，一项金融制度首先反映了各类金融机构的地位、作用、职能和相互关系，其次反映了金融市场的结构和运行机制，最后涵盖了金融监管制度，包括中央银行或金融监管当局进行金融调控和管理的法律法规、组织形式、运作体制等。

1. 金融监管制度

（1）金融监管的概念。金融监管是指政府通过特定的机构（如中央银行）对金融交易行为主体进行的某种限制或规定，是金融主管当局对金融机构实施的全面性、经常性的检查和督促，并以此促进金融机构依法稳健地经营和发展。金融监管有狭义和广义之分，狭义的金融监管是指中央银行或其他金融监管当局依据国家法律规定对整个金融业（包括金融机构和金融业务）实施的监督管理；广义的金融监管除了包括上述内容外，还包括了金融机构的内部控制和稽核、同业自律性组织的监管、社会中介组织的监管等内容。

最为人们熟知的金融监管体制是分业监管体制和统一监管体制。在中国，承担金融监管工作职责的政府机构是中国人民银行、银监会、证监会和保监会，这是一种典型的分业监管体制，它们监管的对象分别是银行业金融机构、证券行业和保险行业。

（2）金融监管的方式和内容。金融监管的方式主要有公告监管、规范监管和实体监管。在监管内容方面，具体讲，对银行金融机构的监管内容包括市场准入监管、市场运营监管和市场退出监管。其中市场运营监管又包括资本充足率监管、资产安全性监管、资产流动性监管、资产收益性监管和内控有效性监管；监管方法有非现场监督、现场检查、并表监管和监管评级。对于证券行业的监管包括对上市公司的监管、对证券公司的监管和对资本市场的监管。对保险行业的监管则包括偿付能力监管、公司治理监管和市场行为监管三个方面。

（3）金融监管法规。

① 在中国，银行业监管相关法规包括《中华人民共和国商业银行法》《中华人民共和国银行业监督管理法》《贷款通则》《中华人民共和国担保法》《商业银行资本管理办法（试行）》《固定资产贷款管理暂行办法》《流动资金贷款管理暂行办法》《个人贷款管理暂行办法》《项目融资业务指引》《商业银行内部控制指引》《商业银行风险监管核心指标》等。

② 证券业监管相关法规包括《中华人民共和国公司法》《中华人民共和国证券法》《中华人民共和国证券投资基金法》《证券公司管理办法》《证券公司检查办法》《客户交易结算资金管理办法》等。

③ 保险业监管相关法规包括《中华人民共和国保险法》《健康保险管理办法》《关于加强保险资金风险管理的意见》《国务院关于保险业改革发展的若干意见》等。

2. 金融机构及其制度安排

中国的金融中介机构主要包括商业银行、政策性银行、证券机构、金融资产管理公司、保险公司、信托投资公司、财务公司、金融租赁公司、小额贷款公司以及农村信用社等。限于篇幅，这里仅简要介绍前四类机构。

（1）商业银行。商业银行是以经营工商业存、放款为主要业务，并以获取利润为目的的货币经营企业。在中国的金融机构体系中，商业银行是主体，在社会总融资中占主导地位。目前中国的商业银行体系如下。

① 国家控股的四大商业银行。包括中国工商银行、中国农业银行、中国银行和中国建设银行。目前这四家银行的国有股份占绝大多数，采用一级法人的总分行制，分支机构不是独立法人。

② 股份制商业银行。包括交通银行、深圳发展银行、中信银行、中国光大银行、华夏银行、招商银行、兴业银行、民生银行、广东发展银行、上海浦东发展银行等。股份制商业银行采取股份制的企业组织形式，股本金来源除了国家投资外，还包括境内外企业法人投资和社会公众投资。

③ 城市商业银行。城市商业银行的前身是城市信用合作社，在其发展初期是按城市划分设立的，不得在不同城市设立分支机构。近年来，随着中国经济发展的需要，城市商业银行开始突破原有地域，到其他城市设立分支机构，拓展发展空间，并陆续开始迈开引入境外战略投资者、实现上市融资的步伐。

（2）政策性银行。政策性银行是由政府出资创立、参股或保证的，以配合、贯彻政府社会经济政策或意图为目的的，在特定的业务领域内，规定有特殊的融资原则，不以盈利为目的的金融机构。中国于 1994 年年初设立了三家政策性银行，即国家开发银行、中国进出口银行和中国农业发展银行。近年来政策性银行面临的市场环境、任务和经营条件都已发生了很大变化，原有的很多政策性业务已经逐步成为商业性业务，因此以国家开发银行为试点，政策性银行开始了商业化改革的步伐。2015 年，国务院陆续批复同意了三家政策性银行的深化改革方案，提出国家开发银行要坚持开发性金融机构定位，中国进出口银行改革要强化政策性职能定位，中国农业发展银行改革要坚持以政策性业务为主体。

（3）证券机构。中国证券机构主要包括证券公司、证券交易所、证券登记结算公司、证券投资咨询公司、投资基金管理公司。

① 证券公司，又称证券商，是经由证券主管部门批准设立的在证券市场上经营证券业务的非银行金融机构。证券公司分为综合类证券公司和经纪类证券公司，其中综合类证券公司可以从事证券承销（即承诺推销）、经纪（即代客买卖）、自营（即自营交易）三种业务；而经纪类证券公司只能从事证券经纪业务。此外，证券公司还可以参与企业兼并收购活动，充当企业的财务顾问。

② 证券交易所，是依法设立的、不以营利为目的、为证券的集中和有组织交易提供场所并履行相关职责的，实行自律性管理的会员制事业法人。目前我国有四家证券交易所，即上海证券交易所、深圳证券交易所、香港证券交易所、台湾证券交易所。证券交易所的职能是提供证券交易的场所和设施，制定证券交易所的业务规则，接受上市申请并安排上市，组织和监督证券交易，监督会员和上市公司，设立证券登记结算公司，管理和公布市场信息等。

③ 证券登记结算公司。每个证券交易所一般都附设证券登记结算公司，该公司负责在每个交易日结束后的清算工作，包括对证券和资金进行清算、交收和过户。

（4）金融资产管理公司。中国的金融资产管理公司是在特定时期，政府为解决银行业不良资产，由政府出资专门收购和集中处置银行不良资产的机构。1995 年《中华人民共和国商业银行法》颁布以来，四家国有商业银行亟须剥离自身常年以来积累的巨量不良资产。借鉴国际经验，国务院于 1999 年批准组建了四家金融资产管理公司，它们分别是中国华融资产管理公司、中国长城资产管理公司、中国东方资产管理公司和中国信达资产管理公司，分别收购、管理和处置从中国工商银行、中国农业银行、中国银行和中国建设银行剥离出来的不良资产，专责回收、搞活，以化解潜在风险。

第二节　利率、现值和资产定价

一般来说，资金的需求者通过发行债券、向银行借款等途径获得资金；资金的供给者通过投资、银行存款等途径运用资金。通过这样的金融活动，不但供求双方达到了筹资和投资的目的，而且资金也得以流通。在这个过程中，利率、现值和资产定价是供求双方在决策时都高度关注的三个概念。

一、利率和资产现值

利率和资产现值之间的关系密切，我们首先看看它们各自的含义与关系。

（一）利率

1．利率的含义

利率是利息率的简称，是由借贷活动形成的利息额同本金的比率，是借贷资本的价格。利息从表面看是货币受让者借贷资金而付出的成本，实质上却是利润的一部分，是剩余价值的特殊转化形式，它体现了国民收入的再分配。

按照计算利息的时间，可以将利率分成年利率、月利率和日利率，其换算公式为

$$年利率=月利率\times12=日利率\times360$$

2．名义利率与实际利率

由于物价的变化会影响借贷资金的实际成本，所以经济学家一般会将利率分为名义利率和实际利率两类。名义利率是政府官方指定或银行公布的利率，是包含了信用风险与通货膨胀风险的利率。实际利率是名义利率扣除物价变动率后的利率，实际利率较名义利率能更好地衡量借贷成本。经济学里著名的费雪方程式就刻画了名义利率与实际利率之间的关系：

$$名义利率=实际利率+通货膨胀率$$

3．利率的期限结构

债券的期限和收益率或利率在某一既定时间存在的关系就称为利率的期限结构，通常以收益率曲线表示此种关系。利率期限结构主要考查的是金融产品到期收益与到期期限之间的关系及变化。在分析中将影响收益的其他因素看成是既定的，只考虑到期期限变化对收益的影响。

根据金融学中的无偏预期理论，利率期限结构可以表示为如下公式：

$$R_T= \left\{ (1+R_1)\left[\prod_{i=2}^{T}(1+r_i) \right] \right\}^{1/T} -1 \tag{1.1}$$

其中：R_T 表示 T 期的实际利率或收益率；R_1 表示当前的 1 年期利率；r_i 表示当前预期的未来第 i 期的 1 年期收益率，r_i 也可以被理解为"远期利率"。例如，假定一种 1 年期债券的当前收益率为 5%，而在第 2 年、第 3 年和第 4 年时同样 1 年期债券的预期收益率分别为 6%、7% 和 8%，根据式（1.1）可知，当前 1 年期、2 年期、3 年期和 4 年期债券的收益率 R_1、R_2、R_3 和 R_4 就应当分别为 5%、5.5%、6% 和 6.5%。表现在图上即为向上翘起的收

益率曲线。一般来说向上翘起的收益率曲线出现在经济复苏时期，它表明市场预期经济将恢复扩张，短期利率有可能因为央行收紧货币供给而持续上升。

概括起来，收益率曲线有如图 1-2 所示的四种形状：① 正常的收益率曲线，或称上升曲线、常态曲线，指证券期限与利率（收益率）呈正相关关系的曲线（见图 1-2（a））；② 颠倒的收益率曲线，或称下降曲线，指证券期限与利率呈负相关关系的曲线（见图 1-2（b））；③ 峰状曲线，这种向下弯（向上弯）的曲线通常意味着市场预期未来的长期利率会下降（上升），而短期利率将上升（下降）（见图 1-2（c））；④ 水平直线，这种曲线表明市场预期经济将会走低，远期利率下降，从而导致当前的长期债券利率与短期利率相同（见图 1-2（d））。

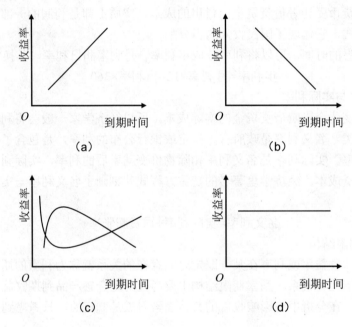

图 1-2　收益率曲线的形状

4. 利率决定理论

（1）古典利率理论。这一理论也被称为实物利率理论，它建立在古典货币数量论的基础上，即认为工资和价格具有很强的灵活性，在受到外来影响时可以自由伸缩，从而可以使经济自动实现充分就业。在充分就业的情况下，储蓄与投资的真实数量是利率的函数。这也就是说社会存在着一个单一的利率水平使经济体系处于充分就业的均衡状态，这种单一利率不受任何货币数量变动的影响。

古典利率理论认为，利率决定于储蓄与投资的相互作用，储蓄是实际利率的增函数，投资是实际利率的减函数。用公式表示为

$$\begin{cases} S = S(i,X) \\ I = I(i,Y) \\ S = I \end{cases} \qquad (1.2)$$

其中：S 代表储蓄；I 代表投资；i 代表实际利率；X 和 Y 分别表示影响储蓄和投资的其他所有因素。式（1.2）表示当储蓄等于投资时，所对应的利率即为均衡实际利率。

古典利率理论的前提假设是当实体经济部门的储蓄等于投资时，整个国民经济达到均衡状态，因此古典利率理论属于一种纯实物分析。

（2）流动性偏好理论。利率的流动性偏好理论是凯恩斯提出的重要经济学思想，他认为货币需求取决于公众的流动性偏好，这种偏好包括了交易动机、预防动机和投机动机。其中交易动机和预防动机形成的货币交易需求与收入成正比，与利率无关；投机动机形成的货币需求与利率成反比。写成公式就是

$$\begin{cases} L = L_1(Y) + L_2(i) \\ L = S \end{cases} \qquad (1.3)$$

其中：L 代表总货币需求；L_1 代表交易需求，它是国民收入 Y 的增函数；L_2 代表投机需求，它是利率 i 的减函数。凯恩斯假设货币供给 S 完全是由中央银行决定的外生变量，因此给定一个货币供给总量，就会产生一个均衡利率水平与之相对应。

然而当利率下降到某一水平时，市场就会产生未来利率上升的预期，从而使得货币的投机需求达到无穷大，这时无论中央银行供应多少货币都会被相应的投机需求所吸收，造成利率不能继续下降而"锁定"在这一水平，这时就出现了所谓的"流动性陷阱"现象。一旦经济陷入流动性陷阱，扩张型货币政策将失效。

（3）现实中的利率确定。上面我们介绍了经济学利率中最经典的两种利率决定理论，一般认为，古典利率理论适用于长期实际利率的决定，而流动性偏好理论则解释了短期利率决定的方式。应当指出的是，理论同实际总是有一定差别的，用一成不变的利率决定公式无法解释现实中多种多样的利率水平，因此这里有必要引入利率集的概念。

利率集是指随贷款期限的不同、贷款时宏观经济情况的不同，同一种贷款的利率大小不一，这些从高到低的所有利率就组成了一个利率集。利率集包括四个组成部分：无风险利率、通货膨胀溢价（简称通胀溢价）、期限溢价和差价。一笔贷款的利率水平就是这四者之和。

无风险利率一般取同期限国债或国库券利率；通胀溢价是将实际利率换算成名义利率的差额部分；期限溢价是为弥补资金长期被借款人占用引起的不确定性的风险溢价；差价是补偿贷款担保物的抵押手续费、服务费以及违约风险和其他不确定因素而产生的风险溢价。

这里还有必要简单介绍一下风险溢价的概念。风险溢价又被称为风险升水，是指具有

与一项风险资产（如贷款）的收益所产生的期望效用相同效用水平的无风险收益与该风险资产收益期望值之间的差额。用公式表示为

$$\pi = \frac{1}{2}\sigma^2 R;\ R = -U''/U' \tag{1.4}$$

其中：π 是风险溢价；σ^2 是风险资产收益的方差；R 是著名的 Arrow-Pratt 绝对风险厌恶指数；U' 和 U'' 分别代表效用函数的一阶和二阶导数。

在利率集的四个组成部分中，期限溢价和差价就大致属于风险溢价。以 2018 年中国 1 年期贷款基准利率 4.35%为例，若其中包含通货膨胀溢价的名义无风险利率为 2.6%（同期限国债收益率），那么风险溢价水平就大致为 1.75%。

（二）资产现值

1. 单利和复利

利息的计算分为单利和复利。单利就是不论借贷期限的长短，仅按本金计算利息，上期本金所产生的利息不计入下期本金重复计算利息。设 F 表示本金与利息的和（也称为本金的终值或未来值），P 是本金，r 代表利率，n 为时间，则单利的计算公式为

$$F = (1+rn)P \tag{1.5}$$

复利是将每一期所产生的利息加入本金一并计算下一期的利息。设 m 为每年计息次数，n 为年数，r 为年利率，则计算公式为

$$F = (1+r/m)^{nm}P \tag{1.6}$$

当每年计息次数趋于无穷时，就有了所谓的连续复利：

$$e^{rn} = \lim_{m \to \infty}(1+r/m)^{nm};\ F = Pe^{rn} \tag{1.7}$$

复利计算周期越长，则未来值越大。在实践中，除常用的年复利外，经常用到的是月复利，即 $m=12$。

需要指出的是，虽然中国银行存款的利息按照单利计算，但是在金融领域，大多数时候都是使用复利甚至是连续复利的，如证券定价。

2. 现值

现值也称在用价值，是现在和未来的一笔支付或支付流在今天的价值，也就是说它关心的是未来的一元钱在今天到底值多少钱这个问题。

现值的计算实际上在上面关于利率的介绍中已经给出了——本金 P 就是现金流 F 的现值。一般地，一种金融资产（如债券）的现值用公式表示就是

$$PV = \sum_{i=1}^{mn} \frac{A_i/m}{(1+r/m)^i} + \frac{F}{(1+r/m)^{nm}} \tag{1.8}$$

$$PV = \lim_{m \to \infty} \sum_{i=1}^{mn} \frac{A_i/m}{(1+r/m)^i} + \frac{F}{(1+r/m)^{nm}} = F/e^{rn} \tag{1.9}$$

其中：PV 代表现值；A_i 代表第 i 年支付的总利息或租金额，每年支付 m 次利息；F 为到期时资产的价格。

例题 1-1　以债券为例，假设 2 年期债券的票面价格为 100 元，每年付息一次且利息率为 10%，市场利率为 5%，则该债券的现值大约是：

$$(100 \times 10\%)/(1+5\%)+(100 \times 10\%)/(1+5\%)^2+100/(1+5\%)^2 \approx 109.3 （元）$$

例题 1-2　3 年期 100 元债券，市场利率为 8%，若以连续复利计算则该债券的现值大约为

$$PV = 100/e^{0.08 \times 3} \approx 79 （元）$$

特别地，如果某种资产每年不产生任何实际的现金流（如利息或租金），利息只在到期日连同本金一起支付，支付额为 F，则每年计 m 次复利且未来价值为 F 的资产的现值公式就退化为

$$PV = \frac{F}{(1+r/m)^{nm}}; \quad PV = \lim_{m \to \infty} \frac{F}{(1+r/m)^{nm}} = \frac{F}{e^{rn}} \tag{1.10}$$

从这两个等式看，显然现值公式和复利计算公式其实本身就是一回事。由于当 $m \to \infty$ 时每期的利息收入 $A_i/m \to 0$，故不论其间是否支付利息或租金，以连续复利计算的现值公式都一样。

现值的应用不仅限于证券，包括金融资产在内的任何产生现金流的资产均适用这个概念，如在房地产金融领域，我们就可以通过现值的方法为房地产定价。

例题 1-3　假定某栋住宅出租每半年可得租金收入 6 000 元，若一年后出售价值 100 万元，此时市场无风险年利率是 3%，那么这栋住宅的现值就是 98.24 万元：

$$\sum_{i=1}^{2} \frac{6\,000}{(1+0.03/2)^i} + \frac{1\,000\,000}{(1+0.03/2)^2} \approx 98.24 （万元）$$

3．贴现因子

通过上面的介绍不难发现，所谓现值不过是未来值或现金流乘以 $(1+r/m)^{-im}$ 或者 e^{-ir} 而已。这里我们记 $(1+r/m)^{-im}$ 为离散贴现因子；e^{-ir} 为连续贴现因子，利率 r 也称贴现率。

二、收益率与资产定价

（一）收益率

通过上面的介绍我们会发现，收益率和利率是经常被混用的概念，在不十分严格的情况下，可以接受这种混用，但如果进一步探讨就会发现，二者还是有明显区别的。尤其是涉及资产定价的时候，我们使用得更多的是收益率而非利率。

1．到期收益率

到期收益率是指到期时资产收益及资本损益与买入价格的比率，设 P 为买入价格，F 为到期价格，T 为持有期，C 为总利息或租金收入，则当采取单利计算时公式为

$$r = \frac{(F-P)/T+C}{P} \tag{1.11}$$

其实，所谓到期收益率实际上就是我们在现值介绍部分中使用的市场利率或贴现率 r。因此当采取复利计算时，到期收益率可以通过现值计算公式反推得到。

例题 1-4 某栋房产买入价格为 100 万元，一年后卖出时市场价格为 110 万元，在房主持有房产的这一年中将其出租，每半年收一次租金 5 000 元，那么该房产的到期年收益率为

① 按单利计算：

$$r = (110-100+0.5 \times 2)/100 = 11\%$$

② 按复利计算：

$$100 = \frac{0.5}{(1+r/2)} + \frac{0.5}{(1+r/2)^2} + \frac{110}{(1+r/2)^2}$$

$$r \approx 10.8\%$$

很明显，按复利计算该房产的到期收益率要比按单利计算稍低一些。

2．内部收益率

内部收益率代表了某一固定资本投资在其持有期内实际获得的或预期可获得的收益率。一项投资的内部收益率是使得该项投资的未来净现金流贴现值为零的收益率。从这个概念上看，内部收益率和到期收益率是两个很接近的概念，不同之处可以从以下公式中看出：

$$\sum_{t=0}^{n} \frac{(CI_t - CO_t)}{(1+IRR)^t} = 0 \tag{1.12}$$

其中：CI_t 是现金流入；CO_t 是现金流出；$CI_t - CO_t$ 就是 t 期的净现金流量；IRR 是内部收益率。内部收益率的经济含义很明确：项目到期时，所有投资可以被完全收回。内部收益率代表了投资所能支付的最高贷款利率，若贷款利率高于内部收益率，那么投资项目就会亏损。内部收益率和到期收益率的差别在于前者使用各期投入的贴现值计算，而到期收益率则直接使用资产的现值计算。

3．实际收益率和本期收益率

实际收益率和本期收益率是从到期收益率中衍生出来的概念，当一种资产不持有到期，而是在到期前就在市场中卖掉，这时产生的收益率就是实际收益率。其计算公式和到期收益率近似，只不过此时 F 不再是到期价格，而是卖出时的市场价格。

本期收益率也称当前收益率，是指本期获得的利息或租金收入对资产当前的市场价格的比率，计算公式为

本期收益率=支付的利息（租金）总额/本期市场价格

4．票面利率

前面已经提及利率。利率既不等于到期收益率或贴现率，又不等于实际收益率和本期收益率。从资产收益率角度看，利率的计算公式为

$$r = \frac{C}{P} \tag{1.13}$$

其中：C 是年利息总额；P 是本金，r 就是年利率。借用证券行业的术语，我们平时所称的利率实际上是"票面利率"，而收益率则是金融资产在市场中应得的利润率或贴现率。从另一个方面讲，利息是针对债务而言的，它是借贷资本的收益率而不是权益资本的收益率。

（二）资产定价理论

资产定价是整个金融学研究的核心，可以说掌握了如何给一种资产确定合理价格的方法，就掌握了现代金融学的大部分知识，因此在这里有必要对于资产定价问题进行简要介绍。

1．资产定价基本原理

资产定价的基本原理其实很简单，就是刚刚介绍过的现值概念。知道了资产的到期价格、利率和贴现率，利用公式可以很容易地算出资产现值，这个现值就是资产价格。

2．资本资产定价理论

现值公式的应用有一个显著缺点，那就是如何确定收益率 r。我们知道，收益率 r 是由市场决定的，很难直接观测，而直接使用无风险的国债利率又显然低估了风险溢价的水平，从而会高估资产价格。资本资产定价模型所要解决的正是如何确定收益率 r 这个问题。

资本资产定价模型（Capital Asset Pricing Model，CAPM）是投资组合理论的均衡理论。该理论认为理性的投资者总是追求投资者效用的最大化，即在同等风险水平下的收益最大化或是在同等收益水平下的风险最小化。

资本资产定价理论是在美国经济学家马科维茨 1952 年提出的均值—方差分析方法的基础上由夏普和林特纳在 1964 年提出的。该理论认为：如果在理想的金融市场上，拥有相同信息结构、获得完全信息且厌恶风险的投资者可以按照无风险利率进行任意借贷，那么一种资产组合的收益率为

$$r = r_f + \beta(r_m - r_f) \tag{1.14}$$

其中：r_f 为无风险利率；r_m 为市场上所有证券的加权平均收益率；$r_m - r_f$ 就是风险升水。CAPM 模型在实际的资本定价工作中有很多用处，例如前面提到在为资产或者证券定价时要使用贴现率，而当资产或者证券没有到期时该如何估计这个贴现率呢？这时 CAPM 就有用武之地了——只要事先用历史数据估计出某一行业或企业的 β，再利用当前的无风

险利率 r_f 和市场加权平均收益率 r_m 就可以预测出当前甚至未来的折现率 r。包括 CAPM 模型在内的资本资产定价理论是一个庞大的理论体系，由于本书不是专门的金融学教科书，这里就不做详细介绍了，有兴趣的读者可以参考金融经济学方面的教材。

第三节　信贷基本知识

在金融活动中，信贷只是各种企业、自然人投融资方式里的一种，但因为相对于金融市场上的其他融资手段来说，传统信贷的进入门槛不高、融资成本较低，所以在中国市场上，迄今为止，无论是企业还是自然人，一般都将信贷作为其最主要的融资手段。

一、信贷的含义与业务分类

（一）信贷的含义

信贷是体现一定经济关系的不同所有者之间的借贷行为，是以偿还为条件的价值运动特殊形式，是债权人贷出货币，债务人按期偿还并支付一定利息的信用活动。

信贷有广义和狭义之分，广义的信贷是指一切以实现承诺为条件的价值运动形式，包括存款、贷款、担保、承兑、赊销等活动。狭义的信贷专指银行的信用业务活动，包括银行与客户往来发生的存款业务和贷款业务。

银行信贷也有广义和狭义之分。广义的银行信贷是银行筹集债务资金、借出资金或提供信用支持的经济活动。狭义的银行信贷是银行借出资金或提供信用支持的经济活动，主要包括贷款、担保、贴现、承兑、信用证、信贷承诺等活动。事实上，现在当人们提及信贷的时候，习惯上一般就是指狭义的银行信贷，甚至专指银行贷款、承兑和贴现业务，而不包括存款业务、担保业务和信贷承诺等。

公司信贷活动的交易双方是贷款人和借款人，由于这两个名称在现实工作中经常被混淆，所以这里有必要澄清一下：在正规的信贷合同里，贷款人是指资金借出方，如银行；借款人则是指资金的借入方，如接受资金支持的公司和事业单位。

（二）信贷的业务分类

这里讲的信贷业务是针对狭义的银行信贷说的。银行的信贷业务分为公司信贷和个人贷款两大类，其中又分为很多的小类。

1. 公司信贷

公司信贷是指以法人和其他经济组织等非自然人为接受主体的资金借贷或信用支持活动，包括对公贷款、承兑、贴现、担保、信用证和信贷承诺。而在实务工作中，人们常常将公司信贷理解为对公贷款。

（1）对公贷款。对公贷款是指商业银行或其他信用机构以一定利率和按期归还为条件，将货币资金使用权转让给其他资金需求者的信用活动。对公贷款分为短期贷款、中长期贷款和贸易融资三类。

① 短期贷款通常指流动资金贷款，是为了满足借款人在生产经营过程中临时性、季节性的资金需求，保证生产经营活动的正常进行而发放的贷款。

② 中长期贷款主要用于借款人新建、扩建、改造、开发、购置等固定资产投资项目，因此固定资产贷款通常都属于中长期贷款。具体有项目贷款、房地产开发贷款和银团贷款。其中房地产贷款有时也被归入项目贷款的范畴，但在国家的信贷政策上有所区别。

③ 贸易融资是指银行对进出口商提供的与贸易结算相关的短期融资或信用便利。贸易融资具体包括信用证、押汇、保理和福费廷四大类①。

（2）承兑。承兑是指银行或其他商业机构在商业汇票上签章承诺按出票人指示到期付款的行为。商业汇票分为银行承兑汇票和商业承兑汇票，其中银行承兑汇票是由在承兑行开立存款账户的存款人出票，向开户银行申请并经银行审查同意承兑，保证在汇票到期日无条件支付确定金额的票据行为。之所以说承兑业务也是信贷活动之一，是因为出票人可以在银行授信额度内缴存一定比例的保证金后出票，而不必存入全部的汇款金额。

（3）贴现。贴现业务包括银行承兑汇票贴现和商业承兑汇票贴现。它是指商业承兑汇票的持票人在汇票到期日之前，为了取得资金而将票据转让给银行的票据行为。

（4）担保。担保是银行根据客户的要求，向受益人保证按照约定以支付一定货币的方式履行债务或者承担责任的行为。银行的担保业务主要有保函和备用信用证两类，其中保函又分为借款保函、租赁保函、投标保函、履约保函、预付款保函、工程承包保函和质量保函。

（5）信用证。信用证是一种由银行根据信用证相关法律法规依照客户的要求和指示开立的有条件承诺付款的书面文件。信用证包括国际信用证和国内信用证两类。信用证业务是银行基于开立信用证而进行的付款业务，是结算方式的一种。

（6）信贷承诺。信贷承诺是指银行向客户做出的、在未来一定时期内按商定条件为客户提供约定贷款或信用支持的承诺，在客户满足贷款承诺中约定先决条件下，银行按承诺为客户提供约定的贷款或信用支持。

2. 个人贷款

个人贷款的分类相对简单，按照用途不同可以分为个人住房贷款、个人消费贷款和个人经营贷款三类。

（1）个人住房贷款。是指包括银行在内的金融机构向个人发放的用于购买自用住房的

---

① 福费廷也称包买票据或票据买断，指包买商（通常为商业银行或银行附属机构）从出口商那里无追索权地购买信用证项下已经开证行承兑的汇票、或经第三方担保的远期汇票或本票，以向出口商提供融资的业务。

贷款。按资金来源分，个人住房贷款又可分为商业性个人住房贷款、公积金个人住房贷款和个人住房组合贷款三类。有关个人住房贷款的具体内容将在后面的章节中详细介绍。

（2）个人消费贷款。是指商业银行向个人发放的用于家庭或个人购买消费品或支付其他与个人消费相关费用的贷款。个人消费贷款有六种：个人汽车贷款、个人助学贷款、个人耐用消费品贷款、个人消费授信贷款、个人旅游消费贷款、个人医疗贷款。目前在中国的银行业务中，个人消费贷款还是相对新兴的业务，其中个人汽车贷款和个人消费授信贷款是最主要的两类，信用卡业务就属于个人消费授信贷款的一种。

（3）个人经营贷款。是指商业银行向从事合法生产经营的个人发放的，用于定向购买或租赁商用房、机械设备，以及满足其个人生产经营资金周转和其他合理资金需求的贷款。个人经营贷款可以分为个人经营专项贷款和个人经营流动资金贷款。专项贷款主要用于借款人购买或租赁指定商用房和机械设备的贷款，其主要还款来源是由经营产生的现金流。个人经营流动资金贷款则是用于满足个人企业生产经营流动资金需求的贷款。

二、信贷期限和贷款利率

（一）信贷期限

1. 信贷期限的概念

信贷期限是指银行与借款人从签订合同到合同结束的整个期间。通常信贷期限包括提款期、宽限期和还款期三个部分。

（1）提款期是指从借款合同生效之日起，至合同规定贷款金额全部提取完毕日，或最后一次提款日为止的整个期间。在提款期内，借款人可以按照合同约定分次提款。

（2）宽限期是指从贷款提款完毕之日或最后一次提款日开始，至第一个还本付息之日为止，介于提款期和还款期之间的期间。有的时候，宽限期也包括提款期，即从借款合同生效之日起至合同规定的第一次还款日为止的期间。

在宽限期内借款人只需按时交纳利息，而不需归还本金。有时借款人甚至连利息也不用偿还，只是银行仍会按照规定计算利息，直至还款期才向企业收取。

（3）还款期是指从借款合同规定的第一次还款日起至全部本息清偿日为止的期间。

2. 不同信贷业务的期限

中国《贷款通则》中对于信贷业务的期限有明确规定，具体如下。

（1）自营贷款的期限。自营贷款是指商业银行以所筹集的资金自主发放的贷款，其风险由贷款人承担，并由贷款人收回本金和利息。自营贷款期限最长一般不得超过 10 年，超过的应当报中国人民银行备案。

（2）一般贷款的期限。商业银行的一般贷款都属于自营贷款范畴，按照贷款期限的长短差别可分为三类：① 短期贷款，即期限在 1 年以下（包括 1 年）的贷款；② 中期贷款，即期限为 1 年以上（不含 1 年）5 年以下（包括 5 年）的贷款；③ 长期贷款，即期限在 5 年以上（不含 5 年）的贷款。

（3）票据贴现的期限。票据贴现的期限为从贴现日起到票据到期日为止的时间，最长不得超过 6 个月。

（4）展期。对于不能按期正常归还贷款的，借款人应当在贷款到期之日前向银行申请贷款展期，并由银行决定是否展期。短期贷款展期期限累计不得超过原贷款期限；中期贷款展期期限累计不得超过原贷款期限的一半；长期贷款展期期限累计不得超过 3 年。

（二）贷款利率

1. 贷款利率的种类

贷款利率按照不同标准可以分为以下几类：本币贷款利率和外币贷款利率、浮动利率和固定利率、法定利率和市场利率。

2. 贷款利率的规定

（1）基准利率。基准利率是被用做贷款定价基础的标准利率，市场利率和法定利率都可以作为基准利率。中国人民银行公布的贷款基准利率是法定利率。在贷款业务中，商业银行一般采用基准利率加点或确定浮动比例的方式。

（2）计息方式。按照《人民币利率管理规定》的规定，短期贷款利率按贷款合同签订日的相应档次的法定贷款利率计息，合同期内遇利率调整不分段计息。中长期贷款利率实行一年一定，根据贷款合同确定的期限，按贷款合同生效日相应档次的法定贷款利率计息，每满一年后再按当时相应档次的法定贷款利率确定下一年度利率。

展期贷款的期限累计计算，累计期限达到新的利率档次时，自展期之日起，按展期日挂牌的同档次利率计息，达不到新的期限档次时按展期的原档次利率计息。在实际操作中有三种计息方法：一是展期前和展期后均执行原借款合同利率；二是展期后执行新的期限利率；三是展期前后统一执行新期限原利率标准。

对于逾期或挤占挪用贷款，从逾期或挤占挪用之日起，按罚息利率计收罚息，直至清偿本息为止，遇罚息利率调整分段计息。实际操作中的罚息利率一般由贷款银行自行确定。

对于提前归还贷款的，银行有权按原贷款合同向借款人收取利息。

（3）利率结构，也称利率档次。目前中国短期贷款利率分为 6 个月（含）以下和 6 个月～1 年（含）两个档次；中长期贷款利率分为 1～3 年（含）、3～5 年（含）和 5 年以上三个档次。

三、担保与抵押

前面我们提到过现实中的利率由无风险的基准利率和风险溢价共同决定。风险溢价的存在说明了信贷业务的一个重要特征就是始终存在着风险，而如何控制风险则是现代银行

业经营乃至整个金融活动的核心工作。

担保和抵押是银行信贷活动的重要组成部分，是保障银行债权实现的法律措施，它为银行提供了一个可以影响或控制风险的潜在来源，在借款人丧失或部分丧失债务偿还能力后，可以使银行减少损失，维护正常经营秩序。

（一）贷款担保

实际上担保和抵押并不是同一层次上的概念。担保是指借款人无力或未按照约定时间还本付息或支付有关费用时贷款的第二还款来源，是贷款项目审查的最主要因素之一。按照《中华人民共和国担保法》（以下简称《担保法》）的有关规定，担保方式包括抵押、质押、保证、定金和留置五种方式，其中前三种是信贷业务中最常运用的，而抵押则是房地产信贷活动中的首要担保方式。

按照用于担保的资源属性的不同，贷款担保可以分为保证担保和财产担保两种。保证担保指由作为第三人（担保人）的自然人或法人向银行提供的，许诺借款人按期偿还贷款的保证，如果债务人未能按期偿还本息，担保人（此时称保证人）将承担还款的责任；财产担保主要是将债务人或第三人（担保人）的特定财产权利让渡给债权人，包括不动产抵押和动产的质押。

（二）抵押和质押

1. 抵押与质押的含义

按照《担保法》的相关规定，抵押与质押的含义如下。

（1）抵押是指债务人或第三人作为抵押人，不转移对可抵押财产的占有，将该财产作为债权的担保。债务人不履行债务时，债权人作为抵押权人，有权依法律规定以该财产折价或者以拍卖、变卖该财产的价款优先受偿。

可以抵押的财产包括抵押人所有的房屋和其他地上定着物、机器、交通运输工具和其他财产，以及依法有权处分的国有土地使用权等；不得抵押的有土地所有权，耕地、宅基地等集体所有的土地使用权，学校、医院等事业单位、社会团体、社会公益单位的设施等。

（2）质押也称动产抵押，是指债务人或第三人将其动产移交债权人占有，将该动产作为债权的担保。债务人不履行债务时，债权人作为质权人，有权依法以该动产折价或者以拍卖、变卖该动产的价款优先受偿。

可质押的有存款单、债券、股票等。需要注意的是，珠宝、首饰、字画、文物等难以确定价值的动产，商业银行不可接受为质押物。

2. 抵押与质押的区别

（1）抵押不需要转移抵押物的占有，而质押必须转移质押物的占有，这是二者最重要的区别。

（2）享有抵押权的抵押权人没有保管抵押物的义务，而享有质押权的质权人则负有妥善保管质押物的义务。

（3）一件质押物只能有一个质押权人，而一个抵押物可以同时有几名抵押权人存在。当存在数个抵押权人时，有受偿的先后顺序之分。

（4）在抵押担保中，抵押物价值大于所担保债权的余额部分，可以再次抵押。抵押人可以同时或者先后就同一项财产向两个或两个以上的债权人进行抵押，即重复设置抵押权。而质押担保则不具有此特点。

由于抵押既是房地产信贷活动的重要组成部分，也是房地产金融学的主要考察对象，所以在此我们并没有充分论述，只先介绍了一些基本概念。具体内容，如抵押贷款的操作流程、抵押权的设立等将在后面的章节中进行探讨。

（三）房地产抵押

房地产抵押是抵押担保的一种形式，如果按照抵押标的物的不同区分，房地产抵押可以分为房屋所有权和土地使用权抵押、在建工程抵押和房屋期权抵押，实际业务中还有一种"最高额抵押"。

1. 房屋所有权和土地使用权抵押

在中国，房地产的概念包含房屋本身和房屋所占用的土地使用权两部分。按照《中华人民共和国城市房地产管理法》（以下简称《城市房地产管理法》）和《担保法》规定，在抵押房地产时必须同时抵押房屋所有权和该房屋占用范围内的土地使用权。

2. 在建工程抵押

在建工程是尚在建造中的房屋，其抵押与一般房地产抵押有较大的区别：一是抵押人不能作为第三人为他人进行担保；二是不能为其他性质的债权进行担保，只能为取得在建工程继续建造资金的贷款担保。当在建工程竣工时如果抵押权尚未消灭，则抵押人应当重新设定抵押权。

3. 房屋期权抵押

按照中国《城市房地产抵押管理办法》的规定，房屋期权抵押就是指预购商品房贷款抵押。房屋期权属于《担保法》中规定的依法可以抵押的其他财产，在预购商品房贷款做抵押登记时，由登记机关在抵押合同上做记载，待房屋竣工后再重新办理房地产抵押登记。

4. 最高额抵押

最高额抵押是指在最高债权额限度内，为一定期间内连续发生的债权做担保，属于一种对未来债权的担保。实际业务中，房地产开发活动不仅资金需求量十分庞大，而且对银行各项金融产品和服务的需求也很多样，为此，房地产开发企业通常会与银行签订"综合授信合同"。在"综合授信合同"下，房地产开发企业可以根据需要在合同期限内随时申请使用合同允许的各类金融产品和服务。而最高额抵押就是与银行"综合授信"业务相对应的担保方式。最高额抵押有以下特点：

（1）最高额抵押所担保的债权额是确定的，而实际发生的债权额是不确定的。

（2）最高额抵押以一次订立的抵押合同，进行一次抵押物登记就可以对一个时期内多次发生的债权做担保。

（3）最高额抵押在债权总额未明确的情况下不得转让。

（4）手续简化，有利于生产经营。

5．不可设定抵押的房地产

不可设定抵押的房地产包括：在诉讼期间的房地产；用于教育、医疗、市政等公共福利事业的房地产；文物保护建筑和有重要纪念意义的建筑；已依法列入拆迁范围的房地产；被依法查封、扣押监管或以其他形式限制的房地产；通过行政划拨或出让取得，但尚未建有地上房屋及其他附属物的土地使用权；集体所有土地被征用范围内的房屋；未依法登记取得权属证书的房地产。

（四）抵押率

抵押率是银行提供给抵押人的抵押贷款与抵押房地产估价的比率，即

$$抵押率=抵押贷款额/抵押房地产估价$$

在国外，因为有良好的资信评估机构为银行服务，且有健全完善的担保保险机制，所以贷款额度一般比较高，大多数可以达到80%甚至更高。目前中国房地产抵押率一般最高不超过抵押物估价的70%。

四、房地产贷款与房地产抵押贷款

房地产贷款和房地产抵押贷款是一对既有区别又有联系的概念。通常认为房地产贷款的内涵和外延都大于房地产抵押贷款，但如果说房地产抵押贷款只不过是各种房地产贷款中的一类则是不正确的。

（一）房地产贷款

在讨论房地产抵押贷款之前，我们有必要先搞清楚房地产贷款的分类构成。在美国，房地产贷款是指所有以房地产为抵押的贷款，而在中国，则习惯上将以房地产行业为投向的各类贷款称作房地产贷款。

房地产贷款分类如图1-3所示。

（二）房地产抵押贷款

一般而言，金融机构向房地产行业提供资金支持的方式主要有两种，即通过房地产抵押贷款和直接购买房地产企业发行的债券，其中房地产抵押贷款是最基本和最常见的形式。西方国家金融机构提供的贷款大都采用这种形式。据统计，西方商业银行短期贷款中的40%、长期贷款中的60%为房地产抵押贷款。

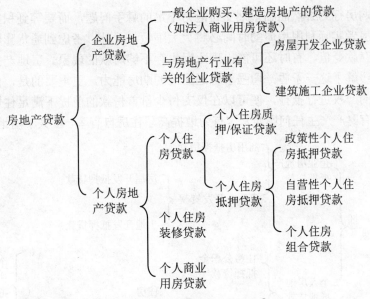

图1-3 中国房地产贷款分类[①]

1. 房地产抵押贷款的含义

房地产抵押贷款是指银行对借款人（抵押人）以土地有效期间的使用权、房屋的所有权连同相应的土地使用权作为抵押物而发放的贷款，也可以说由借款人所拥有的房地产抵押给银行从而获得的贷款。显然，不论贷款用途如何，只要贷款是以房地产作为抵押的，就可以称为房地产抵押贷款。

房地产抵押期间，抵押人享有使用权和管理权，但丧失了对抵押房地产的处分权。银行或债权人（抵押权人）仅能按抵押贷款合同的约定，按期收回贷款本息，没有使用房地产的权利，只有当抵押人违约需要处分抵押房地产时，才能依照一定的法律程序使用处分权。

2. 房地产抵押贷款的分类

房地产抵押贷款的详细分类如图1-4所示。

3. 房地产抵押贷款的作用

国内外大量的实践表明，房地产抵押贷款对房地产业、金融业甚至整个国民经济的发展都具有重要作用。

（1）增强居民购房能力，扩大私人投资规模。

作为国民经济的支柱产业之一，房地产行业涉及的资金往往数以亿计，而居民所购房产的价值通常也十分巨大，有的甚至需要普通人几十年的辛勤积累。如果没有可靠的融资

[①] 张红，殷红. 房地产金融学[M]. 北京：清华大学出版社，2007：233. 本书引用时对该图做了修正。

手段，居民的购房行为必然面临短期支付能力不足的棘手问题，而要等到积攒够全部房款再购买，则购房者实际利用房屋的时间必将大大缩短。此外，考虑到通货膨胀等因素造成的房价上升和存款贬值，有时还可能出现永远也存不够房款的现象。房地产抵押贷款的出现无疑有效地缓解了这一矛盾，增强了普通居民的购房能力。更重要的是，由于购房者只需将拟购房屋的产权进行抵押，便可以在仅支付少量首付款的前提下满足住房需求，同时基本不会对已有财产产生任何影响，这有力地提高了住房自有率，扩大了房地产投资市场。

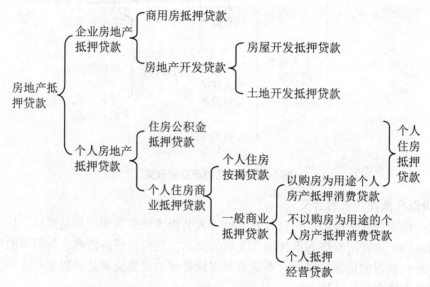

图 1-4　房地产抵押贷款分类[①]

（2）调节居民消费行为，发挥储蓄功能。

购房者通过抵押贷款实现住房消费后，为了保证日后能够按时足额偿还贷款本息，必须进行住房储蓄以积累资金，这实际上是一种先购房后储蓄的行为。另外在一些地方，居民要想获得住房抵押贷款，首先要参加住房储蓄，在存足一定金额和一定期限后，可以获得数倍的住房抵押贷款，而后须以其储蓄偿还贷款本息，这则是一种先储蓄后购房的行为。总体来看，住房抵押贷款是长期性住房储蓄的替代形式，能够有效节约储蓄时间，因此其具有很强的储蓄功能。

此外，住房抵押贷款还可以调节居民的消费行为，为建立比较合理的消费结构创造有利条件。一方面房地产行业的前后关联度很高，房地产抵押贷款对房地产业和金融业的作用会很快辐射到建筑业、家电业、建材装修业以及交通、电信等基础设施业和物业管理等

[①] 房地产抵押贷款的分类方式有多种，有的以担保方式分，有的以资金用途分，目前并没有统一的标准。另外，在图 1-4 中，以购房为用途的个人房产抵押贷款被视为消费贷款，很多银行确实这样分类，但从国民经济核算规定上看，应视为国内私人投资。

服务业，一笔房地产抵押贷款往往可以有效带动对众多行业的消费需求；另一方面，因为住房支出是居民生活总支出中的一个重要组成部分，通常发达国家的居民住房支出能占到总支出的 10%～17%，如果住房抵押贷款业务发展缓慢，高额的住房开支和居民短期支付能力不足的矛盾就难以解决，这将使本来应该用于住房的投资转化为其他消费，造成这些需求领域内产品供不应求，价格上涨。

（3）加强房地产开发企业的经济实力。

房地产抵押贷款是房地产企业筹集开发建设房地产项目资金的重要来源。房地产企业通常在投入一部分自有资金用于支付购地款后，便以拟开发的土地作为抵押物向银行取得土地开发贷款。待土地开发完成后，房地产开发企业会继续以该地块连同其上待建房屋一起抵押给贷款机构，从而获得房屋建筑工程所需资金。通常上述两笔贷款银行一次性发放，房地产开发企业分次提取和使用，银行在这个过程中充分发挥了金融中介融通资金余缺的作用。

通过房地产抵押贷款，房地产开发企业以少量的自有资金带动了大量外部信贷资金的介入，不仅增强了自身的经营实力，而且为社会创造了大量的投资机会。更重要的是，只要房地产开发建设的投资收益率高于贷款利率，房地产抵押贷款就会发挥巨大的财务杠杆作用，使得房地产开发企业的资本收益率大幅提升。此外，由于房地产抵押贷款需要以开发企业最具价值的资产——土地使用权为抵押，无形中起到了限制企业短期行为和自我控制风险的作用，促使其审慎选择开发项目，合理利用资金。

（4）改善商业银行业务结构，提高贷款安全性。

1998 年之前，中国商业银行对个人发放的贷款极少，银行业的信贷资产主要集中在工商业的流动资金贷款和固定资产贷款方面。当时这些资产的不良比率非常高，严重影响了金融机构的价值创造和自生能力。随着市场化改革的不断深入，金融机构逐渐认识到必须寻找更加安全的贷款项目才能实现稳定的利润增长。在中国，房地产抵押贷款的不良率远远低于金融机构的其他贷款，这使其成为商业银行调整自身资产结构的重点拓展对象。

发放房地产抵押贷款，借贷双方必须按照《担保法》和《贷款通则》等法律法规的规定先行签订借款合同和房地产抵押合同，这样就明确了各项借款条件和作为房地产抵押双方的借款人和贷款人的权利和义务，从根本上保障了贷款本息的偿还以及对被用作抵押的房地产的处分有法可依。更重要的是，被抵押房地产的市场价值通常都大于贷款余额，一旦出现贷款违约的情况，贷款金融机构依法处置抵押房地产后总能收回绝大部分的信贷资金，这样便使房地产抵押贷款的风险降到最低，最大限度地确保了贷款的安全。事实上，较低的风险和稳定的收益正是以商业银行为代表的众多金融机构积极拓展该业务的最主要的原因。

（三）房地产贷款与房地产抵押贷款的区别

在谈论房地产贷款时经常会碰到一个问题：某企业将自有办公楼抵押给银行，借款用于日常的经营周转，这种贷款算不算房地产贷款？答案是否定的，一项贷款是否属于房地产贷款的判断标准应当看贷款的用途而非抵押物。

需要注意的是，虽然这种抵押房产并用于经营周转的贷款不是房地产贷款，但却属于房地产抵押贷款。再如个人住房装修贷款因为通常不是以房产为抵押，所以只属于房地产贷款。而对于不是以购买房产为用途的个人房产抵押消费贷款，则只能算是一般消费贷款，也不是房地产贷款。

总之，房地产贷款与房地产抵押贷款在字面上虽然差别不大，但内涵和对应的分类却差别很大，不能简单地认为房地产抵押贷款是房地产贷款的子类。还需要指出的是，个人住房抵押贷款一般既是以个人房产为抵押，同时又以购买住房为用途，因此可以说它是房地产贷款和房地产抵押贷款的交集。

五、公司信贷业务的构成

公司信贷业务的构成是指在实际的银行信贷工作中，作为公司信贷人员以及银行管理人员应当完成的各项工作的总和。换句话说，一笔完整的对公贷款业务必须包含如下组成部分。

（一）公司信贷营销

随着中国银行业间竞争的日益加剧，银行如何适应社会和市场发展的需要，增强市场营销能力已成为未来银行公司信贷业务持续、健康发展的关键因素。积极有效地拓展信贷市场成为提高银行经营效益的重要途径，公司信贷营销已经成为银行经营管理的重中之重。公司信贷营销包括目标市场分析、制定营销策略和营销管理三个部分。

（二）贷款前调查

建立和保持信贷关系是开展信贷业务的第一步，而贷款前调查则是贷款发放的第一道关口，也是信贷管理的一个重要程序和环节，贷款前调查的质量优劣直接关系到贷款决策的正确与否。贷前调查工作不扎实，一是可能增加信贷资产风险，二是可能丧失与每个优良客户建立信贷关系的机会。

贷款前调查主要有现场调研、搜寻调查、委托调查等方法。银行信贷人员应当避免过分轻信借款人提供的有关信息或被实地考察的假象所迷惑，在现场调查时可以采用突击检查的方式，同时将来自不同渠道的借款人信息加以比较和对照，从而为贷前调查工作提供坚实的基础。

在贷款前调查工作结束后，一般要形成贷前调查报告，其中应当包括：借款人资信情况、项目可行性报告及批复、投资估算与资金筹集情况、配套条件落实情况、项目效益情况、还款能力、担保情况、银行获益预测以及结论意见。以下几项分析是调查报告的核心内容。

1. 借款需求分析

借款需求分析与还款能力和风险评估紧密相连，是决定贷款期限、利率等要素的重要因素，因此银行为了做出合理的贷款决策，通常需要采用一定的分析方法对借款公司的借款需求进行分析，从而判断公司借款的本质。分析企业的借款需求时一般可以从销售变化、资产变化、负债和利润分配变化三个角度切入。

2. 贷款环境分析

每个借款企业都处于某个特定的行业、特定的地域和特定的宏观经济环境，从贷款环境分析中可以了解到相应环境下贷款项目所面临的系统性风险。在贷款环境分析中应当包括国家分析、地区分析和行业分析三个方面。

3. 客户分析

客户分析是正确预测信用风险、避免风险事件发生的关键环节。首先必须正确评价借款企业的经营和信用状况；其次要认真评估借款企业的财务状况，从中发现信用风险存在于何处；最后预测现金流量，看其是否满足到期还款的需要。

贷款的客户分析包括客户品质分析、财务分析、信用评级以及额度分析四方面的内容。银行信贷人员要通过对客户基本经营管理状况的了解、对企业资产负债表、损益表和现金流量表的深入分析等工作来完成对企业的信用评级，并据此确定贷款的额度和利率。

4. 贷款担保分析

贷款担保分析主要是分析贷款人的担保手段是否合法合规、担保物是否足额以及担保物的变现能力如何。在房地产贷款领域，担保分析和房地产估价密切相关，充实足额的担保物是银行防范风险的重要保证。

（三）贷款审批和发放管理

在完成了上述贷款调查工作后，银行需要就贷款项目进行审批和发放。贷款审批是对贷款投向、贷款金额、贷款期限和贷款利率等进行的决策。贷款审批包括了贷款业务的方案设计、选择和决策等阶段，其目标是把借款风险控制在银行可接受的范围内，从而减少信贷风险。在贷款发放前，信贷人员还需要对借款人在借款合同中约定的各项条件进行审查。

（四）贷后管理

贷后管理是贷款风险化解的最后环节和途径。尽管在贷前调查和审批管理中已对信贷风险采取了必要的防范措施，但在借款合同执行的过程中还是会有许多事前无法预测的因素和事件诱发新的风险产生，因此做好贷后管理工作是银行能够有效控制信贷风险的关键。

了解公司信贷业务的构成对开展银行实务工作是很重要的，本书后面章节中的相关内

容也会参照这个构成顺序展开介绍。

第四节 货 币 政 策

货币政策是指政府或中央银行为影响经济活动所采取的措施，尤指控制货币供给和调控利率的各项措施，用以达到特定目的或维持政策目标，比如抑制通胀、实现充分就业或经济增长等。在现代市场经济中，中央银行的货币政策是对整个经济运行实施宏观调控的重要手段之一。

一、货币政策概述

货币政策有狭义和广义之分。狭义货币政策是指中央银行为实现既定的经济目标运用各种工具（如再贴现率、存款准备金率和公开市场业务等）调节货币供给量和利率，进而影响宏观经济运行的方针和措施的总和。广义货币政策是指政府、中央银行和其他有关部门有关货币方面的所有规定和采取的影响金融变量的一切措施，包括硬性限制信贷规模和信贷方向，开放和开发金融市场以及金融体制改革等。一般来说，货币政策是通过政府对国家的货币、信贷及银行体制的管理来实施的。

（一）货币政策的分类

货币政策分为扩张性货币政策和紧缩性货币政策两种。扩张性货币政策是通过提高货币供应量和供应增长速度来刺激总需求的政策。在这种政策下，取得信贷更为容易，利息率会降低。因此，当总需求与经济的生产能力相比很低时，使用扩张性货币政策最合适。紧缩性货币政策是通过削减货币供应量和供应增长速度来降低总需求的政策。在这种政策下，取得信贷较为困难，利息率也随之提高。因此，在通货膨胀较严重时，采用紧缩性货币政策较合适。

（二）货币政策手段

货币政策手段是指中央银行为实现货币政策目标所运用的策略手段。一国政府拥有多种政策手段来实现其宏观经济目标。中央银行的政策工具主要有一般性的工具、选择性的工具和补充性工具等。一般性政策工具包括法定存款准备金率政策、再贴现政策、公开市场业务；选择性和补充性工具一般包括消费者信用控制、证券市场信用控制、优惠利率和预缴进口保证金等。

（三）中国的货币政策手段

1. 公开市场业务

公开市场业务，是指中央银行在公开市场上，通过买卖有价证券和外汇交易的办法来调节货币供应量，从而调节社会总供给和总需求的金融业务活动。中国公开市场业务包括人民币业务和外汇业务两部分。1994 年 3 月，中国的外汇公开市场业务启动；1998 年 5 月 26 日，中国的人民币公开市场业务恢复交易，并且规模逐步扩大。1999 年以来，公开市场业务已成为中国人民银行货币政策日常操作的重要工具，对于调控货币供应量、调节商业银行流动性水平和引导货币市场利率走势发挥了积极的作用。

2．存款准备金率

存款准备金是指中国人民银行要求各商业银行按吸收存款的一定比例在其开设的准备金账户存入的资金。这些资金是为保证客户提取存款和资金清算需要而准备的资金。各商业银行按规定向中国人民银行缴纳的存款准备金占其存款总额的比例就是存款准备金率。存款准备金制度是在中央银行体制下建立起来的，央行通过调整存款准备金率，可以影响各商业银行的信贷资金供应能力，从而间接调控货币供应量。

3．中央银行贷款

中央银行贷款（习惯上称作再贷款），是指中央银行动用基础货币向专业银行、其他金融机构，以多种方式融通资金的总称。它是中央银行资金运用的一个重要方面，也是中央银行实施货币政策，借以控制货币供应总量的重要手段。中央银行贷款一般有再贴现、抵押贷款和信用放款三种形式。其中再贴现是最为广泛的一种做法，即商业银行以工商企业向其贴现的商业票据为抵押，向中央银行再贴现，以取得所需的资金。从政策传导和政策效应上看，一般来讲，中央银行贷款增加，是"银根"有所放松的信号之一；反之，则是"银根"可能紧缩的信号之一。

4．利率

前面已经提及，利率是一定时期内利息额与借贷资金的比率。利率政策是中国货币政策的重要组成部分，也是货币政策实施的主要手段之一。中国人民银行根据货币政策实施的需要，适时地运用利率工具，对利率水平和利率结构进行调整，进而影响社会资金供求状况，实现货币政策的既定目标。

目前，中国人民银行采用的利率工具主要有调整中央银行基准利率、调整金融机构法定存贷款利率、制定金融机构存贷款利率的浮动范围、制定相关政策对各类利率的结构和档次进行调整等。

近几年来，中国人民银行加强了对利率工具的运用，利率工具在调控宏观经济运行方面发挥了重要的作用。随着央行利率调整逐年频繁，利率调控方式更为灵活，调控机制也日趋完善。

5．汇率

汇率是指一国货币兑换另一国货币的比率，是以一种货币表示另一种货币的价格。一个国家（或地区）政府为达到一定的目的，会采取一定的政策手段通过金融法令的颁布、政策的规定或措施的推行，把本国货币与外国货币比价确定或控制在适度的水平上。汇率政策的工具主要有汇率制度的选择、汇率水平的确定、汇率水平的变动和调整。以人民币汇率为例，如果人民币汇率升值，则中国商品的价格相对钉住国外商品的价格要升高，从而国外对中国商品的需求会下降，中国的宏观经济活动就会受到抑制。因此，汇率也是一国货币政策的重要工具。

二、与房地产业相关的货币政策

运用货币政策对房地产业实施宏观调控，核心是控制投入房地产业上的货币供应量，主要体现在以下三个方面：一是控制货币投放量，以保证货币供应适应房地产业发展的需要；二是控制房地产业的投资规模，使房地产市场供给量与需求量达到动态平衡；三是控制房地产信贷总规模，使之既能满足房地产开发经营和支持居民购房的资金需求，又能防止过度膨胀，确保信贷平衡。

货币政策对房地产业宏观调控的作用是通过一定的货币政策工具来实现的。主要的货币政策工具有以下几种。

（一）利率政策

利率是房地产信贷政策最重要的杠杆，国家可以通过银行运用利率杠杆来调节流入房地产业的货币投放量。当国家提高贷款利率时，一方面房地产企业的开发融资成本会上升，房地产开发投资量被抑制；另一方面，住房消费信贷利息负担会加重，住房消费贷款会减少，住房需求量被抑制。反之，当国家降低贷款利率时，则作用相反。如1997年以来，银行通过多次降低存贷款利率，不但减轻了房地产开发企业资金成本负担，为降低房价创造了条件，还减轻了运用消费信贷购房者的利息支出负担，鼓励了居民贷款购房，对促进住房消费和住宅市场的发展起到了良好的推动作用。

（二）公开市场业务

当国民经济出现衰退时，中央银行可以在公开市场上买进有价证券，增加货币供应量，从而刺激投资和消费，促进经济复苏。而当出现经济过热、通货膨胀时，则卖出有债证券，回笼货币，减少货币供应量，从而抑制投资和消费需求，促进经济稳定。因此，公开市场业务不仅能从总体上调节房地产供给和需求，而且通过买卖住宅债券，中央银行可以直接调节投入房地产开发和消费的货币供应量，以达到控制房地产经济总供给和总需求趋向平衡的目的。

（三）法定存款准备金率

中央银行通过提高或降低存款准备金数量，影响商业银行的贷款能力，从而控制信贷总量。提高存款准备金率，可以使商业银行收缩信贷，从而紧缩货币供应量，抑制投资和消费增长。反之，降低存款准备金率则可以使商业银行的可贷资金量增加，从而扩大货币供应量，鼓励投资和刺激消费。因此，存款准备金率的高低可以反映出商业银行的信贷投放量，进而引起房地产信贷的扩张或收缩，使房地产总供给和总需求得以有效控制。如2008年，受美国"次贷"危机的影响，国家为稳定宏观经济，央行自2008年9月起连续五次下调存贷款基准利率，累计幅度达到2.16%。同时，金融机构四次下调存款准备金率，存款准备金率下调3%左右。这些宽松的货币政策，大大降低了房地产业的融资成本，扩大了房地产开发企业的资金来源，进而促进了房地产市场的供给。2009年1—12月全国房地产开发企业到位资金57 127.6亿元，同比增长44.2%，其中国内贷款、利用外资、自筹资金和其他资金的占比分别为19.78%、0.82%、31.34%和48.07%。从同比增长情况来看，在占比最大的其他资金中，定金及预收款15 913.9亿元，同比增长63.1%，增幅同比提高了76.0个百分点；个人按揭贷款8 402.9亿元，同比增长116.2%，增幅同比提高了145.9个百分点。国内贷款11 292.7亿元，同比增长48.5%，增幅同比提高了45.1个百分点。而企业自筹资金17 906亿元，同比增长16.9%，增幅同比回落11.2个百分点。总体而言，2009年房地产开发投资增幅由年初开始逐月增加，商品房屋新开工面积和竣工面积增幅均比2008年大。其中，商品房施工面积31.96亿平方米，同比增长12.8%，增幅略低于2008年同期；新开工面积11.54亿平方米，同比增长12.5%，增幅增加10个百分点；竣工面积7.02亿平方米，同比增长5.5%，增幅增加9个百分点。[1]

（四）再贴现率

中央银行运用提高或降低再贴现率的办法来调节货币投放量。当经济过热时，中央银行通过提高再贷款标准和利率，限制商业银行的融通资金量，紧缩信贷；反之，当经济衰退时，中央银行则通过降低再贷款标准和下调再融资利率，扩大商业银行融通资金量，扩张信贷。因此，再贴现率的高低直接影响商业银行的信贷规模，从而也调节其对房地产开发投资和消费的贷款总量。

货币政策工具所体现的货币政策对整个国民经济都发挥着关键性的调节作用。作为国民经济重要组成部分的房地产业，其开发建设和消费都离不开金融业的信贷支持。政府运用货币政策，合理安排流入房地产业的资金总量，就可以达到控制和调节房地产经济发展水平的目的。

第五节　其他金融理论简介

金融理论在经济学中的历史相当短，属于成长中的新兴学科。经济学家们很早就意识

---

① 刘青，高聚辉，杨颖. 2009年四季度中国房地产市场分析与2010年展望[EB/OL]. [2011-12-08] http://www.realestate.cei.gov.cn/image/infopic 09/201003031y.htm.

到信贷市场的基本经济职能，但他们并不热衷于去分析更多更具体的内容。因此，早期对金融市场的观点大多直观，主要是由实践者形成的。但近一百多年来，西方一批优秀学者开始关注金融理论，尤其是最近半个多世纪，一些理论逐渐成熟、完善，成为研究和指导金融业务的基础。了解这些理论对供需双方提高房地产金融业务水平都是有帮助的。

一、金融中介理论

金融中介理论分为"新论"与"旧论"。"旧论"将金融中介提供的服务等同于资产的转型，金融中介向客户发行债权，而这些债权与其自身持有的资产具有不同的特点。把金融中介视为被动的资产组合管理者，只能根据他们在市场上所面对的风险与收益情况完成组合的选择。而"新论"主要是对信息经济学和交易成本经济学的平行发展做出的回应。也就是说，随着信息经济学和交易成本经济学的发展，金融中介理论的研究以信息经济学和交易成本经济学作为分析工具。"新论"对金融中介提供的各种不同的转型服务进行了更细致的识别与分析；更深入地探寻金融中介如何运用资源以博取有用信息、克服交易成本，从而通过改变风险与收益的对比来实现这些转型。

二、金融风险理论

经济学对金融风险问题的真正关注始于 20 世纪 80 年代。早期主要有金融体系内在脆弱性假说，近期运用博弈论和信息经济学来挖掘金融风险的微观形成机理，新近有金融制度风险理论。

金融体系内在脆弱性假说主要是以明斯基为代表的周期性解释和以弗里德曼为代表的货币主义解释为主，前者侧重从资本主义经济危机周期来解释，后者侧重从货币供给和货币政策角度进行解释。由于他们的解释缺乏有效的微观经济基础，很大程度上依赖于准心理学的判断，因而被称为假说。

随着博弈论和信息经济学等现代分析工具的广泛应用与扩展，经济学家试图为金融体系的内在脆弱性假说寻求更加牢固的微观机制，从而使金融风险理论有令人信服的微观解释。此外经济学家还采用新制度学派的分析方法，将制度因素视为能够发生变迁进而影响社会经济发展的内生变量，并将其引入金融风险的阐释中来，进一步在空间层面上来探讨制度变迁与金融风险演进之间的相互制衡、相互抵消又相互促进、相互推动的复杂关系，为金融风险的成因与演化做出一种长期的动态理论描述。

三、有效市场理论

有效市场理论（Efficient Markets Hypothesis，EMH）与资产定价理论关系较为密切。

在运转良好的金融市场中，价格反映了所有的相关信息，这样的市场就被称为有效市场。如果某个金融市场是有效的，那么证券的现行市场价格就是对这种证券真实价格的最佳估计。根据市场反应信息的程度不同，可以将市场按照其有效性划分为弱有效市场、半强有效市场和强有效市场三种。

弱有效市场指证券的市场价格已经反映了过去关于成交价格和成交量的信息，任何投资者都不能利用过去的信息获取超额收益。

半强有效市场指证券价格已经反映了所有可得的公开信息，任何投资者都不能利用这些公开信息（如上市公司年报披露的各种信息）获取超额收益。

强有效市场指证券的市场价格已经反映了包括公开信息、私人信息以及内部信息在内的所有信息，任何人都无法获得超额收益。这是有效市场的最高形式。

四、行为金融理论

现代金融理论建立在资本资产定价模型（CAPM）和有效市场假说（EMH）两大基石之上，这些经典理论承袭了经济学的一贯分析方法。但问题是这些模型始终局限于"理性人"的分析框架中，忽视了对投资者实际决策行为的分析，这使得经典金融理论越来越缺乏对现实问题的解释能力。

20 世纪 80 年代后，行为金融理论悄然兴起，并开始动摇传统理论的权威地位。行为金融理论试图利用心理学、社会学和其他社会科学的研究成果来解释金融市场中的各种"异常"现象。在应用层面，该理论提出了资金平均策略、时间分散策略、反向投资策略和惯性交易策略等投资策略。

 本章小结

- ▶ 金融是指有关货币、信贷的所有经济关系和交易行为的总称，它涉及货币、借贷、证券、银行以及金融中介和金融市场诸多范畴。在现实生活中，货币的流通、资金的结算、证券的发行和买卖、信贷的发放与收回以及各种形式的金融信托与保险等，都属于金融活动。金融活动分为直接金融活动和间接金融活动两类。

- ▶ 现值是一切金融学研究的出发点，它将利率、收益率和资产价值三者紧密地联系在一起。其计算方法和收益率的计算方法在本质上是一致的，包括单利、复利和连续复利三种。

- ▶ 利率和收益率是一对既有联系又有区别的概念。我们所称的利率实际上是各类债券的"票面利率"，而收益率则是金融资产在市场中应得的利润率或贴现率。

- ▶ 公司信贷是指以法人和其他经济组织等非自然人为接受主体的资金借贷或信用支

持活动，包括对公贷款、承兑、贴现、担保、信用证和信贷承诺。而在实务工作中，人们常常将公司信贷理解为对公贷款。个人贷款的分类相对简单，按照用途不同可以分为个人住房贷款、个人消费贷款和个人经营贷款三类。

▶ 货币政策是指政府或中央银行为影响经济活动所采取的措施，尤指控制货币供给和调控利率的各项措施，用以达到特定目的或维持政策目标，比如抑制通胀、实现充分就业或经济增长等。货币政策有狭义和广义之分。

 综合练习

一、本章基本概念

金融；微观金融学；宏观金融学；金融工具；金融市场；货币市场；资本市场；金融制度；金融监管；商业银行；政策性银行；利率；名义利率；实际利率；收益率；内部收益率；实际收益率；现值；利率期限结构；资本资产定价模型；信贷；公司信贷；信贷期限；抵押；质押；担保；房地产抵押贷款；货币政策；公开市场业务；存款准备金率；中央银行贷款；汇率；再贴现率。

二、本章思考题

1. 金融市场可分为哪几类？各自包含哪些方式？金融市场具有哪些功能？
2. 公司信贷有哪些具体内容？
3. 利率和收益率有什么不同？
4. 抵押与质押有什么区别？
5. 房地产抵押贷款具有哪些作用？
6. 不可以设定抵押的房地产有哪些？
7. 货币政策具有哪些手段？

 推荐阅读资料

1. 邵宇，刁羽. 微观金融学及其数学基础[M]. 第2版. 北京：清华大学出版社，2008.
2. 张红，殷红. 房地产金融学[M]. 北京：清华大学出版社，2007.
3. 曹龙骐. 金融学[M]. 第5版. 北京：高等教育出版社，2016.
4. 中国银行业从业人员资格认证办公室. 公司信贷[M]. 北京：中国金融出版社，2009.

第二章　房地产金融概述

学习目标

通过对本章的学习，学生应了解或掌握如下内容：
1. 房地产金融的含义与分类；
2. 房地产金融的特征；
3. 房地产金融市场的构成、功能与分类；
4. 中国房地产金融机构的组成与各自的业务范围。

导言

　　房地产业作为资金密集型行业，对金融有着很强的依赖性和互动性，与房地产密切相关的房地产金融是金融的重要组成部分。房地产金融学是以金融基础理论和房地产经济学、货币银行学、投资学等学科的基础理论和基本方法为基础，研究房地产经济领域资金运动及其规律的一门应用性学科。

第一节　房地产金融的含义、分类与特征

　　在国际经济社会中，特别是在美国、日本以及其他发达国家和地区，金融机构都十分重视房地产金融业务的发展。许多银行将筹集到的大量资金投向房地产开发和经营活动，这既支持了房地产业的发展，又增强了自身的实力。在中国香港和台湾地区，房地产金融业的发展也是相当广泛和深入的，台湾地区甚至有专门研究此类问题的学术刊物。可见，在整个世界范围内的金融领域和房地产领域，房地产金融业已具有相当重要的地位，为世人所瞩目。

一、房地产金融的含义

　　房地产金融是金融业务的一种形式，它一般是指围绕房屋与土地开发、经营、管理等

活动而发生的筹集、融通和结算资金的金融行为，其中最主要的是以房屋与土地作为信用保证而获得的资金融通行为。在房地产的生产、流通和消费过程中所发生的存贷款、股权融资、债券发行及房地产金融机构所进行的其他各种信用活动都是房地产金融活动。

有时人们将房地产金融和房地产业资金的融通看作同一回事，但事实上房地产资金的融通并不等于房地产金融，因为融资只是房地产金融的一个方面，除此之外的房地产保险、房地产信托以及房地产典当等其他金融功能也是房地产金融的重要组成部分。但由于目前在中国的房地产领域，无论是企业还是个人都将间接融资作为首选融资方式，所以人们经常认为房地产贷款就代表了房地产金融[①]。

房地产金融的任务是运用多种融资方式和金融工具来筹集和融通资金，从而支持房地产的开发和购买行为，促进房地产的再生产过程中资金的良性循环，保障房地产再生产过程的顺利进行。从中国房地产金融目前的实际情况看，所采用的金融方式和运用的金融工具还比较单一，并没有形成真正意义上的房地产金融。

二、房地产金融的分类

中国房地产金融包括政策性的房地产金融和商业性的房地产金融两类。政策性房地产金融具有较强的政策性和地域性，主要是与住房制度有关的金融活动，其资金来源也有强制性，而资金的使用则兼具优惠性与专项性（只限住房）；商业性房地产金融是以盈利为主要目的的金融活动，金融机构需要自主筹措和使用资金，并可涉及各类房地产的开发和购买。

我们都知道，房地产是房产和地产的综合，因而房地产金融也可以分为房产金融和地产金融两部分。

房产金融是指房屋或建筑物在生产、流通和消费过程中进行的各种资金融通活动。其主要包括以住房为抵押担保的住房金融和房地产开发经营企业在生产和流通过程中资金融通的金融活动。在房产金融中，住房金融由于其特殊性而占有非常重要的位置。

地产金融也称土地金融，是指围绕土地有偿使用而产生的金融活动。依照城市土地和农村土地的性质不同，地产金融又可以分为城市土地金融和农村土地金融。城市土地金融是指围绕城市土地开发、经营所展开的资金融通活动；农村土地金融是指围绕农村土地的开发、生产和经营而展开的资金融通活动。

三、房地产金融的特征

学者们对房地产金融特征的描述较为多样，其中"无转移抵押性"和"杠杆效应"经

[①] 不仅如此，很多教材中甚至混淆了房地产抵押贷款和房地产金融的相关内容，不加区分地使用。

常被认为是其最显著特征。事实上这种认识是不准确的，因为无论是无转移抵押性还是杠杆效应都只是房地产抵押贷款的特征，而房地产抵押贷款不过是房地产贷款乃至房地产金融的一个组成部分，其特征远远不能够涵盖整个房地产金融领域。从宏观来看，房地产金融具有以下特征。

（一）资金运用具有中长期性

由于房地产金融资金多用于土地和房屋的购置、开发、改良和建设等目的，而土地开发、改良以及房屋的建设往往需要很长的时间，所以金融机构必须要为房地产市场提供长期、稳定的资金支持。例如房地产开发通常要经历可行性研究、编制设计任务书、选择建设地点、进行技术设计、选择施工队伍、编制年度计划、组织施工生产、竣工验收、交付使用等许多过程和环节。资金的投入从可行性研究开始到项目投入使用，周期往往很长，这就决定了其资金占用时间也比较长，一般需要3～5年，在此过程中资金往往只能不断投入，却无法收回。此外，由于房屋和土地具有保值甚至增值的作用，所以许多金融机构在向房地产开发项目贷款时大多敢于放宽贷款偿还期限。

（二）容易受政策影响

房地产业同国家的经济状况关系紧密，因而房地产金融政策也是国家经济政策的组成部分，是政府实现宏观调控的重要手段。同时由于可以利用金融政策调控房地产市场，所以房地产金融又被称为房地产市场的调节器。

一方面房地产中的住宅具有商品和社会保障品的双重属性，住房问题也具有私人问题和社会问题的两重特征，因此任何政府都不会对住房问题放任不管，通常会制定各种住房政策来促进其发展。其中建立合理的政策性住房金融制度是一个主要举措。这些制度包括政府为住房抵押贷款提供资金、实施担保、进行贴息以及税收减免等。

另一方面，由于房地产牵涉的相关产业众多，在该行业中运行的资金量又极为庞大，所以房地产金融对国家经济的稳定和发展起着重要作用。正因如此，国家会经常在房地产金融领域进行政策调整以适应宏观经济管理的需要。常用的调控措施包括调整贷款利率和费率，改变个人住房贷款的首付比例，调整住房贷款申请人的资格审批门槛，提高或降低房地产开发贷款的项目资本金比例等。

（三）房地产金融安全性较高、收益较好

房地产金融的信用期长，且一般需要以不动产作为抵押物来保证房地产贷款的偿还，即便出现违约情况银行也不会承担太大的损失。此外房地产具有的位置固定性可使其产生区位价值或者说级差地租，使用的耐久性也充分体现其使用价值，土地的稀缺性会导致优等土地的地租、地价不断上涨，这些因素为房地产金融机构对房地产业给予信用支持提供了有力的保证。

由于房地产行业的业务流程长，这就造成了房地产金融业务的操作相对复杂，经营成本偏高。但同时，正是由于房地产金融涉及的中间环节多，使得其业务派生性较强，从而能带动金融机构各项业务的开展。仅以商业银行为例，一笔房地产开发贷款不仅能产生可观的直接利息收入，还能为贷款银行带来大量后续的个人住房贷款需求和资金结算量，而在申请住房贷款的人当中，也蕴含着丰富的高端个人客户资源。综合来看，正是房地产业的高利润和巨大的住房需求支撑了房地产金融机构的高收益。

（四）杠杆效应明显

在自然界中，杠杆效应指的是人们利用杠杆，可以用较小的力量移动较重物体的现象。将这一概念引申到经济学中，可以理解成以相对较少的资金来获取拥有某个物品时所需的大笔贷款。在房地产交易中，借款人往往会投资一小部分的资金作为首付款，然后再借入首付款与购房总价格的差额，即充分利用首付款的杠杆作用。实际上，杠杆是一种乘数，会加倍你的利润或损失。在房地产市场繁荣阶段，投资者利用杠杆作用来购置房产普遍提高了投资回报率，而且首付比率越低，投资回报率越大；但是如果买入后房价就下跌，较低比率的首付款会使投资者陷入更加被动的局面。这里不妨举个例子来说明，见案例/专栏 2-1。

案例/专栏 2-1　杠杆作用下的投资回报

假设某人要投资购买价值 100 万元的房产，我们来看不同首付款条件下的杠杆效应有何不同。当首付比例是 10%（10 倍杠杆率）[①]时，在这 100 万元的投资中，你自己的钱是 10 万元，剩下的 90 万元是你借来的。在不考虑租金收益和利息支出的情况下，如果房价一年后涨了 10%，房子现值是 110 万元，此时你卖掉房子，还清 90 万元贷款后还剩下 20 万元，你的投资回报率[②]是 100%；如果房价继续上涨，你会赚得更多。相反，倘若房价在买入一年后就下跌了 10%，你的损失也将是 100%，你赔光了；如果房价继续下跌，你就负债。而当首付比例是 5%（20 倍杠杆率）的情况下，房价每年只需上涨 5%，你的年投资回报率就达到了 100%；相反，房价只需下降 5%，你就赔光了。因此，杠杆率越高，杠杆效应就越大。因为一般来说房产的价格都很高，房价一般都表现为上涨状态，而且为了拉动经济增长、创造更多的税收和就业机会，各国多倾向于鼓励房地产投资，所以房产投资中首付款的杠杆效应是很明显的。

【思考与讨论】

（1）了解一下你家住宅购买时的首付与杠杆率情况，并计算一下回报率。

[①] 10 倍的杠杆率——每 10 元的资产中，你有 1 元的权益（你自己的钱）。杠杆率=资产/权益，收益=杠杆率×资产价值变化率。

[②] 投资回报率=收益/权益。

（2）如果考虑租金收益率（假定每年 4%）和利息率（假定每年 5%），重新计算投资回报情况。

杠杆效应在开发商那里也是如此。开发商一般投入一笔资金购买土地后，用土地作抵押向银行申请贷款，此后进行房地产开发。当满足预售条件后，可进行商品房预售，以此获得后续的开发资金。此时，开发商还可以以在建工程进行抵押，再次获得抵押贷款，同时也有施工企业垫付工程款的情况存在。可见，在房地产开发过程中，开发商可以较低比例的自有资金[①]运作大规模投资的开发项目，将杠杆效应发挥得淋漓尽致。

（五）具有无转移抵押性质

无转移抵押是指借款人将住房抵押给贷款人以获得抵押贷款，但借款人的合法所有者地位不改变，他可继续拥有该房产的所有权和支配权。而贷款人取得该房产的"光秃产权"，或叫作"赤裸产权"，或者叫作"衡平产权"。这种产权不赋予贷款人任何权利，除非借款者违反还贷约定，届时贷款人将通过没收抵押品或拍卖抵押品并优先受偿的方式来保障自己的权益。换言之，贷款人仅仅享有抵押财产的受押权或衡平权，一旦贷款被偿清，这种权利也就随之消失。无转移抵押的适应面较宽，如承租人可以用承租权作为贷款抵押；借款人可以将持有的应收抵押品、信托合同或产权合同作为另一笔贷款的抵押。在整个过程中，借款人始终保留着拥有、控制和使用抵押物的权利，但同时又可以利用抵押品获得贷款，实现了对商品价值的资本化运作。

在经济社会中，无转移抵押这种衡平权的存在，一方面使得借款人在不丧失房产支配权的情况下获取经营所需资金（除非到期还不上借款），使得经营活动得以维持或扩大；另一方面，房地产的保值性和位置的固定性使得贷款人在贷出资金获得收益的同时，并不担心所贷资金的安全性，经营风险很小。

第二节　房地产金融市场

房地产金融市场是指房地产资金供求双方运用金融工具进行各类房地产资金交易的场所，其基本职能是为房地产的生产、流通以及消费筹集和分配资金。房地产金融市场可以

[①] 2009 年，根据《关于调整固定资产投资项目资本金比例的通知》（国发〔2009〕27 号）普通商品住房项目投资的最低资本金比例，从 35%调低至 20%。其他房地产开发项目的最低资本金比例为 30%。但房地产开发商想通过土地招标、拍卖等方式获得土地使用权都必须付全款。开发商若没有 30%以上的自有资金将很难运作，往往要通过非银行渠道筹措高成本资金才行。而根据 2016 年 9 月 30 日，北京市政府办公厅转发市住建委等部门《关于促进本市房地产市场平稳健康发展的若干措施》的通知有关规定，购买首套普通自住房的首付款比例不低于 35%，购买首套非普通自住房的首付款比例不低于 40%（自住型商品住房、两限房等政策性住房除外），普通购房人的购房杠杆率不足 3 倍。

是一个固定的场所，也可以采用无形的交易方式，交易方式既可以是前文中提到的直接融资方式，也可以是间接融资方式。

一、房地产金融市场概述

房地产金融市场是整个金融市场的重要组成部分，无论是其运行的基本原理和理论还是实务工作中的经营和管理，均以一般金融市场的理论和实践为基础，并与其他金融市场有许多相似之处。但由于房地产行业自身具有一定的特殊性，因而房地产金融市场也有别于一般金融市场。

（一）房地产金融市场的构成

完整的房地产金融市场由融资主体、融资中介和金融工具三个基本要素构成。

1. 融资主体

房地产金融的融资主体包括企业、居民个人和政府部门。其中企业和居民个人是主要的融资主体，而政府部门不仅担负着对房地产金融市场的监督和调控责任，还时常参与具体的金融活动，如成立住房公积金中心提供公积金贷款等。

2. 融资中介

融资中介是在房地产金融过程中处于融资者之间的中间环节，中国现有的房地产融资机构可以划分为专营机构和兼营机构。从世界范围来看，房地产金融专营机构包括住房储蓄银行、住房公积金管理中心、住房信用合作社、房地产开发财团等；房地产金融兼营机构包括商业银行、保险公司、信托投资公司、证券公司等。

案例/专栏2-2 2014—2015年中国房地产开发企业各项资金来源及投资情况

2014年，在开发企业的各类资金来源中，国内贷款占比17.4%，较2013年提高1.3个百分点；利用外资占比为0.5%，较2013年提高0.1个百分点；自筹资金占比41.3%，较2013年提高2.5个百分点；购房者的定金及预付款占比24.8%，较2013年下降3.5个百分点；个人按揭贷款及其他占比15.9%，较2013年下降0.4个百分点。

2014年，房地产开发企业到位资金121 991.48亿元，同比微降0.1%，而1—11月同比增长0.6%。主要原因在于2013年12月高基数致使12月同比下降6%，拖累全年到位资金同比由增转降。具体来看，国内贷款21 243亿元，同比增长8.0%，增速比1—11月回落1.0个百分点；利用外资639亿元，同比增长19.7%；自筹资金50 420亿元，同比增长6.3%；其他资金来源49 690亿元，同比下降8.8%。其他资金来源中，定金及预付款30 238亿元，同比下降12.4%；个人按揭贷款为13 665亿元，同比下降2.6%，较1—11月收窄1.6个百分点。

总体来看，12月整体到位资金环比增加了20%，资金状况略有好转。但由于2013年年末的高基数，同比下降6%，2014全年房地产开发企业到位资金同比微降0.1%，企业资金仍承压。四季度信贷政策放宽，银行按揭贷款增速自10月以来降幅逐月收窄。

2014年，全国房地产开发投资额为9.50万亿元，同比增长10.5%，增速比1—11月回落1.4个百分点。其中，住宅开发投资额为6.44万亿元，同比增长9.2%，增速比1—11月回落1.3个百分点，占房地产开发投资的比重为67.7%，较1—11月回落0.1个百分点。

分区域来看，2014年东部地区房地产开发投资额5.29万亿元，同比增长10.4%，增速比1—11月份回落1.6个百分点，占全国比重55.7%。中部地区房地产开发投资额2.07万亿元，同比增长8.5%，增速较1—11月回落0.7个百分点，占全国比重21.7%。西部地区房地产开发投资额2.14万亿元，同比增长12.8%，增速较1—11月降低1.4个百分点，占全国比重22.6%。

2015年，全国房地产开发企业实际到位资金总计125 203.06亿元，同比增长2.57%。其中国内贷款20 214.38亿元，同比下降4.84%；利用外资296.53亿元，同比减少342.73亿元；自筹资金49 037.56亿元，同比下降2.74%；其他资金来源55 654.6亿元。从房地产开发企业资金来源看，2015年房地产市场较2014年明显回暖，国内贷款、利用外资等渠道受到政策调控影响继续减少，但其他资金来源（主要是按揭贷款、定金、预付款等）大幅增长，说明市场销售情况较好。

2015年，全国房地产开发投资额为9.6万亿元。其中，住宅开发投资额为6.46万亿元，与2014年基本持平；办公楼开发投资额6 209.74亿元，同比增长10.1%；商业营业用房开发投资额1.46万亿元，同比增长2%左右。全国房地产开发投资中，住宅开发投资占比67.3%，比上年微降0.4个百分点。

资料来源：http://fdc.fang.com/news/2015-01-21/14692860.htm；《中国统计年鉴2016》。

【思考与讨论】

（1）分析2014年1—11月中国房地产开发企业各项资金来源，查阅资料解释为什么银行信贷占比增长而个人按揭贷款占比下降。

（2）查阅2017年《中国统计年鉴》，观察中国房地产开发资金来源的变化。

3．金融工具

金融工具是指在金融市场中可交易的金融资产，是用来证明融资双方权利与义务的契约。房地产金融工具主要包括商业票据、房地产抵押支持债券、房地产金融债券、房地产企业和房地产金融机构发行的股票和债券、住房抵押贷款契约等。

（二）房地产金融市场运行的条件

前文讲了金融市场的功能。房地产金融市场作为金融市场的一个分支，它同样具有资本转换、资源配置、经济结构调节和宏观经济状况揭示等功能。但是，要想使房地产金融市场正常、充分地发挥其功能，必须满足如下条件。

一是有完整、对称的信息。有完整的信息是指金融商品交易的双方都能够公平、公开、公正地通过房地产金融市场获得各自所需要的信息，使交易行为有可靠的依据；有对称的信息是指在同一时点上交易双方获得的信息是完全相同的，任何一方都不存在通过未公开信息获利的机会。

二是市场供求决定价格的机制能充分发挥作用。金融商品价格对房地产市场供求有弹性，供求状况的改变不断地使原有的均衡价格消失而出现新的均衡价格，任何市场以外的力量都不能影响和改变价格。

三是房地产市场上有银行、信托投资公司、小额贷款公司、住房公积金管理中心、开发商等众多的市场参与者和丰富的金融商品种类，不存在少数或个别交易者对市场的垄断。

四是有完善的管理手段和交易方法。特别需要强调的是，在房地产金融市场上，不可过分使用行政手段管理市场。

如果不具备以上四个条件，房地产金融市场就不能正常地发挥其功能。一般认为，信息完整对称和供求决定价格，是市场运行所需要的最基本的条件，这两个条件的完备性被认为是评价金融市场成熟和完善程度的重要标准。

（三）房地产金融市场的分类

房地产金融市场作为金融市场的一个重要组成部分，可以按照多种标准进行分类。

1. 按市场层次的不同，房地产金融市场可分为一级市场和二级市场

房地产金融一级市场又称初级市场，是指借款人通过房地产金融中介机构或从资本市场直接进行资金融通的市场，它包括初级房地产抵押贷款市场、新的房地产证券发行和交易市场等。房地产金融二级市场是指房地产融资工具的再交易和再流通市场，包括房地产融资中介机构将持有的房地产贷款直接或以证券的形式出售给二级市场机构的交易市场以及房地产有价证券的再转让市场，如二级抵押贷款市场。

2. 按照服务对象的不同，房地产金融市场可分为房产金融市场和地产金融市场

房产金融市场是指银行及其他非银行金融机构为房屋再生产进行资金融通的市场。在房产金融市场上，住宅金融占据着非常重要的位置。而地产金融市场是指以土地做抵押向金融机构融通资金的活动的总称，即以土地为抵押品，筹集融通资金，以达到对土地进行开发和利用的目的。实际上，房产金融市场和地产金融市场并不是截然分立的，二者有着紧密的联系，它们相互影响、相互作用，共同构成完整的房地产金融市场。

3. 按照金融交易工具期限的不同，房地产金融市场可分为货币市场和资本市场

货币市场是融通短期资金的市场，而资本市场是融通长期资金的市场。资本市场是房地产金融市场的主要构成部分，其金融产品包括住房储蓄存款、住房按揭贷款、房地产抵押贷款、房地产信托、资产证券化、房地产保险等。随着信用工具的不断创新和日益发达，房地产金融市场的业务范围将日益扩大。

二、中国房地产业的融资途径

（一）房地产企业的内部融资和外部融资

目前，中国国内房地产企业的融资途径有两个来源：一是企业内部融资；二是企业外部融资。房地产企业内部融资主要包括自有资金和预收的购房定金或购房款，这部分资金可以作为必要的开发资金。可是一般的房地产项目均具有投资大、周期长的特点，因此，房地产企业单纯依靠内部融资是不能完全满足全部资金需求的，更多的资金要通过外部融资获得。

房地产企业的外部融资途径主要渠道有申请银行贷款、发行股票、吸收股权投资、发行企业债券、发行房地产信托、利用外资、合作开发、发行产业基金等。这些融资途径按照有无中介机构参与，又可归类为间接融资途径和直接融资途径。间接融资是指银行或者房地产金融机构不直接参与房地产开发经营与各种投资，而是根据自身资本金运转状态与实际力量，为房地产开发、经营的公司组织存款并发放开发经营及消费所需的贷款，其中以银行贷款为主要方式；直接融资是指银行或者房地产金融机构直接向房地产产业投资，参与公司(项目)的开发、经营活动，以获取利润，或者房地产开发公司在资本市场发行股票、债券，以筹措资金。

截至 2015 年年底，中国内地在沪深及香港三个市场共有房地产上市公司 189 家[①]，其中沪深上市房地产公司 137 家，内地在港上市房地产公司 52 家，为企业筹集了数千亿元资金。但是，由于上市的条件较高，只有那些真正有实力的大型房地产商才可能上市，而目前中小房地产企业多如牛毛，风险承受能力、盈利能力、信用水平都存在较大的问题，所以在未来通过大规模的上市解决房地产业资金来源问题几乎不可能。此外，近年来并购重组也成为国内成熟房地产企业做大市值、进行资本运作的重要手段。2015 年，房地产开发行业合计发生 305 起并购，涉及交易金额 2 567.97 亿元，较 2014 年增长了 15%。

国家对房地产业开展大规模调控后，由于银行贷款受限，信托一度成为房产开发融资新渠道，如截至 2011 年一季度末，房地产信托规模达到了 4 869 亿元，较 2010 年同期增长 107%。但随着宏观经济走弱，房地产市场在 2014 年遇冷，再加上较为严厉的外部金融监管，曾经盛极一时的房地产信托在房地产市场低迷之时也面临空前的兑付危机。2014 年四季度，房地产集合资金信托新成立规模仅为 355.6 亿元，与 2013 年四季度的 1 010.2 亿元相比，下降 64.8%。2015 年 1 月，房地产集合信托成立规模也仅为 43.62 亿元，相比 2014

---

① 引自《2016 中国房地产上市公司 TOP10 研究报告》。

年同期下降84.63%，2015年上半年的成立规模也仅为258.6亿元。但也应看到，通过基金化运作的房地产投资信托介入房地产市场，不单单是部分解决了融资的问题，更重要的是符合房地产市场的国际化趋势。虽然信托产品由于政策限制仍有欠缺，不过在融资渠道单一、投融资渠道难有大变化的情况下，信托业务的发展仍给房地产投资带来了新的市场空间，并在不断规范中继续发展。

（二）商业银行在中国房地产业发展中的地位

中国房地产市场的发展应可以追溯至20世纪80年代中后期的住房体制改革，商业银行在其中扮演了重要角色。可以毫不夸张地说，在很大程度上，商业银行的资金支持（各种形式的贷款）是维系中国房地产业资金链安全的主要力量。

目前，银行贷款依然是中国房地产开发投资的主要资金来源之一，这也就决定了以商业银行为代表的银行业金融机构在房地产金融领域必然会占据举足轻重的地位。图2-1表明中国的商业银行同房地产开发的各个环节都有着密切联系。

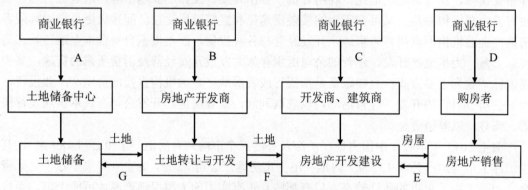

图2-1　商业银行与房地产开发的关系①

如图2-1所示，商业银行对房地产开发的支持通常体现在生产和分配两个环节。在生产环节是以开发贷款的形式为开发商提供资金融通，而在分配环节则是通过发放按揭贷款的方式支持最终产品的购买。由此不难理解，一方面，商业银行在20世纪90年代中后期实施的住房按揭贷款政策，对普通百姓住房需求的释放以及商品房销售的促进起到了关键的推动作用，从而带动了整个房地产业的蓬勃发展；另一方面，商业银行各种形式的企业贷款，包括对房地产开发企业的流动资金贷款、开发贷款以及对建筑施工企业的贷款等对中国房地产市场的支持作用也是至关重要的。

---

① A：土地储备贷款；B：土地转让与开发贷款；C：房地产开发与建设贷款；D：个人住房（按揭）贷款；E：购房定金；F：业务承包与转包资金；G：土地出让金。资金流动的时间顺序与字母编号无关。参见：王世豪. 房地产信贷战略与实务[M]. 北京：中国金融出版社，2006：15.

当前，银行信贷资金还是中国房地产企业发展的主要融资渠道。在一级土地开发、房地产开发、房地产销售三个阶段中，每一阶段都离不开银行信贷资金的支持。即使在宏观调控过程中，商业银行银根紧缩，很多开发企业也不得不借助其他渠道筹集资金，但中国资本市场的发展完善是一个相对长期的过程，未来中短期内，国内大部分房地产项目的融资仍要依赖于商业银行的信贷支持。因此，对开发商而言，了解、熟悉商业银行有关房地产贷款的审批程序，在提交贷款申请时按银行的要求准备项目及公司相关资料，以提高贷款申请的效率，仍是头等大事。

目前，包括四大国有商业银行在内的 16 家银行已经上市。因此，商业银行内部的经营管理将朝市场化、商业化的方向继续深化。商业银行作为企业，其业务发展、公司治理同样需要遵循市场经济规律。在中国，房地产业的发展前景依旧很好，自然也就会成为银行贷款的重点领域。例如，截至 2015 年年末，全国银行业的不良贷款余额为 1.96 万亿元，平均不良贷款率为 1.9%，较 2014 年年末上升 0.3 个百分点，而其中商业银行房地产行业不良贷款余额为 455.9 亿元，不良贷款率仅为 0.81%，尚不到全国银行业不良贷款率的一半。正是由于房地产信贷业务的安全性较高、不良率较低，2016 年前三季度银行业 10.16 万亿元的新增贷款中，37%的贷款流向了个人按揭贷，房贷成为商业银行信贷投放的绝对主力。从其他国家商业银行的业务发展情况来看，房地产贷款也因收益相对较高、坏账率较低，也都成为金融机构青睐的优质资产。

第三节　中国房地产金融机构

房地产金融机构是指经营房地产金融业务的各种金融中介和经营附属房地产金融业务的各种金融企业。也就是说，房地产金融机构是专营或兼营各类房地产金融业务的市场主体。中国的房地产金融机构主要由非专业性房地产金融机构构成，包括银行型房地产金融机构和非银行型房地产金融机构（住房公积金管理中心、信托投资公司、房地产信托投资基金、房地产投资基金（私募）、保险基金、住房置业担保有限公司、小额贷款公司、金融资产管理公司、典当行等）组成，其中以商业银行和各类基金公司为主。

一、商业银行

1998 年以来，随着城镇住房制度改革的深入，中国的房地产市场呈现蓬勃发展的良好势头，其发展潜力为商业银行拓展房地产金融业务提供了巨大的商机。商业银行通过调整信贷结构来支持城镇居民购房，拉动住房投资来扩大国内需求，从而有力地推动了国民经济的发展。

国内最早从事房地产金融业务的银行是中国建设银行，1998年中国住房制度改革后，更多的银行介入房地产金融领域，房地产金融机构数量迅速增加，初步形成了以四大国有商业银行为主体，12家全国性股份制商业银行和112家城市商业银行为补充的组织机构体系。20世纪80年代中期，中国分别在烟台和蚌埠成立了住房储蓄银行，专门办理与房改配套的住房基金筹集、信贷、结算等政策性金融（烟台住房储蓄银行即为现在的恒丰银行前身）。20世纪90年代，随着公积金制度的建立，住房储蓄银行的职能逐渐被住房公积金管理中心所取代，住房储蓄银行曾一度消失。2004年2月15日，中国建设银行与德国施威比豪尔住房储蓄银行在天津合资成立了中德住房储蓄银行，成为目前中国唯一的一家住房储蓄银行。

商业银行的信贷资金主要从两个方面对房地产业进行支持：一是直接支持企业的房地产开发投资；二是通过个人住房信贷扩大房地产需求。

（一）直接支持企业的房地产开发投资

房地产企业从商业银行获得房地产开发投资资金一直是房地产企业融资的重要渠道，这也是房地产企业融资的重要特征之一。进入2009年以来，商业银行对房地产企业的信贷业务又有了新的变化，越来越多的商业银行开始热衷于与房地产企业签署授信协议，并以此为基础对房地产企业进行融资支持。有数据显示，以"工农中建"四大国有银行为主的商业银行向房地产企业提供授信额超过了3300亿元，其中又以中国建设银行对万科的授信为最。2009年8月17日，万科与中国建设银行股份有限公司签署《战略合作协议》。根据协议，中国建设银行将为万科提供授信额度人民币500亿元，进一步深化双方业已建立的长期战略合作关系。500亿元的授信额度，一举创造了房地产企业获得的银行授信额度单笔最高纪录。从授信分布来看，2009年房地产企业融资结构呈现明显的金字塔结构，大型上市企业、国资背景企业吸引的资金明显高于中小企业，其中万科、绿地、金地等名列前五的授信额度共计1819亿元，达到了总授信额度的一半以上，充分表现出房企融资的"马太效应"。

（二）个人住房信贷

从中国个人住房按揭贷款的实践看，1998年以后，国家鼓励商业银行向消费者发放按揭贷款，有的银行甚至按购房款全额贷款，导致商业银行个人住房按揭贷款信贷风险加大。为规范个人住房贷款按揭成数和降低商业银行的个人住房按揭贷款的信贷风险，2001年6月19日，中国人民银行印发《关于规范住房金融业务的通知》（银发〔2001〕195号），2003年6月13日，又发布《关于进一步加强房地产信贷业务管理的通知》（银发〔2003〕121号）。上述两个政策提出严禁"零首付"个人住房贷款，并提出按揭成数最高不得超过八成，对购买第二套或二套以上住房的，应适当再降低按揭成数。

自2009年以来，国家对二套房贷款政策收紧。以上海银行业为例，其于2009年年底通过了《上海市银行业个人房地产按揭贷款业务自律公约》，其中规定：自 2010 年 1 月 1 日起，各商业银行在办理住房按揭贷款业务过程中，不能以任何形式向房地产中介机构、其代理机构或其从业人员支付佣金；对于违反公约的会员单位，公会将给予警告、通报批评、同业谴责甚至取消会员资格等处分，并提请银行监管部门给予查处。由此，商业银行的个人住房贷款业务受到巨大冲击。为了不放弃这块商业银行最优质的贷款业务，诸如深圳发展银行等在内的中小股份制商业银行率先在行业内开发和推出各类个人房贷新产品，包括"气球贷"①（固定利率和浮动利率）、循环贷②和存抵贷③等，以此来赢得市场。

　　需要注意的是，在中国，由中国银行业监督管理委员会（简称银监会）对从事房地产金融业务的商业银行进行管理，包括设立管理和日常管理。凡设立从事房地产金融业务的银行，包括独立的房地产金融专业银行和商业银行都必须经过银监会的审批。银监会按照有关的法律规定审批银行机构的设立、变更、终止及其业务范围。银监会有权对政策性银行的金融业务进行指导和监督。商业银行已经或者可能发生信用危机，严重影响存款人的利益时，中国人民银行可以对该商业银行实行接管。银监会还介入商业银行的解散、撤销、破产过程，实施清算监督。

二、住房公积金管理中心

　　住房公积金是指各单位及其在职职工缴存的长期住房储金，用于职工购买、建造、翻建、大修自住住房。住房公积金的管理实行住房公积金管理委员会决策、住房公积金管理中心运作、银行专户存储、财政监督的原则。住房公积金的存、贷利率由中国人民银行提出，经征求国务院建设行政主管部门的意见后，报国务院批准。直辖市和省、自治区人民政府所在地的市以及其他设区的市（地、州、盟）设立住房公积金管理委员会，作为住房公积金管理的决策机构，并设立住房公积金管理中心。自 1991 年上海首推住房公积金制度至今，住房公积金为居民住房条件的改善发挥了举足轻重的作用。

　　根据住建部、财政部和中国人民银行联合发布《全国住房公积金 2017 年年度报告》，

---

① "气球贷"是针对那些计划中短期持有贷款的客户设计的，即为其提供了一个较短的贷款期限，又以一个较长的期限来计算月供，减轻前期还款压力。同时，由于贷款期限短，相应的贷款利率也低。"气球贷"是一种真正省息的房贷产品，也是市场上目前唯一一款针对利率进行创新的房贷产品。"气球贷"主要有三个特点：第一，"短贷低供"，前期每期还款压力较小；第二，利率较低，由于"气球贷"的贷款期限较短，其对应的贷款利率较低，从而能够节省贷款利息；第三，如果还款记录好，"气球贷"到期后银行可安排再融资。

② 循环贷是一种个人住房循环授信业务，是指客户将商品住房抵押给银行，就可获得一定的贷款额度，在房产抵押期限内客户可分次提款、循环使用，不超过可用额度单笔用款时，只需客户填写提款申请表，不用专门再次审批，一般 1 小时便可提取现金。

③ 存抵贷是指按揭购房者将自己的闲置资金放在约定的还款账户上，银行按照一定的比例视作提前还贷，并将节省的贷款利息作为理财收益返还给按揭购房者。

2017年，住房公积金实缴单位262.33万个，实缴职工13 737.22万人，分别比2016年增长10.11%和5.15%。新开户单位37.69万个，新开户职工1 828.28万人。2017年，住房公积金缴存额18 726.74亿元，比2016年增长13.06%。2017年年末，住房公积金缴存总额124 845.12亿元，缴存余额51 620.74亿元，分别比2016年年末增长17.68%和13.13%。

个人住房贷款方面，2017年，发放住房公积金个人住房贷款254.76万笔、9 534.85亿元，分别比2016年降低22.21%和24.93%；回收个人住房贷款5 022.86亿元，比2016年降低0.23%。2017年年末，累计发放个人住房贷款3 082.57万笔、75 602.83亿元，分别比2016年年末增长9.05%和14.44%；个人住房贷款余额45 049.78亿元，比2016年年末增长11.14%；个人住房贷款率87.27%，比2016年年末减少1.57个百分点。

2017年，住房公积金提取人数4 689.49万人，占实缴职工人数的34.14%；提取额12 729.80亿元，比2016年增长9.49%；提取率67.98%，比2016年减少2.22个百分点；住房消费类提取10 118.95亿元，非住房消费类提取2 610.85亿元。2017年年末，住房公积金提取总额73 224.38亿元，占缴存总额的58.65%。

住房公积金是当前中国最基本的住房保障资金之一，具有一定的政策性房地产金融的功能。具体而言，住房公积金管理中心的主要职责为：① 编制、执行住房公积金的归集、使用计划；② 负责记载职工住房公积金的缴存、提取、使用等情况；③ 负责住房公积金的核算；④ 审批住房公积金的提取、使用；⑤ 负责住房公积金的保值和归还；⑥ 编制住房公积金归集、使用计划执行情况的报告；⑦ 行使国务院《住房公积金管理条例》。

尽管住房公积金制度为中国的住房改革做出了重要的贡献，但当前住房公积金制度正走在改革的十字路口上。自2009年以来，江苏、广州、广西、上海等省市都进行了住房公积金制度改革或调整，这为今后住房公积金制度的全面改革提供了可借鉴的案例。公积金改革的主要突破口是将公积金缴存范围扩大，不但城市户籍在职职工要缴纳，非户籍的常住在职职工也应纳入；将公积金使用范围扩大，除了购房和租房可以用公积金，重大疾病治疗费用、物业管理费用、物业维修专项基金的补充等也可以由公积金来支付。

关于住房公积金制度的改革方向，主要有以下几种不同意见①。

其一，完善中国社会保障中的个人积累制度，逐步从住房单一公积金推进到"大公积金"体制。进一步学习新加坡将西方法律体系和东方文化相结合的治国发展模式，在完善公积金法律体系的基础上，逐步将社保（养老）、失业保、医保和住保都纳入公积金范畴，实行强制扣缴，实行统一补贴，实现征缴使用合并。

其二，建立政策性非银行住房金融机构。将各地的住房公积金管理中心改制成国家、单位和个人三方共同参与住房发展积累的专项金融实体，类似于德国的模式。

其三，取消业已推行近二十年的中国公积金制度。其条件是中国实行工资改革，在工

① 上海易居房地产研究院综合研究部. 中国房地产金融发展报告（2009年）[R]，4.

资总额中明确住房支出的构成比重。公积金中的单位补贴部分直接列入工资收益。

随着房地产市场调控政策的逐步深入，按照"坚持房子是用来住的，不是用来炒的"定位，构建房地产市场调控长效机制需要进一步创新房地产金融制度，加强资金监管。建立政策性住房金融制度，改革公积金制度，加快制定《住房公积金条例》，推进公积金信息全国联网。

无论住房公积金制度是朝哪个方向改革，未来一段时间必将是改革的攻坚阶段，无论是采取完善的办法还是变革的办法，都必须把握相应的基本原则，即必须能够健全中国社会住房保障体系，必须能够支持发展中国住房发展事业，必须更多地向中低收入家庭倾斜支持，必须坚持个人住房积累和政府财政补贴相结合，必须减少而不是增加公积金改革的成本，这样才能有助于构建房地产市场调控的长效机制。在这些原则下，地方政府先行，中央政府其后进行认定拍板，最终的目的是优化社会保障体制，降低资金管理成本，实现住房民生与社会民生的相统一。

三、信托投资公司

信托投资公司是以营利为目的，并以受托人身份经营信托投资业务的金融企业。目前中国的信托投资公司有两种：一种是由各专业银行投资建立的；另一种是由各省、市、自治区政府设立的。其主要经营业务范围有：办理信托存款、信托贷款、信托投资、财产信托、委托贷款、委托投资等业务；代理发行债券和股票；办理金融租赁、房地产租赁、转租、代租等业务；办理资信调查、商情咨询、投资策划、金融咨询和介绍客户等业务。从事房地产金融业务的信托公司一般分为两类：独立的房地产专业信托公司和一般信托公司。

目前，中国信托投资公司介入房地产开发、建设阶段融资活动时，一般采取信托贷款的方式，即由信托公司通过发行单一或集合信托计划进行融资后，向房地产商发放过桥性质的中短期贷款。房地产信托贷款业务是目前中国信托业介入房地产业时采取的主要业务形式，也是最为成熟的地产类信托业务。但是，由于信托投资公司缺乏房地产开发经验，因而在为房地产开发阶段融资时态度非常谨慎，因此，优先股融资模式成为中国信托投资公司的另外一类地产类信托业务。在该模式中，信托投资公司发行集合信托计划筹资后，以股权投资方式对房地产开发商进行增资；增资后的房地产开发商符合申请银行贷款的条件，从银行获得资金后完成房地产项目开发建设，最后信托资金获益退出。由于这种股权在退出时附有固定比例的投资收益，在性质上类似于优先股，故称为"优先股融资模式"。这种模式的典型案例是重庆国投推出的"世纪星城股权投资信托计划"。

从 2003 年中国人民银行发布《关于进一步加强房地产信贷业务管理的通知》（银发〔2003〕121 号）限制房地产企业的银行融资以后，房地产信托开始成为房地产企业追逐的热点。中国的信托公司趁机开始推出房地产信托计划、准证券化等相关业务品种。2008

年以来，商业银行对房地产企业的贷款越来越收紧，使房地产信托热不断升温。观察近期的信托市场，信托投资公司运营越来越规范，规模也越来越壮大。一方面，2010年起，国家连续发布大量与信托相关的法规政策，包括《商业银行稳健薪酬监管指引》（银监发〔2010〕14号）、《关于加强房地产用地供应和监管有关问题的通知》（国土资发〔2010〕34号）、《中国银监会办公厅关于信托公司风险监管的指导意见》（银监办发〔2014〕99号）。另一方面，中诚信托增资至25亿元，新增资金将主要用于扩大信托业务、在北京以外地区开设办事处、发展私募股权投资等新业务；华信信托的注册资本金也增至20.57亿元。另外，信托投资公司也尝试与商业银行合作，对参与房地产企业融资进行创新，如2009年4月15日，面临巨大资金危机的绿城房地产与中海信托股份有限公司（以下简称"中海信托"）订立了信托协议，成立中海绿城1号房地产投资信托计划，计划融资9.92亿～19.83亿元。从银行的角度来看，信贷理财计划可以看成是银行将表外资产进行"资产证券化"的操作。中海绿城1号房地产投资信托计划就属于信贷理财计划中的信托贷款，即在完成了对借款企业各方面融资条件的审核后，商业银行并不直接向企业发放贷款，而是借助信托公司的平台，从中小投资者处募集资金，再将这部分资金用于借款企业的融资，投资收益来源于企业正常的还本付息。从房地产企业角度看，商业银行与信托公司的合作无疑能大大增加信托计划的成功实施，有效地拓宽了房地产企业的融资渠道。与直接向商业银行借贷相比，由于此类信托计划中商业银行已经将很大一部分风险转嫁给了投资者，商业银行对资金的使用相对灵活，因此能更好地满足房地产企业多方面的融资需求。

在中国，对从事房地产金融业务的信托公司的管理（包括设立管理和日常管理）也由银监会负责。银监会对信托公司的日常管理主要体现在以下几个方面：发布信托投资公司从事信托业务的有关组织和管理的规章；定期或者不定期对信托投资公司的经营活动进行检查；对监管中发现的重大问题，有权质询信托投资公司的高级管理人员，并责令其采取有效措施，限期改正；责令管理混乱，经营陷入困境的信托投资公司采取措施进行整顿或重组，并可以建议撤换高级管理人员，在必要时可以接管有关信托投资公司。

四、房地产信托投资基金

房地产信托投资基金（Real Estate Investment Trusts，REITs）是以信托方式组成而主要投资于房地产项目的集体投资计划，是指信托公司通过制订信托投资计划，与投资者（委托人）签订信托投资合同，通过发行信托受益凭证或股票，受托投资者资金，然后进行房地产投资或房地产抵押贷款投资，并委托、聘请专业机构和人员实施具体经营管理的一种资金信托投资方式，一般以股份公司或者封闭式契约型信托的形式出现。有关基金旨在向持有人提供来自房地产的租金收入的回报，它主要是拥有并营运带来收益的房地产，例如办公楼、购物中心、酒店、公寓和工业厂房。

REITs 按基金财产的不同用途，可分为权益型、抵押型和混合型三种类型。权益型 REITs（Equity REITs）拥有并经营收益类房地产，主要靠租金获得收入；抵押型 REITs（Mortgage REITs）用于直接或间接发放房地产抵押贷款；混合型 REITs（Hybrid REITs）兼有以上两种业务。目前，无论在数量还是在市值方面，权益型 REITs 均占绝对主导的地位，约占所有 REITs 的 96%，权益型基金面向社会公众发行的金融产品，主要投资于能够产生租金收入的房地产，且积极买卖房地产是受限制的。也就是说，权益型基金是公开发行基金份额，通过购买或持有房地产，继而出租来获取基金收益。

对于房地产开发商来说，REITs 是一个良好的融资工具，除了通过银行、证券市场外，资金信托的方式也可以为房地产开发筹集到大量的资金，在融资渠道得到拓展的同时也因为竞争机制的引入减少了相关的融资成本。同时，权益型 REITs 还可以改变房地产开发商的经营模式，由以前短期的投资开发向长期的自主经营管理转变，增加房地产的盈利周期。

房地产信托投资基金是房地产基金中最出色的代表，也是目前房地产基金中唯一可以公募的基金。它和证券投资基金极为相似，不同在于证券投资基金是投向证券的，而 REITs 是投向房地产及其相关权利的。和私募的房地产基金相比，它存在一些约束条件。例如，基金财产的投资对象应为能产生稳定现金流的房地产或其相关权利，如公寓、购物中心、写字楼、旅馆和仓储中心等。美国要求至少 75% 投资在房地产业；中国香港《房地产投资信托基金守则》规定，"寻求证监会认可的房地产投资信托基金必须专注投资于可产生定期租金收入的房地产项目"。再如，投资收益大部分来源于租金收入，如美国要求至少 75% 的利润来自房地产的租金收入，中国香港要求 90%，新加坡和韩国则低一些，为 70%。此外，REITs 通常要求基金每年将收入的 90% 甚至更高比例以股息方式分配给受益人，购买的房地产的持有期限不得低于一定年限，另外，RIETs 在信托税收、不动产登记、房地产过户与买卖等方面享有一定的政策优惠。

需要引起重视的是，房地产信托投资基金在借贷方面有很严格的限制，其融资比率不能超过总资产值的 50%。另外，房地产投资信托基金的股利支付比例很高。

在中国，REITs 才刚刚起步，中国内地目前还没有真正意义上的房地产信托投资基金，但房地产业融资渠道匮乏使得 REITs 在中国具有迫切的发展要求。2007 年 4 月 10 日，中国证监会房地产投资基金（REITs）专题研究小组正式成立，中国人民银行指定联华信托和中信证券两家机构作为国内房地产信托投资基金的候选试点机构。上证所为它们花费很长时间做研究设计，并将积极推动其在上证所上市。在海外，有中国概念的房地产信托投资基金有三支。最早的是越秀房产基金（GZI REIT），它是第一个在香港上市的国内房地产项目，上市日期为 2005 年 12 月 21 日，筹资约 17.9 亿港元。越秀基金目前拥有 4 项资产，包括位于广东的维多利亚广场、财富广场、城建大厦及白马大厦，平均出租率近 93%。2006 年 12 月 8 日，嘉德置地旗下的中国零售房地产信托基金（Capita Retail China Trust，CRCT）正式在新加坡交易所上市交易，是现在唯一在新加坡成功上市的拥有中国概念的物业基金。其上市的商业物业总面积约 45 万平方米。第三支是睿富房地产基金（RREEF China Commercial Trust），2007 年 6 月 22 日在香港上市，物业面积主要由在北京东三环三元桥附近的两栋甲级写字楼组成，建筑面积约为 14 万平方米。

今后一段时间，中国的房地产信托投资基金（REITs）有望真正起步。一方面，中国人民银行已经提出了自己的 REITs 试点方案，建议将采用信托受益券的形式在银行间债券市场流通。另一方面，浦东 REITs 目前正在酝酿的过程中。浦东新区目前已经上报了 REITs 试点方案，该方案采用由央行主导的债权性方案，发起公司涉及陆家嘴集团、张江集团、外高桥集团以及金桥集团等浦东四大国有企业，浦东有望成为首批 REITs 金融创新试点地区。

五、房地产投资基金

房地产投资基金是一种主要投资于房地产或房地产抵押有关公司发行股票的投资基金。按照是否直接投资于房地产可以将其划分为两类：一类是直接投资房地产公司发行股票的基金；另一类是间接投资房地产业的基金，即房地产抵押基金，该基金主要是通过投资房屋抵押市场而间接投资房地产。

美国是世界上最早成立房地产投资基金的国家之一。20 世纪 60 年代，为克服房地产投资专业性要求高、资金需求大、地域性强、流动性差等不利因素，美国出现了由房地产专业机构管理的房地产投资信托基金，在汇集众多投资者的资金后进行房地产投资。随着房地产基金运作模式的不断成熟和运作规模的不断扩大，当前房地产基金几乎已经渗入美国每一个大中城市的房地产经营活动中。房地产投资基金的发展不仅为广大投资者提供一种金融投资工具，也为房地产业的发展提供了高效的融资渠道，成为连接金融和房地产两大行业的纽带。美国房地产投资基金有开放式基金和封闭式基金的区分，采用互惠基金的共同基金组织形式的房地产投资基金基本属于开放式基金，而采用有限合伙制度组织形式的房地产投资基金多为封闭式基金。其中，以有限合伙制房地产投资基金最为普遍，而采用开放式基金模式的相对较少，约占 30%。这是因为在美国，对开放式房地产投资基金的投资方向有所限制，该类基金一般不能直接投资于房地产资产，而是要通过投资于房地产投资信托股票、房地产相关债券等房地产相关金融产品来参与房地产产业的投资，并且要求其在房地产方面的投资比例达到基金规模的 90% 以上。

有限合伙制房地产投资基金一般由一个负无限责任的普通合伙人（基金管理公司）和一个或多个负有限责任的合伙人（基金投资者）组成，主要以私募的方式募集资金，并将所募集的资金用于房地产投资。在这种基金组织形式中，普通合伙人负责基金经营管理，并对基金债务承担无限责任；而有限合伙人拥有所有权而无经营权，也不承担无限责任。有限合伙制房地产投资基金投资方向严格限定于房地产有关的证券（包括房地产上市公司的股票、房地产依托债券、住房抵押贷款债券等）和房地产资产等方面。房地产投资基金直接投资的房地产资产一般是能产生较稳定现金流的高级公寓、写字楼、仓库、厂房及商业用房等物业。有限合伙制基金的普通合伙人承担的是无限偿付责任，所以一般在其发起基金时会规定基金不能通过负债的方式购进物业，除非基金所投资的物业需要装修、维修以及其他改进物业状况等情况，而基金本身的现金周转出现一定困难时，可以进行适当融资，但融资的比例一般也不超过投资物业价值的 25%。

在中国，房地产投资基金的发展晚于国外。自 2000 年以后，外资房地产投资基金开始在中国开展大量业务，到 2003 年以后有明显增加。外资公司中欧美公司占大部分，新加坡其次，以投资银行和金融财团为主，投资涉足中高档住宅、酒店式公寓、办公楼和部分综合项目。外资进入中国的房地产领域后，在买入持有上以办公楼和商场为主，在开发和销售环节以中高档住宅为主。据测算，外资在中国房地产市场中所占的比例约为 10%～15%。外资房地产基金主要以两种方式进入中国市场：第一种是投资开发型，即从前期就开始介入项目的开发，如新加坡政府投资公司、凯德置地、摩根士丹利、德意志银行、荷兰国际房地产、澳大利亚麦格理银行；第二种是投资收益型，即购买有稳定租户的成熟物业，长期持有收租盈利，如美国国际集团（AIG）、新加坡政府投资公司、新加坡腾飞基金、投资银行高盛、摩根士丹利、澳大利亚麦格理银行等。

目前，房地产投资基金在中国具有强大的生命力和远大发展前景，中国的城市化进程和房地产业的发展离不开房地产投资基金。首先，房地产投资基金动员巨额的社会资金参与城市化进程和房地产开发中。通过增加供给，增大存量，缓和供求矛盾，平抑房价来降低中国城市化的经济和社会成本。其次，房地产投资基金在增加房地产基金的同时，促进行业分工细化，可以分化出房地产开发、投资、基金管理、营销和物业管理，促进行业健康、精细、平稳发展。再次，房地产投资基金在自身发展中也会从私募走向公募，并且演化出各种品种，从而丰富房地产金融市场，分享房地产金融收益，分担房地产金融风险。最后，房地产投资基金使中小投资者能够从源头上进入房地产开发，分享城市和房地产开发红利，减少盲目投资需求，增加理性投资需求。

六、保险基金

房地产保险是整个社会保险的组成部分。所谓房地产保险，主要是指以房屋设计、营建、销售、消费和服务等环节中的房屋及其相关利益与责任为保险标的的保险，属于财产保险的范畴。保险公司承担的房地产风险是纯粹风险，带有偶然性、意外性和不可测定性。房地产虽然风险较少，但并不是毫无风险，因自然灾害和意外事故造成房屋毁损的可能性随时都存在。一旦这种可能性转化为现实性，那将会给房屋所有者带来经济损失甚至人员伤亡。因此，为了尽量规避风险、减少经济损失，购买房地产保险很有必要。

房地产保险的建立或发展，对房地产业的经营和管理提供了保障和支持。房地产商品是一种高价值资产，在设计、营建、销售、分配和使用的各个环节中一旦遭受意外事故，则损失巨大，但如果参加了房地产保险，就能将损失程度降到最低。因为房地产保险将众多投保人的保险费集中到一起，建立起强大的经济后备，可以为遭受损失的投保单位提供必要的资金补偿，从而为房地产资金的正常运用提供良好的条件，在一定程度上能起到资金融通的作用。因此，房地产保险也是房地产金融的重要内容。

房地产保险的组成要素，即房地产保险运行的必备条件，主要有以下三项。

一是保险基金。保险基金是指专门从事风险经营的保险机构根据法律或合同规定，以收取保险费的办法建立的、专门用于保险事故所致经济损失的补偿或人身伤亡的给付的一项专用基金，它是保险人履行保险义务的条件。房地产保险基金是房地产保险公司向投保人收取的保险费，或称保险付款的总和，是专为应付房地产意外事故的损失而做经济补偿之用的特殊资金，是房地产保险业务经营的必要条件。保险费主要依据房地产的保险金额、保险费率及保险期限来确定。

二是房地产投保人。房地产投保人是指对保险房地产具有保险利益，与保险人订立保险契约，并交纳保险费的人，可以是法人，也可以是公民自然人。房地产投保人必须是被保险房地产的所有人或经营管理人，或者是对保险房地产有利害关系的人。

三是房地产保险人。房地产保险人是与房地产投保人订立保险契约，收取保险费和在房地产出险后负责赔偿的人，如保险公司、房地产保险公司以及承办保险业务的银行等金融机构。

目前，中国内地与房地产金融有关的保险公司主要有中国人民保险公司、中国太平洋保险公司和中国平安保险公司等。保险公司承担的房地产金融业务主要局限于房屋财产保险范畴。具体来说，各保险公司推出的与房地产业相关的保险险种主要有房屋建筑工程保险、房地产人身保险、房地产财产保险、房地产责任保险和个人住房贷款保险。

个人住房贷款保险属于房地产融资保险的一种，是为了保障贷款资金安全而由借款人作相关投保的一种房地产保险。近些年来，中国很多商业银行都开办了个人住房抵押贷款业务。为了保障受押人的利益，保证抵押房屋在抵押期间若遭受灾害事故损失时能得到相应的赔偿，各商业银行都规定办理"个人住房贷款保险"作为获得抵押贷款的条件之一。个人住房贷款保险一般分为三类：一是抵押住房的财产保险，主要保障房产免受意外事故和自然灾害毁损的风险；二是贷款者的定期信用人寿保险，主要是在还贷期内贷款人因疾病或意外伤害而丧失工作能力或死亡的情况下，保证银行能安全收回贷款，贷款者的家人能继续居住；三是抵押贷款购房履约保证保险，当投保人因为死亡、失业等约定原因无力还贷时，保险公司代其向银行清偿剩余债务，同时行使追偿权，从抵押物中得到补偿或向投保人追回赔款。个人住房贷款保险在实际运行中存在银行指定保险公司、强制购买和保费过高等问题，因此，中国当前阶段应进一步研究个人住房贷款保险，充分发挥个人住房贷款保险的风险分担职能。

另外，中国近几年在房地产保险品种创新方面也做出了积极探索。自 2004 年以来，中国保监会就拟在广州、北京、上海等全国几大重点城市，试点推出主要面向老人群体的住房反向抵押贷款（即"以房养老"）的寿险品种。住房反向抵押贷款于 20 世纪 80 年代起源于荷兰，在美国日趋兴旺，随后欧洲国家、新加坡等纷纷效仿，并逐步发展成熟。根据中国保监会的设计思路，住房反向抵押贷款是将已经拥有房屋产权的投保人的房屋产权抵押，按其房屋的评估价值减去预期折损和预支利息，并按人的平均寿命（男性 69 岁）计算，将其房屋的价值化整为零，分摊到预期寿命年限中去，按年或月将现金支付给投保人，直至投保人亡故，保险公司才将房屋收回，进行销售、出租或者拍卖。住房反向抵押贷款使得投保人终身可以提前支用该房屋的销售款，而投保人一直享有居住权和出租权，从而使房产具有了融资和养老的功能。目前，住房反向抵押贷款业务正在上海小范围试点；在北京，中房集团理事长孟晓苏先生倡导组建了中国首个开展"以房养老"试点业务的保险公司——幸福人寿保险公司。但短期内，在中国推广这种保险创新产品可能还面临诸如产权、金融体制、观念和技术等问题和障碍。

七、住房置业担保有限公司

住房置业担保有限公司是指依照《住房置业担保管理试行办法》设立的公司。在借款人无法满足贷款人要求提供担保的情况下，住房置业担保有限公司为借款人申请个人住房贷款而与贷款人签订保证合同，提供连带责任保证担保。因此，住房置业担保有限公司是为借款人办理个人住房贷款提供专业担保，收取服务费用，具有法人地位的房地产中介服务企业。与商业银行相比，住房置业担保有限公司拥有对住房处置、变现的专业优势，能从专业的角度，对抵押物房地产的风险做出预测和防范。以上海市住房置业担保公司为例，住房置业担保有限公司主要提供个人住房类融资担保，包括纯公积金贷款担保、组合贷款担保、商业性贷款担保、转按揭担保、住房贷款阶段性担保、期房阶段性贷款担保、拍卖类房产贷款担保等。

理解住房置业担保概念须把握以下三点。

一是住房置业担保公司提供的住房置业担保，是个人住房贷款担保方式的一种补充。

二是住房置业担保是特定的专业性担保机构提供的保证担保，以区别其他形式住房保证担保行为。

三是住房置业担保规定了保证方式和反担保方式。住房置业担保提供的保证方式是连带责任保证，依照连带保证的法律规定，购房的债务人在主合同规定的债务履行期限届满时没有履行债务的，债权人（一般指发放贷款的商业银行）可以要求债务人履行债务，也可以要求保证人在其保证范围内承担连带保证责任。在连带保证中，由于住房置业担保有限公司承担的清偿责任与购房的借款人几乎相同，因此，住房置业担保有限公司为避免风险，可以要求债务人将其所有的房屋抵押给担保人，以作为清偿之后可以追索还款的保障，此即为反担保。按照《担保法》第四条规定，"第三人为债务人向债权人提供担保时，可以要求债务人提供反担保"，这样可避免损失。这种担保方式也是住房和城乡建设部与中国人民银行规定的操作方式。

住房置业担保有限公司在中国是与住房公积金制度相配套而产生的。2000年原建设部[①]出台《住房置业担保管理试行办法》，中国的个人住房贷款担保机制开始建立。经过十多年的发展，全国各地已经累计成立住房置业担保机构达100多家，大部分属于中小规模。截至2015年年末，全国100余家住房置业担保机构通过公积金贷款担保、住房商业性贷款担保等，累计实现公积金贷款担保余额4 000亿元，商业性贷款担保余额2 000亿元。

虽然十余年的发展让中国的住房置业担保制度逐渐成熟起来，但由于住房置业担保行业的独特性，住房置业担保并没有被引起广泛重视。加之这几年楼市火热，住房置业担保作为提振市场的手段被自然搁置在一边。因此，当前中国住房置业担保存在经营市场"条块分割"、住房置业担保的规模小、担保收费标准不明确、风险防范措施尚不完善等一系列问题。具体体现在以下三个方面。

第一，按照现行的担保余额不得高于注册资本金30倍的限制，目前业内最大的天津市津房置业担保股份有限公司也只能为大约195亿元的贷款提供担保，而达到这个规模的在全国也仅有天津和上海两家，这导致住房置业担保有限公司的规模和业务量都难以有巨大的提升。

第二，除少数城市如北京、上海、天津的住房担保机构业务量较大、经营状况较好之外，全国大多数住房担保机构的生存状况都不容乐观。

第三，由于现有住房置业担保公司主要是以地域划分经营范围，每家住房置业担保公司只是在注册地开展业务，容易受到区域性房地产金融市场波动影响，市场风险过于集中。

因此，如何制订住房置业担保的长远发展规划，对保障中国房地产市场的健康发展，保护购房人、住房担保机构和商业银行的利益至关重要。目前，学术界提出以下几个观点来充分发挥住房担保机构对房地产业的积极促进作用：一是政府给住房担保机构一定的财政补贴，使他们主动为持币观望的购房者提供担保，从而拉动房地产需求。二是政府出台相应的优惠政策，比如减免一部分税款，以此鼓励住房担保机构为中、低收入的购房者提供担保，促进住房交易，从而形成良性循环。实际上，政府通过担保机构为中、低收入家庭提供支持，既有利于在住房抵押贷款领域有效发挥市场机制的基础性调节作用，又能发挥政府调控对市场失灵的弥补作用。例如，上海住房置业担保公司就做出了相应的试点改

[①] 根据2008年3月份公布的《国务院机构改革方案》的规定，"组建住房和城乡建设部。不再保留建设部"。本书凡以"建设部"或"原建设部"出现的，均指机构改革前的建设部，对应现在的住房和城乡建设部。同时，建设部原相应机构也做了调整。下文不再一一说明。

革，试点阶段购买经济适用房的家庭可通过上海住房置业担保公司为其住房贷款提供担保服务，增强其信用等级，从而使其能通过公积金贷款购买到经济适用房。根据住房和城乡建设部课题《完善住房担保体系，确保住房市场健康稳定发展》的建议，未来政府可借助住房置业担保这一市场化手段，针对那些既不符合廉租房保障范围、又难以承受商品住宅价格的"夹心层"，降低其购房时的首付标准和购房利率优惠，由此可撬动住房消费与投资。

八、金融资产管理公司

1998 年，作为中国金融业根基的国有银行业，尽管为抵抗住亚洲金融危机做出了卓越贡献，但其时四大国有商业银行已存在着大量不良贷款。中国人民银行当时做的一项统计表明，国有商业银行不良资产总额在 1998 年大约为 22 898 亿元，约占整个贷款金额的25.37%。巨额的不良资产直接损害到四大国有商业银行的稳健与安全。为了化解由此可能导致的金融风险，国务院于 1999 年相继设立了四家金融资产管理公司，即中国华融资产管理公司（CHAMC）、中国长城资产管理公司（GWAMCC）、中国信达资产管理公司（CINDAMC）和中国东方资产管理公司（COAMC），分别收购、管理和处置四家国有商业银行和国家开发银行的部分不良资产。中国组建金融资产管理公司是为同时达到以下三个目的：一是改善四家国有独资商业银行的资产负债状况，提高其国内外资信。同时深化国有独资商业银行的改革，对不良贷款剥离后的银行实行严格的考核，不允许不良贷款率继续增加，从而把国有独资商业银行办成真正意义上的现代商业银行。二是运用金融资产管理公司的特殊法律地位和专业化优势，通过建立资产回收责任制和专业化经营，实现不良贷款价值回收最大化。三是通过金融资产管理，对符合条件的企业实施债权转股权，支持国有大中型亏损企业摆脱困境。

那何谓"金融资产管理公司"呢？《金融资产管理公司条例》第二条对该类型公司做出明确定义："金融资产管理公司，是指经国务院决定设立的收购国有银行不良贷款，管理和处置因收购国有银行不良贷款形成的资产的国有独资非银行金融机构。"同时第三条规定了其经营目标："金融资产管理公司以最大限度保全资产、减少损失为主要经营目标，依法独立承担民事责任。"

目前，中国现存的四大金融资产管理公司都已完成政策性不良资产收购任务，从 2005年中国信达资产管理公司开展第一次商业化收购业务开始，2007 年四家金融资产管理公司都已开始纯商业化资产运作。例如，中国长城资产管理公司推出了 32 个房地产抵押、抵债项目，面向国内外投资者进行招商，项目涉及长沙、成都、哈尔滨、兰州、沈阳、西安、郑州、重庆等 11 个省会（含直辖市）城市，债权本金合计 18.64 亿元。抵押或抵债房地产面积 43.3 万平方米，土地面积 657.7 万平方米。在北京，中国长城资产管理公司还开展了

"杰宝公寓"项目的拍卖工作，涉及资金超过 1 亿元。中国信达资产管理公司也通过其资本金项的房地产资产上市，开创了资产管理公司业务转型中资产重组的先河。目前，中国信达资产管理公司已经拥有了信达投资、信达地产、幸福人寿等业务平台。

九、小额贷款公司

　　小额贷款公司是由自然人、企业法人与其他社会组织投资设立的，不吸收公众存款而经营小额贷款业务的有限责任公司或股份有限公司。小额贷款公司是企业法人，有独立的法人财产，享有法人财产权，以全部财产对其债务承担民事责任。小额贷款公司股东依法享有资产收益、参与重大决策和选择管理者等权利，以其认缴的出资额或认购的股份为限对公司承担责任。作为非银行型房地产金融机构，小额贷款公司应遵守国家法律、行政法规，执行国家金融方针和政策，执行金融企业财务准则和会计制度，依法接受各级政府及相关部门的监督管理；应执行国家金融方针和政策，在法律、法规规定的范围内开展业务，自主经营，自负盈亏，自我约束，自担风险，其合法的经营活动受法律保护，不受任何单位和个人的干涉。

　　小额贷款公司的注册资本来源应全部为实收货币资本，由出资人或发起人一次足额缴纳。有限责任公司的注册资本不得低于 5 000 万元，股份有限公司的注册资本不得低于 7 000 万元。主发起人原则上净资产不得低于 5 000 万元，资产负债率不高于 70%，连续三年盈利且利润总额在 1 440 万元以上。主发起人持股原则上不超过 20%，其他单个股东和关联股东持有的股份不超过注册资本总额的 10%。按照中国人民银行的现行规定，小额贷款公司贷款利率上限为基准利率的 4 倍，但原中国人民银行条法司司长周学东于 2010 年 2 月25 日在中英非银行金融机构贷款研讨会上表示，央行计划取消对小额贷款公司贷款利率上限的规定，同时使现有一些非银行私营贷款机构合法化。而根据最高人民法院《关于人民法院审理借贷案件的若干意见》，"民间借贷的利率可以适当高于银行的利率，各地人民法院可根据本地区的实际情况具体掌握，但最高不得超过银行同类贷款利率的四倍（包含利率本数）。超出此限度的，超出部分的利息不予保护"。

　　一般而言，小额贷款公司专为个体工商户、小企业主和个人提供快速简便、免抵押、免担保小额贷款服务，以对借款人的收入水平、信用状况的评估为依据而发放。贷款额度一般在 30 万元以下，期限为一年或一年半，分期还款。虽然小额贷款公司的业务审核门槛较低，但因为小额贷款公司的利率较高，通常个人贷款年息普遍维持在 27.6%～33.6%，因此对于非房地产投资人来说，他们一般不会通过小额贷款公司来获得资金的补充。小额贷款公司的放贷业务对象大部分是那些房地产的投资客，并且通过月利率来计算的短期业务占其房贷业务的大多数。自 2010 年"史上最严"的二套房首付政策出台后，不少有改善型需求的购房者也被抵挡到房地产市场外。面对二套房高额的五成首付，部分购房者动起了

用无担保小额贷款解决首付的念头，这也使小额贷款公司开始较深地介入个人住房融资业务。

十、典当行

典当行，俗称当铺，是专门发放质押贷款的非正规边缘性金融机构，是以货币借贷为主和商品销售为辅的市场中介组织。典当行的主营业务为典当业务，其法律性质几乎等同于商业银行的短期抵押贷款业务。但是与商业银行的贷款相比，典当具有当物多样化、手续便捷、当金使用不受限制等优势。因此，典当行完全可以通过细分市场，与商业银行展开错位经营，从而发挥其比较优势，为中小企业和公民救急解困提供商业银行无法比拟的个性化服务。

鉴于上述原因，中国政府历来十分重视典当行业的发展，根据环境变化不断出台相应法规，如中国人民银行于1996年4月发布的《典当行管理暂行办法》（以下称"暂行办法"），国家经贸委于2001年8月发布的《典当行管理办法》（以下称"老办法"），国家商务部和公安部于2005年2月联合公布的《典当管理办法》（以下称"新办法"）。以上法规的实施使典当行正式具有了经营房地产典当业务的法律资格，只有商业银行才能进行财产权利质押和房地产抵押贷款的垄断局面被打破。

房地产典当是房地产权利特有的一种流通方式，它是指房地产权利出典人在一定期限内，以一定典价将其所有的房地产权利过渡给承典人的行为。通常，设典的房地产权利为房屋所有权。设典时，承典人可以占有、使用房屋；也可以行为上不占有、使用该房屋，但有权将出典的房屋出租或将房屋典权转让。设典时，一般应明确典期，出典人应在典期届满时交还典价和相应利息以按约定赎回出典的房屋；也可以双方约定，由承典人补足典房的差额而实际取得房屋的所有权。

当前，房地产典当作为房地产融资的一个途径，正在为人们所关注。典当行也已逐步成为个人理财融资和中小企业直接融资的途径之一。具体来讲，典当行在房地产融资中发挥的作用体现在以下几个方面。

第一，对一些急需凑钱付房屋全款的个人客户，通过选择典当原有房子可凑齐全价房款。其融资行为的优势表现为既可不损失定期存款的利息，又可不错过房地产开发商给的折扣，从而以较小的代价实现房屋的购买。从国内现在大多数典当行的操作来看，目前，大多数典当行的房屋折当率为60%～67%，房子条件好的最高能给到80%。因此，通过原有房产典当，典当人可拿到一笔可观的贷款，以进行二次购房交易。

第二，尽管目前国内的房地产典当息费一般为每月3.2%，但房地产典当作为一种快速、灵活和便捷的短期融资理财工具，已越来越多地融入市场经济活动和日常生活当中，运用房地产典当的人也越来越多。以北京较早设立的宝瑞通典当行为例，其房地产典当业务可

实现最快在 12 小时内放款。因此，房地产典当给急需资金的客户提供了一条快速融资之路。

第三，国内的房地产典当业务涉及的抵押物范围极其广泛，既包括个人房地产，也包括公司名下的房地产；既包括住宅、公寓、别墅、四合院、经济适用房、成本价房（含央产房）和危改回迁房，也包括写字间、商铺和厂房，还包括土地以及在建工程等；既包括付清全款且无银行贷款的房地产，又包括还有银行贷款的按揭房地产。

本章小结

- ➤ 房地产金融是金融业务的一种形式，它一般是指围绕房屋与土地开发、经营、管理等活动而发生的筹集、融通和结算资金的金融行为，其中最主要的是以房屋与土地作为信用保证而获得的资金融通行为。在房地产的生产、流通和消费过程中所发生的存贷款、股权融资、债券发行及房地产金融机构所进行的其他各种信用活动都是房地产金融活动。

- ➤ 中国房地产金融包括政策性的房地产金融和商业性的房地产金融两类。政策性房地产金融主要是与住房制度有关的金融活动，其资金来源也有强制性，而资金的使用则兼具优惠性与专项性（只限住房）；商业性房地产金融是以盈利为主要目的的金融活动，金融机构需要自主筹措和使用资金，并可涉及各类房地产的开发和购买。

- ➤ 房地产企业的五种主要融资途径分别是银行信贷、股权融资、债券融资、信托融资和境外基金。

- ➤ 中国房地产企业内部融资主要包括自有资金和预收的购房定金或购房款。但是房地产企业单纯依靠内部融资是不能满足全部资金需求的，更多的资金需要通过外部融资获得，其主要渠道有银行贷款、发行股票、股权投资、发行企业债券、房地产信托、利用外资、合作开发、产业基金等。

- ➤ 中国的房地产金融机构主要由非专业性房地产金融机构构成，包括银行型房地产金融机构和非银行型房地产金融机构，其中以商业银行和各类基金公司为主。

综合练习

一、本章基本概念

房地产金融；房产金融；地产金融；融资主体；融资中介；金融工具；住房公积金；信托投资公司；房地产信托投资基金；房地产投资基金；房地产保险；住房置业担保有限公司；金融资产管理公司；小额贷款公司；典当行。

二、本章思考题

1．房地产金融具有哪些特征？

2．目前房地产企业主要有哪些融资途径？

3．商业银行在中国房地产业中的地位如何？

4．中国房地产金融机构主要有哪些？

5．小额贷款公司、典当行等民间金融机构在房地产融资中有哪些作用？

 推荐阅读资料

1．邓宏乾．房地产金融[M]．上海：复旦大学出版社，2006．

2．中国建设银行研究部专题组．中国商业银行发展报告（2010）[M]．北京：中国金融出版社，2010．

3．彭建刚．中国地方中小金融机构发展研究[M]．北京：中国金融出版社，2010．

4．张健华．中国金融体系[M]．北京：中国金融出版社，2011．

5．常永胜．中国房地产金融体系研究[M]．北京：经济科学出版社，2008．

6．董藩，李英．房地产金融[M]．大连：东北财经大学出版社，2014．

第三章　中国房地产金融发展状况

学习目标

通过对本章的学习，学生应了解或掌握如下内容：
1. 中华人民共和国成立前房地产金融的类型与发展状况；
2. 改革开放前的房地产投资问题；
3. 改革开放后房地产金融业的重新兴起；
4. 建设银行在房地产金融业发展过程中的突出作用。

导言

在存在商品生产的条件下，产业资本与金融资本的互相渗透、互相结合是一种必然的趋势。马克思主义经典作家在总结资本主义的特征时，曾将其作为一个重要特征加以对待①。房地产金融业的出现恰恰是这种趋势的证明，不论是中华人民共和国成立前房地产金融业的发展还是中华人民共和国成立后房地产金融业的再生，都可以说明这一点。那么，房地产金融业在中国历史上有哪些作为，在今天又表现得如何呢？本章中我们将对此加以简单考察。

第一节　中华人民共和国成立前房地产金融业的概况

中华人民共和国成立前，金融业与房地产业已产生了较强的联系，金融业开始积极参与房地产的开发和经营活动。从当时的情况看，在整个金融市场上，房屋、土地、典当业、商业、高利贷是社会上流动资金的主要投放场所，房地产市场尤甚。从当时的生产力状况

---

① 随着中国社会主义市场经济体制的确立、完善以及产业资本与金融资本的逐渐结合，许多传统理论和判断受到挑战。这也正是马列理论需要发展和完善的地方。

来看，土地开发市场和房产市场可以说是比较兴盛的。例如，当时银行界的代表"北四行"（盐业银行、金城银行、大陆银行、中南银行）、"南三行"（浙江兴业银行、浙江实业银行、上海商业储蓄银行）以及"四行储蓄会"，不仅向房地产开发商提供贷款，还直接搞房地产开发、经营活动。1932 年，"四行储蓄会"用于土地开发和房产开发方面的抵押放款数占存款总额的 44.9%。我们按照中华人民共和国成立前房地产金融业务的种类分别讲述其发展状况。

一、房地产抵押贷款

放贷人在发放贷款时，借款人以房屋和土地抵押担保，这是金融业与房地产业相结合的最主要形式。旧上海用房地产作抵押借款的种类有空地押款、地上权押款、造屋押款、房地押款等。由于有一定数量的房屋和土地作抵押，当借款人不能按期偿还贷款本息时，作为抵押品的房屋和土地则部分或全部无条件地被债权人没收。由于土地是最主要且不能移动的财产，所以银行很欢迎将房屋和土地作为抵押品。当时四大家族金融垄断体系在全国的金融业中占据主导地位。1935 年，全国有 2 566 个银行机构，其中"官办"银行有 1 971 个，其余较大的银行都是"官商合办"或四大家族"商办"的。这些银行都开办房地产抵押贷款业务，许多银行还开设了房地产部，专营房屋和土地抵押贷款业务。当时上海的业广公司 1934 年放出土地和房产抵押贷款 600 万元；义品地产公司的前身就是义品放款银行，几乎是专做抵押贷款的，义品地产公司每年放款利息收入 30 万元。当时的汉口、天津、广州等城市也盛行房地产抵押贷款业务。中国银行、交通银行、中南银行、盐业银行等通过发放抵押贷款业务，还取得了大量房地产。旧上海的银行、钱庄也视房地产为可靠信用物，在钱庄的抵押贷款物中，房地产往往占到 50%以上。上海商业储蓄银行在录用练习生时，规定需要殷实保人，一旦该练习生有贪污挪用之事发生，须拿保人是问，保人因此而被银行没收房产者为数不少。值得注意的是，此时外国金融机构在中国房地产金融市场上也很活跃，如英国律师高易经手英商汇丰银行的贷款达 400 万银圆。阜昌洋行发行贷款达两分利，比银行利息高一倍，而且不但利息高，抵押期也短。逾期不还款，房屋和土地即归放款人所有。

二、银行直接投资房地产开发经营活动

银行参与房地产开发和经营活动，以上海为最早。第一次世界大战前后，中国民族工商业发展较快，对房地产的需求旺盛，房地产领域显得利润优厚，稳定可靠。为此，许多华商银行纷纷抽资搞土地开发和房屋建设。例如，盐业银行、金城银行、大陆银行、中南银行这四家所谓的"北四行"，于 20 世纪 30 年代在上海滩闹市中心南京路上购买了一块土地，动用巨资搞开发，联合建造了当时举世闻名的"国际饭店"；中国银行在上海购地

开发建造了中行大厦，这两座大厦连同百老汇大厦（现改称上海大厦）是当时上海三鼎足的最高楼宇，现在也是上海城市的重要象征。当时外滩一条街上许多土地的所有权都属于中外银行，耸立的高楼也多为银行开发建造的。许多散布在市内里弄里的住宅、花园洋房、公寓、店房、仓库等，也有不少是银行开发建设的。

1952年年底，公私合营银行上海分行接管上海旧银行的房地产，总计有空地430余亩、办公大楼30座、公寓11座、独立住宅55幢、连接式住宅2 648幢、市房659幢、仓库25座。外国银行在当时的房地产开发和经营活动中也扮演着重要角色，英国汇丰银行在沿江大道青岛路口购买地皮并投资修建了汇丰大楼，工程造价即达200余万银圆，法国、日本、美国的许多银行也大都搞房地产开发经营活动。银行从事这类活动应该说已经越出了金融领域，但由于是金融机构从事的，我们在此仍加以总结、介绍。

三、发行房地产股票和债券

当时房地产商通过发行房地产股票和债券筹集了大量资金。如民国十一年（1922年）成立的美商普益地产公司，至民国二十年（1931年）计发行股票530余万元，中国人占有为33.1%。英商沙逊系的华懋地产公司在1930年发行了大量公司债券。英商业广地产公司在光绪十四年创立时就招收华股，到1950年华股占总股的56.44%。华股百分比虽高但分散，公司营运权操纵在少数英商手中。该公司从1888年起曾9次增资，并先后发行公司债券达30次之多，总金额达2 000万元以上。其他如美商普益、中国营业等房地产公司也曾发行过数百万元公司债券。经营房屋、土地的房地产公司，若缺资金，都可以房屋和土地作抵押，按一定程序委托信托公司发行房地产债券或股票。据不完全统计，到1935年，上海九家外国房地产商所发行的公司债券、股票等，总数达1.3亿元之多。与这种背景相适应，许多商人、业主和略有节余的中上层职员纷纷投资于房地产股票和债券，当时在上海、天津、北京等地的证券交易机构，房地产股票和债券交易是十分狂热的。

这里需要提一下上海万国储蓄会的储蓄券，这种储蓄券也是债券。"万国储蓄会"成立于1912年，名义上是储蓄机构，实际上是一家债券公司。当时这个储蓄会影响比较大，据统计，至1931年万国储蓄会吸纳社会储金达6 500万元之多，占全国所有储蓄总额的五分之一。储蓄会发行的是"债券"，可以转让而不能提前支取，储蓄会以吸收的资金建立"中国建业地产公司"，主要开拓上海法租界的房地产业，兴建了很多高、中档里弄住宅、高级公寓，花园洋房，原法租界的毕卡第公寓（今衡山宾馆）、诺曼底公寓（今武康大楼）、盖司康公寓（今淮海公寓）等都是万国储蓄会的产业。

四、设立专门的房地产金融机构

当时有许多大房地产商都设有专门的地产银行或房地产银行。20世纪30年代末，沙逊集团由于子公司的不断增加、资产的不断扩张、业务范围的不断扩大，需要有若干金融机构作为管理中枢，以便为其所属企业筹划和调度资金，并向它们发号施令。除新沙逊洋行为沙逊集团领导机构外，这些金融机构包括远东营业有限公司、上海地产银股份有限公司、汉弥尔登信托有限公司及新沙逊银行。另外，为了吞并更多的企业，扩张其实力，沙逊集团还聚集了一批二、三流资本集团，于1930年合资创办了两家投资公司，即中国国际投资信托公司和扬子银公司，从而使沙逊集团能以很少的资本统治巨大的生产部门，并组成以沙逊集团为核心的资本联盟。武汉的地皮大王刘欲生为了筹借资金，利用东方汇理银行买办的身份，开设了自己的阜昌钱庄。他一方面从东方汇理银行借入低价贷款，然后转手高价贷出，谋取暴利。此后，他借助钱庄和洋行的融资之便，还投资经营了许多工商企业。义品放款银行为比利时、法国合资创办的银行，名义上属于比利时财团，实际上其并未正式投资，总行虽设在比利时首都布鲁塞尔，但法国巴黎另设有总管理处。1912年后，该行在中国的上海、天津、汉口和香港等地设立分行，其资本总额达到 1 000 万法郎。每年用于土地开发和房屋建设的放款在 400 万～500 万元，成为当时针对房地产领域最大的放款银行。此外，许多外国的教堂和医院也将高利贷活动拓展到房地产开发和经营领域，如山西省有的教堂和医院，有专门的机构和人员搞房屋和土地的开发与经营贷款，投下的高利贷资本不下百万元。

第二节　中华人民共和国成立后房地产金融业的恢复与发展

从中华人民共和国成立后至改革开放前，由于中国实行的是较严格的计划经济体制和住房无偿分配制度，房地产金融业失去了存在和发展的条件，原有的房地产金融关系和交换行为逐步萎缩甚至干脆停顿下来。可以说这一段时间尽管存在房地产投资问题，但房地产金融活动却少之又少，接近于不存在。改革开放后，房地产金融业务逐渐复苏并发展起来，但在此过程中房地产信贷业务一直占据主角地位，其他融资方式正处于成长中。

一、改革开放前的房地产投资问题

中华人民共和国成立以后，中国面临在战争废墟上医治创伤、重建家园的问题。为适应当时的社会制度和形势，解决城市住房不足问题，住房建设资金由国家财政统一拨付，无偿使用。资金管理部门只负责资金的拨付，不负责资金的筹集和回笼，从当时的形势出发，采用高度计划体制进行住房建设也是必需的。

1954 年 9 月，经中共中央和毛泽东同志批准，国家对当时的交通银行进行了改组，成立了中国人民建设银行，由该行负责国家的基本建设财务与信用管理工作。根据当时管理工作的需要，国家将基本建设投资划分成生产性建设资金和非生产性建设资金，其中非生产性建设资金中包括住宅建设资金。在项目的投资建设上，一方面通过对基础工业设施进行投资来改善生产条件，另一方面直接投资建设了一批住宅来解决城市居民的生活问题。当然，在建设居民住宅的同时，也兴建了一批部队用房和党政机关办公用房。对居民住房的分配采用无偿形式，住房成为一种福利品，只象征性地收取少量租金。住房的维修、保养和改造也由政府承担。

在计划经济体制和住房供给体制下，城市住房建设投资由国家财政预算统一承担，建成的住房在全部城镇之中作为福利品无偿分配给每家每户使用，而且分配基本上依据家庭人口数量和行政级别。在这种投资体制和分配体制之下，房地产资金的循环被人为切断，资金周转无法顺利进行下去，呈现出有投入、无回收的特点。土地属于国家，由政府审批划拨，不允许转让；住房由国家分配，不许买卖、出租、抵押，这样整个房地产交易活动基本停滞，房地产市场不复存在。公房的使用虽然也必须缴纳房租，但这种租赁关系有名无实，根本不具有任何经济意义。房地产经济活动和房地产市场不存在了，房地产金融活动显然也无从谈起。

中华人民共和国成立后近 30 年间，中国城镇中用于土地开发和房屋建设的资金，都是靠国家财政拨款完成的，而不是靠信用资金，所以没有房地产信用活动。尽管中国人民建设银行（以下简称建设银行）负责国家基本建设财务与信用的管理工作，但由于资金使用是无偿的，而且建设银行只负责资金的管理，不负责资金的筹集和回收，显然将其说成信用活动是不合适的。在这种大背景下，房地产金融自然不存在。同时，由于土地全部通过行政划拨取得，房屋也搞福利分配，都不再具有商品属性，银行也无法向房屋和土地开发活动提供信用支持。可以说房地产金融业在中国停顿了近 30 年。

不过，1956 年，国家鉴于当时工矿企业职工极为艰苦的居住条件，提出了自建公助的办法，鼓励职工个人建造住宅，改善居住条件。对于自己建造住宅而资金又一时不足的企业工人和职员，由建设银行给予一定的住宅建设贷款。这项贷款业务当时在辽宁、四川、内蒙古、河北、北京、山东等 18 个省、市、自治区试办了一年，贷款总额约 400 万元。虽然开办的范围窄、时间短、额度小，但仍不失为银行信贷工作与房地产业结合的有益探索，这可以说是中华人民共和国成立后房地产金融业的初次萌芽。但是，由于时间短、额度小，加上整个社会制度否定商品经济活动，这次房地产金融业的复苏不过是昙花一现。

二、改革开放后房地产金融业的再生

1978 年，以中共十一届三中全会为标志，中国开始了全面的经济体制改革，金融体制不断变革，房地产业开始孕育、发展。银行为适应这种变革和发展，开始发展房地产金融业务，特别是信贷业务。这样，房地产金融业务逐渐复苏并发展起来，但在此过程中房地产信贷业务一直占据主角地位。

（一）房地产金融业的复苏时期（1979—1984 年上半年）

1978 年，中共十一届三中全会召开。之后，中国开始了住房制度改革，住宅商品化工作开始推进。1979 年，西安、南宁、柳州、梧州四个城市率先开始了全价向个人出售住宅的试点。到 1982 年，此类试点城市扩大到 50 个，共售出住宅 4 000 多套。在这段改革试点过程中，出售住房的卖方是市政府，买方是城市居民个人，每平方米售价一般在 120～150 元。由于此间修建住房的责任主要由政府承担，企业改革刚刚开始，房改还没有考虑企业的作用。这样房改就等于把原来政府一方承担的责任改为由政府和居民个人双方承担。由于此时一套住宅的售价相当于一个职工 10～12 年的工资总额，相当于一个城市家庭 5～6 年的家庭总收入，因此，房改使得个人负担过重，普通家庭根本买不起房。与周围普遍存在的享受无偿分房的职工相比，买房者心中也极不平衡。这样，这项改革办法的推行便遇到了阻力。不过，房改的发端为房地产金融业务的出现营造了气氛，制造了需求者。

除了上面提到的售房之外，这一时期实施的住宅商品化工作还包括在住房建设中实行统建和私建公助，推行城市综合开发建设等。部分银行适应这种变化，开始支持住房制度改革，开办了住房信贷业务。不过由于处于初创阶段，业务范围还很小，只是建设银行系统在一些房改试点城市和部分大中城市开办，业务内容也很单一，只开办了信贷业务，主要是向统建部门和综合开发企业发放流动资金贷款，规模也不大。到 1984 年年底，累计发放的贷款有 17.63 亿元，这其中有一部分资金用在了土地的开发和经营上[①]。

（二）房地产金融业的初步发展时期（1984 年下半年—1989 年上半年）

1984—1989 年，中国的改革开放正处于从农村向城市拓展、深化的时期，社会主义商品经济正逐步建立。我们可以从两个角度考察这一时期房地产金融业的初步发展。

1．住房储蓄银行的出现及其影响

1984 年，国家总结了前一段时间房改售房的经验与教训，结合企业改革全面展开后企业活力大增的情况，提出了"三三制"的售房模式，即政府、企业、居民个人分别承担房价的 1/3。这样，售房者仍是政府，买房者变成了单位帮助下的个人。售价仍是土建成本价150～200 元/平方米，一套住房支出相当于一个职工 3～4 年工资总额或两年的家庭收入。这项改革在四平、常州、郑州、沙市四个城市试点，不到两年的时间即售出 1 797 套住宅，呈现出供不应求的局面。但是，这项改革虽使个人负担减轻了，但政府的负担却加重了。从四个城市售出的 1 797 套住房来看，实际投入资金 1 400 万元，但通过售房收回的资金只

---

① 与1956年的住房贷款有较大区别的是，此时的贷款资金不再是国家财政拨付的，而是银行从流动资金贷款指标中划出来的，是真正的银行信贷资金。

有 270 万元。再加上这项改革只涉及新房，对原有公房基本未触及，因此到 1986 年年初不得不暂停并寻找新的替代思路。在这种背景之下，烟台、蚌埠住房储蓄银行应运而生了。

烟台、蚌埠住房储蓄银行的产生不是偶然的。1986 年 4 月，蚌埠与烟台、唐山等市被国务院确定为全国首批住房制度全面改革试点城市，并于 1987 年 10 月推出房改试点方案。其基本思路是"提租发券，空转起步，滚动前进，逐步向实转过渡"。即把公房租金提高到准成本租金（平均每平方米 1.18 元）标准，按照规定的职工工资基数发放 21%的住房券补贴。在酝酿和制订房改方案的过程中，有关部门深深感到住房制度改革没有金融体制改革的配合难以起步，即使起步也难以为继。住房制度改革仅靠财政不行，要同金融改革紧密结合起来。由于房改具有较强的地方性，须根据各地的不同情况开展，加上专业银行垂直领导体制上的限制，所以，成立一个新型的住房金融机构，由其专门承担房改金融业务，不论对房改，还是对金融体制改革，都是有益的尝试。1987 年 5 月，国务院及有关部门的领导同志和金融专家到全国房改试点城市进行调查论证，经过分析比较，一致认为，"为促进建房买房，应当成立地方性质的房地产商业储蓄银行""房地产银行成为推动住房制度改革不可缺少的信贷和结算中心，这是现行商业银行很难代替的""建议先在烟台、蚌埠两市进行试点"。1987 年 8 月，国务院召集有关部门负责同志参加会议，专题研究烟台、蚌埠住房储蓄银行组建问题。会议议定，同意在烟台、蚌埠两个房改试点城市建立住房储蓄银行，并对住房储蓄银行的性质、形式、业务范围及有关问题做了明确规定。1987 年 10 月 4 日，国务院〔1987〕164 号文件《关于蚌埠市城镇住房制度改革试点方案的批复》同意"成立蚌埠住房储蓄银行，作为住房资金的信贷、结算中心"。1987 年 12 月，烟台住房储蓄银行亦获批准成立。1988 年 2 月 25 日，国务院在〔1988〕11 号文件《关于印发全国城镇分期分批推行住房制度改革实施方案的通知》中指出"住房制度改革，要广泛而有效地筹集和融通资金，建立一套科学结算办法，金融体制必须进行相应的配套改革""烟台、蚌埠两市已设立住房储蓄银行，要切实办好，取得经验"。上述重要精神都为办好烟台、蚌埠住房储蓄银行指明了发展的方向，创造了良好的条件。

两家地方住房储蓄银行的成立对房地产金融业务的发展起到了积极作用：第一，承担了房改的运转业务，形成了住房资金的结算中心，保证了房改的顺利进行；第二，建立了住房基金制度，理顺和集中了全市的住宅资金，促进了住房资金良性循环；第三，开办了居民个人购房长期低息抵押贷款业务，对居民购建房提供了有力支持；第四，开展了房地产信贷业务，参与了商品房的开发建设；第五，对市级住房基金的积累以及住房基金和生产资金的分离做出了贡献；第六，开办了住房储蓄业务，为房地产业筹集融通资金。当然，今天这两家银行已经分别转型或者被合并了。

2．建设银行在房地产金融业发展中的突出作用

银行在房地产业的发展和房地产市场的建立中起着重要作用，也承担着房地产金融业务的主体部分。在各家银行中，建设银行在房地产业发展和房地产金融业务开拓中一直独领风骚，发挥着独特作用，这从建设银行支持和参与房地产业发展的实践中便可清楚地看到这一点。

1984年，国务院召开了"基本建设及建筑业管理体制改革座谈会"，会后颁发了《关于改革建筑业和基本建设管理体制若干问题的暂行规定》。此规定明确指出，各地应组建房地产综合开发公司，对城市建设实行综合开发；对于城市房地产综合开发公司所需周转资金由建设银行供应。这等于明确规定了建设银行在房地产信贷管理方面的特殊地位。根据国务院的要求，从1985年起，建设银行开始调整信贷结构，单独拿出一部分资金，在全国范围内开展了土地开发和商品房建设贷款业务。这是中华人民共和国成立后第一笔大规模用于房地产的专项贷款。不久，建设银行又在内部设立了房地产信贷部，专门负责管理房地产信贷业务，这就从组织机构上完善了对房地产信贷业务的管理。

在这段时间里，建设银行积极支持和参与房地产开发与市场建设，取得了突出成就。主要表现在以下几方面。

（1）积极融通资金，支持房地产开发活动。从1985年起，建设银行就以每年递增10亿元的速度，增加对房地产开发企业的贷款额度。同时，为将分散的资金集中起来加以利用，建设银行通过吸收存款和发行住宅建设债券的方式积极为房地产开发企业筹措资金。在有些地区，建设银行还帮助地方和企业成立了"住宅基金会"或住宅合作社，发挥各方面的积极性，帮助城市居民解决住房问题。

（2）采取各种有效措施，促进房地产市场的建立与完善。各级建设银行配合有关部门制定了一系列关于房地产市场方面的管理办法：一是使房地产市场纳入规范化、制度化运行轨道，建设银行参与房地产价格的管理，认真帮助企业核定销售成本，合理确定销售价格；二是在稳定房地产价格的同时，积极协助企业销售房地产，建设银行开办了个人购房贷款业务，帮助想买房但暂时无力承担的居民提前实现其愿望。此外，建设银行还利用自身优势，开办了咨询业务，为房地产开发企业、买房单位和居民提供服务。

（3）竭力帮助房地产开发企业加强财务管理，提高经济效益。由于历史的原因，建设银行在从事信贷管理的同时，也行使财务管理职能。从1985年起，财政部开始委托建设银行管理房地产开发企业的财务工作。建设银行与有关部门联合制定了房地产开发企业财务管理的规定，制定了房地产开发企业的成本管理办法，配合有关部门拟定了房地产开发企业的会计制度和价格管理办法，使房地产开发企业财务管理纳入法制轨道。建设银行还协助开发企业加强财务管理，提高经济效益。由于绝大多数房地产开发企业在建设银行开户，这对建设银行加强对它们的监督和服务也提供了方便。

（4）利用自身优势，直接参与房地产的投资开发活动。这发挥了建设银行在融资方面的优势，合理引导了资金的投入，优化了房地产业结构，培育了一批较高层次的经济实体。建设银行还与其他单位联合建立了一批房地产开发公司，与部分公司进行了多种形式的合作，取得了较好的经济和社会效益。

当然，这一时期的房地产金融业务并不都是由建设银行承担的。除建设银行外，其他专业银行也纷纷从事房地产金融业务，有的设立了专营房地产金融业务的部门。可以说此时房地产金融领域一家为主、多家并存、竞争的局面正在形成。

（三）房地产金融业的停滞时期（1989年下半年—1991年年底）

1987—1988年，中国连续两年出现经济过热的局面，全国基本建设战线迅速扩大，物价上涨较严重。房地产业也一度超过其自身的条件和市场的有效需求，片面追求速度，盲目发展，在建设规模、产品结构、市场供求等方面出现了一系列问题。于是从1989年下半年开始，中国进入了为期两年半多的治理整顿时期。针对当时经济发展过热、货币投放过多、投资规模膨胀、消费过于超前等一系列经济运行中表现出来的问题，国家出台了许多纠正措施，这些措施主要包括紧缩信贷计划、压缩投资规模、清理整顿公司等。在这些措施的影响下，特别是紧缩信贷规模和清理整顿公司的措施出台后，房地产领域资金短缺、生产下降、市场疲软、产品积压等问题立即暴露出来，一些房地产开发公司、经营公司纷纷被撤销，继续保留的公司也多因银根紧缩而无法继续运转，房地产业和房地产市场出现了萧条局面。在这种背景下，房地产金融业务的发展受到了很大影响，信贷业务出现回落趋势。1989年年底，贷款余额由年初的88.6亿元下降到81亿元，房地产金融业陷入了停滞阶段。

（四）房地产金融业的提高、整顿时期（1992年—1997年年底）

1992年1月18日至2月21日，邓小平同志视察了武昌、深圳、珠海、上海等地。不久，邓小平南方谈话发表。在邓小平南方谈话以及中共"十四大"精神的鼓舞下，各地普遍进入了新一轮经济高涨期，信贷活跃，投资强劲，国民经济进入高速发展阶段。在这个大背景下，房地产投资活动再度活跃起来，大批房地产开发、经营公司又纷纷设立起来。房地产开发经营活动的热闹场面和巨额利润使各家金融机构纷纷扩大房地产信贷业务。不但原有的房地产金融机构大显身手，许多非房地产金融机构也开始向房地产金融业和投资业务进军。它们或向房地产公司提供贷款，或直接投资于房地产业务。这样，房地产金融业又繁荣起来。

由于再度形成的"房地产热"同样导致投资规模和信贷规模膨胀，引发了新一轮的通货膨胀，所以从1993年7月开始，国家不得不再度整顿金融秩序，控制金融资金流入房地产领域的数量。但是，由于整顿力度相对较弱，加上非公有制经济成分已获得了较快发展，经济的外向程度加强，房地产企业的融资渠道拓宽，整体融资能力进一步增强，故这次调整对房地产行业的影响不是很大，持续时间也不是很长。到1995年，房地产投资规模无序膨胀已得到有效控制，但由于商品房销售市场不景气，有效需求萎缩，供应规模仍偏大，同时房地产资金占用大，贷款拖欠，投资效益明显下降。1995年房地产开发当年资金来源3 984亿元，其中银行贷款额为713.53亿元。1995年，各城市都把住房公积金的建立作为深化住房制度改革的重点，截至 1995 年 6 月底，35 个大中城市已归集住房公积金 200 多亿元。到 1995 年年底，全国 35 个大中城市全部建立了住房公积金制度，公积金缴纳率占职工工资总额的 5%左右，并且均建立了住房资金（公积金）管理中心。住房公积金取之于民，用之于民。各地改善了 1994 年以来公积金严重沉淀的情况，利用公积金贷款支持国家安居工程建设，大力发展个人抵押贷款业务，有效地提高了购房职工的支付能力。

1996 年，全国完成房地产开发投资 3 247 亿元，比 1995 年增长了 3.05%，扣除价格因素，实际工作量减少了 1.80%，增幅回落 20.34 个百分点。房地产开发资金来源合计 4 906 亿元，其中国内贷款 936 亿元，占本年资金来源的 23.91%；贷款额度比 1995 年增加 6%。各级政府把住房公积金制度的建立和住房资金管理的规范作为 1996 年房改工作的重点，采取措施抓好住房公积金的归集和管理。东南沿海等发达地区住房公积金归集率达到 90%左右，其他省、市住房公积金归集率也达到了 70%左右的目标。截至 1996 年年底，全国住房公积金归集额已达 393 亿元，比 1995 年年底增加近 1 倍。住房公积金的法制化工作已经开始起步，有关部门在抓紧起草《住房公积金条例》。在逐步健全住房公积金管理制度的同时，各地普遍建立了职工购房政策性抵押贷款制度，按照低存低贷的原则向职工个人发放贷款，大大增强了职工的支付能力。到 1996 年年底累计发放职工政策性抵押贷款 42 亿元，其中上海、北京、天津三市发放 15.12 亿元。从各城市抵押贷款的实践看，购买和建造住房的贷款需求很大，抵押贷款发展很快，还贷情况也很好。

1997 年全国完成房地产开发投资 3 184 亿元，比 1996 年减少 1.93%，扣除价格因素，房地产开发投资实际工作量比 1996 年减少 3.58%。1996 年房地产开发资金来源合计 5130 亿元，其中国内贷款 1 088 亿元，占本年资金来源的 26.12%；贷款额度比 1995 年增加 16.24%。到 1997 年年底，31 个省、自治区、直辖市，36 个大中城市，213 个地级城市都已建立了住房公积金制度。从公积金制度的覆盖率看，东、中、西部分别达到 80%、70%、50%。全国住房公积金累计归集额超过 800 亿元。各地在住房公积金的使用方向上逐渐向职工购房抵押贷款倾斜。住房公积金管理的规范化、法制化工作开始起步。个人住房抵押贷款制度有了一定发展。1997 年 4 月，中国人民银行出台了《个人住房担保贷款管理试行办法》，进一步规范了个人住房担保贷款业务，扩大了个人住房担保贷款数额，在一定程度上推动了该项业务的发展。

（五）房地产金融业的快速成长时期（1998 年—2003 年 6 月）

1998 年以来，面对亚洲金融危机和全球范围内经济增长趋缓的局面，中共中央和国务院果断做出调整结构、扩大内需的重大决策，明确提出启动住宅消费[①]，把住宅建设作为国民经济新的增长点，随之出台了一系列的政策措施。政策规定从 1998 年开始，住房实物分

---

① 中共中央和国务院的文件均使用了"消费"一词，其实这里指的是个人购买房屋，在国民经济核算中，应计入国内私人总投资项下。

配在全国范围内停止，各地逐步推进住房分配货币化。国家对房地产交易相关的税收政策进行重大调整，房地产信贷结构也发生了很大变化，职工个人购房比例不断提高，促进了住宅建设和房地产业的快速发展。城镇个人购买商品住宅的比例从 1998 年低于 80%上升到 2002 年的 94%以上，住宅与房地产业已经成为国民经济的支柱产业。2001 年，城镇住房建设投资额占 GDP 的 6.53%（国际上平均占 3%～8%），占固定资产投资总额的 16.83%；房地产开发投资额占 GDP 的比重达到 6.61%，房地产开发投资额占固定资产投资总额的17.05%。房地产市场总体上供销两旺，投资和销售连续四年都保持较快增长，增长比例基本协调，商品房价格稳中有升，走势总体平稳。房地产开发结构也有所调整，商品住宅竣工面积占同期商品房竣工面积的比例由 1997 年的 78.8%提高到 2002 年的 84.4%。

随着房地产业的发展，房地产金融业也获得了空前的发展，进入了繁荣时期。到 2003 年 5 月，全国房地产开工面积达 7 亿多平方米，70%的房地产开发资金来自银行贷款。1998 年，中国商业银行房地产开发贷款余额为 2 680 亿元，2002 年达到 6 616 亿元，年均增长25.3%；1997 年个人住房贷款余额为 190 亿元，2002 年达到 8 253 亿元，平均年增长速度超过 100%。截至 2003 年 4 月，房地产相关贷款余额达到 18 357 亿元，占商业银行各项贷款余额的 17.6%，其中个人住房贷款余额为 9 246 亿元，占商业银行各项贷款余额的 8.9%。

与此同时，政策性住房金融体系初步形成，住房公积金管理制度不断完善。国务院分别于 1999 年和 2002 年颁布、修订了《住房公积金管理条例》，将住房公积金管理纳入了法制化轨道。截至 2002 年 11 月，全国已有 6 700 万职工建立起了住房公积金账户，住房公积金累计归集总额达到 4 011 亿元，归集余额 2 840 亿元，职工买房、建房、退休累计提取 1 171 亿元；累计发放住房公积金个人住房委托贷款 1 519 亿元，贷款余额 1 125 亿元，帮助 240 万户家庭解决了住房问题。

（六）房地产金融业的调整、整顿时期（2003 年 6 月—2008 年）

随着房地产金融业的超速发展，不少问题也随之产生。中国人民银行对部分城市商业银行 2001 年 7 月 1 日—2002 年 9 月 30 日发放的房地产贷款检查显示，在抽查的 20 901 笔、金额为 1 468 亿元的房地产贷款中，违规贷款笔数和违规金额分别占 9.8%和 24.9%，也就是说，房地产贷款金额中有近 1/4 是违规的。为进一步落实房地产信贷政策，防范金融风险，促进房地产金融业健康发展，中国人民银行 2003 年 6 月 13 日发布了《关于进一步加强房地产信贷业务管理的通知》。对此，房地产业表示"强烈抗议"，因为在央行修改游戏规则后，靠银行信贷维系的房地产开发资金链很难正常运转。贷款门槛抬高，期房销售有所限制，这对于热火朝天的房地产行业来说，无异于"晴天霹雳"。但从中央政府的角度来看，控制银行系统的金融风险显然要比维持房地产行业的发展速度更重要。

针对金融体系流动性总体偏松和货币信贷持续高速增长的局面，中国人民银行决定从2003 年 9 月 21 日起，提高存款准备金率 1 个百分点（由 6%调高至 7%）。此举仅冻结了商业银行 1 500 亿元的超额准备金，相对于其他信贷调控政策而言，这是一项温和的政策措施。2004 年一季度全国固定资产投资继续保持高增长，房地产投资活跃。在此背景下，国务院、中国人民银行、银监会等部门加大政策力度，出台了多项房地产金融调控政策，如实行差别存款准备金率制度，实行再贷款浮息制度，发布《商业银行房地产贷款风险管理指引》，上调金融机构存贷款基准利率等。

2005 年，国家继续出台房地产金融调控政策，开始调整商业银行自营性个人住房贷款政策，并支持和引导房地产金融创新。2005 年 5 月，中国人民银行与银监会联合发布了《信贷资产证券化试点管理办法》，此后，又发布了《资产支持证券发行登记与托管结算业务操作规则》和《金融机构信贷资产证券化试点监督管理办法》。为了强化风险监控，银监会于 2005 年 9 月发布了《关于加强信托投资公司部分业务风险提示的通知》。

2006 年 5 月中旬，国务院常务会议提出了六条房地产调控意见（简称"国六条"）。5 月 30 日，建设部、发展改革委等九部委联合发布《关于调整住房供应结构稳定住房价格的意见》（简称"国十五条"）。在房地产金融政策方面推出了一系列措施，如上调商业银行贷款利率，严格审查房地产贷款的条件，收紧商业银行流动性，加强对外资房地产企业开发经营活动的管理，控制境外购房需求等。

2007 年，国家出台的房地产金融调控政策更令人眼花缭乱。除了一年之内 6 次加息外，还两度出台政策，加强对外资管理，并规定第二套住房贷款首付不得低于 40%，贷款利率不得低于中国人民银行公布的同期同档次基准利率的 1.1 倍。

但是，由于这一系列的调控政策都具有紧缩特点，而中国房地产需求正处于爆发期，在 2007 年以前，房地产价格随着调控逆势而行，引起了更多的冲突和矛盾。进入 2008 年以后，由于"拐点论""汶川大地震"、奥运会、美国次贷危机与华尔街金融风暴等一系列因素的影响和负面舆论的泛滥，市场又突然陷入观望状态，交易量大幅度下滑，一些地区的房价甚至下跌，金融政策不得不再次放松，利率与存款准备金率同时下调，试图让房价和交易量回到相对稳定的水平上来。

（七）房地产金融业的规范、创新时期（2008 年年底至今）

为积极应对国际金融危机对中国的不利影响，实现"保增长、扩内需、调结构"目标，国务院于 2008 年 12 月出台了进一步扩大内需、促进经济增长的十项措施，国务院办公厅相继印发《关于当前金融促进经济发展的若干意见》《关于促进房地产市场健康发展的若干意见》等政策措施，明确加快保障性住房建设，鼓励住房合理消费，促进房地产市场健康发展，要求商业银行加大对居民购买普通自住房和改善性住房的信贷支持力度，加大对保障性住房建设和棚户区改造的信贷支持。

这一阶段，住房货币化政策极大地推动了城镇商品住房建设和居民住房消费的积极性，带动了商业银行房地产信贷业务的大发展，个人住房贷款规模开始迅猛增长。2010 年 6 月

8日，中国人民银行发布的《2009年中国区域金融运行报告》显示，2009年全国个人住房贷款累计发放 2.2 万亿元，累计支持购买住房 707.1 万套。其中，新建房和再交易房贷款累计发放额分别为 1.6 万亿元和 0.6 万亿元。2009 年，全国个人住房贷款累计发放额占同期住房销售额的 53.8%。报告认为，个人住房贷款增长较快，发挥了支持鼓励居民普通自住房消费、促进扩大内需的作用。2009 年年末，全国中外资金融机构人民币个人住房贷款余额达 4.4 万亿元，同比增长 47.9%，个人住房贷款在各项贷款中的占比为 11.0%。分地区看，东部地区在全国个人住房贷款余额中占比最高，而西部和东北地区增速较快。2009 年，全国共完成房地产开发投资 3.6 万亿元，同比增长 16.1%。从资金来源看，2009 年房地产开发企业资金面趋宽松，全国房地产开发到位资金 5.7 万亿元，增长 44.2%，其中以定金及预收款为主的其他资金同比增长 71.9%，国内贷款同比增长 48.5%，构成房地产开发投资的主要资金来源。2009 年年末，全国主要金融机构商业性房地产贷款余额 7.3 万亿元，同比增长 38.1%，增速比 2008 年同期高 27.7 个百分点，超过同期各项贷款增速 6.7 个百分点。

同时，为配合和支持国家深化住房制度的改革和居民的住房消费，商业银行房地产金融业务的经营管理逐步规范，在产品种类、业务范围和经营模式等方面有了长足发展。房地产金融不仅发挥了资源配置作用，自身也不断发展壮大，房地产金融机构体系逐步完善，并形成了全面覆盖房地产各个环节的金融产品和服务体系。在该阶段，中国住房公积金制度进入改革和调整的关键阶段，房地产信托业务也在不断创新和试点，房地产信托投资基金也逐渐起步。

近年来，虽然房地产调控政策比较频繁，房地产行业周期波动越来越明显，三年一周的规律逐步显现，但在城市化大潮之下，房地产市场整体仍然呈现了较为繁荣的景象。与之相伴随的，在越来越复杂的监管要求之下，金融机构房地产金融产品越来越丰富，除了传统的贷款、信托、债券等之外，包括夹层融资、通道业务在中国方兴未艾。特别是随着互联网金融的兴起和存量房（二手房）市场的扩大，大量非金融机构借助互联网进入了房地产金融领域，其中尤其以二手房交易市场为盛，一些二手房中介机构通过 P2P 方式发行所谓的理财产品，给买房人提供"首付贷""赎楼贷"等贷款和垫资服务。由于其中隐藏着较大的金融风险，"首付贷"已经被相关部门叫停。

 本章小结

▸ 在中华人民共和国成立前，金融业与房地产业已产生了较强的联系，金融业开始积极参与房地产的开发和经营活动。从当时的情况看，在整个金融市场上，房屋、土地、典当业、商业、高利贷是社会上流动资金的主要投放场所，房地产市场尤甚。从当时的生产力状况来看，土地开发市场和房产市场可以说是比较兴盛的。

▸ 中华人民共和国成立前银行界的代表"北四行"（盐业银行、金城银行、大陆银

行、中南银行)、"南三行"(浙江兴业银行、浙江实业银行、上海商业储蓄银行)以及"四行储蓄会",不仅向房地产开发商提供贷款,还直接搞房地产开发、经营活动。

- 从中华人民共和国成立后至改革开放前,由于中国实行的是较严格的计划经济体制和住房无偿分配制度,房地产金融业失去了存在和发展的条件,原有的房地产金融关系和交换行为逐步萎缩甚至干脆停顿下来。可以说这一段时间尽管存在房地产投资问题,但房地产金融活动却少之又少,接近于不存在。

- 改革开放后,房地产金融业的发展已经经历了七个阶段。在这个过程中,建设银行在房地产金融业发展过程中曾经发挥过突出作用,但现在各家金融机构竞争激烈,"一行独大"的格局已经被打破了。

综合练习

一、本章基本概念

北四行;南三行;住房储蓄银行。

二、本章基本思考题

1. 中华人民共和国成立前的金融机构是通过哪些业务向房地产领域渗透的?

2. 为什么说改革开放前,房地产金融业在中国停顿了近30年?

3. 20世纪80年代建设银行在房地产金融业发展中具有怎样的作用?

4. 查阅资料后讨论:为什么两家地方住房储蓄银行后来转型或被合并了?

推荐阅读资料

1. 洪葭管. 中国金融史十六讲[M]. 上海:上海人民出版社,2009.

2. 洪葭管. 中国金融通史:第四卷. 国民政府时期(1927—1949年)[M]. 北京:中国金融出版社,2008.

3. 李扬. 新中国金融60年[M]. 上海:上海人民出版社,2009.

4. 周有光. 新中国的金融问题[M]. 香港:经济导报社,1949.

5. 王健君,张辉. 现代金融的中国道路[J]. 瞭望新闻周刊,2009(34).

第四章　房地产开发贷款

学习目标

通过对本章的学习，学生应了解或掌握如下内容：
1. 房地产信贷和房地产开发贷款的含义、分类；
2. 房地产开发贷款的操作流程；
3. 房地产开发贷款项目评估的基本原理和方法；
4. 房地产开发贷款中的风险分类与控制方法；
5. 房地产开发贷款保险的含义与分类。

导言

严格来讲，房地产金融学的研究对象不仅包括房地产金融机构，还应当包括房地产企业，即从房地产融资活动的双方分别入手进行全面的研究。但这种形式上的全面性往往会掩盖问题的主要矛盾，因此本章将只从金融机构的角度介绍房地产开发贷款的基本知识。

第一节　房地产信贷概述

前面介绍过关于房地产信贷的分类，但限于篇幅并没有做详细说明。事实上，房地产贷款的分类远比之前介绍的要复杂，只有充分地了解了房地产贷款包括哪些具体类型及其具体含义，才能对房地产开发贷款在房地产金融活动中的地位和作用有清晰的认识。

一、房地产信贷的含义

房地产信贷的含义分为广义和狭义两种。广义的房地产信贷是指在房地产开发、经营、消费和管理活动中涉及的各类贷款。狭义的房地产信贷是指根据 2004 年中国银行业监督管理委员会发布的《商业银行房地产贷款风险管理指引》中的定义，将其规定为与房地产或地产的开发、经营、消费活动有关的贷款，主要包括土地储备贷款、房地产开发贷款、个人住房贷款和商业用房贷款。

二、房地产信贷的分类

房地产信贷主要有三种分类方法：一是按照贷款的自主权分类；二是按照贷款的风险控制方式分类；三是按照贷款相对应的房地产市场的级别分类。

（一）按照贷款的自主权分类

按照贷款的自主权，可以将房地产信贷划分为自营性房地产贷款和政策性房地产贷款。

1. 自营性房地产贷款

自营性房地产贷款又称商业性房地产贷款，是指银行以自筹资金作为资金来源，自主经营的房地产信贷业务，包括法人房地产贷款和个人房地产贷款。具体内容如表4-1所示。

表4-1　自营性房地产贷款分类

类　别	包 含 种 类		用　途
法人	土地储备贷款		土地收购及土地前期开发、整理
	房地产开发贷款		开发、建设向市场销售、出租等用途的房地产项目
	商业用房贷款		购置、建造和大修理以商业为用途的各类型房地产
个人	个人住房抵押贷款	二手房贷款	以所购二手房为抵押，购置二手商品房
		新建商品房贷款　期房贷款	以所购房屋为抵押，购置期房
		现房贷款	以所购房屋为抵押，购置现房
	个人住房装修贷款		用于自有住房的装修
	个人商业用房贷款		购置自营商业用房以及自用办公用房
	个人自建房贷款		建设自用住房
	个人房产抵押消费贷款		购买房屋，或用于汽车、家电、旅游、学习等消费需要

在个人房地产贷款类别中，本应当还包括个人住房质押/保证贷款、政策性个人住房抵押贷款以及个人住房组合贷款，但考虑到目前在银行实务工作中个人住房质押/保证贷款的占比很小，而政策性个人住房抵押贷款和个人住房组合贷款又不完全属于商业贷款的范畴，因此这里暂不归入此类。

此外，个人房产抵押消费贷款的用途不仅包括汽车、家电等消费品，有时还包括房产租赁，因此按照本书的定义，它也可以被归于房地产贷款的行列。

2. 政策性房地产贷款

政策性房地产贷款主要是指国家为了扶持房地产市场的发展，按照国家优惠政策的要求，在房地产领域给予符合政策要求的房地产经济活动发放的贷款。政策性贷款往往利率较低、期限较长，并有特定的服务对象。政策性贷款涉及的领域一般是商业银行在初始阶段不愿意进入的领域。

（1）个人住房公积金贷款。个人住房公积金贷款是指由各地住房公积金管理中心运用住房公积金，委托银行向购买、建造、翻建、大修自住普通住房的参加住房公积金缴存的在职职工，以及在职期间缴存住房公积金的离退休职工发放的政策性专项贷款。

（2）土地开发贷款。中国商业银行提供的土地开发贷款主要面向的是政府园区的土地开发，一般用于满足城市规划园区的土地征收和开发。贷款主体既可以是政府指定的土地储备机构，也可以是承接土地一级开发的经营机构，如房地产开发企业[①]。

（3）土地储备贷款。土地储备贷款是指为解决政府土地储备机构因依法合规收购、储备、整理、出让土地等房地产开发建设前期相关工作时产生的资金需求而发放的贷款。贷款主体应是政府指定的土地储备机构。

根据 2007 年国土资源部、财政部和中国人民银行联合出台的《土地储备管理办法》（国土资发〔2007〕277 号）第二条的规定，土地储备是指市、县人民政府国土资源管理部门为实现调控土地市场、促进土地资源合理利用目标，依法取得土地，进行前期开发、储存以备供应土地的行为。

土地储备贷款用于收购、储备的土地应为可出让的用于商品住宅、商业设施建设的经营性用地，符合有权部门批准的城市规划和土地利用总体规划，并已列入当地政府年度土地储备计划。土地储备贷款原则上采取抵押方式（抵押物应是已开发好并具有相关权属证明的土地），贷款额度最高不超过土地收购、整理和储备总成本的 70%，贷款期限最长不超过两年。

由于政府土地储备机构属于政府融资平台，为清理和控制地方政府债务，2016 年 2 月 23 日，财政部、国土资源部、中国人民银行、银监会等四部门发布《关于规范土地储备和资金管理等相关问题的通知》，要求新增土地储备项目所需资金应纳入政府性基金预算，不足部分通过发行地方政府债券解决。自 2016 年 1 月 1 日起，各地不得再向银行业金融机构举借土地储备贷款。

此外，根据《关于规范土地储备和资金管理等相关问题的通知》，各地区应当结合事业单位分类改革，对现有土地储备机构进行全面清理。为提高土地储备工作效率，精简机构和人员，每个县级以上含县级法定行政区划原则上只能设置一个土地储备机构，统一隶属于所在行政区划国土资源主管部门管理。这样的安排是对过去土地财政模式的一种纠偏，有利于今后地方政府按照科学发展规定来开发。土地储备工作只能由纳入名录管理的土地储备机构承担，各类城投公司等其他机构一律不得再从事新增土地储备工作。

[①] 由于土地一级开发的利润率被政府固定在 8% 左右，因此大部分商业性的房地产开发企业并不愿意从事这类开发活动。目前大量的土地一级开发工作是由政府控股的城建公司、城投公司或开发公司操作，并常和土地储备贷款归为一类。

涉及农用地的贷款，应具备合法的农用地转用手续和征地手续。贷款应与具体地块相对应，而且地块应地理位置优越，开发建设条件具备，增值潜力较大，具有良好的出让前景。

3. 组合型房地产贷款

中国的组合型房地产贷款主要是指个人住房组合贷款。它是自营性个人住房贷款和个人住房公积金贷款的组合形式，并且只有缴存了住房公积金的职工才可以申请此类贷款。

（二）按照贷款的风险控制方式分类

按照贷款的信用方式分类，房地产贷款可以分为抵押贷款和担保贷款。而由于以质押方式取得房地产贷款的现象在实务工作中极少出现，这里就不再讨论了。需要说明的一点是，在中国，商业银行向房地产行业提供信用贷款通常是要受到严格限制的。

1. 抵押贷款

抵押贷款是房地产贷款的主要形式，包括房屋开发和土地开发抵押贷款、商业抵押贷款和个人住房抵押贷款。其中商业抵押贷款是个人或企业出于使用资金的目的（如流动资金），将目前所拥有的房地产作为抵押物向银行借贷的行为，事实上如果贷款资金不是投向房地产行业的话，那么这类贷款严格地讲并不属于房地产贷款。

2. 担保贷款

房地产担保贷款一般是基于政府信用而提供的房地产贷款，即以国有独资或控股的城市建设投资公司为主体，以政府信用作为担保的贷款。

（三）按照贷款相对应的房地产市场的级别分类

房地产市场的分类一般包括房地产一级市场、房地产二级市场和房地产三级市场，依此可将房地产贷款分类如下。

1. 房地产一级市场贷款

在中国，房地产一级市场专指通过招标、拍卖、挂牌的方式进行土地使用权有偿转让的市场。在该市场中，主要的房地产贷款种类包括土地储备贷款和土地开发贷款[①]。

2. 房地产二级市场贷款

房地产二级市场是指土地使用权出让后的房地产开发经营市场，这个市场中的贷款主要是房地产开发类贷款，该类贷款包括房地产业流动资金贷款和房地产开发贷款两种。其中房地产业流动资金贷款是向从事房地产开发的企业发放的用于其生产经营周转的贷款。

---

① 目前监管部门严格禁止商业银行向房地产开发企业发放贷款用于支付土地出让金，并严禁房地产开发企业挪用贷款用于支付土地出让金。为解决资金饥渴，近年来有些房地产开发企业借道信托、基金、券商等，以形形色色的资产管理计划为通道，通过对接银行资金变相融资用于支付土地出让金。一段时期，由于土地市场交易活跃，金融体系资金大量进入，快速推高了一线城市土地价格。为防范金融风险，金融监管部门采取了越来越严厉的监管手段，甚至对配合房地产开发企业违规融资的金融机构进行行政处罚。

3．房地产三级市场贷款

房地产三级市场是指投入使用后的房地产交易市场，以及抵押、租赁等多种经营方式所构成的市场，即在房地产二级市场上购得房屋的购房者再次出售所购房屋的市场，如二手房市场。

第二节　房地产开发贷款的含义与分类

由于房地产开发贷款涉及的金额巨大，同时又有较为充足的抵押品，风险相对较低，近年来逐渐成为各家银行重要的利润增长点。在很多银行的贷款结构中，房地产开发贷款所占比例越来越高。由于银行对不同类型的房地产开发贷款有不同的管理要求，准确掌握该类贷款的含义和分类就显得十分必要。

一、房地产开发贷款的类别

从房地产信贷的分类上说，房地产开发企业贷款属于房地产二级市场贷款，包括房地产开发企业流动资金贷款和房地产开发贷款。

（一）房地产开发企业流动资金贷款

房地产开发企业流动资金贷款是向从事房地产开发的企业发放的用于其生产经营周转活动的贷款。流动资金贷款一般分为短期和中长期两类，其中又以短期流动资金贷款最为多见。

1．贷款申请条件

凡经批准经营城镇土地开发及商品房建设的企业，拥有一定的自有资金，具有健全的管理机构和财务管理制度，能够独立承担民事责任，并经主管机关核准登记，取得了法人资格并按规定办理年检手续，均可向银行申请房地产开发企业流动资金贷款。

2．贷款用途

房地产开发企业流动资金贷款主要用于垫付城市综合开发、商品房开发、土地开发以及旧城改造等项目所需的生产性流动资金，具体包括以下方面。

（1）开发前期所需占用的资金，例如总体规划设计费、可行性研究费、水文地质勘查测绘费等。

（2）土地开发和基础设施建设所占用的资金，包括土地补偿费，青苗补偿费、安置补助费、拆迁补偿费和道路、供水、供气、供电、排水、通信、照明等建设资金。

（3）建筑安装工程所需的流动资金。

（4）公共设施配套工程所需的资金。

（二）房地产开发贷款

房地产开发贷款是指对借款人发放的用于开发、建设向市场销售、出租的房地产项目的贷款，包括居住用房开发贷款、商业用房开发贷款、商品房配套工程贷款。

房地产开发贷款是一种中长期项目贷款，贷款对象是注册的有房地产开发经营权的，国有、集体、外资和股份制企业。房地产开发贷款期限一般不超过三年（含三年）。贷款原则上采取抵押担保或借款人有处分权的国债、存单及备付信用证质押担保方式，担保能力不足部分可采取保证担保方式。

1. 贷款用途

房地产开发贷款用于所开发项目的土地使用及拆迁补偿、前期工程、基础设施建设、房屋建筑安装以及公共配套设施等发生的费用支出。

2. 贷款特点

（1）专款专用。借款人只能将贷款用于规定项目的开发，不能自行将贷款转移或挪作他用，银行对贷款的使用负有监督责任，须密切关注项目的进展。

（2）金额巨大。房地产开发的过程复杂，涉及规划许可、土地征用、拆迁补偿、市政配套以及施工建设等若干环节，因此开发成本高且资金占用量大，少则几千万元，多则数十亿元。正是基于此，房地产开发企业必须借助金融机构的支持，而贷款则成为其主要的融资手段。

（3）贷款期长。一方面房地产开发工作的环节多、经营周期长且建设施工易受季节影响，因此在开发建设阶段资金的周转速度较慢，必然延长贷款的使用时间。另一方面，在经营销售阶段，资金往往都是分期、分批逐步回收的，因而贷款资金的归还速度也比较缓慢。以上两方面共同决定了房地产开发贷款的期限必然是较长的。

（4）风险较大。由于房地产开发贷款的金额大、期限长，且房地产行业本身也易受经济环境和政策法规等因素的影响，所以贷款的偿还和抵押权的实现都会面对很多不确定因素，其中蕴含的风险也比一般商业贷款大得多。

目前在房地产开发类贷款中，房地产企业流动资金贷款所占的份额通常都比较低，因此人们经常以房地产开发贷款来代称整个房地产开发类贷款。而在具体开发贷款的授信额度设定中，银行也往往会划出一部分作为流动资金贷款供借款人使用。因此本章将主要围绕房地产开发贷款来展开。

二、房地产开发贷款的分类

房地产开发贷款是向房地产开发企业发放的用于开发和建设房地产项目的贷款，主要包括以下几类。

（一）商品住房开发贷款

商品住房开发贷款是向房地产开发企业发放的用于其所开发的商品房项目建设的贷款。商品住房在中国兴起于 20 世纪 80 年代，它是指在市场经济条件下，具有经营资格的房地产开发公司通过出让方式取得土地使用权后建设和经营，并按市场价格出租或出售的住宅，包括新建商品住房和二手商品住房（存量房）等。商品住房具有完整产权，可办理房屋产权证和土地使用权证，因此能够在市场上自由交易。而自建、参建或委托建造的自用住宅不属于商品住房范围。

（二）经济适用住房贷款

经济适用住房贷款是向房地产开发单位发放的用于其所开发的经济适用房项目建设的贷款。1994 年由建设部、国务院房改领导小组、财政部联合发布的《城镇经济适用住房建设管理办法》指出，经济适用住房是以中低收入家庭、住房困难户为供应对象，并按国家住宅建设标准（不含别墅、高级公寓、外销住宅）建设的普通住宅。该类住房的价格按建设成本确定，建设成本包括征地拆迁费、勘察设计及前期工程费、建安费、小区内基础设施配套建设费、贷款利息、税金、物业的管理费。经济适用房以微利出售（利润在 5%以内），只售不租，其售价明显低于商品住房，因此带有明显的福利性质。近些年来由于经济适用住房的分配环节不透明、对购买人资格审核和监督不到位，时常出现高收入家庭占有多套经济适用住房的现象，经济适用住房的存废也引起了大量争论。

（三）商业用房开发贷款

这种贷款是向房地产开发单位发放的用于其所开发的商业用房项目建设的贷款。商业用房是指各类从事商业和为居民生活服务所用的房屋，其中写字楼和商场是最为人们熟悉的商业用房。与住宅 70 年的土地使用年限相比，商业用房的土地使用年限仅有 40 年。

（四）土地开发贷款

土地开发贷款是指银行向房地产开发企业发放的用于土地开发的贷款。在土地储备制度建立以前，房地产建设前期必须进行的土地开发一般也都是由房地产开发企业承担的，这就产生对土地开发的融资需求，土地开发贷款应运而生。目前，随着土地储备制度的深入推进和土地整理储备中心的出现，土地开发贷款已逐渐被土地储备贷款所取代。

此外，还有科教文卫单位住房开发贷款和高等院校学生公寓贷款等其他类型的房地产开发贷款。

第三节　房地产开发贷款的操作流程

在商业银行的业务部门中，完整的房地产开发贷款操作流程一般包括贷款申请、贷前调查、贷款审查与批准、贷款发放以及贷后管理等几个环节，其中贷前调查环节又包括借款人分析、项目评估和担保分析三部分，如图 4-1 所示。此外，由于项目评估和贷后管理的内容较多且相对独立，所以我们会在后面单设两节进行详细讨论。

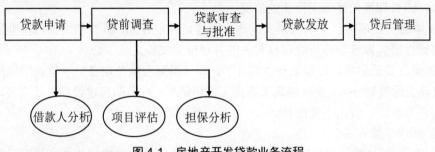

图 4-1　房地产开发贷款业务流程

一、房地产开发贷款的申请[①]

房地产开发贷款的申请既可以来自银行对开发企业进行的主动营销，也可以是企业自己向银行提出贷款申请。银行经办人员既要认真了解开发企业的需求情况，又要向申请人准确介绍相关的信贷政策，如资质要求、利率浮动规定、期限、用途等。此外，申请人还需按银行要求提供相应的文件和资料。

银行信贷经办人员在接到房地产开发企业的申请后，要根据规章制度和信贷政策审查借款申请人的资格和申请材料，并决定是否接受该申请。

（一）借款资格

银行对借款资格的要求体现在以下三个方面。

1．借款主体要求

（1）借款人应当是经工商行政管理机关（或主管机关）核准登记的法人企业，具备房地产开发资质，信用等级较高、没有拖欠工程款的房地产开发企业。

（2）借款人有按期还本付息的能力，原应付贷款利息和到期贷款已清偿；没有清偿的，应做出贷款人认可的偿还计划。

（3）借款人经工商部门办理了年检手续，并持有人民银行贷款卡。

（4）借款人已经开立基本结算账户或一般存款账户。

（5）借款人具有三级以上资质，有丰富的房地产开发经验，竣工合格率达到 100%，有正在销售的楼盘项目和拟建项目的土地储备。实力雄厚的综合房地产开发企业，为开发某一项目投资设立的独资或控股项目公司，项目投资比例超过 35%，具有临时开发资质的，

[①] 不同商业银行对借款人资格和所需提交材料的具体要求有所差别，这里仅列出一般条件。

可视同满足贷款条件。

2．项目应具备的条件

（1）申请贷款项目自有资金比例已经达到了项目总投资的 35%或以上，后续建设资金来源落实，无长期拖欠建筑工程款的情况。

（2）申请贷款项目已经纳入国家或地方的建设开发计划，具有相关部门批准的项目建议书、可行性研究报告等与贷款项目有关的各种批复文件。

（3）申请贷款的项目已经取得"四证"，即《国有土地使用证》《建设用地规划许可证》《建设工程规划许可证》《建筑工程施工许可证》。对于期房建设项目还需要取得《商品房预售许可证》，否则不能放款。

（4）环保手续齐备。

（5）贷款项目实际用途与项目规划相符，且该项目应是发放贷款的商业银行所在地区的房地产项目，贷款资金严禁跨地区使用。

（6）以在建工程抵押或提供银行认可的担保。

（7）有限责任公司和股份有限公司对外股本权益性投资累计不超过其净资产的 50%。

3．限制性条件

所谓限制性条件是指当借款人出现以下情况的，银行一般不接受其贷款申请，或在客户信用评级时显著下调其得分。

（1）提供虚假材料或故意隐瞒重要事实，如提供虚假的资产负债表、利润表等财务报告。

（2）连续 3 年亏损或经营性现金净流量为负。

（3）骗取、套现贷款牟取非法收入的。

（4）违反国家规定将贷款从事股本权益性投资的。

（5）已在借款银行同一辖区内的同级分支机构取得贷款的。

（二）房地产开发企业的资质

前面我们提到申请贷款的房地产开发企业必须满足一定的资质要求，商业银行被禁止向不具备相应开发资质的企业提供开发贷款，避免出现房地产开发企业从事超出其自身开发资质水平的项目建设。

为了加强房地产开发企业资质管理，规范房地产开发企业的经营行为，2000 年 3 月建设部颁布了《房地产开发企业资质管理规定》（建设部令第 77 号），其中将房地产开发企业按条件划分为一级、二级、三级和四级共四个资质等级。2015 年 5 月，住房和城乡建设部根据新的《中华人民共和国公司法》，对《房地产开发企业资质管理规定》进行了修订，各级企业的资质标准如下。

1．一级资质

（1）从事房地产开发经营 5 年以上。

（2）近 3 年房屋建筑面积累计竣工 30 万平方米以上，或者累计完成与此相当的房地产开发投资额。

（3）连续 5 年建筑工程质量合格率达 100%。

（4）上一年房屋建筑施工面积达 15 万平方米以上，或者完成与此相当的房地产开发投资额。

（5）有职称的建筑、结构、财务、房地产及有关经济类的专业管理人员不少于 40 人，其中具有中级以上职称的管理人员不少于 20 人，持有资格证书的专职会计人员不少于 4 人。

（6）工程技术、财务、统计等业务负责人具有相应专业中级以上职称。

（7）具有完善的质量保证体系，商品住宅销售中实行了《住宅质量保证书》和《住宅使用说明书》制度。

（8）未发生过重大工程质量事故。

2．二级资质

（1）从事房地产开发经营 3 年以上。

（2）近 3 年房屋建筑面积累计竣工 15 万平方米以上，或者累计完成与此相当的房地产开发投资额。

（3）连续 3 年建筑工程质量合格率达 100%。

（4）上一年房屋建筑施工面积 10 万平方米以上，或者完成与此相当的房地产开发投资额。

（5）有职称的建筑、结构、财务、房地产及有关经济类的专业管理人员不少于 20 人，其中具有中级以上职称的管理人员不少于 10 人，持有资格证书的专职会计人员不少于 3 人。

（6）工程技术、财务、统计等业务负责人具有相应专业中级以上职称。

（7）具有完善的质量保证体系，商品住宅销售中实行了《住宅质量保证书》和《住宅使用说明书》制度。

（8）未发生过重大工程质量事故。

3．三级资质

（1）从事房地产开发经营 2 年以上。

（2）房屋建筑面积累计竣工 5 万平方米以上，或者累计完成与此相当的房地产开发投资额。

（3）连续 2 年建筑工程质量合格率达 100%。

（4）有职称的建筑、结构、财务、房地产及有关经济类的专业管理人员不少于 10 人，其中具有中级以上职称的管理人员不少于 5 人，持有资格证书的专职会计人员不少于 2 人。

（5）工程技术、财务等业务负责人具有相应专业中级以上职称，统计等其他业务负责人具有相应专业初级以上职称。

（6）具有完善的质量保证体系，商品住宅销售中实行了《住宅质量保证书》和《住宅使用说明书》制度。

（7）未发生过重大工程质量事故。

4．四级资质

（1）从事房地产开发经营 1 年以上。

（2）已竣工的建筑工程质量合格率达 100%。

（3）有职称的建筑、结构、财务、房地产及有关经济类的专业管理人员不少于 5 人，持有资格证书的专职会计人员不少于 2 人。

（4）工程技术负责人具有相应专业中级以上职称，财务负责人具有相应专业初级以上职称，配有专业统计人员。

（5）商品住宅销售中实行了《住宅质量保证书》和《住宅使用说明书》制度。

（6）未发生过重大工程质量事故。

由于上面的资质条件比较烦琐，为了便于记忆，我们将房地产开发企业的四级资质等级通过表 4-2 加以简要总结。

表 4-2　房地产开发企业的资质等级

资 质 等 级	一级资质	二级资质	三级资质	四级资质
从事房地产开发经营时间	≥5 年	≥3 年	≥2 年	≥1 年
房屋建筑面积累计竣工	≥30 万平米/近 3 年	≥15 万平米/近 3 年	≥5 万平米	—
竣工建筑工程质量合格率	连续 5 年 100%	连续 3 年 100%	连续 2 年 100%	100%
上一年房屋建筑施工面积	15 万平米	10 万平米	—	—
有职称的专业管理人员	≥40 人	≥20 人	≥10 人	≥5 人
业务负责人具有相应专业中级以上职称	√	√	√	√
具有完善的质量保证体系	√	√	√	√
未发生重大工程质量事故	√	√	√	√

（三）贷款申请材料

1．申请人资料

（1）法人营业执照副本、组织机构代码证复印件。

（2）国（地）税税务登记证复印件。

（3）公司章程复印件。

（4）法人代表身份证复印件。

（5）验资报告复印件。

（6）董事会成员和主要负责人、财务负责人名单和签字样本。

（7）前三年财务审计报告及近期财务报表。

（8）财务报表重要会计科目说明（金额较大的须列明细）。

（9）贷款卡复印件及密码。

（10）公司简介（包括历史渊源、经营业绩、市场声誉、发展前景、关联企业情况等）。

（11）公司组织结构图。

（12）公司主要负责人简历。

（13）银行开户情况（开户行名称、账户性质及账号明细）。

（14）借款申请报告。

（15）董事会同意申请贷款及抵押的决议。

2．项目资料

（1）有关借款项目的批文、合同或协议复印件。

（2）项目建议书。

（3）项目立项报告及批复。

（4）项目预算报告。

（5）建设用地规划许可证复印件、建设工程规划许可证复印件、建筑工程施工许可证复印件、国有土地使用证复印件。

（6）环境评价报告表（书）的批复。

（7）土地出让合同复印件。

（8）房屋所有权证复印件。

（9）施工合同及监理合同复印件。

（10）项目情况介绍及销售计划。

（11）销售许可证（预售许可证）。

（12）土地出让金及工程款支付发票复印件。

3．其他资料

抵押物清单、抵押物估价报告、有关抵押物的产权文本以及保险单等。

二、房地产开发贷款的调查

贷款前调查是贷款决策的基本组成部分，业务人员必须花费相当的时间和精力，通过现场调研和其他渠道进行严格而详细的调查研究，获取、核实并研究与贷款有关的各方面信息，以确保贷款具有必要的基础和条件。对于房地产开发贷款而言，银行经办人员的贷前调查工作同一般贷款大体相似，但同时也有一些方面需要注意。

有关房地产开发贷款的前期调查工作，银监会 2004 年在其颁布的《商业银行房地产贷款风险管理指引》（银监发〔2004〕57 号）第四章中做出了如下规定：

"商业银行在办理房地产开发贷款时，应建立严格的贷款项目审批机制，对该贷款项目进行尽职调查，以确保该项目符合国家房地产发展总体方向，有效满足当地城市规划和房地产市场需求，确认该项目的合法性、合规性、可行性。商业银行应对申请贷款的房地产开发企业进行深入调查审核：包括企业性质、股东构成、资质信用等级等基本背景，近三年的经营管理和财务状况，以往的开发经验和开发项目情况，与关联企业的业务往来等。对资质较差或以往开发经验较差的房地产开发企业，贷款应审慎发放；对经营管理存在问题、不具备相应资金实力或有不良经营记录的，贷款发放应严格限制。对于依据项目而成立的房地产开发项目公司，应根据其自身特点对其业务范围、经营管理和财务状况，以及股东及关联公司的上述情况以及彼此间的法律关系等进行深入调查审核。"

（一）贷前调查的方法

　　无论是房地产开发贷款还是一般贷款，在进行贷前调查的过程中，都有大量的信息可供选择，这就需要经办人员利用科学、实用的调查方法，通过定性与定量相结合的调查手段分析银行可承受的风险，从而为贷款提供可靠的决策信息。贷前调查一般有以下四种方法。

1. 现场调研

　　现场调研是银行进行贷款调查时必不可少的手段。一方面，通过现场调查可以掌握企业或项目的第一手材料，发现有价值的细节信息，而这些信息往往很难在企业提交的贷款申请材料中体现出来。另一方面，现场调查也是对企业贷款申请材料真实性的最好检验方法。

　　现场调研工作习惯上包括现场会谈和实地考察两个部分。现场会谈时要尽可能地约见包括行政、财务、市场、生产、销售等多个部门在内的企业各层管理人员。会谈应当侧重收集关于企业经营发展的思路和内部管理的状况，从而获取对借款企业高层管理者的感性认识。

　　在实地考察时，调查人员必须亲自参观企业的生产经营场所、厂房设备以及财务会计部门，着重调查企业生产运行情况、实际生产能力、产品结构、应收账款和存货情况，必要时还需审查企业的明细账目。完成现场调研后，经办人员须及时撰写现场检查报告，从而为进一步评估做好准备。

2. 间接调查

　　间接调查的手段很灵活，一般可以通过搜集各种媒介中有价值的相关信息展开调查。这些媒介包括杂志、书籍、报刊、专著、网上资料以及政府部门的会议精神、政策法规等。在进行间接调查时应当注意信息来源的权威性、可靠性和全面性。此外，银行经办人员还可以向申请贷款企业的上下游关联企业、竞争对手、行业协会、政府职能管理部门等侧面了解其在业内的口碑、信誉等不易通过现场调查获知的信息。

3. 委托调查

　　即委托中介机构或银行自身的社会网络展开的调查。

贷款经办人员必须把来自多种渠道和调查方式的企业相关信息加以整合，使其能够相互印证，从而全面客观地对企业进行评价。切忌过分轻信贷款申请人主动提供的信息和口头承诺，避免被实地考察中的假象所迷惑，必要时可以对企业进行现场突击检查。

（二）贷前调查的内容

　　贷前调查的主要对象是借款人、保证人和抵（质）押物。银行经办人员在开展贷前调查工作时，应围绕这些具体对象从贷款的合法合规性、安全性和效益性三方面入手进行全面调查。

1．贷款合法合规性调查

　　（1）确认借款人和担保人的法人资格。贷款经办人员应当仔细核查借款人的法人资格和借款资格，例如检查营业执照和贷款卡的真实性、有效期、是否办理年检手续，贷款卡信息是否发生内容变更、名称变更、注销、作废等情况。要高度关注中国人民银行的贷款卡查询记录。

　　（2）确认借款人和担保人的法定代表人。经办人员要亲视法人签名，亲核公章，确保签章的真实性和有效性。涉及授权委托的，要依据授权委托书所载明的代理事项、权限以及期限认定授权委托人是否具有签署法律文件的资格和条件。

　　（3）确认董事会（股东会）决议。对需要董事会或股东会决议同意借款或担保的，经办人员应调查认定董事会或股东会决议内容的真实性、合法性及有效性。此外还需特别注意企业的公司章程中对董事会和股东会权限的规定，以防企业出具的决议和公司章程相冲突。

　　（4）确认抵（质）押物清单。确认抵（质）押物清单所列物品或权利的合法性、有效性是贷前调查工作中至关重要而又容易被忽视的一环。银行经办人员应审查其是否符合银行贷款担保管理的相关规定，务必防止重复抵押现象的发生[①]。

　　（5）确认贷款使用的合法合规性。认定借款人有关的生产经营许可证是否真实有效，贷款用途是否属于营业执照所列经营范围，并分析借款人的贷款用途是否符合国家和地区的产业政策。

　　（6）确认购销合同真实性。贷款经办人员需要分析贷款用途是否正常、合法、合规，并确认购销合同的真实可靠性。

　　（7）调查企业真实借款目的，防范贷款诈骗。

2．贷款安全性调查

　　（1）对借款人和保证人的法定代表人的品行、业绩、能力、信誉等方面进行深入调查，了解其经营管理水平和履约记录。

　　（2）考察借款人、保证人是否已建立良好的公司治理机制，是否制定清晰的发展战略，是否具备科学的决策系统和规章制度。

---

① 由于质押时需要将质押物移交给质押权人保管，所以一般不会出现重复质押的情况。

（3）对借款人、保证人的财务管理状况进行调查，对其提供的财务报表真实性进行审查，对重要数据核对总账、明细账，查看原始凭证与实物是否相符，掌握借款人和保证人的偿债指标、盈利指标、资产运营指标和经营增长指标等重要财务数据。

（4）对借款企业尚未结清的贷款情况进行摸底，若有不良贷款记录的要认定数额及成因；没有不良记录的，要掌握企业总的贷款数额和其他银行授信情况，防止贷款被挪用归还其他银行的贷款。

（5）对企业对外股本权益性投资情况进行调查，尤其要警惕借款人资产负债表中的其他应收款的具体流向。

（6）调查抵（质）押物的估价情况。

3．贷款效益性调查

（1）对借款人过去三年的经营效益进行调查。

（2）分析企业的行业前景、产品竞争力以及未来发展潜力。

（3）调查借款企业当前的经营情况，重点核实其销售收入、利润、现金流量的真实性及未来增长的可信性。

（4）对该笔贷款业务能为商业银行带来的各种收益以及随之而来的风险和成本进行全面的调查、分析和预测。

（三）贷前调查报告的撰写

贷款调查报告是整个贷前调查工作的总结和精华，撰写好一份高质量的调查报告几乎就等于完成了一笔贷款授信的大半工作。具体到房地产开发贷款调查报告的撰写，不仅要包括上面提到的关于"三性"调查的内容，而且还会涉及许多具体的要求。具体来说，房地产开发贷款的调查报告需要包括以下十个部分的内容。

1．贷款概况调查

贷款调查报告的第一部分是对借款人基本情况的介绍，主要包括成立时间、组织形式、产权构成、注册资本和资本金构成（实物出资还是现金出资）、主营范围、经济实力、法人代表、经营管理机制、业务范围、资质等级、完成项目的能力、企业自身具备的优势等。此外还应当介绍企业主要负责人的工作履历、职业素质以及学历背景等方面的信息。另外，在这部分还应当介绍借款人所申请的贷款额度、期限、利率等情况。

2．借款人资信情况

借款人的资信情况，特别是其在各家银行的贷款额度、还款记录是十分重要的信息。这些信息对于商业银行来说曾经是比较难以获取的，因为各家银行之间往往缺乏有效的沟通渠道。现在贷款经办人员可以通过查询企业的贷款卡来获得这些信息，因此贷款经办人员要经常地关注企业贷款卡信息的变化，及时查看企业的信用报告，并在调查报告中予以体现。

3．借款人财务状况分析

若借款人为项目公司，并且属于新建项目的开发前期，可以仅简要介绍其财务状况；

若借款人以往有楼盘开发项目，则可以进一步具体分析各种财务指标（这些指标我们将在下一节中介绍）。除此之外，还要关注该企业的财务管理和经济核算制度是否健全，特别是通过近三年和最近一期的财务报表估算其运营能力、盈利状况及还本付息能力，并在此基础上对企业进行信用评级。

4．项目概况

详细介绍项目的基本情况，包括：是否纳入国家或地方的建设开发计划；项目可行性研究报告批复机关、时间、批文文号；项目总投资、投资构成及来源；项目的地理位置、社区环境、占地面积、容积率、建筑面积、楼宇结构与栋数、户型设计及工程进展情况；项目的前期准备与可行性操作方案、计划开竣工日期；详细说明各项批文手续是否齐备、"四证"是否齐全，对于证件尚不齐备的要重点说明原因并提出解决方案；施工单位资质等级；配套工程、市政设施和物业管理的情况。

5．项目市场分析

项目市场分析主要包括对项目的竞争力分析和销售前景分析。

项目竞争力分析要包括：① 项目区域：介绍项目所处地理位置、周边环境、所处地区的房地产开发状况；② 建筑规划与房型设计：介绍项目楼盘分布、建设内容、房型种类等；③ 销售价格：介绍楼盘销售价格，以及与周边地区楼盘价格的比较；④ 结论。

销售前景分析包括：① 目标客户群；② 销（预）售方案：介绍项目销（预）售时间表、销售方式和销售收入预测；③ 结论。

6．投资估算与资金筹措安排

投资估算与资金筹措安排应当包括银行对项目总投资、投资构成及来源的评估结果；项目资本金的落实情况；在各家银行申请的贷款金额、比重、用途、期限、利率；投资进度；贷款的用款计划五个部分。

更细的安排则还应当介绍项目各种费用的投入计划和不同渠道来源的资金构成，例如土地出让金、拆迁费用、配套费用、建筑安装费、财务费用、管理费用等的投入比例，来自自有资金、银行贷款以及预售款和定金的筹资结构等。

7．项目效益预测及还款能力分析

项目效益预测及还款能力分析通常包括相关财务指标分析、盈亏平衡点分析、敏感性分析等内容。在此基础上，着重介绍贷款的还款来源、分析借款人是否会发生私法还贷的情况，并制订还款计划。

8．担保情况分析

属于保证担保的，需要介绍保证人的基本情况，包括注册资本金、主营业务、财务状况、资产负债情况、保证能力以及与借款人之间的关系。

属于抵押担保的，需要介绍抵押物情况、分析抵押率并且评价抵押物的变现能力。

9. 银行收益预测

计算房地产开发贷款利息收入和手续费收入，分析未来与之相配套的住房按揭贷款规模及收入。有的还应当计算贷款的资金成本。

10. 结论

说明是否同意提供贷款，明确贷款金额、期限和利率，最后是其他附加条件。

三、房地产开发贷款的审批

贷款审批就是指贷款的审查和批准，是实务工作中联系密切的两个环节。与一般贷款的审批相同，房地产开发贷款审批也必须遵照"审贷分离、分级审批"的原则进行。

审贷分离原则是指银行贷款经营部门负责"前台业务"，即开拓市场、发展客户、受理贷款申请、贷前调查、贷款发放和收回，不参与贷款的审查与批准；贷款审批部门专门负责"后台业务"，即贷款的审批（包括贷款金额、利率和期限）、放款条件的落实等。贷款营销部门和审批部门各司其职、各尽其责，防止出现因为营销压力而忽视风险控制的现象。

分级审批原则是指商业银行在进行贷款审批时，应根据贷款额度的大小和审批授权的高低，由不同级别的审批机构进行审批，贷款数额越大则需要审批机构的级别就越高。

（一）贷款审批的流程

贷款审批人在授权范围内审批贷款，并决定贷款种类、金额、期限、利率和还款方式。凡是要上报上级机构审批的，均要由下级机构向上级审批部门提交本级审批机构的初审意见。上级审批部门审查后按照权限提交信贷委员会或有权签批人批准。

贷款批准后，由调查部门办理贷款发放手续；贷款未获批准的，审查部门或签批人要说明理由，同时将有关资料退还给贷款调查部门。不论贷款是否被批准，调查部门都须将审批结果通知企业并退还申请资料。

（二）贷款审查的主要内容

银行贷款审查一般分为初审和复审两个阶段。

1. 贷款初审

在房地产开发贷款的初审中，审批人员需要完成如下工作。

（1）负责初审贷款资料的完整性。

（2）负责初审贷款资料格式与内容的准确性、合法性，上报材料中有关借款合同、协议填写内容的完整性、准确性与合法性。

（3）审查贷款及其他授信是否符合金融政策与信贷管理规章制度的要求。

（4）复测借款人的信用等级和贷款的风险度。

（5）对贷款的合法性、效益性、安全性进行全面审查和评定，提交初审报告。

（6）初审贷款金额、用途、期限、利率、担保方式等是否合理，还款来源是否有保障，提出对贷款方式、金额、期限、利率的审核意见。

2. 贷款复审

贷款复审人员在接到初审意见和相关材料后须及时完成如下工作。

（1）复核贷款资料的完整性。

（2）复审贷款资料的格式与内容的准确性与合法性。

（3）复审贷款及其他授信是否符合国家金融政策和本行信贷管理方面的规章制度要求。

（4）复测借款人的信用等级和贷款风险度。

（5）复审并全面评价贷款的合法性、效益型以及安全性。

（三）贷款的批准

贷款审批机构负责人对通过审查的贷款申请需要进行批准，这包括了三个方面的职责。

（1）审查贷款是否符合国家信贷政策及银行内部的有关规章制度，在贷款审查委员会的审查意见基础上进行决策。

（2）负责信贷审查工作的计划、组织、实施与管理。

（3）按照授权和管理程序，对重大问题和疑难问题进行决策。

四、房地产开发贷款的发放与财务监督

（一）房地产开发贷款的发放

房地产开发贷款的发放流程如下。

（1）银行同借款人、担保人正式签订贷款合同、保证合同或抵（质）押合同。

（2）按合同规定办理完毕相关的公证、抵押登记等手续，其中房地产的抵押登记一般包括房屋抵押登记和土地抵押登记两部分，抵押物权属及相关登记证明文件交由贷款行保管。

（3）为项目办理有效的建筑工程保险，以房屋作为抵押品的，在偿清全部贷款本息之前，应逐年按不低于抵押金额的投保金额办理房屋意外灾害保险，且投保期至少要长于借款期半年，保险合同中要明确贷款人为保险第一受益人，保险单正本由贷款行执管。

（4）若属于住房开发项目贷款，有条件的贷款行应在发放贷款前与借款人就该贷款项目售后的一揽子住房抵押贷款业务签订合作协议。

（5）贷款审查部门对贷款合同、有关协议等全部贷款手续中的各种要素、签章等核实无误后，由贷款经办人员填写放款凭证，经逐级审批签发后，交由会计核算部门审查各项文件是否符合放款条件，符合条件的根据项目进度情况及有关约定条款，分期、分批将款项直接发放至相关账户中。

（二）房地产开发贷款的财务监督

根据银监会2009年7月发布的《固定资产贷款管理暂行办法》第二十四条和第二十五

条的规定："贷款人应通过贷款人受托支付或借款人自主支付的方式对贷款资金的支付进行管理与控制。贷款人受托支付是指贷款人根据借款人的提款申请和支付委托，将贷款资金支付给符合合同约定用途的借款人交易对手。借款人自主支付是指贷款人根据借款人的提款申请将贷款资金发放至借款人账户后，由借款人自主支付给符合合同约定用途的借款人交易对手。""单笔金额超过项目总投资5%或超过500万元人民币的贷款资金支付，应采用贷款人受托支付方式。"

至此我们已经介绍完了房地产开发贷款的绝大部分操作流程，并对其中的贷款申请、贷款前调查、贷款审批以及贷款发放四个环节的主要内容进行了比较详细的描述。本章随后两节将分别介绍项目评估环节和贷后管理环节的相关内容。

第四节　房地产开发贷款的项目评估

房地产开发贷款的贷前调查工作包括借款人分析、项目评估和担保分析三部分。由于房地产开发类贷款均用于房地产开发项目，所以往往对开发项目进行的全面评价就是对房地产开发贷款业务本身所做出的评价。从这个角度看，贷款项目评估无疑是整个贷款调查工作的核心环节。

一、房地产开发贷款项目评估的含义

房地产开发贷款项目评估是根据贷款安全性、流动性和效益性的要求，运用定量和定性分析相结合的方法，在房地产开发贷款决策前期对借款人和开发项目的盈利水平、偿债能力、建设条件、市场状况以及各种不确定因素所做出的全面、系统的评价。根据评估对象的不同，房地产开发贷款项目评估的含义有狭义和广义之分。

从狭义上看，房地产开发贷款的项目评估是从项目自身的财务效益和国民经济效益两个方面入手进行的评估，其中又以财务效益评估为重点。所谓财务效益评估是指根据现行财税制度和价格体系，计算房地产开发项目的财务收入与支出，分析该项目的盈利能力、清偿能力和盈亏平衡点，从而判断房地产开发项目的财务可行性。国民经济效益评估是指从区域社会经济的效益和成本出发，考察房地产开发项目对所在区域社会经济的净贡献，从而判断开发项目合理与否。由于房地产开发项目的国民经济效益评估往往与城市发展规划问题联系在一起，本书不做详细介绍。

从广义上看，房地产开发贷款的项目评估不仅包括财务效益评估和国民经济效益评估，还应当包括借款人信用评估、抵押评估以及贷款项目风险评估。换句话说，房地产开发贷款的项目评估应当能够涵盖贷前调查报告里的绝大部分内容，而房地产开发贷款的贷前调查工作是广义上的项目评估。借用金融风险管理的术语，狭义的项目评估像是一种"债项评级"工作，而广义的项目评估则还要包含"客户评级"的内容。

有一点需要指出的是，房地产开发企业在开发某一具体项目前也要进行周密的项目评估，以便判断该项目是否具有投资建设的价值。此类项目评估被称作房地产项目评估，它与房地产开发贷款的项目评估在本质上是不同的。具体表现在：① 评估主体不同。房地产开发贷款的评估主体是商业银行。贷款经办人员要以银行在实现盈利的同时还能有效控制风险作为评估的出发点，重点评估贷款项目的财务状况、借款人信用状况和抵押担保情况，预测贷款的盈利能力，估计潜在的风险隐患并制定可靠的风险防控手段。而房地产项目评估的主体则是开发企业，其评估的重点是项目的收入与成本，建设可行性与销售卖点等。② 评估在房地产开发贷款审批中的作用不同。房地产项目评估的成果——可行性研究报告，是申请贷款的必备材料之一，是贷款调查人员与审批人员的重要参考文件。贷前调查时，银行经办人员要以房地产项目评估的可行性研究报告为基础，结合自身的现场调查和间接调查成果对房地产贷款项目自主做出评估，并撰写贷前调查报告，而这正是广义上的房地产开发贷款项目评估。

二、房地产开发企业资信评估

关于借款人的资信问题，我们在第三节中做了初步介绍，但限于篇幅并未展开细致的论述。这一部分将从评估原则、评估内容和评估手段三方面进行详细介绍。

（一）"5C"原则与"5P"原则

"5C"原则是行业内通行的对企业守信履约能力的总体评价原则，它包括以下五个方面的内容，因为其英文都以 C 开头，所以称为"5C"原则。

▶ Character（品德）：指企业负责人的品德、经营管理水平、资金运用状况、经营稳健性以及债务偿还愿望等。企业信用记录是判断其品德水平的重要依据。

▶ Capital（资本）：指借款人的财务杠杆状况及资本金情况。资本金是经济实力的重要标志，也是企业承担信用风险的最终保证。财务杠杆高就意味着资本金较少，债务负担和违约概率也较高。

▶ Capacity（能力）：指还款能力。它包含了两个方面的内容：一方面是借款人未来现金流量的变动趋势及波动性；另一方面是借款人的管理水平，银行不仅要对借款人的公司治理机制、日常经营策略、管理的整合度和深度进行分析评价，还要对其各部门主要管理人员进行分析评价。

▶ Collateral（抵押）：借款人应提供一定的、合适的抵押品以减少或避免商业银行贷款损失，特别是在中长期贷款里，如果没有担保品作为抵押，商业银行通常不予放款。商业银行对抵押品的要求权级别越高，抵押品的市场价值越大，变现能力越强，则贷款的风险越低。

▶ Condition（环境）：主要包括商业周期所处阶段、借款人所在行业状况、利率水平等因素。商业周期是决定信用风险水平的重要因素，尤其是在周期敏感性的产业。借款人处于行业周期的不同阶段以及行业的竞争激烈程度，对借款人的偿债能力也具有重大影响。

"5P"原则与此类似，分别是 Personal Factor（个人因素）、Purpose Factor（资金用途因素）、Payment Factor（还款来源因素）、Protection Factor（保障因素）、Perspective Factor（企业前景因素）。

（二）评估内容

借款人资信评估的原则与内容是内在统一的。对借款人的资信评估至少应当包括借款企业基本情况调查、借款企业素质评估、借款企业经济实力评估、借款企业信用状况评估及发展前景评估五个方面的内容。

对借款企业基本情况调查的内容包括借款人的名称、地址、经营范围、资质、规模、所有制类别、组织结构、历史沿革、注册资本金等。

对借款企业素质评估主要是调查、了解借款企业的法人代表及公司领导班子成员经历、业绩、信誉和能力，并对其经营管理水平加以评价。

对借款企业经济实力评估主要是调查、了解借款企业的资产规模、人员构成、职工素质、开发总量及建设情况，以及近年来已完工开发项目的建设、销售和运营等业绩情况。

对借款企业信用状况评估的内容有：调查借款企业的开户情况、存贷款情况、信用等级等信息；计算企业的存贷比；在综合考虑各项财务信息的情况下，全面评价借款企业信用状况。

对借款企业发展前景评估的内容有：调查企业的业务发展方向，在行业中所处层次；了解企业的发展思路和战略规划；深入分析借款企业及其所处行业的发展前景。

（三）评估手段

项目评估的资信评估手段是指银行等金融机构对申请借款企业进行的客户信用评级。这种评级工作同后面要介绍的项目财务评估不同，需要进行认真区分。

1. 客户信用评级与项目财务评估的区别

首先，客户信用评级在银行风险管理工作中属于客户评级的范畴，而项目财务评估则类似于债项评级，只不过是发生在债务形成之前。

其次，客户信用评级的依据主要是财务因素，通常贷款银行要根据借款申请人前三个完整会计年度的财务报表以及最近一期报表对企业整体的运营情况、盈利情况以及偿债能力做出判断。而项目财务评估则是主要针对项目本身进行的评估与预测，如通过对项目本身的开发经营成本、租售收入、投资期限、租售期限等因素的综合测算，得出项目本身的总投资利润率、自有资金利润率、内部收益率、投资回收期等经济指标；根据偿还贷款的资金来源和还款方式，对项目回收期及还款能力做出预测。

再次，客户信用评级所依赖的信息不仅限于财务信息，还包括其他一些指标，如管理层的学历与能力、企业过往还贷记录、所处的行业地位等，因此客户信用评级是一个全面而综合地考察借款人的过程。相比较来说项目财务评估的过程则显得单一。

最后，由于借款客户可以有多个项目同时在运作，对于一个借款人来说商业银行可能要做出多个项目（财务）评估。而贷款客户的信用评级一般只有一个，也就是说借款企业与其在贷款银行内的信用评级是一一对应的。

2．信用评级方法

商业银行客户信用评级主要包括定性分析法和定量分析法两类方法。由于中国商业银行的市场化经营历史比较短，而且一直对数据积累与统计工作重视不够，缺乏数据分析经验和技术，因此大部分商业银行在积极学习和引进数量分析方法的同时，依然普遍使用比较传统的定性客户评级方法。

（1）定性分析方法。定性分析方法主要指专家判断法。专家判断法是商业银行在长期经营信贷业务、承担信用风险过程中逐步发展并完善起来的传统信用分析法。专家系统是依赖高级信贷人员和信贷专家自身的专业知识、技能和丰富经验，运用各种专业性分析工具，在分析评价各种关键要素的基础上依据主观判断来综合评定信用风险的分析系统。

行业内最为人熟知的分析系统是骆驼（CAMEL）分析系统。骆驼分析系统主要是针对商业银行自身的评价体系，它包括资本充足率（Capital Adequacy）、资产质量（Assets Quality）、管理能力（Management）、营利性（Earning）和流动性（Liquidity）五个评价考察因素。

定性分析方法的突出特点在于将信贷专家的经验和判断作为信用分析和决策的主要基础，这种主观性很强的方法带来的一个突出问题是对信用风险的评估缺乏一致性，不同的贷款专家对同一个客户可能会产生不同的评价结果，从而造成不同的授信决策。定性分析的这一缺陷可能使商业银行统一的信贷政策在实际操作过程中因为专家意见不统一而失去意义。

（2）定量分析方法。由于定性分析的上述缺陷，在商业银行的客户信用评级工作中，定量分析越来越受到重视。较常见的定量分析方法主要包括信用评分模型和各类违约概率模型分析法。信用评分模型是一种传统的信用风险量化模型，利用可观察到的借款人特征变量计算出一个得分来代表债务人的信用风险，并将借款人归类于不同的风险等级。目前，应用最广泛的信用评分模型有线性概率模型、Logistic 模型、Probit 模型和线性辨别模型。

违约概率模型分析法属于现代信用风险计量方法，20 世纪 90 年代以来在国际银行界得到了高度重视和快速发展。如由评级公司穆迪开发的 RiskCalc 模型、Credit Monitor 模型，KPMG（毕马威）公司开发的风险中性定价模型和死亡概率模型等。下面简要介绍 KPMG 的风险中性定价模型，对其他几类方法感兴趣的读者可以翻阅风险管理方面的书籍。

风险中性定价模型的公式为

$$P \times (1+k) + (1-P) \times (1+k) \times (1-\theta) = 1+i \qquad (4.1)$$

其中：P 是风险资产（贷款）的不违约概率；k 是该资产（贷款）的利息；θ 是风险发生后风险资产或贷款的违约损失率；i 是同期限无风险资产的收益率。

例题 4-1 假设商业银行对某企业的贷款的年利率是 10%，根据历史经验同类贷款的违约损失率为 65%。同期无风险利率（如 AAA 级企业的贷款利率）为 5%。根据 KPMG 风险中性定价模型，该企业在一年内的违约概率为

$$P \times (1+10\%) + (1-P) \times (1+10\%) \times (1-65\%) = 1+5\%, \quad P = 7\%$$

根据该商业银行的内部标准，企业可被评价为 BBB 级客户。

（3）财务指标。在进行企业信用评级的过程中不可避免地要用到各类财务指标来进行分析，并根据这些指标计算相应的得分。这些指标包括以下内容。

① 偿债能力指标。

资产负债率=负债总额/资产总额

速动比率=（流动资产−存货）/流动负债

流动比率=流动资产/流动负债

利息保障倍数=（利润总额+利息费用）/利息费用

或有负债比率=或有负债/净资产

② 获利能力指标。

主营业务利润率=（主营利润+补贴收入）/销售收入

净资产收益率=[净利润+补贴收入+（销售现金收入−主营业务收入）

×主营业务利润率]/平均净资产

经营利润贡献率=（经营利润+补贴收入+（销售现金收入−主营业务收入）

×主营业务利润率）/[（经营利润+补贴收入+

（销售商品、提供劳务收到的现金−主营业务收入）

×主营业务利润率]+[利润总额−经营利润−补贴收入−（销售现金

收入−主营业务收入）

×主营业务利润率][1]

③ 营运能力指标。

总资产周转率=销售收入/平均总资产

存货周转率=销售成本/平均存货余额

营业活动收益质量=销售收入/平均应收账款

---

[1] 若出现负值则取绝对值。

（4）信用评级指标打分表。在实际操作中，客户信用评级往往以各种打分表的形式出现，表中各项目得分的计算方式依赖于上面介绍的各种模型公式，商业银行会根据自身情况选择适合的模型。表 4-3 展示的就是一种被商业银行实际应用的针对房地产开发企业的信用评级指标打分表。

表 4-3　房地产开发企业信用评级指标打分表

	最 高 分	良 好 值	平 均 值	较 差 值	实 际 值	实际得分
偿债能力						
资产负债率						
速动比率						
流动比率						
利息保障倍数						
或有负债比						
获利能力						
主营业务利润率						
净资产收益率						
经营利润贡献率						
销售收入平均增长率						
营运能力						
总资产周转率						
存货周转率						
营业活动收益质量						
现金自给率						
人员能力						
领导层文化结构						
主要领导人行业从业经验（年）						
业内经营业绩						
产品与市场						
土地储备量						
行业地位						
资质等级						
履约与结算						
合计						

初评人：　　　　　复核人：　　　　　签批人：　　　　　认定人：

表 4-3 中的第一列是各项财务指标，第二列是该项指标所能得到的最高分，第三列到第五列是同行业企业在该项指标上的良好值、平均值和较差值，第六列是被评级企业该项指标的实际值，最后一列是该企业的实际得分。实际得分的计算依赖于不同的模型和公式，而行业值的取得一般来自外部数据。

根据最后合计的实际得分，并参考各家商业银行自己制定的标准，可以将企业从高到低划分为不同信用等级，如 AAA、AA、A、BBB、BB、B、C 等[①]。习惯上只有对 A 级以上的企业才能发放信用贷款，BB 级或 B 级以下的企业不予贷款。

三、房地产开发项目非财务评估

房地产开发贷款的项目评估与前文中提到过的狭义的项目评估相对应，它包括两个方面的内容：一是房地产开发项目非财务评估；二是房地产开发项目财务分析。

其中，房地产开发项目非财务评估包括项目建设条件评估、项目市场评估、资金来源筹措评估、项目组织与人力资源分析四个方面。

（一）项目建设条件评估

首先，要调查房地产项目的建设背景，综合项目所在地区房地产开发的政策环境、城市建设规划，分析该项目的潜在经济效益和社会效益，评价其建设的必要性和正当性。此外，考虑到当前土地供应日趋紧张的现实情况，项目评估人还应当分析在政策允许和技术上可行的前提下，该房地产项目的土地利用效率是否达到最优。

其次，要全面考察项目建设的性质、地理位置、交通情况、市政规划、占地面积、建筑面积、容积率、绿化率等一系列房地产开发中的技术指标，突出介绍项目的特点及优缺点。

再次，要重点核查项目的相关法律文件，确保项目建设合法有效。这些文件在前文曾经提到过，主要包括《建设用地规划许可证》、《国有土地使用证》、《建设工程规划许可证》、《建筑工程施工许可证》、《商品房销售许可证》、项目立项批准文件以及其他银行贷款要求的证明文件。

最后，要了解项目征地拆迁、委托规划设计、办理相应批复手续直至完成开工前准备等工作的进度情况；分析项目开、竣工时间及施工进度安排，对已开工项目要分析其投资完成进度和资金到位情况；分析项目建设所需的材料、机械设备及施工技术情况，如材料供货渠道是否稳定、机器设备是否可靠；对项目的设计单位资质、施工组织及环境保护条件进行评价。

[①] 有关信用评级的内容不在本书讨论范围之内。

（二）项目市场评估

房地产项目市场评估也称为市场需求预测，是指在市场调查和供求预测的基础上，根据项目的竞争能力、市场环境以及竞争者等要素，分析和判断项目未来的销售情况，具体来说就是考察项目在特定时期内是否有市场，以及采取怎样的营销战略来实现销售目标。项目市场评估是贷款银行分析判断项目还款能力的重要依据。

在进行市场评估的过程中，经办人员要了解国家宏观经济政策和产业政策导向以及当地经济发展水平和房地产市场发育程度，对项目所在地的房地产市场的供需状况进行宏观分析。然后根据项目所在区位的情况，结合项目自身特点、目标消费人群、收入水平、消费偏好、同类产品价格、未来市场预期以及政策因素等对房地产市场的影响，对项目做出细分市场及项目的市场发展趋势的判断。要了解项目的地段、工程质量、户型设计、区域环境、商服配套设施状况、物业管理、推广策略等方面的因素，分析项目在市场中的竞争能力，评价项目的租售价格和租售计划是否适应市场环境。

（三）资金来源筹措评估

房地产开发企业的项目资金来源主要有五个：自有资金、银行贷款、商品房预售回款、施工垫资和其他借款。在评估时应当注意测算借款人的自有资金比例能否达到中央银行对房地产开发企业自有资金比例的要求，并评价项目投资计划是否合理可行。

开发商在资金筹措上的风险主要有三个方面，即资金的额度、期限和渠道。房地产行业是一个资金密集型的行业，房地产项目开发所需的资金量巨大，若筹集不到足额的资金或在时间上不能匹配则可能使项目陷入停工，而筹资渠道选择不当则可能造成资金成本上升甚至筹资计划失败。下面对房地产开发企业在资金筹措方面可能遇到的一些重要问题加以说明。

1. 自有资金

中国人民银行 2003 年 6 月 5 日发布了《中国人民银行关于进一步加强房地产信贷业务管理的通知》（银发〔2003〕121 号），要求项目自有资金不应低于项目总投资额的 30%，即房地产开发企业的所有者权益不应低于开发项目总投资额的 30%。2004 年 8 月，银监会发布的《商业银行房地产贷款风险管理指引》（银监发〔2004〕57 号）规定，商业银行对申请贷款的房地产开发企业应要求其开发项目的资本金比例不可低于 35%。2009 年根据《国务院关于调整固定资产投资项目资本金比例的通知》（国发〔2009〕27 号），对该比例做了调整：保障性住房和普通商品住房项目的最低资本金比例为 20%，其他房地产开发项目的最低资本金比例为 30%。

对项目资本金的要求不仅可以有效防止市场出现投资过热，而且对银行的信贷资金本身也是一种保护。在评估项目资本金时应注意以下两点：一是企业所有者权益是否属实。企业所有者权益包括实收资本、资本公积、盈余公积、未分配利润，评估时应当重点关注实收资本是否与注册资本一致，是否存在股东抽逃资金的问题，未分配利润是否存在虚增，留存收益是否真实。二是关注企业总共有多少在建项目，在计算资本金比例时，必须把所有者权益按比例在各项目之间进行分摊。

2．银行贷款

银行贷款在房地产开发企业的筹资渠道中始终扮演着重要角色，若将个人住房抵押贷款包括在内，银行贷款的占比绝不低于房地产开发企业自筹资金比例，银行风险由此可见一斑。因此商业银行在房地产开发贷款的审批过程中往往都相当谨慎。当房地产开发企业因某种原因导致项目运转出现困难或违反借款合同的约定，银行随时可能停止发放新贷款并提前收回原有贷款。

3．施工方垫资

虽然《中国人民银行关于进一步加强房地产信贷业务管理的通知》中明确规定商业银行要严格防止建筑施工企业使用银行贷款垫资房地产开发项目，但是由于建筑施工市场竞争激烈，一些施工企业不得不按开发商的要求垫资施工，有时垫资规模还很大。这时评估人应当考虑把施工企业纳入评估范围，尤其是在施工企业既为房地产开发企业垫资，又为开发企业的银行贷款提供担保的情况下。

4．商品房预售回款

根据《城市商品房预售管理办法》的规定，商品房在满足一定条件下即可进行预售，这虽然在一定程度上缓解了房地产开发企业的资金紧张问题，但由于商品房的销售情况与政策法规、市场环境以及宏观调控等因素密切相关，因此在进行销售回款的测算时应当进行充分评估，并把销售回款与销售收入区别开来。销售收入是根据销售进度确认的收入，在实际工作中，部分销售收入尚未收到现金，而销售回款是指销售收入中已经收到现金的那一部分收入，能够真正投入项目建设的资金是项目销售回款而非销售收入。此外，从会计角度看，预售回款只能记到"预收账款"科目，是企业的一种负债而不是收入，但在测算房地产开发企业的资金来源时不能将其忽略。

（四）项目组织与人力资源分析

高效、精简的组织和合理的人员配备，特别是关键岗位人员的良好素质是保证项目成功实施和运作的重要条件。组织和管理评估是评估人围绕项目的组织机构设置，对企业组织是否合理有效进行的综合分析评价。人力资源分析是指对企业的人力资源选择、来源、招聘与培训等总体规划进行的详细论证与考察。银行对项目组织与人力资源进行准确评估是十分必要的。

1．项目组织机构分析

项目组织机构概括起来可以分为三大部分：项目实施机构、项目经营机构和项目协作机构。

（1）项目实施机构。项目实施机构在中国通常称为项目建设单位，由它负责项目方案的准备、挑选、报请上级机关审批，以及项目的建设过程（包括设计、施工、设备购置安装等）。建设单位虽然不一定具体承担建设工作本身，但是要对整个建设过程负责。对项目建设单位的分析要从机构设置、人员配备、监督系统等方面入手，分析的重点是防止机构的扩大化，提高机构实施项目的能力和处理突发事件的能力。

（2）项目经营机构。项目经营机构负责提供项目实施的成果，由于项目竣工后的经营情况关系到项目偿债能力以及项目的预期收益能否实现等问题，在项目组织机构分析中需要给予充分重视。对于房地产开发项目来说，对经营机构的分析根据项目的不同分为两种情况：一是商业房地产项目；二是住宅项目。商业房地产项目就是要分析未来使用该物业的公司或商户的盈利能力，只有这些公司拥有稳定的盈利才能保证商业房地产项目的租金收入。住宅项目相对就简单多了，只要分析项目开发商的销售能力即可。

（3）项目协作机构。项目协作机构大致可以分为三个层次：一是国家主管部门；二是地方政府；三是业务往来单位。国家主管部门担负着制订发展项目政策和计划的工作，往往对大中型项目有着最终决策权（如大型开发区），对相关的房地产金融政策也有很大影响，因此在分析时应当首先考虑国家机构制定有关政策的能力和政策的正确与否，其次还要考虑相互关联的不同国家部门的协调问题。地方政府机构对于中小项目的决策起着决定性作用，但不时会出现地方出于自身发展的考虑放行一些与国家政策存在冲突的项目的情况，遇到这种情况评估人员就必须十分慎重。在房地产项目的实施中涉及的业务往来单位很多，从银行信贷部门、城市规划部门、设计部门、施工部门到物资供应部门、环境保护部门等，与这些单位关系协调的好坏直接关系到项目进展顺利与否，因此银行项目评估人员有必要对房地产开发过程中的这些协作单位进行评价，从整体上考察它们是否能够满足项目要求。

2. 人力资源分析

银行对房地产企业的人力资源进行分析，就是要分析房地产开发项目的人力资源配置是否合理、是否符合项目的发展，对项目人力资源的供求和流动性情况进行分析评估。人力资源的选择包括人力资源自然结构、文化结构、技能结构和业务结构四个方面，其中自然结构是指性别结构和年龄结构。人力资源供求预测主要包括企业内部的劳动力需求预测和企业内外部的人力资源供给预测。人力资源流动性分析主要是考察企业在人员上的稳定性如何，一个人员变动频繁的企业注定难以实现良性发展，在实践中银行评估人员要重点关注企业高管尤其是董事长、总经理和财务负责人是否稳定，如果总经理或财务负责人经常变化，往往预示着企业经营出现了严重问题。

四、房地产开发项目的财务分析

财务评价是项目投资和贷款决策的直接依据，它是专门针对项目本身进行的，商业银行只有在明确了项目的偿债能力、盈利能力以及贷款风险度之后才能决定是否批准贷款。具体来说，评估人通过对项目开发经营成本、租售收入、投资期限、租售期限等因素的综合测算，得出项目的总投资利润、自有资金利润率、财务内部收益率、财务净现值、投资回收期等静态和动态指标，通过还贷资金来源和还款方式，对项目还款能力进行预测。

（一）评价指标

在前面的表 4-3 中我们列出了企业信用评级中所用的各种财务指标，而项目财务评价指标与其不同，不仅评价的关注点不同，指标本身也有很大差别。房地产开发项目的财务评价指标包括盈利能力指标和偿债能力指标两类。其中盈利能力指标是用于考察项目盈利能力水平的指标，包括静态指标和动态指标两类；偿债能力指标是考察项目一定时期内偿还债务能力的指标。

静态盈利能力指标是在不考虑时间价值的情况下，通过直接计算现金流量而得到评价指标。这种指标优点在于计算简便，适用于概略评价，不足之处则是缺乏长远考虑，评价的是一个时间点信息而非时间段上的信息。

动态盈利能力指标是在静态指标的基础上考虑了资金的时间价值影响，通过将现金流量按照一定的折现率折现后计算出来的评价指标。动态指标不仅在技术上比静态盈利指标和企业信用评级中的财务指标更复杂，而且能够比较全面地反映项目投资方案在整个计算期内的经营效果。动态指标适用于较详细的评估分析和投资期限较长的项目。

表 4-4 总结了上述房地产开发项目的财务评价指标。

表 4-4　房地产开发项目财务评价指标

盈利能力指标	静态指标	成本利润率 资本利润率	投资利润率 静态投资回收期
	动态指标	内部收益率 动态投资回收期	净现值
偿债能力指标	长期偿债能力指标	资产负债率 已获利息倍数	产权比率 权益乘数
	短期偿债能力指标	流动比率 速动比率	现金比率

（二）盈利能力指标

1. 静态盈利能力指标

（1）成本利润率。

成本利润率=(项目总开发价值-项目总开发成本)/项目总开发成本

成本利润率是判断房地产开发项目的财务可行性的一个指标，评估人可以将成本利润率与目标利润率相比较。若成本利润率高于目标利润率则可以认为该项目在经济上是可行的。目标利润率的高低依地区、开发周期、物业类型的不同而不同。一般开发周期为两年的商品住宅项目的目标利润率为 35%～45%。注意，项目的成本利润率不等同于企业的利润率。企业利润率的考察对象是整个企业，考察期一般以一年为单位，而项目成本利润率的考察对象是单个项目，考察期则是项目的整个开发周期。

（2）投资利润率。

$$投资利润率=年平均税后利润总额/项目总投资额$$

投资利润率是指项目建成后，商品房项目到达预期的销售率或出租率时平均年税后利润总额与项目总投资额之比。这个指标反映了项目全部投资的获利能力，投资利润率越高，项目的抗风险能力越强。

（3）资本利润率。

$$资本利润率=平均年利润总额/资本金$$

资本利润率是指项目经营期内一个正常年份的年利润率总额或项目经营期内年平均利润总额资本金的比率，它反映了投入项目的股本权益的盈利能力。提高项目资本利润率有两个途径：一是提高项目的利润总额；二是加大杠杆率，也就是增加项目的负债率。现实中由于有关政策对于房地产开发项目的资本金比例要求非常严格，这就间接促使房地产开发企业通过提高项目品质和改善营销方式来实现更高的资本利润率。

（4）静态投资回收期。

$$静态投资回收期=(项目累计净现金流量出现正值的时期数-1)+该年初尚未回收的投资/该年净现金流量$$

静态投资回收期可以在一定程度上反映出项目方案的资金回收能力，其计算方便，有助于对技术上更新较快的项目进行评价。但它不能考虑资金的时间价值，也没有对投资回收期以后的收益进行分析，从中无法确定项目在整个寿命期的总收益和获利能力。

2．动态盈利能力指标

（1）内部收益率。

我们在第一章中已经介绍过内部收益率的计算公式（式 1.12），它是反映项目本身所能够实际达到的报酬率，是指当所有现金净流入年份的现值之和与所有现金净流出年份的现值之和相等时的房地产开发项目的报酬率，也就是能够使项目的净现值为零时的报酬率。用公式表示，内部收益率就是使式（4.2）成立时的 IRR：

$$\sum_{t=0}^{n} \frac{(CI_t - CO_t)}{(1 + IRR)^t} = 0 \tag{4.2}$$

由于式（4.2）是非线性的，所以内部收益率的计算比较复杂，需要用到插值法，具体计算过程如下。

首先分别选择折现率 IRR_1 和 IRR_2 使得净现值 NPV_1 大于 0 而 NPV_2 小于 0，亦即有

$$\text{NPV}_1 = \sum_{t=0}^{n} \frac{(\text{CI}_t - \text{CO}_t)}{(1+\text{IRR}_1)^t} > 0; \quad \text{NPV}_2 = \sum_{t=0}^{n} \frac{(\text{CI}_t - \text{CO}_t)}{(1+\text{IRR}_2)^t} < 0$$

然后利用插值公式（4.3）就可以计算出内部收益率：

$$\text{IRR} = \text{IRR}_1 + \text{NPV}_1(\text{IRR}_2 - \text{IRR}_1)/(\text{NPV}_1 - \text{NPV}_2) \tag{4.3}$$

为了提高计算精度，评估人员可以尽量使上面两个净现值的绝对值相等且足够接近于 0，并让其分别对应的折现率之差为 1%～2%。此外，还可以借助计算机的帮助，利用更加精细的插值方法（如 n 次多项式插值和三次样条插值）得出更加精确的内部收益率。

利用内部收益率指标能够克服净现值法依赖折现率选择的缺点，能够把项目的收益与投资总额联系起来，用以判断项目可以承受的最高利率。内部收益率法判断房地产开发项目是否可行的标准是内部收益率不应低于房地产行业基准投资收益率。而从银行的角度看，内部收益率是房地产开发项目所能接受的最高的借款利率。

（2）动态投资回收期。

动态回收期是指项目以净收益抵偿全部投资所需要的时间，是反映开发项目投资回收能力的重要指标。设动态回收期为 n，则其计算公式为

$$\sum_{t=0}^{n} \frac{(\text{CI}_t - \text{CO}_t)}{(1+i)^t} = 0 \tag{4.4}$$

其中：i 是人为选择的目标折现率。在实际评估中，还可以用如下公式计算以年表示的动态投资回收期：

n=(累计净现金流量出现正值的期数-1)+(上年累计折现值的绝对值/当年净现金流量的折现值)

若上式中的期数以月为单位，则应该用 n 除以 12；若以季度为单位，则应该用 n 除以 4。在项目财务评估中，动态投资回收期应当不大于基准回收期，否则该项目在财务上就是不可行的。动态投资回收期指标一般用于评价开发完结后用于出租经营或自营的房地产开发项目。

在实际操作中，可以将内部收益率法和动态投资回收期法相结合，先设定基准回收期并以此计算内部收益率，再设定一个目标折现率，以此计算动态投资回收期，最后将目标折现率与内部收益率相比，基准回收期与动态投资回收期相比，综合分析项目的财务可行性。

（3）净现值。

净现值的计算与动态投资回收期的计算近似，只是角度不同。其计算步骤是：第一，计算项目未来每年的营业净现金流量；第二，将未来每年的营业净现金流量折算成现值并求和；第三，将终结现金流量[①]折算成现值；第四，营业净现金流量现值之和加上终结现金

[①] 终结现金流量是指投资项目完结时所发生的现金流量，主要包括固定资产残值净收入和回收原投入的流动资金。在计算终结现金流量时有两种方法：一是将其单列为终结现金净流量；二是将其视为最后一年的营业现金净流量。

流量的现值，计算未来报酬的总现值；第五，净现值=未来报酬的总现值−初始投资。

净现值法的评价结果取决于贴现率或折现率的选择，对于房地产开发企业来说，应当采用行业基准投资收益率或平均资金利润率来确定，而对于银行的贷款评估部门来说，则可以按贷款基准年利率上浮 30%～50%来计算。如果折现率选择不恰当，计算净现值不仅没有意义，而且可能导致错误的投资或贷款决策。

（三）偿债能力指标

偿债能力指标包括短期偿债能力指标和长期偿债能力指标两类。

1．短期偿债能力指标

（1）流动比率。

$$流动比率=流动资产/流动负债$$

流动比率是衡量企业短期偿债能力的一个重要指标。企业的流动资产一般包括货币资金、短期投资、应收票据、应收账款和存货，但不包括待摊费用。流动负债包括应付账款、应付票据、短期内到期的长期债务、应交税金和其他应付费用。

流动比率反映了企业流动资产在短期债务到期前可以用于偿还流动负债的能力，该指标越高则企业的短期偿债能力就越强，抗风险能力越高。一般认为流动比率在 2 左右是较好的。

（2）速动比率。

$$速动比率=速动资产/流动负债$$

速动比率是衡量企业近期支付能力的一个指标，其中速动资产等于流动资产减去存货，速动资产反映了企业流动资产中可以用来立即偿还短期负债的能力，而应收账款的变现能力是影响速动比率的一个重要因素。相较于流动比率，速动比率能够更好地表明企业的短期偿债能力。一般情况下，速动比率不应小于 1。

（3）现金比率。

$$现金比率=（货币资金+交易性金融资产）/流动负债$$

现金比率在测算企业的短期偿债能力方面比速动比率更加激进。因为在企业的实际生产经营中，应收账款、短期投资等资产实际上并不容易在短时间内等值变现，例如应收账款可能出现坏账，而短期投资由于未到期无法在不损失利息的前提下支取，所以只有现金和短期债券是最方便、最安全的偿债保证。一个企业即便流动比率、速动比率很高，如果现金比率很低也不能确保足够的偿债能力。

2．长期偿债能力指标

（1）资产负债率。

$$资产负债率=负债总额/资产总额$$

资产负债率衡量的是企业利用债权人提供的资金进行经营活动的能力，它表明企业有多少资产是通过负债取得的。资产负债率可以衡量企业清算时对债权人利益的保护程度，

资产负债率越低，企业偿债越有保证，贷款越安全，资产负债率还代表企业的举债能力。对银行来说，资产负债率反映了债权人发放贷款的安全程度，一般企业理想的资产负债率指标通常不应当超过60%。

（2）产权比率。

$$产权比率=负债总额/所有者权益总额$$

产权比率表明债权人投入的资金受到企业所有者权益的保障程度，反映了企业清偿债务时对债权人利益的保护程度。从银行的角度看，产权比率越低越好，因为产权比率越低资产负债率也就越低。

（3）已获利息倍数。

$$已获利息倍数=息税前利润/利息费用$$

已获利息倍数衡量的是企业是否有充足收益来支付利息费用的能力。一般已获利息倍数越大，企业偿债的能力越强，银行贷款的融资风险就越小。此外由于利息费用都是用现金支付的，所以在计算该指标时应该注意现金流量与利息费用之间的联系。

（4）权益乘数。

$$权益乘数=资产总额/股东权益总额，或权益乘数=1/(1-资产负债率)$$

权益乘数又称股本乘数，是指资产总额相当于股东权益的倍数。表示企业的负债程度，权益乘数越大，企业负债程度越高。

在分析长期偿债能力时还应当注意以下两点：一是企业是否有长期经营租赁；二是企业是否有对外担保存在。由于长期经营租赁不计入长期负债，而对外担保属于或有负债，它们虽不易观察但容易潜藏风险，因此不能忽视这两个因素的不利变化。

五、贷款担保条件评估

贷款担保条件评估一般涉及土地使用权抵押、在建工程抵押、现房抵押三个方面。

（一）土地使用权抵押

贷款企业支付了全部土地出让金并获得了《国有土地使用证》后，到房地产登记部门办理土地使用权抵押登记手续。土地使用权抵押价值由已支付的土地出让金加上拆迁安置补偿费用的总和来评估。

（二）在建工程抵押

当项目建设开发投资总额完成了25%以上，具备房屋期权抵押[①]条件时，应要求贷款企

[①] 《城市房地产抵押管理办法》将房屋期权抵押规定为"预购商品房贷款抵押"，这种抵押不是通常所称的房地产抵押。预购商品房贷款抵押在登记时，由登记机关在抵押合同上做记载（这种"记载"不是严格意义上的权属登记，因此也无法颁发房屋权属证书），待房屋竣工以后，再由当事人重新办理房地产抵押登记。

业办理房屋期权抵押手续，将房屋期权连同土地使用权一并抵押。房屋期权抵押价值由抵押时投入该项目的土地出让金、拆迁安置费用、已支付工程款的总和来评估。借款银行在认定抵押物价值时必须核对相应的支付凭证或合同发票。

（三）现房抵押

工程结束竣工验收且贷款企业获取房产证后，应将房屋期权抵押连同土地使用权转为商品房现房抵押，并到房地产抵押登记部门办理相关手续。

第五节　房地产开发贷款的风险控制

在实际操作中，房地产开发贷款的风险控制工作可以分为两个部分：一是房地产开发贷款的贷后管理；二是房地产开发贷款的风险管理。贷后管理作为银行信贷活动的一个重要组成部分，对于及时发现风险、保证贷款本息按期足额归还是十分重要的。相较于贷后管理，风险管理则是一个更加全面风险控制的过程，它贯穿整个信贷活动，而贷后管理只是其中的一个重要的环节。

一、房地产开发贷款的贷后管理

房地产开发贷款的贷后管理包括了档案管理、贷款项目检查、贷款分类管理、回笼资金管理、保证人及抵（质）押物管理、贷款回收管理和不良资产处置管理。从流程上看，贷后管理处于房地产开发贷款操作流程的最后一环。

（一）档案管理

贷款档案是银行信贷活动的真实记录，包括贷款申请人资料、调查报告、保证人或担保物资料以及贷款合同、担保合同等法律文件，因此具有无可替代的法律效力。在银行信贷工作中，贷款行应当为每个客户建立单独授信档案，并进行统一的管理。

档案资料包括借款人资料、担保资料、贷款项目资料、借款借据、借款合同、担保合同、调查报告、审查报告和贷后检查资料。

1. 借款人资料

（1）基本资料。经年检的营业执照复印件、组织机构代码证书复印件、税务登记证复印件、贷款卡复印件、法人代表或其授权人简历及证明文件、董事会或股东会同意借款证明及签字样本。

（2）文件类材料。房地产企业开发经营资质证书、公司章程、验资报告复印件、近三年审计报告或财务报表复印件、最近一期财务报表复印件、贷款卡查询记录。

2．担保资料

（1）第三方信用保证类贷款：保证人提供的贷款担保承诺书。

（2）抵（质）押担保类贷款：抵（质）押物清单、抵（质）押物价格评估报告、抵（质）押物权属证明、有处置权人同意抵（质）押证明、抵（质）押登记证明文件、抵（质）押物保险单正本。

3．贷款项目资料

（1）"五证"：建设用地规划许可证复印件、建筑工程规划许可证复印件、国有土地使用证复印件、建筑工程施工许可证复印件、商品房预售许可证复印件。

（2）其他资料：项目可行性研究报告、立项批准文件复印件、土地出让合同、土地出让金缴纳证明复印件、环保手续复印件等。

4．合同类资料

借款借据、借款合同、保证合同或抵（质）押合同、贷款审批意见书、其他相关协议。

5．报告类资料

贷款调查报告、贷款审查报告、客户评级报告、各种外部评估报告、贷款放出/收回凭证等。

6．贷后检查资料

季度或月度贷后检查报告、季度贷款五级分类报告、贷款后按季度或月度收集的财务报表、资金划转凭证、对账单、能够证明贷款用途的合同和发票。

在实际工作中，一般将前五项资料归集为贷款档案，最后一项资料作为贷后资料分别装订统一保管。

（二）贷款项目检查

对贷款项目的检查是贷后管理最核心的部分，及时且高质量地完成贷后检查工作不仅能及时发现项目和企业潜藏的风险，还有可能发现业务资源和市场趋势，因此贷款项目检查关系到银行信贷资金的安全和未来发展。银行经办人员完成该项工作后，应当及时形成书面贷后检查报告并归入贷后检查资料。

贷款项目检查的重点在于对可能影响还款的因素进行持续监测，监测报告的内容包括以下几个方面。

1．贷款使用是否正常

商业银行要重点检测贷款企业的资金使用情况，要保证贷款资金专款专用，严格防止资金挪用尤其是投入资本市场的现象发生。目前，商业银行的惯常做法是：借款企业定期向贷款银行提供项目工程进度计划、付款计划和贷款资金使用明细、划款凭证（如电汇、网银凭证）、主要结算银行的对账单；每次支取资金时须向银行提供有效证明（如购销合同），款项使用后提供发票。总之，只有当银行经办人员确认款项与实际完成工程量及付款计划相符后，借款企业方可提取使用资金。

2．开发项目是否正常

对开发项目的监测包括以下要点：① 项目进展是否顺利，工程进度是否按照计划执行；② 投资预算执行情况如何；③ 完工量与资金使用量是否匹配；④ 项目建设中的主要成本变动情况；⑤ 施工质量是否达标；⑥ 配套设施建设如何；⑦ 市场销售情况；⑧ 资金回笼情况如何；⑨ 与项目配套的贷款（如个人住房贷款或商用房贷款）；⑩ 还款资金落实情况。

3．其他需要关注的问题

贷款企业是否出现法律纠纷、财务状况是否正常、企业在其他银行的授信余额变化、保证人或抵（质）押物的情况如何。

（三）贷款分类管理

贷款五级分类是银行信贷管理的重要组成部分，是指银行根据审慎的原则和风险管理的需要，定期对信贷资产质量进行审查，并将审查结果分析归类。贷款五级分类从表面上看就是把贷款按照风险程度划分为不同档次，但在实际操作中，银行的信贷分析人员、管理人员、审批人员乃至银行监管官员必须综合能够获得的全部信息，熟练掌握贷款分类标准，才能按照贷款的实际风险度进行正确分类。

根据中国银监会颁布的《贷款风险分类指引》（银监发〔2007〕54 号），按照风险程度的不同，商业银行要将贷款从高到低划分为五类，即正常、关注、次级、可疑和损失。其中，后三类合称为不良贷款。贷款风险分类标准的核心原则是贷款的偿还可能性，在法制健全的市场经济环境下，借款人的还款能力几乎是唯一重要的因素。

1．正常

借款人能够履行合同，没有足够理由怀疑贷款本息不能按时足额偿还。

2．关注

尽管借款人目前有能力偿还贷款本息，但存在一些可能对偿还贷款本息产生不利影响的因素。下列贷款应至少归为关注类：① 本金或利息虽尚未逾期，但借款人有利用兼并、重组、分立等形式恶意逃废银行债务的嫌疑。② 借新还旧，或者需要通过其他融资方式偿还。③ 改变贷款用途。④ 本金或者利息逾期。⑤ 同一借款人对本行或者其他银行的部分债务已经不良。⑥ 违反国家有关法律或者法规发放的贷款。

3．次级

借款人的还款能力出现明显问题，完全依靠其正常经营收入无法保证足额偿还本息，即使执行担保，也可能会造成一定的损失。以下贷款应至少归为次级类：① 逾期（含展期后）超过一定期限、其应收利息不再计入当期损益。② 借款人利用合并、分立等形式恶意逃废银行债务，本金或者利息已经逾期。③ 需要重组的贷款应至少归为次级类。重组贷款是指银行由于借款人财务状况恶化，或无力还款而对借款合同还款条件做出调整的贷款。重组后的贷款如果仍然逾期，或者借款人仍然无力归还贷款，应至少归为可疑类。

4. 可疑

借款人无法足额偿还本息，即使执行担保，也肯定要造成较大损失。

5. 损失

在采取所有可能的措施和一切必要的法律程序之后，本息仍然无法收回，或只能收回极少部分。

开展贷款五级分类工作的时间相对固定，通常为每个季度末月的下旬。贷款项目检查的时间则不固定，随贷款发放时间的不同而不同，检查间隔应当参考五级分类结果，正常和关注类贷款一般为贷款发放后90天内，次级类贷款一般为贷款发放后60天内，可疑和损失类贷款的检查间隔为贷款发放后的30天之内。对项目进展、资金使用和销售情况应当做到每月至少检查一次，对于发生突发性、严重性问题的贷款则应随时检查。

贷款五级分类和贷款项目检查两项工作并不冲突，决不能因为完成了一项就忽略另一项，或用一项取代另一项。相反，贷款五级分类应当与贷款项目检查相互促进相互监督，共同保障银行信贷资金的安全。

（四）回笼资金管理

房地产开发项目的预售或销售回笼资金是贷款的第一还款来源，对项目回笼资金的管理是银行防范由借款人在清偿完所有贷款前挪用资金造成的信用风险的有效手段。

对于房地产项目来说，通常开发企业在资金安排上除了自有资金和银行贷款外，会将部分销售回款作为项目的资金来源，因此在不增加信贷资金风险的前提下，应考虑在项目总投资的范围内，根据项目评估时的资金计划将部分回笼资金滚动投入项目。为防止借款人将资金投入其他项目，可以在贷款合同中根据预测的销售进度计划安排灵活的还款计划，逐步将销售回笼资金用于还贷。

（五）保证人及抵（质）押物的管理

对保证人及抵（质）押物的管理主要涉及保证人的资格与经济实力是否有重大变化，保证人本身的经营状况及财务状况有无变化，保证人与借款人的关系是否变化。此外还需关注抵（质）押物的当初的估价与现在的市场价格是否出现重大变化、抵（质）押物是否完好、贷款余额同抵押物的现值比例是否合适[①]、抵押物有无转让、出租或重复抵押的问题。

一旦发现保证人的担保资格发生变化或担保能力下降，抵（质）押物价值下降或抵押权益受损，银行应当要求借款人增加相应的担保措施，如增加担保方式、提供新的抵押物。若不能满足银行要求，银行可以根据合同约定停止支付借款人尚未使用的贷款资金，甚至

---

① 商业银行一般要求贷款余额与抵押物价值的比例（即抵押率）不超过70%。

可以要求提前收回贷款。

（六）贷款回收管理

在贷款到期之前，银行经办人员要向借款人发送《贷款到期通知书》或采取其他方式及时通知借款人。若银行根据合同约定要求提前归还贷款，则应向借款人和保证人发出《贷款提前到期通知书》并着手办理相关手续。对到期未能正常归还的贷款，经办人员应及时上报并进行催收，同时向借款人和担保人发送催收通知。逾期贷款要从贷款到期的次日计收罚息。逾期三个月以上的贷款，要在五级分类中进行调整。若借款人提前提出贷款展期申请，银行在对展期申请进行审批后可同意展期，但展期期限不能超过原贷款期限。此外商业银行一般不允许房地产开发企业贷款借新还旧。

贷款全部按期收回后，银行将通知借款人（或保证人）取回银行收押的各种法律凭证及文件，办理抵（质）押登记注销手续。

（七）不良资产处置管理

2005 年 11 月，银监会和财政部发布《不良金融资产处置尽职指引》，明确了不良金融资产处置工作的尽职要求。根据该指引，不良金融资产指银行业金融机构和金融资产管理公司经营中形成、通过购买或其他方式取得的不良信贷资产和非信贷资产，如不良债权、股权和实物类资产等。

不良金融资产处置指银行业金融机构和金融资产管理公司对不良金融资产开展的资产处置前期调查、资产处置方式选择、资产定价、资产处置方案制订、审核审批和执行等各项活动。与不良金融资产处置相关的资产剥离（转让）、收购和管理等活动也属于不良资产处置管理的范畴。近年来，由于宏观经济下行，商业银行不良贷款快速增长，引起了金融界的广泛担忧，部分商业银行为满足监管指标、粉饰经营业绩，通过发行、购买理财产品等方式相互承接、转让不良资产，将不良资产由表内转为表外现象时有发生。相比之下，一线城市房地产相关贷款的不良率相对较低，特别是二手房按揭贷款已经成为很多银行的优质金融资产。

二、房地产开发贷款的风险控制

从 2010 年开始，随着《巴塞尔新资本协议》在中国银行业中的逐步实施，构建较强的全面风险管理能力和水平已经成为商业银行稳健经营、健康发展的基本要求，有人甚至将风险控制评价为商业银行除信息技术外的第二核心竞争力。

从银行角度看，贷款风险是影响其资产流动性、安全性、营利性的最重要因素。具体到房地产开发项目贷款就是指开发项目有不能按时、足额收回贷款本息的可能。借款人不能按时且足额偿还本息就会形成逾期，如果超过规定期限仍未能收回或收回的可能性比较小，就会变成不良贷款，从而使银行蒙受损失。由于房地产行业涉及的资金量巨大、项目开发周期长、面临的不确定性较多，这就使得银行在该领域的贷款往往具有数额大、期限长、流动性差的特点，因此现在各家银行都非常重视房地产开发贷款的风险控制与管理。

（一）房地产开发贷款面临的风险类型

从经典风险管理理论来看，商业银行在经营中面临着八大类风险。根据商业银行的业务特征及诱发风险的原因，巴塞尔委员会将这八类风险分别定义为信用风险、国家和转移风险、市场风险、利率风险、流动性风险、操作风险、法律风险和声誉风险。由于本书不是专门的金融理论教材，所以这里就不再详细解释有关这八类风险的定义和测量方法，但我们也可以给房地产开发贷款划分出其特有的几种风险。

1. 政策风险

从最近几年房地产业的发展过程不难看出，房地产在众多行业里是受政策影响最大的行业之一。政府部门出台的各种金融信贷政策、产业政策乃至更大范围上的宏观调控政策都会左右房地产市场的表现。因此对商业银行来说，有时房地产贷款所面对的政策风险不仅源于房地产政策，还源于金融调控风险，这就要求银行的风险控制部门及时关注各种经济政策的走向。

2. 市场风险

市场风险包括利率风险、汇率风险、股票风险和商品风险。当前，由于中国的股票市场和债券市场还不够发达，金融深化程度比较低，所以无论是房地产开发企业还是房地产的消费者都高度依赖银行信贷，房地产市场受到利率变动影响进而产生的波动可能直接转化为银行系统的整体风险。从国际经验来看，房地产市场和金融市场的风险往往集中爆发，美国的次贷危机就是一个典型的由次级房地产抵押贷款大面积违约而导致的金融市场风险的集中爆发案例。

3. 信用风险

目前中国社会的整体诚信度较低，银行征信系统也处在不断完善的过程中，拖欠贷款的现象较为严重，更有些企业借改制之名逃避银行债务。虽然商业银行的房地产信贷业务都要求有相应的抵押物，但是由于产权界定、抵押拍卖和银行处置的配套措施、法规制度等方面不够健全，导致银行处置抵押物的成本往往较高，再加上银行缺少专门的法律人才，常常使抵押担保形同虚设，银行最终不得不承担大部分的信用风险。

4. 操作风险

操作风险是指由不完善或有问题的内部程序、员工、信息系统以及外部事件所造成损失的风险。操作风险包括法律风险但不包括声誉风险和战略风险。操作风险可分为人员因素、内部流程、系统缺陷和外部事件四大类别。就房地产信贷业务而言，其操作风险主要体现在业绩压力下的违规放贷问题，如流动资金贷款代替开发贷款、降低放贷门槛、抵押物不足值、以个人住房贷款的名义发放个人商业用房贷款等。

5. 流动性风险

流动性风险是指商业银行无力为到期债务的减少或资产的增加提供融资而造成损失甚至破产的风险。在房地产开发贷款中，流动性风险常常具体表现为抵押物变现风险。由于目前中国的资产证券化业务还很不成熟，再加上房地产类贷款往往期限较长，这就必然造成银行房地产贷款信贷资产流动性缓慢，变现能力差。当信贷资产不能及时变现的时候，银行就必须处置抵押物，而这时经常出现以下几种阻碍房地产抵押权顺利实现的情况：一是房产先租后抵押，这会导致银行作为抵押权人无法在租期内受偿；二是以未结清建设工程款的房产进行抵押，或串通建筑公司出具虚假未结清建设工程款的证明，这时由于所拖欠工程款的优先受偿权高于抵押的优先受偿权，银行只能得到扣除欠款后的抵押物价值。

（二）房地产开发贷款风险控制的法规依据

为了完善商业银行识别、衡量、监测和控制房地产贷款风险的手段，提高商业银行房地产贷款的风险管理能力，根据有关银行监管法律、法规和银行审慎监管要求，银监会于2004年8月组织制定讨论通过《商业银行房地产贷款风险管理指引》（简称《指引》）。《指引》中以下三个方面需要特别留意。

1. 风险监管措施

（1）银监会及其派出机构定期对商业银行房地产贷款发放规模、资产质量、偿付状况及催收情况、风险管理和内部贷款审核控制进行综合评价，并确定监管重点。

（2）银监会及其派出机构根据非现场监管情况，每年至少选择两家商业银行，对房地产贷款的下列事项进行全面或者专项检查：① 贷款质量；② 偿付状况及催收情况内部贷款审核控制；③ 贷后资产的风险管理；④ 遵守法律及相关规定；⑤ 需要进行检查的其他事项。

（3）银监会及其派出机构对现场检查中发现的房地产贷款管理存在严重问题的商业银行将组织跟踪检查。

（4）银监会及其派出机构或银行业自律组织对介入房地产贷款的中介机构，一旦发现其有违背行业规定和职业道德的行为，将及时予以通报。

2. 风险控制手段

（1）商业银行应建立房地产贷款的风险政策及其不同类型贷款的操作审核标准，明确不同类型贷款的审批标准、操作程序、风险控制、贷后管理以及中介机构的选择等内容。商业银行办理房地产业务，要对房地产贷款市场风险、法律风险、操作风险等予以关注，建立相应的风险管理及内控制度。

（2）商业银行应建立相应的监控流程，确保工作人员遵守上述风险政策及不同类型贷款的操作审核标准。

（3）商业银行应根据房地产贷款的专业化分工，按照申请的受理、审核、审批、贷后管理等环节分别制定各自的职业道德标准和行为规范，明确相应的权责和考核标准。

（4）商业银行应对内部职能部门和分支机构房地产贷款进行年度专项稽核，并形成稽核报告。稽核报告应包括以下内容：① 内部职能部门和分支机构上年度发放贷款的整体情况；② 稽核中发现的主要问题及处理意见；③ 内部职能部门和分支机构对上次稽核报告中所提建议的整改情况。

（5）商业银行对于介入房地产贷款的中介机构的选择，应着重于其企业资质、业内声誉和业务操作程序等方面的考核，择优选用，并签订责任条款，对于因中介机构的原因造成的银行业务损失应有明确的赔偿措施。

（6）商业银行应建立房地产行业风险预警和评估体系，对房地产行业市场风险予以关注。

（7）商业银行应建立完善的房地产贷款统计分析平台，对所发放贷款的情况进行详细记录，并及时对相关信息进行整理分析，保证贷款信息的准确性、真实性、完整性，以有效监控整体贷款状况。

（8）商业银行应逐笔登记房地产贷款详细情况，以确保该信息可以准确录入银行监管部门及其他相关部门的统计或信贷登记咨询系统，以利于各商业银行之间、商业银行与社会征信机构之间的信息沟通，使各行充分了解借款人的整体情况。

3．风险管理要求

（1）商业银行对未取得国有土地使用证、建设用地规划许可证、建设工程规划许可证、建筑工程施工许可证的项目不得发放任何形式的贷款。

（2）商业银行对申请贷款的房地产开发企业，应要求其开发项目自由资本金比例不低于35%。

（3）商业银行在办理房地产开发贷款时，应建立严格的贷款项目审批机制，对该贷款项目进行尽职调查，以确保该项目符合国家房地产发展总体方向，有效满足当地城市规划和房地产市场的需求，确认项目的合法性、合规性、可行性。

（4）商业银行应对申请贷款的房地产开发企业进行深入调查审核，审核的内容应包括企业的性质、股东构成、资质信用等级等基本背景，近三年的经营管理和财务状况，以往的开发经验和开发项目情况，与关联企业的业务往来等。对资质较差或以往开发经验较差的房地产开发企业，贷款应审慎发放；对经营管理存在问题、不具备相应资金实力或有不良经营记录的，贷款发放应严格限制。对于依据项目而成立的房地产开发项目公司，应根据其自身特点对其业务范围、经营管理和财务状况，以及股东及关联公司的上述情况以及彼此间的法律关系等进行深入调查审核。

（5）商业银行应严格落实房地产开发企业贷款的担保，确保担保真实、合法、有效。

（6）商业银行应建立完备的贷款发放、使用监控机制和风险防范机制。在房地产开发企业的自有资金得到落实后，可根据项目的进度和进展状况，分期发放贷款，并对其资金使用情况进行监控，防止贷款挪作他用。同时，积极采取措施应对项目开发过程中出现的项目自身的变化、房地产开发企业的变化、建筑施工企业的变化等，及时发现并制止违规使用贷款情况。

（7）商业银行应严密监控建筑施工企业流动资金贷款使用情况，防止用流动资金贷款为房地产开发项目垫资。商业银行应密切关注房地产开发企业的开发情况，确保对购买主体结构已封顶住房的个人发放个人住房贷款后，该房屋能够在合理期限内正式交付使用。

（8）商业银行应对有逾期未还款或有欠息现象的房地产开发企业销售款进行监控，在收回贷款本息之前，防止将销售款挪作他用。

（9）商业银行应密切关注建筑工程款优于抵押权受偿等潜在的法律风险。

（10）商业银行应密切关注国家政策及市场的变化对房地产开发项目的影响，利用市场风险预警预报机制、区域市场分类的指标体系，建立针对市场风险程度和风险类型的阶段监测方案，并积极采取措施化解因此产生的各种风险。

第六节　房地产保险

房地产保险是房地产金融的重要组成部分，目前很多教材都将其作为单独章节加以介绍。但由于房地产保险在中国的金融实务工作中所占比例较小，相对于房地产开发贷款、住房按揭贷款等金融活动而言处于从属地位，为了简明扼要地介绍房地产保险的内容，本书特意将其分为房地产开发贷款的保险问题和个人住房贷款的保险问题两部分，在不同章节中分别讲解。

一、房地产保险概述

保险是由保险人对经济损失提供的补偿，是一种风险的转移机制，它是将大的、不确定的损失转变成小的、确定的保险成本的一种金融活动。在现代金融业中，保险业同资产管理业、证券发行业以及传统的银行信贷业共同构成了其四大支柱。相应地，房地产保险是房地产金融的重要组成部分，它对房地产业务起到保驾护航的作用。

一般意义上，由于土地不存在灭失的情况，所以房地产风险就是指房产风险。房产风险是指房产在设计、建造到销售、服务等环节发生损失的风险。具体来说可以分为房地产财产风险、房地产责任风险、房地产人身风险和房地产信用风险。

房地产保险是以房屋及其相关利益和责任为保险标的的保险，它是基于房地产风险而产生的。由于房地产风险一般就是指房产风险，因此本节讨论的房地产保险也就是指房产

保险，其保险标的是房屋及其相关利益与责任。

二、房地产保险的分类

房地产保险按风险潜在的损失涉及的客体及保险的对象可以分为房地产财产保险、房地产责任保险、房地产信用保证保险[①]和房地产人身保险。由于房地产责任风险、信用风险危机的对象主要是财产与人身两类，从广义上说，房地产保险按保险对象划分为房地产财产保险和房地产人身保险，且以房地产财产保险为主。

在上述众多房地产保险类别中，和房地产开发活动密切相关的保险产品主要包括建筑工程一切险、产品责任保险、建筑工程设计责任保险、工程监理责任保险。

（一）建筑工程一切险

建筑工程一切险简称建工险，是以承包合同价格或概算价格为保险金额，承保以土木建筑为主体的工程在整个建设期间由于保险责任范围内的风险所造成的损失和列明的责任的保险。它适用于一切以筹集资金方式所进行的改建、扩建及新建的建筑工程项目。建筑工程一切险是集财产损失险和责任险于一身的综合性保险。建工险在房地产开发贷款的审批中通常属于必备要素，银行在发放房地产开发贷款前，一般都要检查开发商提供的保单原件，并保存复印件。

（二）产品责任保险

在房地产业务中，开发商销售的是特殊产品——房屋，在房屋使用过程中可能发生因其缺陷而造成用户或公众的人身伤亡或财产损失，依法由开发商承担民事损害赔偿责任的风险。中国目前虽然尚未普及房屋产品责任保险，但按照保护消费者权益的相关法律法规精神，房地产开发商是需要承担房产销售中的产品责任风险的，因此这类保险的出现应当是大势所趋。

（三）建筑工程设计责任保险

建筑工程设计责任保险主要承保经国家建设行政部门批准，取得相应资质证书并经工商行政管理部门注册登记成立的建设工程设计单位设计的单项建设工程。保险责任主要包括：在保险合同期内，因被保险人设计的疏忽或过失而引发工程质量事故造成下列损失或费用，依法应由被保险人承担的经济赔偿责任，保险人负责赔偿：建设工程本身的物质损失；第三者身亡或财产损失；事先经保险人书面同意的诉讼费用。保险期限为从保险人所设计的工程项目在工地动工或用于被保险人所设计的工程项目的材料、设备运抵工地之时起，至工程竣工验收合格期满三年之日终止，保险期限最长不超过八年。

---

① 房地产信用保证保险严格来说属于担保业务而非保险业务。

（四）工程监理责任保险

工程监理责任保险主要针对经建设行政主管部门批准，取得相应资质证书并经工商行政管理部门登记注册，依法设立的工程建设监理企业。保险责任为在保险期限或追溯期内，被保险人在中国大陆境内开展工程监理业务时，因过失未能履行委托监理合同中约定的监理义务或发出错误指令导致所监理的建设工程发生工程质量事故，而给委托人造成经济损失，在保险期内，由委托人首次向保险人提出索赔申请，依法应由被保险人承担赔偿责任时，保险人根据保险合同的约定负责赔偿。

以上四类房地产开发销售过程中所涉及的保险产品的最大共同特征就是投保人都是开发商或开发活动的密切参与者，而被保险人除投保人外，有时还会加上贷款银行。因此本书将这四类保险归属于房地产开发保险。相应地，被保险人是购房人的保险，属于个人住房保险，这部分内容将放在第七章中介绍。

三、发放房地产开发贷款时的保险要求

在实务操作中，通常要求借款人在取得贷款前应为项目办理有效的建筑工程保险，以房屋作为抵押品的，在偿清全部贷款本息之前，应逐年按照不低于抵押金额的投保金额办理房屋意外灾害保险，且投保期至少要长于借款期半年，保险合同中要明确贷款人为保险第一受益人，保险单正本由贷款银行保管。

 **本章小结**

- ➤ 广义的房地产贷款是指在房地产开发、经营、消费和管理活动中涉及的各类贷款；狭义的房地产贷款是指根据2004年中国银行业监督管理委员会发布的《商业银行房地产贷款风险管理指引》中的定义，将房地产贷款规定为与房地产或地产的开发、经营、消费活动有关的贷款，主要包括土地储备贷款、房地产开发贷款、个人住房贷款和商业用房贷款。

- ➤ 项目评估的资信评估手段是指银行等金融机构对申请借款企业进行的客户信用评级。这种评级工作同项目财务评估不同，需要进行认真区分。

- ➤ 房地产开发贷款的项目评估是从项目自身的财务效益和国民经济效益两个方面入手进行的评估，其中又以财务效益评估为重点。所谓财务效益评估是指根据现行财税制度和价格体系，计算房地产开发项目的财务收入与支出，分析该项目的盈利能力、清偿能力和盈亏平衡点，从而判断房地产开发项目的财务可行性。

- ➤ 财务评价是项目投资和贷款决策的直接依据，它是专门针对项目本身进行的，商业银行只有在明确了项目的清偿能力、盈利能力以及贷款风险度之后才能决定是

否批准贷款。具体来说，评估人通过对项目开发经营成本、租售收入、投资期限、租售期限等因素的综合测算，得出项目的总投资利润、自有资金利润率、财务内部收益率、财务净现值、投资回收期等静态和动态指标；通过还贷资金来源和还款方式，对项目还款能力进行预测。

 综合练习

一、本章基本概念

房地产贷款；房地产开发贷款；贷前调查；信用评级；项目评估；内部收益率；动态投资回收期；流动比率；速动比率；贷后管理；风险控制。

二、本章思考题

1. 房地产贷款同房地产开发贷款的区别有哪些？

2. 房地产开发贷款审查的主要内容包括哪些？

3. 房地产开发贷款的申请条件有哪些？

4. 房地产开发建设中所说的"四证"是指什么？

5. 简述房地产开发贷款的程序。

6. 商业银行对房地产开发项目进行财务评价一般涉及哪些指标？

7. KPMG 的风险中性定价模型是如何表述的？

8. 房地产开发贷款面临哪些风险？

9. 商业银行对房地产开发贷款的风险控制手段包括哪些内容？

 推荐阅读资料

1. 王世豪. 房地产信贷战略与实务[M]. 北京：中国金融出版社，2006.

2. 谢经荣，殷红，王玉玫. 房地产金融[M]. 北京：中国人民大学出版社，2008.

3. 张红，殷红. 房地产金融学[M]. 北京：清华大学出版社，2007.

4. 中国银行业从业人员资格认证办公室. 公司信贷[M]. 北京：中国金融出版社，2009.

5. 洪艳蓉. 房地产金融[M]. 北京：北京大学出版社，2007.

6. 董藩，李英. 房地产金融[M]. 大连：东北财经大学出版社，2014.

第五章　房地产开发企业的上市融资、债券融资和项目融资

学习目标

通过对本章的学习，学生应了解或掌握如下内容：
1. 房地产开发企业[①]上市融资的含义、特点、方法和程序；
2. 房地产开发企业债券融资的含义、特点、方法和程序；
3. 房地产开发企业项目融资的特点和模式；
4. 房地产开发企业不同融资方式优缺点的比较。

导言

企业融资是企业获得资金的重要方式。按照不同的标准，可以将企业融资划分成不同的种类。比如，按照资金来源不同，可将企业融资分为内部融资和外部融资；按照金融中介所起作用的不同，可将企业融资分为直接融资和间接融资；按照融资企业与投资者所形成的产权关系的不同，可分为股权融资和债券融资；按照企业融资期限长短的不同，可分为长期融资和短期融资；按照融资主体的不同，可将企业融资分为总部融资和项目融资。本章将讲解房地产开发企业的上市融资、债券融资和项目融资三种常见但不同类型的融资方式，使学生能结合第四章的相关知识点，对房地产开发企业的各种融资方式有进一步的了解。

第一节　房地产开发企业的上市融资

企业融资通常可以分为权益融资和债务融资两大类，其中权益融资主要包括企业上市发行股票、兼并和重组，债务融资则主要包括申请银行贷款和发行企业债券。长期以来，

[①] 房地产企业除了开发企业外，还包括各类中介服务企业。但在金融市场上，房地产中介服务行业的投融资事件很少，融资规模所占比例极小，可忽略不计。因此，下文中若无特别说明，房地产企业即指房地产开发企业。

由于中国的金融市场不发达，银行贷款一直是房地产企业的主要融资渠道。近几年，随着直接融资市场相关制度的逐步建立和完善，加上金融监管部门对银行房地产开发贷款业务的收紧，通过发行股票或债券进行融资正逐步成为很多房地产企业筹集资金的重要手段。

一、上市融资的含义

上市融资是指股份有限公司通过公开发行股票，并在证券交易所挂牌交易来达到融资目的的融资方式。上市融资获取的资金来自企业外部，属于外部融资；它不是通过金融中介，而是通过资本市场直接募集资金，属于直接融资；它与股票购买者之间保持着股权关系，因此又属于股权融资；原则上股票没有到期日，存续期是永久的，故它还属于长期融资。

上市公司发行的股票是一种有价证券，是股份有限公司签发的证明股东所持有股份的凭证。股票的发行者必须是具有股票发行资格的股份有限公司。股票的发行实行公平、公正的原则，同种类的股票具有同样的权利。股票一经发行，购买股票的投资者即成为公司的股东。股票实质上代表了股东对股份有限公司的所有权，可以凭借股票获得公司的股息和红利，但同时股东必须承担相应的风险和责任。而股票的发行者必须是具有股票发行资格的股份有限公司或有限责任公司。

股票发行分为两种：一种是公司首次向社会公众公开招股的发行方式（Initial Public Offerings，IPO）[①]，即设立发行；另一种是已发行股票的股份有限公司，在经过一段时间后，为了扩充股本而发行新股票，即增资发行。中国法律对股票发行有严格的规定和要求，并实行核准制，只有达到条件的公司，才能在公开市场发行股票。

（一）上市融资的优点

与其他融资方式相比较，上市融资有诸多优点：首先，上市融资没有股东的利息负担。上市公司可根据自身经营状况选择是否分配股息和红利给股东，如果公司有盈余并认为分配股息和红利的时机恰当，就可以分配，但如果公司亏损或盈余较少，或需要将盈余进行再投资，就可以选择不分配股息和红利。其次，上市融资发行的股票没有固定的到期日，募集的资金是永久性资金，只有到了公司破产清算时才需偿还，因此资金较为稳定。最后，上市融资的资金成本较低，融资所获资金成为公司的权益资本，降低了资产负债率，进而提高公司的信用等级，并为承担更多的负债提供强有力的支持。

（二）发行股票的条件

上市公司公开发行股票必须达到一定的条件。根据 2013 年 4 月新修订的《中华人民共

[①] 有限责任公司经过 IPO，即成为股份有限公司。

和国证券法》（以下简称《证券法》）第十三条规定，公司公开发行新股，应当符合以下条件：① 具备健全且运行良好的组织机构；② 具有持续盈利能力，财务状况良好；③ 最近三年财务会计文件无虚假记载，无其他重大违法行为；④ 经国务院批准的国务院证券监督管理机构规定的其他条件。

针对首次公开发行股票，相关法律法规做出了更为细致的规定。根据《首次公开发行股票并上市管理办法》（证监会令第 32 号）第二十六条的规定，首次公开发行股票的发行人应该符合以下条件：① 最近三个会计年度净利润均为正数且累计超过人民币 3 000 万元，净利润以扣除非经常性损益前后较低者为计算依据；② 最近三个会计年度经营活动产生的现金流量净额累计超过人民币 5 000 万元；或者最近三个会计年度营业收入累计超过人民币 3 亿元；③ 发行前股本总额不少于人民币 3 000 万元；④ 最近一期末无形资产（扣除土地使用权、水面养殖权和采矿权等后）占净资产的比例不高于 20%；⑤ 最近一期末不存在未弥补亏损。

已上市公司发行新股，按照发行对象不同分为配股和增发新股。增发新股除了满足《证券法》第十三条规定之外，还应当满足《证券法》第十五条的要求，即公司对公开发行股票所募集资金，必须按照招股说明书所列资金用途使用。改变招股说明书所列资金用途，必须经股东大会做出决议。擅自改变用途而未做纠正的，或者未经股东大会认可的，不得公开发行新股。另外，在公司治理、盈利能力、财务状况、财务会计文件等方面也有一些具体要求。

配股即向原股东配售股份，按照《上市公司证券发行管理办法》（证监会令第 30 号）第十二条规定，配股应该符合以下要求：① 拟配售股份数量不超过本次配售股份前股本总额的 30%；② 控股股东应当在股东大会召开前公开承诺认配股份的数量；③ 采用证券法规定的代销方式发行。控股股东不履行认配股份的承诺，或者代销期限届满，原股东认购股票的数量未达到拟配售数量 70%的，发行人应当按照发行价并加算银行同期存款利息返还给已经认购的股东。

增发新股即向不特定对象公开募集股份，按照《上市公司证券发行管理办法》第十三条的规定，增发新股应该符合以下要求：① 最近三个会计年度加权平均净资产收益率平均不低于 6%。扣除非经常性损益后的净利润与扣除前的净利润相比，以低者作为加权平均净资产收益率的计算依据；② 除金融类企业外，最近一期末不存在持有金额较大的交易性金融资产和可供出售的金融资产、借予他人款项、委托理财等财务性投资的情形；③ 发行价格应不低于公告招股意向书前 20 个交易日公司股票均价或前一个交易日的均价。

股票发行之后要想在资本市场公开交易，还必须符合规定。股票上市是指股份有限公司发行的股票，在经过政府有关部门的审批后，在股票市场公开挂牌交易。股票上市有助于提高公司的知名度，并在更大的范围内进行融资。

《证券法》第五十条第一款规定，股份有限公司申请股票上市，应当符合下列条件：

① 股票经国务院证券监督管理机构核准已公开发行；② 公司股本总额不少于人民币 3 000 万元；③ 公开发行的股份达到公司股份总数的 25% 以上，公司股本总额超过人民币 4 亿元的，公开发行股份的比例为 10% 以上；④ 公司最近三年无重大违法行为，财务会计报告无虚假记载。⑤ 《证券法》第五十条第二款规定，证券交易所可以规定高于前款规定的上市条件，并报国务院证券监督管理机构批准。

二、房地产企业上市融资方式和流程

房地产企业上市融资是指房地产企业通过上市公开发行股票，募集自身经营及项目开发所需资金的行为。房地产企业可通过中国境内资本市场、海外资本市场以及"借壳"等途径进行股权募集，达到上市的目的。

（一）在中国境内资本市场首次公开上市

在中国境内资本市场首次公开上市发行，主要是指登陆中国境内的 A 股或 B 股市场。首次公开上市发行企业要经过以下程序：① 准备上市的公司聘请相关的保荐机构对其进行上市辅导。② 辅导期满后，由企业准备证监会要求的相关文件，向证监会提出 IPO 申请。③ 在有关部门批准后，制作认股书并与证券承销机构签订承销协议，由其负责承销事宜。④ 向证券交易所申请挂牌交易。

中国境内资本市场对首次公开发行上市的企业要求比较高，在公司的独立性、运作规范、财务会计以及募集资金的用途方面都有明确的规定。另外，证监会对房地产企业上市一直持谨慎态度，审批极为严格，甚至明确表示对募集资金用于囤积土地、房源，或用于购买开发用地等的 IPO，将不予核准。因此，房地产企业在中国境内资本市场首次公开上市实际操作起来难度比较大，必须经历复杂的过程，耗费的时间比较多。但它具有低成本优势，在成功招股之后即可融得大量的资金。

（二）在境外资本市场首次公开上市

中国境内企业境外上市的主要目标市场包括新加坡交易所、纽约交易所等。

境外资本市场对上市企业的要求一般比中国境内资本市场低，审批流程较为快捷，因此成为很多急需发展资金的企业获得资金的"快车道"。比如香港联交所就对内地房地产企业上市约束较少，门槛较低，只需要业绩达到一定标准即可，也没有募集资金不许用于土地储备的限制。一段时间，中国内地的房地产业发展迅速，房地产企业的业绩普遍较好，普遍在土地储备、销售额和负债率等方面表现优异，很容易达到港交所的要求，因此有很多房地产企业选择在香港登陆资本市场，获得股权融资。

（三）在中国境内或境外资本市场"借壳"上市

所谓"借壳"上市，是指房地产企业通过购买上市公司股权，成为大股东，然后将优质资产或有良好收入预期的资产注入该上市公司，彻底改变其经营业绩，达到证券监管机构规定的增发和配股的要求，最终实现通过证券市场融资目的的资本运作方式。所谓的"壳"指经营业绩较差甚至已被证券监管机构警告或勒令暂停交易的上市公司，而这种"壳"资源的价值就在于其作为上市公司所特有的资本市场融资能力。

目前中国境内"借壳"上市的情况较为普遍，这其实有着特殊的政策背景和历史原因。由于中国境内证券发行制度以前为行政审批制，而且上市公司缺乏合理的退出机制，能上不能下，但在经营亏损的情况下又不能进行再融资。在证券市场之外，由于上市名额有限或企业自身还没有达到首发上市的要求，通过借助场内的"壳"资源上市融资就成为很多房地产企业上市的捷径。

"借壳"上市有场内交易和协议转让两种方式。场内交易即在二级市场上公开收购目标公司的股权，这种方式面临的主要问题是股价因收购意向披露后会迅速攀升，导致收购成本非常高；而协议转让是并购方和原来上市公司的控股股东之间通过签订股权转让协议，达到获得控股权的目的，因而收购成本较为稳定。由于协议转让方式使房地产企业取得"壳"企业控制权的成本通常较低，所以在大部分"借壳"上市案例中，"壳资源"的协议转让是最为普遍的做法。

"借壳"上市的优点是灵活和便捷，"借壳"企业无须通过对包括企业公司治理、内部控制等方面的严格审批就能达到利用"壳"进行市场融资的目的，但是"借壳"上市也存在一些问题，比如在间接上市过程中，股权收购须支付巨额资金；在股权收购协议达成后，涉及国有股股权转让的还必须经相关管理部门批准，花费时间长；在取得控股权后，如何妥善处理新股东与经理层及员工队伍之间的关系，在最短时间内增强公司凝聚力，这些问题对收购方都是很大的考验；另外，对于原大股东的历史遗留问题、上市公司以前形成的债务、合同纠纷以及股权质押等问题，收购方也必须进行相应的尽职调查，否则会产生一些不必要的麻烦。

三、融资准备与股票发行

不管是在中国境内上市，还是在境外上市，是通过首次公开上市，还是"借壳"上市，都必须经历漫长的上市准备阶段。拟上市房地产企业必须在证券监管机构批准的证券发行保荐代理机构的帮助下改善公司治理结构，提高经营管理效率，达到监管机构的要求，这也为上市后持续经营奠定坚实的基础。

（一）房地产企业上市前的准备

1. 树立清晰的企业战略目标

发行股票只是企业发展过程中的一个节点，目的还是筹措资金，推动企业的做大做强，不能为了融资而融资。只有树立清晰的企业战略目标，制订详细的行动计划，才能得到广大投资者的认可，达到成功筹资的目的。另外，发行股票的实质是对资源进行整合，通过与投资人建立战略合作伙伴关系，形成稳定的融资渠道，这样才能保证房地产企业的财务健康，保证企业资产有更高的估值，让企业得到资本市场的充分认同，提升企业在资本市场上的融资能力。

2．制订明确的上市计划

发行股票是一个漫长的过程，涉及很多琐碎的工作和安排，只有提前做好计划，设计好详细的预案，才能推进上市工作的顺利进行。这一过程必须在外部专业机构的帮助下完成，包括保荐代理机构对上市全程的指导和监控、会计师事务所对企业资产的验资和以往财务报表的审计、律师事务所对企业法律文本的审查等。保荐代理机构是对企业上市进行推荐和担保的机构，通常由证券公司担当。保荐代理机构中的核心角色被称为保荐代理人，保荐代理人即企业上市的推荐人，一家企业要想上市必须有保荐代理人的推荐。保荐代理人的职责是协助上市申请人进行上市申请，负责对申请人的有关文件做出仔细的审核和披露并承担相应的责任。

3．改善公司治理结构

证券监管机构一般要求上市企业完善公司治理结构，其中最核心的就是改制成股份有限公司，建立起股东大会、董事会、监事会和管理层互相制衡的内部控制体系。由于上市公司必须是股份有限公司，而很多房地产企业都是以有限责任公司的形式存在，因此，对于准备上市但又是以有限责任公司形式存在的房地产业就必须尽快进行股份制改造，按照股份有限公司的运作模式进行经营管理。

4．改进企业经营管理，提高经营业绩

在资本市场上，投资者在选择投资对象的时候往往关注其能否在未来产生稳定的现金流。投资者对股票价值进行的评估也是以未来现金流为基础的。但房地产行业由于受项目运作周期及财务结算方式的影响，"开发—销售"型的房地产企业往往难以形成持续稳定的现金流，这就产生了现金流问题。可以通过以下两条途径解决这一问题：一是扩大规模（包括产品规模和地域规模）和产品线，并做好项目、地域之间的衔接工作；二是改变单一的"开发—销售"经营模式，兼做部分"开发—持有—收租"类的项目。大量经验表明，持有出租类物业能给房地产企业带来稳定的现金收入。

另外，房地产企业还应该按照国际会计准则和上市地财务会计标准改革财务运作模式，以获得社会公信力。土地储备是衡量房地产企业可持续发展潜力、能否实现稳定现金流的关键，房地产企业应该提早做好土地储备计划，组建好完善的开发项目梯队。

（二）房地产企业的股票发行

股票发行是指符合条件的发行人以筹资或实施股息和红利分配为目的，按照法定的程序，向投资者或原股东发行股票或无偿提供股票的行为。

股票在上市发行前，上市公司与股票的代理发行商签订代理发行合同，确定股票发行的方式，明确各方面的责任。股票代理发行的方式按承担的风险不同，一般分为包销发行方式和代销发行方式两种。

1. 包销发行

包销发行方式是由代理股票发行的证券商一次性将上市公司新发行的全部或部分股票承购下来，并垫支相当于股票发行价格的全部资本。由于金融机构一般都有较雄厚的资金，可以预先垫支，以满足上市公司急需大量资金的需要，所以上市公司一般都愿意将其新发行的股票一次性转让给证券商包销。如果上市公司股票发行的数量太大，一家证券公司包销有困难，可以由几家证券公司联合起来包销。

2. 代销发行

代销发行方式是由上市公司自己发行，中间只委托证券公司代为推销，证券公司只收取一定的手续费。上市公司通过股票包销虽然能够在短期内筹集到大量资金以应付急需，但包销商都只以较低的价格收购，从而使上市公司丧失了部分收益。虽然代销发行方式相对于包销发行方式来说能使上市公司获得更多的资金，但整个过程耗时很长，筹集资金的速度慢。

四、中国房地产企业上市融资的历程

从 20 世纪 90 年代初证券市场创立开始，房地产企业就是沪、深两市上市企业的重要组成部分。但由于政策、宏观经济环境等原因，房地产企业上市经历了较为曲折的历程，这里我们按照时间顺序将其划分为四个阶段。

（一）1990—1993 年：试点阶段

随着上海证券交易所和深圳证券交易所的相继成立，房地产企业也加入了上市的行列。中国现有的几十家真正意义上的房地产上市公司，都是在证券市场发展初期进入市场的。在这一阶段，社会各界及政府管理部门对房地产企业进入股票市场普遍持欢迎的态度，相关的政策环境也较为宽松。在这样的条件下，当时深圳和上海股票市场上的房地产板块，如珠江实业、陆家嘴、深万科等均具有很高的知名度，为股市投资者和上市企业带来了较为可观的收益。

（二）1993—1999 年：明令禁止阶段

20 世纪 90 年代初期，由于管理制度不健全，房地产市场的投机色彩较重，房地产公司的资产负债率过高，舆论界认为出现了"房地产泡沫"。部分上市公司利用股票融资优势，盲目扩大投资。同时，证券市场发展时间不长，市场容量有限，而房地产上市公司吸引了过多的资金，导致系统风险增大。为了抑制房地产的过度投机、规范房地产市场和证券市场，国家于 1993 年开始宏观调控，明确提出不鼓励房地产企业上市，如规定一个企业的房地产业务收入超过总收入的 20%，就不允许上市；有些兼营房地产业务的企业，也不能将房地产业务包装上市；对将募集资金用于别墅性质的高档住宅、度假村、高档公寓、写字楼和建筑标准在四星级以上的宾馆饭店的配股申请不予审批。1996 年年底，中国证监会《关于股票发行工作若干规定的通知》要求对金融、房地产行业暂不考虑。1997 年 9 月，中国证监会在《关于做好股票发行工作的通知》中又提出，在产业政策方面继续"对金融、房地产行业企业暂不受理"。在上市暂停的几年间，房地产企业的融资渠道主要依赖自有资金和银行贷款。

但是，在直接上市受阻的情况下，许多房地产企业还是通过间接的渠道如"借壳"上市的方式进入股票市场。如 1998 年上半年北京阳光房地产公司实现对原广西虎威控股。另外，还有一些房地产企业直接或间接地在境外上市，为开发项目募集了大量资金。1996 年 11 月，北京华远房地产股份有限公司通过其控股公司华润北京置地公司在香港联交所成功上市，就是其中的成功案例之一。

（三）1999—2001 年：解禁试点阶段

1997 年，随着宏观经济状况的转变，市场需求不足，出现通货紧缩迹象。为培育新的经济增长点，满足人们改善居住条件的需求，国家提出将住宅建设培育为国民经济新增长点的政策，房地产业的发展进入了一个新的历史阶段。1999 年下半年，国务院原则同意由建设部选择数家骨干房地产企业推荐给中国证监会，进行上市试点。2000 年，北京天鸿宝业房地产股份有限公司和金地房地产股份有限公司分别在证券媒体上刊登招股说明书，2001 年金地集团、天房发展成功上市，这标志着资本市场对房地产企业的重新开放。

（四）2001 年至今：稳步发展阶段

2003 年国务院把房地产业确定为国民经济支柱产业，为房地产业的发展奠定了政策基础，房地产企业上市融资的步伐进一步加快。到 2003 年年底，有 46 家房地产上市公司。不过 2004 年以来 IPO 上市步伐有所放缓。为了防止房地产价格上涨过快，证监会在 2010 年暂缓了上市房地产企业的并购重组，房地产上市企业通过增资扩股的途径融资基本被中断。此外，证监会对未上市的房地产企业的上市申请也基本搁置。由于通过买壳上市可避开股票上市严格审查和控制的限制，买壳后主营业务转向时，只需要上报批准，无其他政策限制，因此多数企业还是通过"借壳"方式实现上市。截至 2015 年年底，深沪两市房地产板块共有 135 家上市公司。

与此同时，随着房地产市场的蓬勃发展和房地产企业的迅速成长，国际资本市场对中国房地产业的投资信心和认可度不断增强。为了规避国内严格的上市限制和审查程序，有一部分房地产企业选择在海外上市，地点主要集中在中国香港和新加坡，最有代表性的企业包括 2006 年上市的绿城中国和 2007 年上市的 SOHO 中国等。

五、中国房地产企业上市融资的意义

房地产开发是典型的资金密集型产业，从缴纳土地出让金到项目的开发、建设及运营等一系列环节都需要投入大量的资金，因此任何一家房地产企业在发展过程中仅靠自身的积累不可能获得大的发展。显然，为了使企业尽快做大做强并实现自身的可持续发展，通过各种渠道筹措项目开发所需的资金成了每个房地产企业需要面对的课题。尽管目前在中国，房地产企业最主要的融资渠道还是银行贷款和自筹（这两种方式的融资金额占据房地产企业融资总额的 60%以上），但是上市融资也逐渐成为众多实力雄厚的房地产企业获取资金的重要途径，对房地产企业的发展具有重要意义。

（一）上市融资能为房地产企业提供稳定的资金来源

房地产企业通过上市的方式，可以迅速募集大量稳定的资金，为企业的发展提供雄厚的资金保障；一旦顺利登陆资本市场，就为企业的后续融资提供了稳定的渠道。企业上市后即变成公众公司，可以发行短期融资券和可转换债券，并能定向或非定向增发股票以及配股，这将大大提高房地产企业融资的主动性。企业可以根据自身的财务状况，选择最合适的融资方式，降低整体融资成本。此外，房地产项目从立项、规划设计、征地拆迁、施工建设到竣工验收，整个开发建设的周期短则一两年，长则四五年。如此长的建设周期特别需要稳定的资金来源支撑，否则开发项目很可能成为"半拉子工程"。

（二）上市融资能够有效提升房地产企业的经营管理水平

房地产企业的上市使自身从非公众公司转变为公众公司，除了要达到证券监管机构的各方面要求外，还必须优化公司治理结构，提升公司竞争力。房地产企业要想成为在交易所挂牌的公众上市公司，就必须按照监管部门的要求进行相应改革，成立股东大会、董事会、监事会，建立经营管理层之间的相互制衡的公司治理结构，成为现代企业制度下的法人实体。上市公司的独立董事制度和相关的信息披露要求则可以在一定程度上减少关联交易和内幕交易，促进公司内部经营管理的优化。证券市场的即时行情以及投资者"用脚投票"的权力则会给管理层带来压力，促使管理层不断提高经营效率，提高公司的经营管理水平。

（三）上市融资能够降低房地产企业的融资成本

发行股票可以使得房地产企业筹得永久性股权资本，所筹资金不用向出资人归还，更不需支付利息，出资人作为企业股东只享有一定的收益权并承担相应风险。公司给股东支付的股息和红利有很强的灵活性和自主权，在经营情况不佳的情况下，可以选择不支付（优先股除外）。因此，上市可以减轻企业的财务负担，降低企业的资产负债率。而如果采用债权融资方式，通过银行贷款或是发行债券获得资金，则必须在一定期限后还本付息，加重企业的融资成本。

（四）上市融资能够提升房地产企业的公众形象

房地产公司上市后，会获得更多在大众媒体上曝光的机会，有利于公众加深对公司的了解，提高公司的知名度和美誉度，有利于提升企业的公众形象，同时对旗下房地产项目的销售也有积极的促进作用。

案例/专栏 5-1　股票注册制发行

股票发行注册制主要是指发行人申请发行股票时，必须依法将公开的各种资料完全准确地向证券监管机构申报。证券监管机构的职责是对申报文件的全面性、准确性、真实性和及时性做形式审查，不对发行人的资质进行实质性审核和价值判断而将发行公司股票的良莠留给市场来决定。注册制的核心是只要证券发行人提供的材料不存在虚假、误导或者遗漏。这类发行制度的代表是美国和日本。这种制度的市场化程度最高。

2013 年 11 月 15 日发布的《中共中央关于全面深化改革若干重大问题的决定》提出，健全多层次资本市场体系，推进股票发行注册制改革，多渠道推动股权融资，发展并规范债券市场，提高直接融资比重。

"这是股票发行注册制首次列入中央文件，将对我国资本市场带来重大影响。"武汉科技大学金融证券研究所所长董登新认为，中国股市市场化进程中的最大障碍就是对股票发行的过度行政干预。近一两年来，市场对实行注册制的呼声很高，监管层也多次透出未来要推行注册制的信号。

"十八届三中全会提出要使市场在资源配置中起决定性作用，资本作为基础性资源，在配置中更应凸显市场的决定性作用。"董登新说，注册制改革已经没有退路。

值得注意的是，股票发行由审核制向注册制过渡，并不意味着发行标准的降低和监管的放松。相反，注册制对事后监管提出了更高要求，需要以更加严格的监管维护市场健康运行。这要求证监会的职责随之发生根本性变化，监管重心后移。证监会需要把更多精力由审批转移到查处市场违规行为、打击证券犯罪和维护市场"三公"等方面。

虽然注册制的真正实施还有待《证券法》的修改，但注册制蓝图带给资本市场的变革已经可以预期。理顺关系，该市场的归市场，该监管的归监管，资本市场的活力将由此得到释放。

【思考与讨论】

（1）房地产企业在中国股票市场上市遵循的现行股票发行机制是什么？

（2）注册制实施后，房地产企业进行上市股权融资难度会降低吗？

第二节　房地产企业的债券融资

房地产企业通过举债获取开发项目及日常经营周转所需资金的行为属于债务融资。债务融资可以分为信贷融资和债券融资两种方式，其中信贷融资属于间接融资，债券融资属于直接融资。由于企业上市的条件较为苛刻，因此债券融资未来很可能成为房地产企业主要的直接融资手段。房地产企业进行债券融资时必须符合法律规定的基本要求。

一、债券融资的特点和种类

债券是一种有价证券，是社会各类经济主体为筹集资金而向债券投资者出具的承诺按一定利率定期支付利息并到期偿还本金的债权债务凭证。债券持有者与发行者之间是一种债权债务关系，债券持有者是债权人，债券发行者是债务人。

（一）债券融资的特点

债券作为一种重要的融资手段和金融工具，它具有以下特点。

1. 偿还性

偿还性是指债券有规定的偿还期限，债务人必须按期向债权人支付利息和偿还本金。债券的偿还性使债券发行者不能无限期地占用债券持有者的资金，他们之间的债权债务关系将随着偿还期结束、还本付息手续完毕而不复存在。这一特征与上市融资的永久性特征有着本质的区别。

2. 流动性

流动性是指债券持有人具有按自己的需要和市场实际状况转出债券并收回本息的灵活性或便利性。流动性的高低主要取决于债券市场中债券转让行为的方便程度。

3. 安全性

安全性是指债券持有人的收益的相对稳定程度。若债券收益不随发行者经营收益的变动而变动，且债券持有人可按期收回本金，则说明该证券具有较高的安全性。一般来说，具有高度流动性的债券同样具有较高的安全性，因为该债券不仅能够迅速转换成货币，还可以按照一个较稳定的价格水平转换为其他债券。

4. 收益性

收益性是指债券能为投资者带来的收入的高低。债券收益主要由三部分组成：一是利息收入，即债权人在持有债券期间按约定的条件分期、分次取得的利息或者到期一次性取得的利息；二是资本收益，即债权人到期收回的本金与买入债券的价差收入，或中途卖出债券与买入债券之间的价差收入，这主要是由于市场利率波动造成债券市场价格变化带来的；三是再投资收益，即利用投资债券所获现金流再行投资的利息收入，这也会受到市场利率波动的影响。

（二）债券的种类

按照不同的分类标准，可以将债券划分为不同的种类。按照发行主体的不同可将其分为政府债券、金融债券和公司债券；按照计息方式的不同可将其分为单利债券、复利债券、贴现债券和累进利率债券；按照利率是否固定可将其分为固定利率债券和浮动利率债券；按照债券形态不同可将其分为实物债券、凭证式债券、记账式债券。

二、中国房地产企业的债券融资方式

中国企业在证券市场上可以发行的债券有公司债券、短期融资券、中期票据、可转换公司债券以及具有中国特色的企业债券等。其中，短期融资券、中期票据均属于非金融企业债务融资工具。与西方国家不同，中国的房地产行业中既有国有企业又有私营企业，这导致房地产企业在进行债券融资时要注意债券类别和发行方式的选择。

（一）公司债券

公司债券是指企业为了筹措资金，按照法定程序向社会发行、承诺按照约定利率和日期支付利息并到期偿还本金的一种债券。公司债券发行金额一般较大，存续期在一年以上，它能在较短的时间内为企业募集到大量资金，并且债券利息能够在税前列支，具备一定的避税功能，因此成为企业融资的重要渠道之一。在发达国家和地区，公司债券的融资规模要远远高于股票市场，通常是股票市场的 3～10 倍。

（二）非金融企业债务融资工具

根据《银行间债券市场非金融企业债务融资工具管理办法》（中国人民银行令〔2008〕第 1 号），非金融企业债务融资工具，是指具有法人资格的非金融企业在银行间债券市场发行的，约定在一定期限内还本付息的有价证券。非金融企业债务融资工具包括短期融资券和中期票据。

1. 短期融资券

根据《银行间债券市场非金融企业短期融资券业务指引》，企业短期融资券（简称"短融"），是指具有法人资格的非金融企业在银行间债券市场发行的，约定在 1 年内还本付息的债务融资工具。短期融资券是企业筹措短期（一年以内）资金的一种直接融资方式。

2. 中期票据

中期票据是一种经监管当局一次注册批准后、在注册期限内连续发行的公募形式的债务证券（期限通常为 5～10 年），它的最大特点在于发行人和投资者可以自由协商确定有关发行条款（如利率、期限以及是否同其他资产价格或者指数挂钩等）。国际上，中期票据的历史要比公司债券短得多——从其出现迄今，也就 30 余年历史。但是，无沦是在发达国家，还是在新兴经济体中，中期票据的地位已经不亚于公司债券。中国中期票据于 2008 年由央行正式推出，并遵循《银行间债券市场非金融企业中期票据业务指引》在银行间市场注册和发行。中期票据待偿还余额不得超过企业净资产的 40%。短融和中期票据的发行、管理均由中国银行间市场交易商协会（NAFMII）负责。

（三）可转换公司债券

可转换公司债券的全称是可转换为股票的公司债券，是指债券发行人依照法定程序发行，在一定期限内依照事先约定的条件可将其转换为企业股票的一种特殊公司债券。可转换公司债券只能由上市公司发行。可转换公司债券与一般意义上的公司债券有共同之处：在它转换为股票之前，其特征和运作方式与公司债券相同。也就是说，如果可转换公司债券在到期之前没有转换为股票，则它与一般意义上的公司债券一样，必须还本付息，并且在还本付息以后，寿命就宣告结束。但它与一般意义上的公司债券又有着明显的区别：后者必须在一定期限内按照约定的条件还本付息，还本付息全部完成以后，它的寿命即完全结束；而可转换公司债券一旦转换为股票以后，其具有的公司债券特征全部丧失，而代之出现的是股票的特征。

（四）企业债券

1. 企业债券的含义

企业债券是指在中国境内具有法人资格的企业按照法定程序发行、约定在一定期限内还本付息的有价证券（不包括金融债券和外币债券）。

2. 企业债券与公司债券的差别

虽然从性质上看企业债券属于公司债券，但这并存的两者之间有着很大的不同。公司债券是世界上较为普遍的公司融资方式，而作为中国大陆特有的企业债券，它涉及的范围则窄很多。它们的差别主要体现在以下几方面。

（1）发行主体不同。公司债券是由股份有限公司或有限责任公司发行的债券，2005 年修订的《公司法》和《证券法》对此也做了明确规定，因此，非公司制企业不得发行公司债券。企业债券是由中央政府部门所属机构、国有独资企业或国有控股企业发行的债券，它对发债主体的限制比公司债券严格。在中国，各类公司的数量有几百万家，而国有企业仅有二十多万家。

（2）所筹资金的用途不同。公司债券是公司根据经营运作具体需要所发行的债券，它的主要用途包括进行固定资产投资和技术更新改造，改善公司资金来源的结构，调整公司资产结构，降低公司财务成本，支持公司并购和资产重组等。因此，只要不违反有关制度规定，发债资金如何使用完全是发债公司自己的事务，无须政府部门审批。而对中国特有的企业债券来说，发债资金的用途主要限制在固定资产投资和技术革新改造方面，并与政府部门审批的项目直接相联。

（3）信用基础不同。公司债券因发债公司的资产质量、经营状况、盈利水平和可持续发展能力不尽相同，其信用级别也相差很大。而中国特有的企业债券，要通过国家机关的严格审批、把关，公共财政还承担着对它的担保责任，以至于企业债券的信用级别与其他政府债券差别不大。

（4）管制程序不同。公司债券的发行实行的是核准制，即只要发债公司的登记材料符合法律规定，并在保荐机构的协助下向证监会报送发行申请材料，通过证监会的审核即可发行。但企业债券的发行须经国家发展改革委员会报国务院审批，发行条件较为苛刻，而且受到每年发行总量的限制，一般企业很难达到发行条件。

根据以上对比不难看出，目前中国房地产企业发行的债券基本都是公司债券而不是企业债券。

三、房地产企业发行债券的条件

由于发行相对便利，资金使用约束较少，且融资成本较低，对于一般非上市的房地产企业来说，发行公司债券成了最佳选择。但是债券类型不同，其发行要求也不尽相同。

（一）企业债券发行条件

根据《企业债券管理条例》第十二条的规定，企业发行企业债券需要符合以下条件：① 企业规模达到国家规定的要求；② 企业财务会计制度符合国家规定；③ 具有偿债能力；④ 企业经济效益良好，发行企业债券前连续三年盈利；⑤ 所筹资金用途符合国家产业政策。第十六条还规定，企业发行企业债券的总面额不得大于该企业的自有资产净值。

国家发改委 2004 年发布的《关于进一步改进和加强企业债券管理工作的通知》细化了企业债券发行的标准，规定企业申请发行企业债券需要符合以下条件：① 所筹资金用途符合国家产业政策和行业发展规划；② 净资产规模达到规定的要求；③ 经济效益良好，近三个会计年度连续盈利；④ 现金流状况良好，具有较强的到期偿债能力；⑤ 近三年没有违法和重大违规行为；⑥ 前一次发行的企业债券已足额募集；⑦ 已经发行的企业债券没有延迟支付本息的情形；⑧ 企业发行债券余额不得超过其净资产的 40%，用于固定资产投资项目的，累计发行额不得超过该项目总投资的 20%；⑨ 符合国家发展改革委根据国家产业政策、行业发展规划和宏观调控需要确定的企业债券重点支持行业、最低净资产规模以及发债规模的上、下限；⑩ 符合相关法律法规的规定。

（二）公司债券发行条件

根据《证券法》第十六条规定，公开发行公司债券，必须符合以下条件：① 股份有限公司的净资产不低于人民币 3 000 万元，有限责任公司的净资产不低于人民币 6 000 万元；② 累计债券余额不超过公司净资产的 40%；③ 最近三年平均可分配利润足以支付公司债券一年的利息；④ 筹集的资金投向符合国家产业政策；⑤ 债券的利率不超过国务院限定的利率水平；⑥ 国务院规定的其他条件。而在第十八条中规定，有下列情形之一的，不得再次公开发行公司债券：① 前一次公开发行的公司债券尚未募足；② 对已公开发行的公司债券或者其他债务有违约或者延迟支付本息的事实，仍处于继续状态；③ 违反本法规定，改变公开发行公司债券所募资金的用途。

2014 年证监会颁布实施的《公司债券发行与交易管理办法》（证监会令第 113 号）细化了《证券法》的规定，例如，第十七条规定存在下列情形之一的，不得公开发行公司债券：① 最近三十六个月内公司财务会计文件存在虚假记载，或公司存在其他重大违法行为；② 本次发行申请文件存在虚假记载、误导性陈述或者重大遗漏；③ 对已发行的公司债券或者其他债务有违约或者迟延支付本息的事实，仍处于继续状态；④ 严重损害投资者合法权益和社会公共利益的其他情形。第十八条规定，资信状况符合以下标准的公司债券可以向公众投资者公开发行，也可以自主选择仅面向合格投资者公开发行：① 发行人最近三年无债务违约或者迟延支付本息的事实；② 发行人最近三个会计年度实现的年均可分配利润不少于债券一年利息的 1.5 倍；③ 债券信用评级达到 AAA 级；④ 中国证监会根据投资者保护的需要规定的其他条件。未达到前款规定标准的公司债券公开发行应当面向合格投资者；仅面向合格投资者公开发行的，中国证监会简化核准程序。

（三）短期融资券和中期票据发行条件

根据《银行间债券市场非金融企业短期融资券业务指引》规定：① 企业发行短期融资券应依据《银行间债券市场非金融企业债务融资工具注册规则》在交易商协会注册；② 企业发行短期融资券应遵守国家相关法律法规，短期融资券待偿还余额不得超过企业净资产的 40%；③ 企业发行短期融资券所募集的资金应用于符合国家法律法规及政策要求的企业生产经营活动，并在发行文件中明确披露具体资金用途。企业在短期融资券存续期内变更募集资金用途应提前披露。

根据《银行间债券市场非金融企业中期票据业务指引》规定：① 企业发行中期票据应依据《银行间债券市场非金融企业债务融资工具注册规则》在交易商协会注册；② 企业发行中期票据应遵守国家相关法律法规，中期票据待偿还余额不得超过企业净资产的 40%；③ 企业发行中期票据所募集的资金应用于符合国家法律法规及政策要求的企业生产经营活动，并在发行文件中明确披露具体资金用途。企业在中期票据存续期内变更募集资金用途应提前披露；④ 企业发行中期票据应制订发行计划，在计划内可灵活设计各期票据的利率形式、期限结构等要素。

目前在短期融资券和中期票据的发行规则中，已经取消了对企业盈利和偿债能力等条件的具体约束，按照市场化原则发行，严格执行相关信息披露要求。如果企业亏损或偿债能力不佳，短融或中票的发行利率就会很高，或者无法在市场上募集到足够的资金，从而迫使企业选择其他融资方式。

（四）可转换公司债券发行条件

根据证监会 2006 年发布的《上市公司证券发行管理办法》规定，上市公司发行可转换为股票的公司债券首先要符合发行公司债券的一般规定：① 上市公司的组织机构健全、运行良好；② 上市公司的盈利能力具有可持续性；③ 上市公司的财务状况良好；④ 上市公司最近 36 个月内财务会计文件无虚假记载，且不存在重大违法行为；⑤ 上市公司募集资金的数额和使用应当符合有关规定。

除了应符合一般规定，发行可转换为股票的公司债券还应该符合该办法第十四条的特殊规定：① 最近三个会计年度加权平均净资产收益率平均不低于 6%。扣除非经常性损益后的净利润与扣除前的净利润相比，以低者作为加权平均净资产收益率的计算依据；② 本次发行后累计公司债券余额不超过最近一期末净资产额的 40%；③ 最近三个会计年度实现的年均可分配利润不少于公司债券一年的利息。

四、房地产企业发债前的信用评级工作

虽然中国债券市场发展滞后，一般企业尤其是民营企业想要达到监管机构的发债要求非常困难，但是随着公司债券发行核准制的不断完善、短期融资券发行规模的不断扩大，越来越多的房地产企业选择债券这一融资工具补充开发和经营资金的不足，尤其是 2005 年新批准的短期融资券成了房地产企业融资的新选择。但房地产企业在债券发行之前必须经过信用评级机构的评级，因此房地产企业应该结合自身特点，在发行债券之前充分做好信用评级的准备工作。

债券的信用评级是由债券信用评级机构根据债券发行者的要求及其提供的有关资料（主要是财务报表），通过调查、预测、比较、分析等手段，对拟发行的债券质量、信用、风险进行公证、客观的评价，并赋予其相应的等级标志。债券的信用等级能够表示债券质量的优劣，反映债券还本付息能力的强弱和投资于该债券的安全程度。它是债券发行监管机构审批债券的重要参考和债券投资者做出投资决策的核心依据，因此房地产企业必须充分重视债券信用评级的重要性，提高信用等级。

目前国际资本市场上的信用评估机构不仅对债券进行评级，还对国家、银行、证券公司、基金以及上市公司的信用状况进行评级。著名的信用评级机构有穆迪（Moody's）、标准普尔（Standard & Poor's）、惠誉国际（Fitch Rating）和香港的理信评级（CTRISKS Rating）。其中穆迪、标准普尔和惠誉都是美国企业。

在中国，有五家政府认可的资信评级机构，分别为中诚信国际、联合资信、大公国际、上海远东资信和上海新世纪评级。其中，上海远东资信目前已经退出了评级市场，而中诚信国际、联合资信和大公国际占据了资本市场 95%以上的份额，上海新世纪评级的市场影响力比较小。中国的企业如果要在资本市场进行债券融资，按国家规定必须进行评级，评

定的最终信用等级表示这些企业在债券到期后的偿付能力。2010 年，由中国银行间市场交易商协会出资 5 000 万元人民币发起设立的中债资信评估有限责任公司正式成立，该公司是首家采用投资人付费业务模式的新型信用评级公司，也是首家全国性信用再评级公司。与一般评级公司相区别，其采用主动评级的方式，在发行债券已有评级公司进行评级的情况下，对该债券进行再次评级，从国际上备受诟病的"发行人支付模式"转变为由"投资人付费"模式，并不以营利为目的，以确保独立、客观、公正地为投资者提供债券再评级等服务。

由于信用评级直接影响企业的融资能力甚至是经营发展，中国的信用评级市场并不对国外直接开放，穆迪等国际评级企业只能采取参股的方式曲线进入中国市场，例如穆迪参股中诚信 49%的股份，惠誉参股联合资信 49%的股份。一般来说，不同的评级机构会有不同的评级标准、模型以及信用等级标志，其中最为常见的是"二类四等十级"的信用等级分类方法，如表 5-1 所示。

表 5-1　企业债券信用等级及含义

类	等	级	标　　志	含　　　　　义
投资	一	AAA	最高级	最高级的信用等级，投资风险最小；具有非常稳定的资金来源保证其如期归还本金及利息；采取了各种必要的保护性措施；本息有最大保障
		AA	高级	较高的信用等级，保护性不如 AAA 级债券稳定，风险稍大；债券到期具有很高的还本付息能力；基本没有风险
		A	中高级	中上等的信用等级，一般情况下能还本付息；具有一定的保护性措施；但可能存在一些会对企业将来产生不利影响的因素
投机	二	BBB	中级	中等的信用评级，债券缺乏完善的保护；投资有一定的风险；存在一些对及时还本付息不利的影响
		BB	中低级	中下等信用评级，具有一定的投机性；所采取的保护性措施不足；还本付息能力脆弱，投资风险较大
		B	半投机	具有投机性，缺乏投资性，未来的本息缺乏适当保障
	三	CCC	投机	到期还本付息能力很低，投资风险很大
		CC		到期还本付息能力极低，投资风险极大
		C	充分投机	信用水平不佳，本息可能已经违约停付，专指无力支付债息的公司债券
	四	D	最低等级	品质最差，不履行债务，前途无望

五、中国房地产企业债券融资历程回顾

从 20 世纪 90 年代初开始，中国房地产企业获准发行债券。近几年，随着短期融资券

的推出，债券发行量逐渐增加，房地产企业债券融资的比重开始上升。

（一）1992年：起步阶段

房地产企业债券融资最先出现在1992年，由海南经济特区的开发商推出了房地产投资券，分别是"万国投资券""伯乐投资券""富岛投资券"，总计1.5亿元。同年9月北京华远房地产发行了总额2900万元、利率10.1%、限期3.5年的债券。

（二）1993—1998年：整顿阶段

由于接连出现企业债券到期无法偿还的事件，国家采取严厉措施限制企业发行债券，特别严格限制房地产企业发行债券。自1993年到1998年上半年，房地产企业就再没公开发行过房地产债券。直到1998年以后，政策限制逐步放松，房地产企业才重新恢复了债券发行，如北京首创发行的用于北京市六个居民小区商品房建设的"首创债券"等。但由于目前国家对发行债券的企业要求严格，只有国有独资公司、上市公司、两个国有投资主体设立的有限责任公司才有发行资格，并且对企业资产负债率、资本金及担保等都有严格限制。再加上相关的法律、法规不健全，风险比较大等原因，房地产开发企业通过债券融资的规模相当少。

（三）1998—2005年：恢复发展阶段

1998年年底，中国人民银行提出了调整企业债券管理制度的建议，得到国务院的原则同意，至此《企业债券管理条例》停止实施。之后，依次有四家房地产企业发行了债券，分别是"1998深振业债券""首创债券""莲花小区建设债券""华远债券"。

（四）2005年至今：稳步发展阶段

2005年5月24日《证券公司短期融资券管理办法》出台一年间，短期融资券就成为继央行票据、政策性金融债券和国债之后的第四大债券发行品种。近年来，房地产企业通过发行短融、中期票据等信用债券进行融资的愿望越来越强烈，这主要是受宏观调控政策影响，房地产企业的银行信贷融资渠道逐步受到限制造成的。房地产开发企业发行短融、中期票据采用注册制，向中国人民银行下属的银行间市场交易商协会（NAFMII）提出申请，一次注册可在额度内多次发行。

目前，房地产企业的债券融资规模并不大，但呈现出波动上升的态势。以上市房地产开发企业为例，2001—2010年，债券融资规模占上市房地产开发企业资产总量的比重从0.03%逐步提高到了近1.5%。2006年实施的《上市公司证券发行管理办法》进一步规范了上市公司的债券发行活动，为房地产企业通过发行债券进行融资完善了制度基础。2016年第4季度，房地产开发企业债券融资规模达到1142亿元。

第三节　房地产项目融资

在进行房地产项目开发时，房地产开发企业除了可以通过股权和债务等传统方式进行融资之外，还可以以项目融资的方式筹集资金，即基于项目本身的建设与运营，设立独立的法人项目公司以进行融资。

一、项目融资概述

项目融资始于 20 世纪 30 年代美国油田开发，后来范围逐渐扩大，广泛应用于石油、天然气、煤炭、铜、铝等矿产资源的开发。借助项目融资这种方式，获得项目开发所必备的巨额资金，这对于任何一家企业的可持续发展都至关重要。

（一）项目融资的含义

项目融资可以从广义和狭义两个角度来理解。广义上讲，项目融资是指为了建设一个新项目、收购一个现有项目或者对已有项目进行债务重组所进行的一切融资活动；狭义上讲，项目融资是一种有限追索或无追索形式的融资活动。本书中所涉及的项目融资重点指后者，即是狭义上的项目融资概念，也即以项目的资产、预期收益或权益（未来能够产生的净现金流量）作抵押，所取得的一种无追索权或有限追索权的融资或贷款。

在这里，追索权是指债务人未能按规定期限偿还债务时，债权人有权利要求债务人用抵押资产之外的其他资产进行偿还。无追索权的项目融资是指贷款人对项目发起人无任何追索权，只能依靠项目所产生的收益作为还本付息的唯一来源。项目贷款人为了保证"无追索权的项目融资"的资金安全，通常需要对项目进行严格论证，以确保项目运行中的风险控制在自身能够理解和接受的范围之内。目前这种融资方式被认为是一种低效的、昂贵的融资方式，在现代项目融资实务中，已较少使用，故有人称之为传统项目融资。有限追索权的项目融资指除了以贷款项目的资产、预期收益或权益（未来能够产生的净现金流量）作为还款来源和取得物权担保外，项目贷款人还要求有项目实体以外的第三方提供担保，而贷款人有权向第三方担保人追索，但担保人承担债务的责任，以他们各自提供的担保金额为限，所以称为有限追索权的项目融资。

项目融资的有限追索性一般表现在时间上的有限性、金额上的有限性和对象上的有限性三个方面。时间上的有限性即一般在项目的建设开发阶段，贷款人有权对项目发起人进行完全追索，而竣工验收后，项目进入正常运营阶段时，贷款可能就变成无追索性的了；金额上的有限性即如果项目在经营阶段不能产生足额的现金流量，其差额部分可以向项目发起人进行追索；对象上的有限性即贷款人一般只能追索到项目实体，而不能对项目发起

人追索。除了发起人为项目公司提供担保外，大多数项目融资都是有限追索的。

从项目融资的狭义定义不难理解，在这种融资方式中，借款人在为一个项目安排融资额度时，主要从两个方面来考虑：一是项目未来可用于偿还贷款的净现金流；二是项目自身的资产价值。因此，尽管有限追索权的项目融资可能会涉及项目发起人的其他资产，但这种追索权毕竟是有限的，这在一定程度上分散了投资风险。

（二）项目融资的特征

项目融资作为一种特定的融资方式，具有如下特征。

1．以项目为主体进行融资

以项目为主体进行融资，这是项目融资最为显著的特征。项目贷款人做出贷款决策的主要依据是项目未来所产生的现金流和资产状况，而项目发起人自身的资信能力并不是主要决定因素。

2．无追索权或具有有限追索权

在其他融资方式中，投资者从金融机构申请的贷款尽管是用于项目，但是债务人是投资者而不是项目公司，投资者的整个资产都可能用于担保或偿还债务。即债权人对债务有完全的追索权，即使项目失败投资者也必须还贷，因而贷款的风险对金融机构来讲相对较小。而在项目融资中，投资者只承担有限的债务责任，贷款银行一般在贷款的某个特定阶段（如项目的建设期）或特定范围可以对投资者实行追索，而一旦项目达到完工标准，贷款的追索权将丧失。

3．融资风险分散，担保结构复杂

无追索权或有限追索权的特点，使得项目融资发起人仅承担项目融资部分风险，较少涉及发起人其他资产的安全。因此，在项目融资中，资金的偿还很大程度上取决于项目公司的成功与否，而项目发起人的有限担保承诺使自己在项目失败时可以避免更大的损失。不过，由于项目资金需求量大，风险高，所以往往须由多家金融机构共同提供资金，并通过书面协议明确各贷款银行承担风险的程度，这会形成结构严谨而复杂的担保体系。如澳大利亚波特兰铝厂项目，由五家澳大利亚银行以及比利时国家银行、美国信孚银行、澳洲第一国民资源信托基金等多家金融机构参与运作。

4．融资成本高

由于贷款方承担了项目的一部分风险，所以它会要求高于一般贷款的收益率和一定的经营参与权。而且项目融资的参与方往往不止一个，项目融资各方的分析评估、谈判和协调等工作量很大。从前期成本来看，项目融资比传统融资要高。甚至与传统融资相比，项目融资的综合成本要高出很多。

（三）项目融资的模式

项目融资模式是进行项目融资时要考虑的核心内容。在国际上，通常采用的项目融资模式主要有如下几种。

1．直接安排模式

直接安排模式是指项目发起人直接安排项目的融资，并直接承担其融资安排中相应的责任和义务。这种模式在非公司型合资结构中比较常见，因为绝大多数的非公司型合资结构不允许以合资结构或管理公司的名义举债。一方面，项目发起人与项目管理公司签订协议，由项目管理公司负责项目建设和销售工作，项目发起人也可自行对项目进行管理；另一方面，项目发起人与项目贷款人签订融资协议，由贷款人给开发项目提供贷款。同时，项目发起人将自有资金注入开发项目，使项目得以启动。在项目的建设过程中，项目贷款人通过银行账户对项目进展情况进行监控，并按协议规定陆续注入后续资金。当项目建设成功并进入经营或销售阶段时，按项目发起人与项目贷款人的协议，将税后收入的一部分用于贷款的偿还，剩余部分作为利润由项目发起人支配。这种模式需要直接使用项目发起人名义进行融资安排，因此，对于资信状况良好的项目发起人来说，获得的资金成本较低。

2．项目公司模式

项目公司模式是指开发商以自有资金作为股本金设立独立的项目公司，再由该项目公司以自身名义与融资方签订融资协议的模式。项目公司对项目的建设和销售进行管理，同时承担相应的法律义务。项目公司以所开发项目的未来现金流作为还款保证。

一般情况下，由于项目公司缺乏必要的经营历史和信用记录，在申请融资时往往需要开发商提供一定的担保，如完工担保。开发商需要对由于工程或技术上的原因造成的开发项目过期或成本超支承担责任。在这种模式下，开发商只是提供了一种有限责任的直接担保，而融资的主体是项目公司，这样开发商所承担的责任和义务就大大降低了。

3．设施使用协议模式

在项目融资过程中，以一个工业设施或者服务性设施的使用协议为主体安排的融资称为设施使用协议模式。利用设施使用协议安排项目融资，成败的关键在于项目设施的使用者能否提供一个强有力的具有"无论使用与否均需付款"性质的承诺。在项目融资过程中，这种无条件承诺的合约权益将转让给提供贷款的银行，并与项目投资者的完工担保共同构成了项目信用保证结构的主要组成部分。

"无论使用与否均需付款"性质的设施使用协议是这种融资模式中不可缺少的一个重要组成部分。设施使用协议模式适用于基础设施项目，在投资结构的选择上比较灵活，既可采用公司型合资结构，也可采用非公司型合资结构、合伙制结构或信托基金结构。但采用该种模式进行项目融资活动在税务处理上要比较谨慎。

4．产品支付模式

产品支付模式是以项目投产后的产品的所有权作为担保品，而不是采用转让和抵押方式进行融资。这种模式主要是针对项目贷款的还款方式而设计，借款方在项目投产后不用项目产品的销售收入来偿还债务，而是直接以项目产品来冲抵本息。在贷款得到清偿前，

贷款方拥有项目部分或全部产品的所有权。

产品支付模式在信用保证方面较其他融资方式独特。此种模式下，还款保证是通过直接拥有项目投产后的产品所有权来体现，而不是通过抵押或权益转让的方式来体现。产品支付模式的项目融资容易被安排为无追索或有限追索的形式，同时融资期限短于项目的经济寿命期。因此为降低风险，贷款银行一般只为项目建设提供融资，而不承担流动资金贷款，并且要求项目投资者提供最低生产量、最低产品质量标准等方面的担保。

融资中介机构在产品支付模式的项目融资中发挥着重要的作用。融资中介机构专门负责应得产品的销售，或从项目公司中购买一定比例的产品并在市场上直接销售或委托项目公司作为代理人销售，然后归集产品的销售收入并偿还贷款。

5. BOT 模式

BOT 的英文全称是 Building-Operating-Transfering（建设—运营—转让），它是国际上近十几年来逐渐兴起的一种基础设施建设的融资模式，是一种利用外资或民营资本兴建基础设施的较好途径。具体做法是，政府将公用基础设施的建设和经营权交给民营企业或外资企业，并授予其特许权，然后由这些企业自行筹资建设，并在建成后自行运营取得预期收益，若干年后再移交给政府管理、运营。BOT 实际上是政府和私人企业间就基础设施建设所建立的特许经营权协议关系。

通常采用 BOT 模式进行的基础设施建设项目包括道路、桥梁、隧道、铁路、地铁、水利、发电厂和水厂等。采用这种模式不仅能减少政府的直接财政负担，有利于转移和降低风险，而且有利于提高项目的运作效率，从而提前满足社会和公众对公共设施的需求。

6. PPP 模式

PPP 的英文全称是 Public Private Partnership，即公共部门与私人企业合作模式，是指政府、非营利性企业和民营企业以某个项目为基础而形成的相互合作关系。通过这种合作模式，合作各方可以得到比单独行动更有利的结果。政府并不是把项目的责任全部转移给民营企业，而是由参与合作的各方共同承担责任和融资风险。PPP 融资模式通过将民营企业引入公共领域，提高了公共设施服务的效率和效益，避免了公共基础设施由政府直接提供带来的投资超额、工期拖延、服务质量差等弊端。同时，项目建设与经营的部分风险由特殊目标公司承担，分散了政府的投资风险。利用民营合作者所拥有的专门技能，公众也可以得到设计得更好的公共基础设施。

PPP 模式同 BOT 模式具有较大的相似性。例如，两者都是通过签订特许权协议使公共部门与民营企业发生契约关系的；都以项目运营的盈利偿还债务并获得投资回报，一般都以项目本身的资产做担保抵押。但它们之间又有着比较明显的区别。首先，组织机构设置不同。在 BOT 模式下，公共部门和民营企业之间不存在一个相互协调的机制，参与各方都有各自的利益目标——自身利益最大化，这使得他们之间很容易产生冲突：首先，自身利益的最大化往往以牺牲其他参与方的利益为代价，其社会总收益不是最大的；PPP 模式是一个完整的项目融资概念，是政府、民营企业和非营利性企业基于某个项目而形成的以双赢或多赢为理念的相互合作形式，参与各方可以达到与预期单独行动相比更为有利的结果。其次，运作程序不同。PPP 模式中民营企业从项目论证阶段就开始参与项目，而 BOT 模式则是从项目招标阶段才开始参与项目运作。另外更重要的是在 PPP 模式中，政府始终参与其中，而在 BOT 模式中，在特许协议签订之后，政府对项目的影响力通常就较弱了。

7. 售后回租模式

售后回租是融资租赁的一种具体形式，即公司为了融通资金，在出售某项资产后，再从购买者手中租回该资产。这一方面可以取得该资产的变现款，另一方面又可以继续使用该资产。

房地产售后回租融资模式可以通过下列步骤予以实施。

（1）房地产项目公司制定好售房价格和租金，计算房地产的投资报酬率，该报酬率应高于银行存款利率。

（2）项目公司与房地产投资者签订房产买卖合同，同时按约定项目公司回租该房产。

（3）项目公司再将房产转租给使用者，每月的租金用于缴纳投资者的租金。

房地产的售后回租主要通过销售积压的房产，收回大量资金，缓解了项目公司资金紧张的局面。这种情况非常适合写字楼、酒店式公寓、商铺类项目。

二、房地产项目融资的具体流程

随着经济和技术的发展，一些大型开发性项目如矿山、油田的规模越来越大，耗资金额、项目风险也随之不断增加。采用传统的公司融资方式不利于吸引战略投资者。因为一旦项目失败，投资者不仅无法收回在项目中的投资，还可能牵扯到公司的其他业务和资产，甚至导致破产。由于项目融资具有有限追索权、资产负债表外融资、风险隔离和分散等特点，在资金需要量大、周期长、风险不确定的工程项目中得以普遍应用。房地产项目开发也具有类似的性质，巨额投入通过项目公司进行融资，贷款的归还也依靠项目的现金流。因此，在房地产开发过程中应用项目融资具有先天的优势。

目前，中国房地产开发资金主要来自于开发商内部融资和传统的外源融资方式。开发商内部融资是指开发商利用自身的资金和以企业为基础的股权融资，前者积累过程相当缓慢，而后者目前在中国的利用面也很有限。传统的外源融资主要是指银行贷款、信托投资、承包商带资承办等，其中银行贷款占绝大部分。但是银行贷款能够提供的资金数量和使用期限都有严格限制。银行贷款项目的风险首先是由开发企业完全承担，然后由银行承担，非常不利于分散风险。而项目融资具有融资金额巨大、风险分担的特点，区位优越、销售前景好的房地产项目可以考虑采用这类方式，达到融资目标和规避风险的目的。

目前，中国绝大多数房地产项目是通过成立项目公司运作的，房地产抵押贷款也是以项目资产为偿还担保，这使很多房地产项目的筹资具有了项目融资的一些特点。但是，完全意义上的房地产项目融资还很少见，主要是因为目前中国许多房地产项目在可行性研究方面，仍然不足以使贷款机构（银行）确信贷款的安全，而且可行性研究中市场预测、财务评价等内容的科学性和公正性还达不到要求的水平。在银行逐步强化风险意识的同时，如何解决可行性研究的科学性和公正性成为房地产项目融资能否有效推广的前提条件。可以说，房地产项目融资在中国尚处于起步阶段，而且许多模式目前从未尝试过，它们的应用还需结合实际情况进行改造和创新。

由于房地产项目融资可以为超过投资者自身筹资能力的大型项目提供融资，为政府提供灵活多样的融资方式满足在资金方面的特殊需求，可以使一些在传统融资条件下无法取得贷款的项目得以顺利融资，因此，在不久的将来，它可能会成为商业地产开发的重要融资方式。

（一）房地产项目融资估价

从实践角度看，房地产项目估价是房地产项目融资的首要环节。银行或其他金融中介机构只有明确了解申请融资的房地产项目价值后才能按照国家和金融机构自身制定的信贷政策来确定贷款额度并发放贷款。目前，在房地产项目融资中经常使用的估价方法之一是基于加权平均资本成本的现金流贴现法。

资本成本是指项目投资者要求获得的预期收益率（通常也可以把资本成本看作评价投资项目时的贴现率），它包括债务资本成本和权益资本成本两部分。债务资本成本与权益资本成本的加权平均数就是加权平均资本成本（WACC），它是资本成本的具体计算形式。

1. 加权平均资本成本的定义

加权平均资本成本（Weighted Average Cost of Capital，WACC），是指企业以各种资本在企业全部资本中所占的比重为权数，对各种长期资金的资本成本加权平均计算出来的资本总成本。加权平均资本成本可用来确定具有平均风险投资项目所要求的收益率。

2. 加权平均资本成本的计算

设 E 为企业所有者权益价值，K_e 为企业权益资本成本或股权预期收益率，D 为企业负债的价值，t 为所得税率，K_d 为企业债务资本成本，$E+D$ 为企业资产或称总资本，即权益资本与债务资本之和。加权平均资本成本计算公式为

$$\text{WACC} = \frac{E}{E+D}K_e + \frac{D}{E+D}(1-t)K_d \tag{5.1}$$

（1）权益资本成本的计算。权益资本成本的计算需要采用本书第一章中曾介绍过的资本资产定价模型（CAPM）：

$$r = r_f + \beta(r_m - r_f) \tag{5.2}$$

其中：r 就是权益资本成本。需要注意的是，在资本市场获得的 β 值是行业股本权益 β

值，需要利用行业平均资产负债率转化为行业平均的资产 β 值，进而利用被估值企业自身的资产负债率转化为企业股本权益 β 值，以反映不同项目在不同的股本/债务结构中的总体融资风险。有研究认为，中国房地产行业的资产风险因子应取 1.03。

具体来说，为计算被估值企业或项目的股本权益 β 值，首先要分析可比企业的 β 值[①]。由于可比企业的资本结构可能与被估值企业有差异，因此要将可比企业的股本权益 β 值折算成可比企业的资产 β 值；可比企业资产 β 值的平均值/中间值用做被估值企业近似的风险系数。为反映财务风险，还需要再考虑被估值企业的资本结构，计算其股本权益 β 值。一般来说，债务规模越大相应的资产 β 值越小，通常资产 β 值（记为 β_a，也称无杠杆 β）与股本权益 β 值（记为 β_e，也称杠杆 β）之间的关系为

$$\beta_a = \frac{\beta_e}{\left[1 + \dfrac{D}{E}(1-t)\right]} \tag{5.3}$$

例题 5-1　中国三家上市房地产开发企业的资产负债率分别为 60%、50% 和 70%，企业所得税率为 25%，若房地产行业的资产风险因子 β_a 取值为 1.03，三家上市房地产开发企业的股本权益风险因子 β_e 分别为 1.0、1.1 和 1.2，则一家资产负债率为 80% 的房地产开发企业的 β_e 为多少？

① 按行业计算：

$$1.03 \times \left[1 + \frac{0.8}{0.2} \times (1 - 0.25)\right] = 4.12$$

② 按可比企业计算：

$$\beta_a = \left\{1 \div \left[1 + \frac{0.6}{0.4} \times (1 - 0.25)\right] + 1.1 \div \left[1 + \frac{0.5}{0.5} \times (1 - 0.25)\right] + 1.2 \div \left[1 + \frac{0.7}{0.3} \times (1 - 0.25)\right]\right\} \Big/ 3$$

$$= (0.4706 + 0.6286 + 0.4364)/3$$

$$\approx 0.5119$$

$$\beta_e = 0.5119 \times \left[1 + \frac{0.8}{0.2} \times (1 - 0.25)\right] \approx 2.05$$

（2）债务资本成本的计算。债务资本成本包括长期借款资本成本和长期债券资本成本两类，后者由债券利率和企业适用的所得税率决定。总的债务资本成本由长期借款资本成本和长期债券资本成本这两部分加权平均确定。

例题 5-2　若例题 5-1 中的企业的平均债务资本成本为 10%，市场无风险利率为 5%，

[①] 使用行业股本权益 β 值计算也是可以的，但由于企业情况千差万别，在实际操作中使用与被估值企业或项目状况相似的可比企业的 β 值计算会更准确。

市场回报率为15%，则该房地产开发企业的加权平均资本成本是多少？

① 计算K_e：

$$5\%+2.05\times(15\%-5\%)=25.5\%$$

② 计算 WACC：

$$0.2\times25.5\%+0.8\times(1-0.25)\times10\%=5.1\%+6\%=11.1\%$$

3. 基于现金流贴现模型的房地产项目估价

根据基于加权平均资本成本的现金流贴现法，房地产项目的价值就是该项目各期净现金流的现值之和，即净现值。计算公式为

$$\text{NPV}=\sum_{t=0}^{n}\frac{(\text{CI}_t-\text{CO}_t)}{(1-\text{WACC})^t} \tag{5.4}$$

其中：CI_t 是现金流入；CO_t 是现金流出；$(\text{CI}_t-\text{CO}_t)$ 就是 t 期的净现金流量；WACC 就是加权平均资本成本。在实际工作中，完整的现金流贴现模型操作起来要复杂得多，需要丰富的工作经验和扎实的财务会计知识，限于篇幅本书这里只能介绍概要。图 5-1 描绘了现金流贴现模型的完整操作过程。

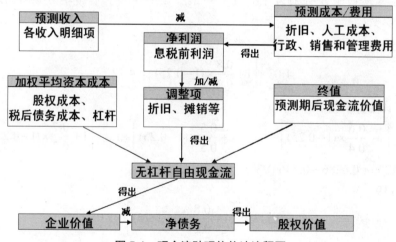

图 5-1　现金流贴现估价法流程图

（二）房地产项目融资的风险管理

在房地产开发过程中，由于外部客观环境的变化和主观认识的局限性，人们不可能对将来发生的情况都做出准确预测，在分析论证、工程设计、施工建设、生产经营各个阶段，预期的经济效果同实际情况之间经常会出现偏差，这是房地产开发出现风险的根本原因，也给项目融资带来一定的风险。加强对房地产项目的风险识别，进而有效地进行风险控制和管理，就成了推进房地产项目融资的关键。

1. 房地产项目融资的风险因素

对房地产项目融资进行风险评估，首先必须找出可能影响融资成功的风险因素，研究各种风险因素会对房地产项目融资造成什么样的后果。这类业务一般被称为风险辨识。

目前中国房地产项目融资中面临的风险主要包括以下方面。

（1）成本风险。房地产开发项目中的各种投入要素都要产生费用，这些费用形成了开发成本的一部分，并有可能随着开发规模的扩大而产生供给紧张情况，进而导致成本大幅上升。这是投资风险的一项主要来源。

（2）市场风险。房地产市场是区域性的市场，即当地市场环境条件的影响比整个国家市场环境条件变化的影响要大得多。市场供求风险指投资者所在地区房地产市场供求关系的变化给投资者带来的风险。地区市场供求关系的变化必然造成房地产价格的波动，具体表现为租金收入的变化和房地产出售价格的变化，这种变化会导致房地产投资的实际收益偏离预期收益。更为严重的情况是，当市场上某种房地产的供给大于需求，并达到一定程度时，房地产投资者将面临房地产商品积压的严峻局面，导致资金占压严重、还贷压力日增，很容易最终导致房地产投资者的破产。

（3）金融风险。金融风险是指项目发起人不能控制的金融市场的可能变化对项目产生的负面影响。主要表现为汇率风险、利率风险以及通货膨胀风险。如汇率波动带的债务负担的加重，利率上升导致融资成本的增加，通货膨胀影响项目的现金流量的变化。

（4）政策、法律、管理风险。政策、法律、管理风险主要体现为产业、环保法律、政策的变更以及手续办理遇阻、合同争议、诉讼等事件导致不利局面对项目收益的影响。

（5）完工风险。完工风险是项目融资的核心风险之一，商业房地产项目融资是以项目为导向，在项目建设阶段，存在各种不确定性因素，如果致使项目不能按照预定计划保质、保量建设完成，项目融资赖以生存的基础将受到根本性破坏，从而导致项目风险。主要表现为工期延误风险、成本超支风险、质量风险，极端情况下，项目迫于停工、放弃。

（6）不可抗力风险。项目参与方不能预见且无法克服的事件给项目造成损害或毁灭的风险。

2. 房地产项目融资的风险管理流程

房地产项目从项目立项开始就不可避免地受到各种不断变化的因素的影响，使项目经济效果偏离其预期值，从而形成专案风险。对房地产项目实施风险管理，就成为项目不可缺少的重要环节。房地产项目融资的风险管理是指有目的地通过计划、组织、协调和控制等管理活动来防止风险损失发生、减少损失发生的可能性以及削弱损失的大小和影响程度，同时采取各种方法促使有利后果出现和扩大，以获得最大利益的过程。

在房地产项目融资中，大部分的工作是围绕项目的风险因素来安排项目融资结构的，通过合理的投资结构、融资结构、资本来源和信用保证结构来降低和减少各种风险要素对项目经营的影响，最大限度地保证项目的成功。就房地产项目而言，风险管理是基于项目全过程的管理活动；就内容而言，风险管理是一个有机的统一体。风险管理的基础程序是风险识别、风险评估、风险控制和管理效果评价的周而复始过程。

（1）风险识别。风险识别是风险管理的第一步。它是指对房地产项目融资所面临的以及潜在风险加以判断、归类和鉴定风险性质的过程。对风险的识别一方面可以通过感性认识和经验进行判断；另一方面，也是更重要的则必须依靠对各种客观的会计、统计、经营数据和风险记录进行分析、归纳和整理，从而发现各种风险的损害情况，以及具有规律性的损害风险。由于现代经济活动的内容、经济和社会因素的相互交织，人们面临的风险种类、后果和影响也比过去繁杂得多。这使得对与房地产项目有关的风险变化趋势做出正确的判断成为一件十分困难的工作。

（2）风险评估。风险评估是指在风险识别的基础上，房地产项目投资者度量和评估有关风险可能产生的有利和不利影响的程度和大小。风险评估是一项极其复杂和困难的工作，但却是风险管理中不可缺少的一环。它的重要性不仅使风险管理建立在科学的基础上，而且使风险分析定量化，为选择最佳管理技术提供了较可靠的依据。

（3）风险处理。识别、评估风险以后，就应考虑对各种风险采取的对策，即针对各种类型的风险及其可能的影响程度，寻找和制定相应的措施，按照一定的标准选择最佳的应对措施和应对措施组合，制订具体的风险管理计划并付诸实施。

（4）风险管理效果评价。风险管理效果评价是指对风险管理技术适用性及其收益性情况的分析、检查、修正和评估。由于风险的性质具有可变性，人们认识水平具有阶段性以及风险管理技术处于不断完善的过程中。因此，对风险的识别、估测、评价以及技术的选择需要定期检查和修正，使选择的风险管理技术适应变化了的情况需要，从而保证管理技术的最优使用。

风险管理效益的大小取决于是否能以最小的风险成本取得最大安全保障。成本的大小等于为采取某项管理技术所支付的各项费用与机会成本之和，而保障程度的高低取决于由于采取了该项管理技术后而减少的风险直接损失和间接损失之和。若前者大于后者，说明该项管理技术是可取的；若后者大于前者，该项技术是可取的，但不一定是最佳技术。在实务中，不但要考虑该项技术的经济效益最佳性，还要考虑与整个管理目标的一致性、具有实施的可行性、可操作性和有效性。

本章小结

▸ 上市融资是指股份有限公司通过公开发行股票，并在证券交易所挂牌交易来达到募股融资的目的，它属于外部融资、直接融资和长期融资方式。只有股份有限公司才有资格发行股票、进行上市融资。上市融资必须遵循严格的管理规定，公司资质、财务指标、股本总额都必须满足相应的标准。

❖ 债券是一种有价证券，是社会各类经济主体为筹集资金而向投资者出具的、承诺按一定利率定期支付利息并按期偿还本金的债权债务凭证，具有偿还性、流动性、安全性和收益性等特征。在中国，企业可以发行的债券分为企业债券、公司债券、短期融资券、中期票据和可转换公司债券五种。企业债券和公司债券容易混淆，但两者在发行主体、筹资用途、信用基础和管理规定等方面有很大不同。

❖ 房地产项目融资是基于项目本身的建设与运营，设立独立的法人项目公司进行融资的方式。以房地产项目的资产和所产生的现金流量为基础，筹集该项目建设所需要资金，这与传统的公司融资有诸多区别。项目融资是 20 世纪 70 年代以来兴起的新型融资方式。由于房地产项目融资可以为超过投资者自身筹资能力的大型项目提供融资，它可能会成为商业地产开发的重要融资方式。

 综合练习

一、本章基本概念

上市融资；"借壳"上市；债券融资；企业债券；公司债券；企业短期融资券；可转换公司债券；项目融资；BOT；PPP。

二、本章思考题

1. 上市融资具有哪些优点？

2. 在中国，企业首次公开发行股票需要具备什么条件？

3. 房地产企业上市融资的意义有哪些？

4. 房地产企业上市融资前需要做好哪些准备工作？

5. 债券融资具有什么特点？

6. 在中国，企业债券与公司债券的区别有哪些？

7. 在中国，企业发行企业债券、公司债券、企业短期融资券、中期票据与可转换公司债券分别需要具备哪些条件？

8. 项目融资具有哪些特点？

9. 信用再评级与传统信用评级有何区别？

10. 计算加权平均资本成本（WACC）需要哪些步骤和要素？计算公式是什么？

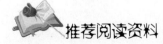 推荐阅读资料

1. 马凌. 关于我国房地产开发企业可用融资方式的探讨[D]. 北京：首都经济贸易大

学，2006．

2．张健．房地产企业融资[M]．北京：中国建筑工业出版社，2009．

3．[美]布鲁格曼，费雪．房地产融资与投资[M]．逯艳若，张令东，任国军，译．北京：机械工业出版社，2003．

4．徐勇谋，王仁涛，董旭操．房地产金融学—房地产投融资分析[M]．北京：中国建筑工业出版社，2008．

5．陈建明．商业房地产投融资指南[M]．北京：机械工业出版社，2003．

6．巴曙松．房地产大周期的金融视角[M]．厦门：厦门大学出版社，2012．

7．刘德英，邱红．中国上市房地产开发公司负债融资分析[J]．会计之友（下旬刊），2010（6）．

8．张中华，朱新蓉，唐文进．房地产与资本市场[M]．北京：中国金融出版社，2009．

第六章 房地产信托与房地产
投资信托基金

学习目标

通过对本章的学习，学生应了解或掌握如下内容：

1. 房地产信托及相关基本范畴的含义，房地产信托的特点和业务种类；
2. 房地产投资信托基金的含义、特点及在中国的发展状况；
3. 房地产投资信托基金的分类与比较；
4. 房地产信托与房地产投资信托基金的操作模式。

导言

在西方国家，信托业不仅具有悠久的历史，而且在经济生活的各个领域都发挥着十分重要的作用。房地产信托是信托业的主要组成部分。房地产信托在其长期发展过程中不仅为房地产业的发展提供了大量的资金和手段，同时也依托房地产业使自身获得了长足发展。近些年来，房地产投资信托基金在中国备受关注，不论是信托公司还是房地产企业都将其视为业务发展的新支点。

第一节 从信托到房地产信托

从资金信托的角度看，房地产信托是指受托人遵循信托的基本原则，将委托人委托的资金以贷款或入股的方式投向房地产业以获取收益，并将收益支付给受益人的行为。很长时间以来，在宏观调控的大背景下，除了依靠银行融资外，房地产信托依靠其灵活、变通的特点，已经成为了房地产企业重要的资金来源。

一、信托基本知识

信托（Trust）是一种特殊的财产管理制度，同时又是一种金融制度。信托与银行、保

险、证券一起构成了现代金融体系。

（一）信托的含义

信托就是"信任、委托"，信托业务是一种以信用为基础的法律行为，其本质上是一种财产管理制度，是财产（包括资金、动产、不动产、有价证券、债权等）的所有人为了实现一定的目的，将其拥有的财产委托给信托机构，信托机构按其要求全权代为管理或经营的经济和法律行为。

信托一般涉及三方面当事人（也称信托主体），即投入信用的委托人，受信于人的受托人，以及受益于人的受益人。信托业务是由委托人依照契约或遗嘱的规定，为了自己或第三者（即受益人）的利益，将财产上的权利转给受托人（自然人或法人），受托人按规定条件和范围，占有、管理、使用信托财产，并处分其收益。

信托的委托人可以是自然人也可以是法人，而受托人一般是法人。信托的受益人既可以是委托人自己也可以是第三人，受益人是自己的信托业务叫作自益信托，受益人是他人的信托业务叫作他益信托。但在任何情况下，受托人不得是同一信托的唯一受益人。

与信托有关的一些专业术语还包括以下方面。

1．信托行为

信托行为是指委托人与受托人双方签订合同或协议的过程。此外，委托人立下遗嘱的行为既是法律行为，也属于信托行为。根据不同的信托目的，需要签订不同的合同，但属于同一目的的、大量发生的业务，如信托存款，则没有必要一一签订合同，只需信托部门发给委托人统一印刷、附有文字条款、类似合同的信托存款证书即可，这种证书同样具有合同效力。

2．信托财产

信托财产也称信托客体，是指通过信托行为从委托人手中转移到受托人手里的财产。信托财产既包括有形财产，如股票、债券、土地、房屋、普通物品和银行存款等，又包括无形财产，如保险单、专利权、商标权、信誉等，甚至包括一些或然权益（如人死前立下的遗嘱为受益人创造了一种或然权益[①]）。

3．信托目的

信托目的是指委托人通过信托所要达到的目的，如财产安全，或避免投资风险，或取得高额收益等。

4．受益权证书

受益权就是享受信托利益的权利。而受益权证书就是证明受益权存在和内容的证件，如信托存款证书。

[①] 这里的"或然"相对"必然"而言的，或然权益就是指并非必然的权益。

5．信托报酬

信托报酬是指受托人在办理信托事务后所取得的报酬。信托报酬主要靠手续费的形式实现。信托报酬的多少，依据受托人付出劳动的多少和在信用中介中所起的作用大小，由委托人和受托人双方协商确定。

6．信托结束

信托结束是指信托行为的终止。信托不会因为委托人或者受托人的死亡，丧失民事行为能力，被依法解散、撤销或宣告破产而终止，也不因受托人的辞任而终止。信托终止必须是在以下几种情况之一发生的情况下：① 信托合同约定的终止条件发生；② 信托的存续违反信托目的；③ 信托目的已经实现或不能实现；④ 信托当事人协商同意终止；⑤ 信托关系被撤销；⑥ 信托关系被解除。

（二）信托与委托代理的区别

委托是信托关系的重要组成部分，而委托代理是指某一自然人或者法人以受托代理人的名义，在授权范围内与第三者发生的法律行为。这种行为的法律后果直接由受托代理人承担。信托与委托代理的区别表现在以下几个方面。

（1）涉及的当事人数量不同。信托的当事人是多方的，至少有委托人、受托人和受益人三方。而委托代理的当事人仅有委托人（或被代理人）与受托人（或代理人）两方。

（2）涉及财产的所有权变化不同。在信托中，信托财产的所有权发生转移，从委托人转给受托人，由受托人代为管理；而委托代理财产的所有权始终由委托人掌握，并不发生所有权转移。

（3）成立的条件不同。设立信托必须有确定的信托财产，委托人没有合法所有的财产，信托关系就无从确定；而委托代理则不一定以财产存在为前提，没有确定的财产，委托代理关系也可以成立。

（4）对财产的控制程度不同。在信托中，受托人管理信托财产是在法律和法规的框架下，根据信托合同进行，一般不受委托人和受益人的监督；而在委托代理中，受托人（或代理人）则要接受委托人（或被代理人）的监督。

（5）涉及的权限不同。信托受托人依据信托合同规定管理、经营信托财产，享有广泛的权限和充分的自由，委托人不得干预；而在委托代理中，受托人（或代理人）权限较小，仅以委托人（或被代理人）的授权为限，并且委托人随时可向受托人发出指令，且受托人必须服从。

（6）合同的稳定性不同。信托合同一旦生效，原则上信托关系不能解除。即使委托人或受托人死亡、撤销、破产，对信托的存续期限也没有影响，信托期限稳定性强；而在委托代理关系中，委托人（或被代理人）可随时撤销授权，解除委托代理关系，合同解除较为容易，因此委托代理合同的稳定性较差。

（三）信托的运行原理与特征

1. 信托的运行原理

信托的运行过程如图 6-1 所示。简单地说，首先，信托委托人寻找可以信赖的受托人，约定报酬；其次，受托人做出受托处理而得益；最后，受托人将受益权转交给受益人或委托人。

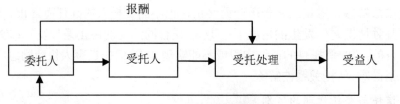

图 6-1 信托运行过程

此过程体现了以下几层关系：一是受托人是为实现受益人的利益管理、处分信托财产，而不是为了自己或第三人的目的；二是受托人必须恪尽职守，履行诚实、守信、谨慎、有效管理的义务，为实现受益人的最大利益管理、处分信托财产；三是受托人因管理、处分信托财产而支出的费用，由信托财产承担，但应在书面信托合同中列明或明确告知委托人；四是受托人依照信托合同的约定取得信托报酬；五是受托人应按照事先约定的信托财产的处分范围进行处分，受托人不承担由此发生的信托财产亏损。

信托发生的原因在于，财产所有人大都需要考虑其所拥有财产的充分增值，为此就必须更好地运用这些财产。但有时财产所有人缺乏使其财产增值的能力，也有时因其他原因而无暇顾及，还有时可能找不到合适的投资渠道，于是便产生了信托需求。随着信托需求的扩大，信托机构也就应运而生，它为信托的发展提供了可能和方便条件。

2. 信托的特征

信托具有财产独立、权利主体与利益主体相分离、责任有限和信托管理连续等几个特征，我们可以从以下几个方面来把握信托的基本特征。

（1）委托人对受托人的信任是信托关系成立的前提。这种信任包含两部分：一是对受托人诚信品质的信任；二是对受托人承托能力的信任。

（2）信托财产及财产权的转移是信托成立的基础。信托是以信托财产为中心的法律关系，没有信托财产，信托关系就丧失了存在的基础。所以，委托人在设立信托时必须将财产权转移给受托人，这是信托制度与其他财产制度的根本区别。财产权，是指以财产利益为内容，直接体现财产利益的民事权利。财产权是可以以金钱计算价值的，一般具有可让与性，受到侵害时须以财产方式予以救济。财产权既包括物权、债权、继承权，也包括知识产权中的财产权利。

（3）受托人以自己名义为实现受益人的利益管理和处分信托财产，这是信托的又一重要特征。信托的这一特征有五重含义：一是委托人将财产委托给受托人后对信托财产就没有了直接控制权；二是受托人完全是以自己的名义对信托财产进行管理；三是受托人管理、处分信托财产必须按照委托人的意愿进行；四是这种意愿是在信托合同中事先约定的，也是受托人管理、处分信托财产的依据；五是受托人管理、处分信托财产必须是为了受益人的利益，既不能为了受托人自己的利益，也不能为了其他第三人的利益。

（4）信托是一种由他人实施财产管理、运用、处分的财产管理制度。信托机构为财产所有者提供广泛、有效的服务，这是信托的首要职能和唯一服务宗旨，为此要把管理、运用、处分、经营财产的职责体现在业务中。信托已成为现代金融业的一个重要组成部分，与银行业、保险业、证券业既有联系又有区别。

（四）信托的种类

由于划分标准不同，信托业务的种类非常繁多。按委托人划分，它可以分为个人信托和法人信托；按信托关系成立的方式划分，它可以分为任意信托、法定信托；按信托财产的性质划分，它可以分为金钱信托、动产信托、不动产信托、有价证券信托以及金钱债权信托等；按受益人划分，它可以分为公益信托和私益信托等。无论如何划分，都只是从一个方面反映了其性质，各种划分方法之间既有区别，又有相互交叉的地方。限于篇幅，下面仅详细介绍几种比较重要的分类。

1. 按信托财产的性质划分

按信托财产的性质，信托业务可以分为金钱信托、动产信托、不动产信托、有价证券信托和金钱债权信托。

（1）金钱信托。金钱信托也叫资金信托，是指在设立信托时委托人转移给受托人的信托财产是金钱，即货币形态的资金；受托人给付受益人的也是货币资金；信托终了，受托人交还的信托财产仍是货币资金。在金钱信托期限内，受托人为了实现信托目的，可以变换信托财产的形式，比如用货币资金购买有价证券获利，或进行其他投资，但是受托人在给付受益人信托收益时要把其他形态的信托财产还原为货币资金。目前，金钱信托是各国信托业务中运用得比较普遍的一种信托形式。

（2）动产信托。动产信托是指以各种动产作为信托财产而设立的信托。动产包括的范围很广，但在动产信托中受托人接受的动产主要是各种机器设备，受托人受委托人委托管理和处分机器设备，并在这个过程中为委托人融通资金，所以动产信托具有较强的融资功能。

（3）不动产信托。不动产信托是指委托人把各种不动产，如房屋、土地、桥梁、水渠等转移给受托人，由其代为管理和运用，如对房产进行维修、保护，出租房屋、土地，或出售房屋、土地等。

（4）有价证券信托。有价证券信托是指委托人将有价证券作为信托财产转移给受托人，由受托人代为管理、运用。比如委托受托人收取有价证券的股息，行使有关的权利。又如行使股票的投票权，或以有价证券作质押从银行获取贷款，然后再转贷出去，以获取收益。

（5）金钱债权信托。金钱债权信托是指以各种金钱债权作为信托财产的信托业务。金钱债权是指要求他人在一定期限内支付一定金额的权利，具体表现为各种债权凭证，如银行存款凭证、票据、保险单、借据等。受托人接受委托人转移的各种债权凭证后，可以为其收取款项，管理和处分其债权，并管理和运用由此而获得的货币资金。例如，西方国家信托机构办理的人寿保险信托就属于金钱债权信托，即委托人将其人寿保险单据转移给受托人，受托人负责在委托人去世后向保险公司索取保险金，并向受益人支付收益。

2．以信托关系成立的方式划分

以信托关系成立的方式为标准划分，信托业务基本可以分为任意信托和法定信托。

（1）任意信托。根据当事人之间的自由意愿而成立的信托称为任意信托，任意信托又称为自由信托或明示信托，主要是指委托人、受托人、受益人自由、自愿形成的信托关系，而且这种自由、自愿应当在信托契约中明确地表示出来。大部分信托业务都属于任意信托。

（2）法定信托。法定信托是与任意信托相对应的一种信托形式，主要指由司法机关为确定当事人之间的信托关系而成立起来的，也即信托当事人之间原本并没有成立信托的意思，司法机关为了当事人的利益，根据实际情况和法律规定，判定当事人之间的关系为信托关系，当事人无论自己的意愿如何，都要服从司法机关的判定。设立法定信托的目的在于保护当事人的合法利益，防止财产被不法使用。比如，某人去世后，留下一笔遗产，但他并未对遗产的处置留下任何遗言，这时只能通过法庭来判定遗产的分配，即由法庭依照法律对遗产的分配规则进行裁决。法庭为此要做一系列的准备工作，比如进行法庭调查等。在法庭调查期间，遗产不能无人照管，这时，司法机关应当委托一个受托人在此期间管理遗产，妥善保护遗产。

3．以信托目的划分

以信托目的为标准划分，信托可以分为担保信托、管理信托和处理信托。

（1）担保信托。担保信托是指以确保信托财产的安全，保护委托人的合法权益为目的而设立的信托。当受托人接受了一项担保信托业务后，委托人将信托财产转移给受托人，受托人在受托期间并不运用信托财产去获取收益，而是妥善保管信托财产，保证信托财产的完整。例如，附担保公司债信托就是一项担保信托。附担保公司债信托是西方国家信托机构广泛开展的一项信托业务，是信托机构在公司发行公司债券时，为便利公司债券的发行，保护投资者的利益而设立的。在发行公司债券时，举债企业面临的是为数众多并且不确定的债权人，举债企业不可能让每一个债权人都能直接持有企业提供的担保品，企业就必须为众多债权人确定一个担保品的持有人，在债券还本以前，由这个持有人为众多债权人持有担保品，保护债权人的利益。为此企业可以向信托机构申请附担保公司债信托，由信托机构作为受托人，在受托期间妥善保管担保品，待企业偿还债券本息以后，再把担保品交还给发债的企业。

（2）管理信托。管理信托是指以保护信托财产的完整，保护信托财产的现状为目的而设立的信托。这里的管理是指不改变财产的原状、性质，保持其完整性。在管理信托中，信托财产不具有物上代位性[①]。如果管理信托中的信托财产是房屋，那么受托人的职责就是对房屋进行维护保护，保持房屋的原貌，在此期间，也可以将房屋出租，但不得改建房屋。如果是以动产，如机器设备为对象设立的管理信托，受托人则可以将设备出租以获取租金收入，但不可将动产出售变卖，换成其他形式的财产。

（3）处理信托。处理信托是指改变信托财产的性质、原状以实现财产增值的信托业务。在处理信托中，信托财产具有物上代位性，即财产可以变换形式，如将财产变卖转为资金，或购买有价证券等。若以房屋为对象设立处理信托，受托人则可以将房屋出售，换取其他形式的财产。若以动产为对象设立处理信托，受托人则可以将动产出售。

4. 以受托人是否承办信托业务的划分

以受托人承办信托业务的目的为标准划分，信托可以分为营业信托与非营业信托。

（1）营业信托。营业信托是指受托人以收取报酬为目的而承办的信托业务。营业信托是在信托发展到一定阶段以后出现的，在信托发展的早期，受托人大多是个人，所以不存在营业信托。后来专门经营信托业务的私营机构出现，这类机构承办信托业务的目的是收取报酬获得利润。信托机构的出现是信托业发展的自然结果，同时它又促进了信托业的发展。目前，世界各国绝大部分的信托业务属于营业信托。

（2）非营业信托。非营业信托是指受托人不以收取报酬为目的而承办的信托业务。信托产生的早期，主要是个人信托，委托人寻找的受托人也大多是自己的亲朋好友，受托人承办信托业务大多是为了私人情谊，而不是盈利。委托人有时也向受托人支付一定的报酬，但这只能看作是表示谢意。从受托人角度看，他并不是以收取报酬为目的的。这样的信托就是非营业信托。

5. 以业务范围划分

以业务范围为标准划分，可以将信托分为广义信托和狭义信托两种。广义信托包括信托和代理两类业务。它们同样都是财产代为管理的制度，信托机构也都办理这两类业务。但严格地说，信托与代理是不同的，从当事人来看，信托有三个当事人，而代理只有两个当事人，即代理人和被代理人，代理人也称受托人，被代理人也称委托人；从财产上看，信托需要转移财产权，代理则不需要转移财产权；从权限上看，信托业务中受托人以自己的名义从事业务，并有较大的权限，而代理业务中代理人以被代理人的名义从事业务，直接受被代理人的制约。狭义信托仅仅指财产所有权需要转移的信托业务，即本书在信托定

[①] 物上代位性是指当担保物因他人的侵害而灭失、毁损时，债务人所得的赔偿金应作为代位物继续为债权担保，债权人得对该代位物优先取偿。

义里所规定的信托。

（五）信托机构的信托业务种类

在了解了信托的各种分类之后，有必要介绍一下专业信托机构开办的业务。目前中国信托机构开办的业务一般可以分为四大类。

1. 受托业务

受托业务是指财产的所有人或支配权人为了自己或其指定的人的利益，将财产委托给信托机构，要求按照一定的目的进行运营或处置的业务。

2. 代理业务

代理业务是指信托机构根据单位或个人的授权，代办的收付、代理催收欠款业务和客户其他委托代理事项。

3. 中介业务

中介业务是指信托机构经营的企业资产重组、并购以及项目融资、公司理财、财务顾问等中介业务。

4. 其他业务

其他业务主要指征信、咨询和担保业务，具体来讲就是信托机构为客户进行资信调查、提供各种经济信息咨询和经济担保业务。

此外，信托机构还能将其所有者权益项下依照规定可以运用的资金存放于银行或者用于同业拆放、贷款、融资租赁和投资。其中信托贷款是一种最常见、与房地产行业关系最为紧密的业务。

（六）中国信托业法规框架的演进

中国信托业法规框架的演进大致经历了两个阶段。

1. 第一阶段（2001—2006 年）

2001 年《中华人民共和国信托法》（以下简称《信托法》）颁布后，信托制度在中国真正具备了法制基础。随着《信托投资公司管理办法》（现已废止）和《信托投资公司资金信托管理暂行办法》（2007 年 3 月 1 日起废止）的相继发布，信托业发展的框架初步形成。

《信托法》确立了信托业发展的制度基石。《信托法》的第一条明确规定了信托法的目的：调整信托关系，规范信托行为，保护信托当事人的合法权益，促进信托事业的健康发展。该法不但为信托业的发展提供了基本的制度保证，而且规定了信托业发展的许多具体技术规则。

2. 第二阶段（2007 年至今）

从 2007 年至今，尤其是随着信托公司的监管部门由中国人民银行转变为银监会后，监管当局在总结信托投资公司和信托业务监管实践的基础上，整合了此前众多的规定和文件，制定了较为系统和明确的一批新法规，主要包括 2007 年颁布的《信托公司管理办法》《信托公司治理指引》《信托公司集合资金信托计划管理办法》《关于实施〈信托公司管理办法〉和〈信托公司集合资金信托计划管理办法〉有关具体事项的通知》。同时废止《信托投资公司管理办法》和《信托投资公司资金信托管理暂行办法》。

需要特别注意的是，在《信托公司集合资金信托计划管理办法》中，虽然废除了《信托投资公司资金信托管理暂行办法》中规定的"资金信托合同不得超过 200 份（含）"的限制，但引入了合格投资者（包扩自然人、法人或者依法成立的其他组织）的概念，同时规定单个信托计划的自然人人数不得超过 50 人（单笔委托金额在 300 万元以上的自然人投资者和合格的机构投资者数量不受限制）。2008 年，银监会又发布了《银行与信托公司业务合作指引》。至此，规范中国信托业的法律框架基本成形。

2014 年 12 月，为建立市场化风险处置机制，保护信托当事人合法权益，有效防范信托业风险，促进信托业持续健康发展，银监会、财政部联合制定了《信托业保障基金管理办法》。信托业保障基金是指按照上述办法规定，主要由信托业市场参与者共同筹集，用于化解和处置信托业风险的非政府性行业互助资金。该项制度的出台规范了中国信托业保障基金的筹集、管理和使用，中国信托业发展更加规范。2015 年年初，为进一步加强对信托公司的监管，中国银监会将非银行金融机构监管部拆分，成立了独立的信托监管部，对信托公司的监管力量进一步强化，监管专业化水平进一步提升，必将对未来中国信托行业的健康发展起到促进作用。

二、房地产信托

（一）房地产信托的含义

房地产信托是众多信托业务中的一种，因此其构成要素、运作原理和适用法律上同一般的信托业务并没有明显差别。同时，房地产信托业务也是中国目前最受关注、对信托机构来说收益最好的业务种类。它是指信托机构接受委托人的委托，为了实现受益人的利益，代为管理、运营或处分委托人的房地产或相关资财的一种信托行为。

房地产信托从内容上看，包括房地产资金信托、房地产财产信托、房地产代理以及房地产咨询等内容，其中又以房地产资金信托和财产信托最为常见和重要。

事实上，房地产资金信托和房地产财产信托充分反映了信托机构在从事房地产信托业务时的灵活性：一方面，房地产资金信托是指委托人将自有资金委托给信托机构，由信托机构按委托人的意愿，为受益人的利益或目的将资金投入房地产业并对其进行管理和处分的行为；而另一方面，房地产财产信托则是指房地产所有人为实现受益人的利益或目的，将其对房地产的所有权转移给受托人，使其按照信托合同来管理、运营该房地产的一种法律关系。不难发现，在房地产信托行为中，信托机构起到了联系房地产与资金的纽带作用，它既可以将信托资金转化为房地产资产从而帮助委托人获得资产升值的经营收益，也可通

过房产出租、抵押等方式帮助委托人获得不同规模的持续现金流。

（二）房地产信托的分类

根据信托财产的具体形态，可以将房地产信托分为房地产资金信托和房地产财产信托两个大类。上面已经有所提及，这里再加以详细阐述。

1．房地产资金信托

（1）集合资金信托的含义。

房地产资金信托是目前中国信托机构推出的集合资金信托产品中最重要的一类，按融资规模计算，仅次于证券投资信托。因此，在介绍房地产资金信托之前，我们有必要对"集合资金信托"这个概念先进行简要说明。

信托公司办理资金信托业务时，可以按照要求，为委托人单独管理信托资金，也可以为了共同的信托目的，将不同委托人的资金集合在一起管理，通常后面的这种资金信托方式被称为集合资金信托。在这一过程中，投资者既是委托人又是受益人。

按照《信托公司集合资金信托计划管理办法》第二条的规定，在中国境内设立集合资金信托计划（简称信托计划），由信托公司担任受托人，按照委托人意愿，为受益人的利益，将两个以上（含两个）委托人交付的资金进行集中管理、运用或处分的资金信托业务活动，适用本办法。

由于房地产资金信托是最常见的房地产信托方式，因此人们常常把两者等同起来。关于房地产资金信托的概念在上面已经阐述，简单来说就是信托机构接受委托人的委托，将信托资金按照双方的约定，投资于房地产或房地产抵押贷款的信托业务。中小投资者通过房地产资金信托，以较小的投入间接获得了大规模房地产投资的利益。实际上，房地产资金信托就是以房地产为资金运用或投资对象的集合资金信托计划。

（2）房地产资金信托的运用方式。

根据《关于加强信托公司房地产业务监管有关问题的通知》，信托公司发放贷款的房地产项目必须满足"四证"齐全、开发商或其控股股东具备二级资质、项目资本金比例达到国家最低要求等条件。信托公司不得以信托资金发放土地储备贷款。

根据资金运用方式的不同，房地产资金信托可以细分为权益型信托和债权型信托两种基本模式。权益型信托也称股权投资类信托，债权型信托又称贷款类信托。

权益型信托是指信托机构将所募集的资金用于投资房地产企业股权或者房地产项目的经营权，以分红或者取得经营收益的方式来向信托受益人支付信托收益。在此种模式下，信托机构还可以协助房地产开发企业满足银行信贷条件，申请银行贷款，完成房地产开发，再择机以溢价方式退出股权。

债权型信托也称融资型信托，是指信托机构将募集的资金用于向房地产企业发放贷款，并以利息收入方式向受益人支付信托收益。债权型信托是目前中国最普遍的一种房地产信托资金运用方式，从本质上说它与房地产企业向银行申请抵押贷款相同，只不过贷款人是信托公司而不是银行罢了。目前房地产企业通过信托贷款所融资金多用于缴纳土地出让金，而银行贷款则被严禁用于此项开支。此外，债权型信托的资金也可以用于购买商业银行的房地产贷款或者向购房者提供住房抵押贷款。需要注意的是，债权型信托的融资成本往往高于银行贷款，有的达到 20%甚至更高，且借款方需要提供财产抵押等担保措施。这是因为目前集合信托计划的合格投资者门槛比较高，这些投资者通常有多种投资渠道可供选择，这样信托计划必须能够提供足够高的回报和安全性才能得到投资者的认可。

除了上述两种房地产资金信托方式之外，目前还有一种"购买收益权或购买房地产后出租"的收益类信托。这是一种比较新型的信托资金运用方式，同时也比较接近国外的房地产投资信托。具体来说就是信托公司用信托资金购买房地产的租金收益权，或者先买下该房地产项目，再通过出租等方式对其加以利用，获得长期、稳定的租金收益。

（3）房地产集合资金信托的资金来源。

按照《信托公司集合资金信托计划管理办法》第六条的规定，房地产集合资金信托的资金来源于所谓的"合格投资者"，即指符合下列条件之一，能够识别、判断和承担信托计划相应风险的人：① 投资一个信托计划的最低金额不少于 100 万元人民币的自然人、法人或者依法成立的其他组织；② 个人或家庭金融资产在其认购时总计超过 100 万元人民币，且能提供相关财产证明的自然人；③ 个人收入在最近三年内每年超过 20 万元人民币，或者夫妻双方合计收入在最近三年内每年超过 30 万元人民币，且能提供相关收入证明的自然人。

此外第五条还规定单个信托计划的自然人人数不得超过 50 人，合格的机构投资者数量不受限制。

2．房地产财产信托

房地产财产信托是指房地产信托机构接受委托人委托的房地产实物，并按其意愿，以自己的名义，为受益人的利益或者特定目的管理、运用和处分房地产的行为。管理、运用和处分行为包括受托代理保管、维修房地产、出租房地产并代收租金、按期缴纳税款、支付房地产管理费用以及以多种形式帮助出售房地产等。

在中国房地产信托实务中，房地产财产信托主要是作为一种规避相关政策规定、有效实现委托人融资目的的手段而存在的。具体来讲，委托人将业已存在并具有较强变现能力的房地产类财产委托给信托机构，设立财产信托，委托人取得信托受益权，然后委托人再将信托受益权转让给投资者来实现融资，或者将受益权抵押进行债务融资。这种信托融资模式简单来说是这样的：① 房地产企业将开发建设的房地产项目委托给信托机构，设立房地产财产信托，房地产企业取得信托的受益权。② 在信托机构的安排下，房地产企业将享有的受益权分为优先受益权和普通受益权，再将优先受益权转让给投资者，并取得相应融资。③ 信托机构作为财产信托的受托人，将处分信托财产所得全部收入优先用于支付受益人本金和收益。

事实上，中国目前的房地产财产信托业务就是"财产信托+受益权转让"业务。这个模式的优势在于能够突破早先《信托投资公司资金信托管理暂行办法》中的"资金信托合同不得超过 200 份（含）"的限制，从而使得大规模融资成为现实。但是，对于信托受益权转让是否符合法律规定尚无定论，且《信托投资公司资金信托管理暂行办法》目前已经废止，因此这种业务的优势已逐渐消失。业内往往把中煤信托的"荣丰 2008"信托项目和北京国际信托投资公司的"盛洪大厦"信托项目作为该业务的典型代表。

第二节　房地产投资信托基金

长期以来，中国房地产行业 70%的资金来源依赖银行贷款，利用信托方式来为房地产开发企业或项目进行融资并未得到较大的发展。随着形势的发展，这一业务的重要性得到体现。房地产投资信托基金是产业投资基金的一种形式①，是专门用于房地产投资、租赁、销售和消费等方面的投资资金。它的投资范围限于房地产领域，是集众多分散资金于一体，同时采用专家经营、专业化管理的一种投资模式。

一、房地产投资信托基金概述

进入 21 世纪后，为了缓解 2003 年央行发布《关于进一步加强房地产信贷业务管理的通知》后银行收紧房地产信贷资金带来的压力，房地产信托融资活动得到大规模发展。在信托资金的运用上，房地产企业或开发项目成为发放贷款的重点。

（一）房地产投资信托基金的含义

房地产投资信托基金也被称为房地产投资信托，国外称为 REITs（Real Estate Investment Trusts），是指信托公司通过制订信托投资计划，与投资者（委托人）签订信托投资合同，通过发行信托受益凭证或者股票等方式受托投资者的资金，然后进行房地产或者房地产抵押贷款投资，并委托或聘请专业机构和人员实施具体的经营管理的一种资金信托投资方式，一般以股份公司或者契约型信托的形式出现。

（二）房地产投资信托基金的特征

像其他基金一样，房地产投资信托基金是通过发行基金份额筹集资金，为基金份额持有人进行投资，以可产生长期收益的房地产项目为投资目标，以租金和其他相关经营收入为主要收入来源的一种产业基金。

作为一种证券化了的基金，它是经国家立法专门投资于房地产的特殊基金，是一种集

---

① 与产业投资基金并列的是证券投资基金，二者又都可分为公募和私募两种。

合投资方式和集合投资组织，其投资收益的绝大部分必须定期分配给投资者。从宏观上看，它是一种为大众服务的社会投资形式，是一系列创新制度的综合体。一般认为房地产投资信托基金具有以下几个基本特征。

1．它本质上是一种投资基金

与其他投资基金一样，房地产投资信托基金是通过发行基金份额将投资者手上数额小且分散的资金汇集成"资金池"，投资于基金合同约定的领域，并将所得收益在扣除一定管理费用之后返还给投资者，以提高资金利用率的集合投资方式。

2．它是一种产业投资基金

房地产投资信托基金是以特定产业——房地产业为投资领域的基金，通过拥有、控制和管理特定的房地产项目来获取收益。其投资项目不仅包括写字楼、公寓、酒店，甚至还包括如医院、养老院这类公益性质的房地产。房地产投资信托基金获取的收益以租金为主，而非发放贷款的利息收入，这就决定了它对房地产项目的投资总体看是长期行为，而非短期投机。

3．它兼具公司和有限合伙人的优势

在美国，房地产投资信托基金的份额持有人也就是投资者无须承担普通合伙企业合伙人那样的无限责任，而是像公司股东那样只以所认购的基金份额为限承担责任。此外，根据美国1960年出台的《房地产投资信托法》的规定，即便基金采取公司法人的形式建立，也不对基金本身征税，而只对获得基金投资人按其收益征税。

4．它的基金份额可上市交易

房地产投资信托基金份额同公司股票、债券一样属于证券的范畴，因此不仅可以认购和赎回，还可以在不同投资者之间转让。在符合法律规定和上市条件的前提下，房地产投资信托基金份额还可以上市交易，成为上市基金。

5．它受到多种法律制约

从法律上看，房地产投资信托基金至少受到《证券法》《信托法》《公司法》《税法》等法律的综合影响和制约，此外由于其投资对象的特殊性，必然还会受到房地产领域法规、政策和《物权法》的调整。

由于存在以上特征，尤其是免税和可上市交易的优势，使它能够提供较好的投资回报。相对于股票市场的大起大落，它的投资回报通常更加稳定和连续。从国外经验来看，它与股市波动的关联度较低，其长期业绩表现往往也优于单只股票。同时由于投资于实体经济，它的投资安全性也比单纯的证券投资高得多。

二、房地产投资信托基金在中国的发展

房地产投资信托基金起源于美国，在英国和一些亚洲国家被称为房地产投资基金

（Property Investment Fund），目前在中国已经有了初步发展。

（一）准房地产投资信托基金的出现与配套法制建设

众所周知，在中国，房地产投资信托基金还是新生事物，处于起步阶段。2003年6月央行发布《关于进一步加强房地产信贷业务管理的通知》后，房地产贷款受到严格的限制，房地产融资难度增大，房地产资金信托开始受到追捧。相应地，房地产投资信托基金也开始受到开发商、信托公司、研究机构、媒体等各方关注，被认为是解决房地产融资难题、拓宽融资渠道的最佳方式。房地产开发商和信托公司开始尝试以此方式进行房地产融资，每年都有众多的房地产信托计划被推出。自2005年以来，每年房地产信托的规模都在百亿元以上。仅以2009年为例，全国50余家信托公司当年就发行了214个房地产信托计划，总筹资规模达到442.5亿元，项目个数和筹资额比2008年分别增长58.5%和62.2%。但需要特别指出的是，目前中国的这些房地产集合资金信托计划并非是真正意义上的房地产投资信托基金，与国际上通行的房地产投资信托基金相比有较大的不同。我们将其称为准房地产投资信托基金。有关中国的房地产信托与房地产投资信托基金之间的差别我们将在后面介绍。

随着实践的发展，政策、法规也在不断出台、完善，以规范、指导业务操作。2007年6月，中国人民银行召开了房地产投资信托基金专题座谈会。发改委、财政部、建设部、劳动保障部、银监会、证监会、保监会等部门参会，并达成"试点与立法平行推进"的共识。中国人民银行起草了《关于开展房地产投资信托基金试点工作的请示（征求意见稿）》。2008年3月，银监会在新出台的《信托公司管理办法解释》中明确"鼓励房地产投资信托基金业务的开展"。2008年4月，中国人民银行在发布的《2007年中国金融市场发展报告》中明确指出，要加快金融创新，择机推出房地产投资信托基金产品。2008年8月，中国人民银行请示国务院启动开展房地产投资信托基金试点的准备工作。2008年12月3日，温家宝主持召开了国务院常务会议，研究部署当时金融业促进经济发展的政策措施。针对经济形势，会议提出了"金融国九条"，其中第五条规定："创新融资方式，通过并购贷款、房地产投资信托基金、股权投资基金和规范发展民间融资等多种形式，拓宽企业融资渠道。"2008年12月20日，国务院办公厅发布《关于促进房地产市场健康发展的若干意见》，明确提出支持房地产开发企业合理的融资需求，支持开展房地产投资信托基金试点，拓宽直接融资渠道。然而，2009年后由于出现房地产市场过热，房地产投资信托基金相关试点工作再度中断。2014年9月，《中国银行业监督管理委员会关于进一步做好住房金融服务工作的通知》中提出了将积极稳妥开展房地产投资信托基金（REITs）试点工作，2015年年初，住建部发布《关于加快培育和发展住房租赁市场的指导意见》，支持房地产开发企业将其持有房源向社会出租，积极推进房地产投资信托基金试点。中断长达7年的REITs试点工作有望重启。

（二）监管层的房地产投资信托基金试点

2008 年年底，在国务院"金融国九条"和"金融 30 条"反复提及大力推行房地产投资信托基金试点之后，房地产投资信托基金出台时间成为包括信托公司在内的诸多机构关注的焦点。但从实操层面上说，推出房地产投资信托基金仍是障碍重重——方向虽然已经明朗，但无论是法规制定还是房地产持有人的准备、投资者教育，都还有很长的路要走，即便是房地产投资信托基金到底应该归属哪个部门主管都还有很多争论：从基金性质上看，它是产业基金，应该归发改委统筹；从交易模式上看，它是一个以房地产为投资对象的封闭式基金，应归证监会监管；而从组织形式和法律关系上看，它又体现着信托关系，应当划入银监会的监管范围。也就是说，至少有三个部委机构可以对房地产投资信托基金实施监管，各部门都希望站在自己的角度上设计房地产投资信托基金产品。目前，在上海、天津和深圳分别进行的房地产投资信托基金试点就是由不同监管部门来主导的。

综合目前情况，证券化的房地产投资信托基金短期内可能难以实现上市交易，而所谓的"央行—银监会"模式可能性则很大。根据 2009 年银监会与央行曾初步拟定的《房地产集合投资信托业务试点管理办法》的相关规定，房地产投资信托基金将由依法设立的信托公司作为受托机构，通过公开发售信托单位[①]设立房地产集合投资信托。具体的操作路径是：受托机构将向银监会申请信托发行，获得批准后，经受托人申请，中国人民银行核准，信托单位可以在全国银行间市场发行。信托计划的资金实行保管制，资金保管机构由依法设立并取得相应保管资格的商业银行担任。根据《房地产集合投资信托业务试点管理办法》草案当时的规定，未来上市的房地产投资信托基金类似于一个封闭式的房地产投资私募基金，在银行间市场发行，由机构认购，募集资金的主要投资方向为中国的成熟地产项目。遗憾的是，由于种种原因上述管理办法最终未能出台，有关这种房地产投资信托基金的试点案例我们将在本章第三节中介绍。

（三）信托机构的"基金信托"创新

2009 年，信托公司房地产信托业务的强劲增长与房地产投资信托基金试点方案的缓慢推行形成了鲜明的对比。与此同时，信托公司对房地产信托产品的结构设计、运作模式和产品要素都进行了较大的突破和创新，其中基金化房地产信托产品最引人注目。

所谓的"基金信托"具有以下特点：一是先有资金池，再从项目池中选择具体项目进行投资，从而增强了信托公司在信托业务管理中的主动地位；二是从管理组织上看，都设立了专门的信托投资决策委员会，由信托、房地产、财务、法律等各方专业人士组成，设立了"信托经理+投资顾问"的复合管理模式，在业务操作中引入了房地产专业中介机构。

[①] 将信托等分为若干个部分，每个部分就是一个单位。

传统的房地产信托产品基本局限于集合资金信托，大多是采用项目融资的方式加以运作，因此往往规模小、投资集中，虽然收益水平一般较高，但风险也较大。正是由于以前房地产信托产品发行规模小、投资周期短、资金成本高，所以难以形成规模效应。但 2009 年以来，一些实力雄厚、专业能力较强的信托公司大规模和一线房地产企业签订战略合作协议，先后推出的房地产信托计划在发行规模、存续期限上都实现了巨大突破。一些大型、上市的一线房地产企业开始重视信托业在房地产金融中的地位，认识到房地产投资信托基金将会从根本上改变信托公司在房地产金融产业链中的地位和作用。

2014 年，部分信托公司试图推行两款类 REITs 产品，但这两个产品从参与度来看，与标准化的 REITs 产品存在很大差异。2014 年 5 月，中信证券推出"中信启航"专项资产管理计划，被认为是国内和典型 REITs 最接近的产品，该产品最大的突破在于可通过深交所综合协议交易平台挂牌转让，从而实现了 REITs 产品的流动性。2014 年 12 月，中信华夏苏宁云创资产支持专项计划（以下简称中信苏宁）成立，该产品推出售后返租类似 REITs 的做法。但值得注意的是，中信启航优先级每次转让额度不低于 5 000 万元，劣后级不得低于 3 000 万元，高昂的投资成本使得流动性大打折扣，也未能享受任何税收优惠。此外，中信启航和中信苏宁受制于资产支持计划的私募定位，投资者限制在 200 人以内，流动性仍然较弱。

三、房地产投资信托基金与类似范畴的比较

（一）房地产投资信托基金与房地产信托

房地产投资信托基金是房地产金融产品，而房地产信托（如房地产集合资金信托计划）也是投资于房地产项目的，两者都可以理解为是房地产金融产品，且都属于信托行为，信托投资公司在产品运作中都占据主体地位，这是这两个金融产品的相似或相同之处。但是房地产投资信托基金与房地产信托之间却存在着本质的区别。

第一，房地产投资信托基金体现的是信托投资行为，即投资者通过持有基金而间接拥有基金所投向的房地产，反映着权益买卖关系。而目前中国大部分的房地产集合资金信托计划实际上是债权融资行为，信托持有人并不拥有信托计划所投资的房地产。另有一些房地产租赁收益权信托计划，虽然不是直接的债权融资，但是信托持有人获得的通常是一个固定收益的优先受益权，并且由于存在回购承诺的安排，实质上它仍是一种融资行为，不是真正意义上的投资。

第二，房地产投资信托基金具有基金性质而且可以转让，可以在公开资本市场上交易，但没有持有期限，不可以赎回。而房地产集合资金信托计划不具有基金性质，不是一种标准化的金融产品，缺乏流动性，有本金偿还的安排，设定了偿还期限。

第三，房地产投资信托基金的发行将产权与资产管理权彻底分开，真正实现了所有权

与经营权的分离，并且该基金设立后，由专业的基金管理人管理。而房地产集合资金信托计划反映的是房地产开发商通过信托投资公司获得信托贷款后，进行项目投资与开发的行为，并没有专业的资产管理机构介入投资管理。

第四，房地产投资信托基金的收益途径主要来源于持有房地产的出租收益，收益与经营管理水平直接联系，而且自交易发生之日起，房地产的收益就已经产生了。而房地产集合资金信托的收益目前一般在 3%～9%，几乎与开发商的经营成果无关，只与风险相关。也就是说，开发商用信托融资赚了再多的钱，信托持有人也只能获得固定收益，而一旦开发商偿还不了本息，信托持有人却要承担风险。

第五，房地产投资信托基金的产品周期一般设计为 8～10 年，它更注重房地产开发后，已完工的房地产项目的经营水平；中国房地产集合资金信托计划的周期较短，一般为1～3 年。

第六，国外房地产投资信托基金都有税制优惠，如对分配给受益人的信托收益，房地产投资信托基金免交公司所得税和资本利得税，分红后利润按适用税率缴纳所得税。而中国的房地产集合资金信托产品目前没有相关的税收优惠安排。

（二）房地产投资信托基金与房地产证券化

房地产证券化是一种把房地产产权或债权等权益，用股票或收益凭证等证券形式，以其近期或远期收益为支持，发行给各类投资者的投融资制度。其中以房地产资产为支持的被称作房地产资产证券化（Asset Backed Securitization，ABS），而以债权为支持则被称作房地产抵押贷款证券化（Mortgage Backed Securitization，MBS）。

房地产资产证券化是指地产企业为了从资本市场融资而以其所拥有的、已开发的或未开发的房地产的未来收益为支撑，发行证券的行为。它可以采用股权融资或债券融资的方式进行。房地产企业可以在项目的收益前景较好但自身缺乏足够的开发资金时采用这种证券化方式。房地产抵押贷款证券化一般是指拥有房地产抵押贷款债权的企业，以抵押房地产的未来现金流为支撑，向投资者发行债券，以使其债权得以变现的行为。此类证券化的目的是为了减少作为发行人的放贷机构自身资产配置中短存长贷的问题，从而有效抵御流动性风险。

虽然房地产投资信托基金与房地产证券化都是房地产金融的表现形式，但是它们之间还是有显著差别的。房地产投资信托基金只是一个以经营或投资房地产而获取收益的经济组织，或者说是一些机构为众多想投资于房地产的投资者而设立的一种集合投融资制度，发起人只是从中设立管理公司，靠获得管理佣金等形式来获取收益。投资者通过管理者对房地产业各类证券和实业的组合投资来获取收益；而房地产证券化则是一些利益主体（机构）为了获得或转换资金，将房地产的权益以证券的形式向大众投资者进行出售或转让的一种融资行为，投资者的收益来源是发行主体资产的未来现金流。房地产投资信托基金既可以参加房地产抵押贷款证券化，通过购买房地产抵押债权使自己获得一个稳定的收益来源，也可以通过购买房地产企业发行的由房地产资产的未来收益支撑的证券，从而间接参与房地产项目管理，在承担较高风险的同时获得可观收益。

（三）房地产投资信托基金与银信合作

对房地产投资信托基金上面已经讲得很清楚，只要我们再把银信合作讲清楚，大家就知道两者的关系了。

所谓银信合作即是指信托公司与银行开展合作为企业进行融资的业务模式。银信合作是近年来兴起的一种业务。当银行愿意向某个客户贷款，但碍于某些信贷细节的规定无法交易，银行便将客户介绍给信托公司，通过信托产品进行。目前中国的银信合作大部分不是基于产品创新，而是为了规避国家政策限制，钻政策的漏洞，不可以发放贷款的项目，比如某些房地产开发中的购买土地的资金，就通过银信合作，变相达到融资的目的。由于这类银信合作都是以借贷为目的，因此被称为融资类银信合作。与融资类银信合作相对应的是投资类银信合作。

现有的融资类银信合作是由银行作为发起端，通过销售理财产品集合资金后，由银行作为单一委托人将资金委托给信托公司，向目标公司发放贷款或用于定向收购本银行的某些信贷资产。这些公司基本都是银行的长期稳定客户，资产质量较好，且贷款大部分占用银行的授信额度。在银信合作中，信托公司名义上要对贷款风险进行评估和控制，但是实际上最终的风险还是由银行承担。信托公司在其中只是起到了"通道"的作用。由于并不实际提供资金，此类业务中信托公司往往只收取一定的手续费或者"通道"费。

在市场不规范的情况下，银信产品如果出了问题，损失的是银行渠道的信誉，甚至会给银行带来法律纠纷。在日本金融"泡沫"和美国金融"泡沫"形成过程中，就有很多这类的产品通过银行销售给了普通投资者。

融资类银信合作不仅潜藏着巨大的信用风险，而且会影响到货币政策的执行，使其偏离宏观经济的调控目标，因此2010年银监会发布了《关于规范银信合作理财合作业务有关事项的通知》，要求信托公司融资类银信合作业务余额占银信合作业务余额比例不得高于30%。

近年来，随着房地产调控政策的持续实施，商业银行向房地产开发企业和个人购房提供贷款的政策限制越来越多，同时商业银行受到资本充足率、信贷集中度、存贷比等监管指标的约束以及中国人民银行MPA（宏观审慎评估）的影响，银行可用于房地产领域的信贷额度也时常较为紧张。因此，很多情况下商业银行对合规项目提供贷款时也愿意开展银信合作，通过信托的"通道"作用规避金融管理部门对房地产信贷额度的管控。例如，商业银行可以发行非保本理财，将募集的资金投资于房地产财产信托的信托受益权，非保本理财的资金来源和运用不计入商业银行资产负债表，从而一方面实现了向房地产项目提供融资，另一方面不受信贷额度的限制。

需要说明的是，通过这种方式并不能无限制向信托项目提供资金。2013年3月25日，银监会下发了《中国银监会关于规范商业银行理财业务投资运作有关问题的通知》，规定"理财资金投资非标准化债权资产的余额在任何时点均以理财产品余额的35%与商业银行上一年度审计报告披露总资产的4%之间孰低者为上限"。非标准化债权资产是指未在银行间市场及证券交易所市场交易的债权性资产，包括但不限于信贷资产、信托贷款、委托债权、承兑汇票、信用证、应收账款、各类受（收）益权、带回购条款的股权性融资等。

四、房地产投资信托基金的分类与比较

按照组织形态，房地产投资信托基金可分为契约型和公司型两种类型；按照资金投向，它可分为权益型（Equity REITs）、抵押型（Mortgage REITs）和混合型（Hybrid REITs）三种；按照投资人能否赎回，它可分为封闭式和开放式两类；按是否上市，它可分为上市和非上市两种；此外还可以把它按投资对象的房地产类型分类。

（一）按组织形态分类

按照组织形态，房地产投资信托基金可分为契约型和公司型两种形式，二者在结构上存在明显差别。

契约型房地产投资信托基金是基于信托法律制度而设立的，在这个过程中，投资者、基金管理人、基金托管人、房地产资产经营者等主体针对房地产投资信托基金签订了一系列的投资管理契约。

公司型房地产投资信托基金是基于公司制度而设立的，它由基金投资者、基金公司、基金托管人、房地产资产经营者等主体通过签订一系列的合同组建而成，其中基金公司主要由基金投资者（股东）选举的董事会和董事会聘任的经理团队组成。

从制度本身来看，公司型组织制度安排具有完善的分权制衡法人治理结构，可以更好地维护和增进基金投资者的权益，促进基金市场的健康发展，应该成为首选。

信托组织制度安排拥有公司组织制度安排不可比拟的专业化优势，通过加强内部组织监管（比如加强基金持有人大会的监管和纠偏作用）和外部市场治理（比如促进基金管理人的市场竞争）来扬长避短，仍不失为一种很好的信托基金组织形式。

对于国家来说，应该允许和鼓励公司型房地产投资信托基金和契约型房地产投资信托基金共存于市场，相互竞争，从而形成一个有效的外部市场治理机制。

（二）按资金投向分类

按资金投向的不同，房地产投资信托基金可以分为三类：权益型房地产投资信托基金、

抵押型房地产投资信托基金和混合型房地产投资信托基金。

1. 权益型房地产投资信托基金

权益型房地产投资信托基金直接投资并拥有房地产，投资组合视其经营战略的差异有很大不同，但通常主要持有购物中心、公寓、办公楼、仓库等收益型房地产。其收益不仅来源于租金收入，还来源于房地产的增值收益。投资方式有两种：一是直接购入房地产进行管理和经营；二是通过投资房地产公司间接掌握房地产。

2. 抵押型房地产投资信托基金

抵押型房地产投资信托基金是将所募集资金用于发放各种抵押贷款；其收益来源于发放抵押贷款所收取的手续费和抵押贷款利息，以及通过发放参与型抵押贷款所获抵押房地产的部分租金和增值收益。

3. 混合型房地产投资信托基金

混合型房地产投资信托基金是权益型房地产投资信托基金和抵押型房地产投资信托基金的结合，它不仅可以进行房地产权益投资，还可从事房地产抵押贷款业务，因而兼有权益型与抵押型特点。

早期的房地产投资信托基金主要以权益型为主，以通过经营管理获取稳定的现金为主要目的。近年来抵押型房地产投资信托基金发展很快，它主要通过发放长期房地产抵押贷款、购买房地产抵押证券（即 MBS）获取收益。总的来看，无论是数量还是市值，权益型房地产投资信托基金仍占绝对主导地位，其次是抵押型房地产投资信托基金，混合型房地产投资信托基金的比重最低。

（三）按投资人能否赎回分类

按照投资人能否赎回这一特征，可将房地产投资信托基金分为封闭式房地产投资信托基金和开放式房地产投资信托基金两类。前者的发行规模固定，投资人若想买卖此种投资信托的证券，只能在二级市场上操作，不能直接同房地产投资信托基金以净值交易。同时为保证原始投资人的权益不被稀释，上市后不得再募集资金。后者的规模则是变化的，投资者可以按照基金净值申购和赎回股份或受益凭证。

（四）按投资房地产的类型分类

按投资房地产的类型，房地产投资信托基金可分为多个种类。1994 年以前，房地产投资信托基金只局限于投资几种房地产类型，如公寓、写字楼、酒店等；1994 年以后，房地产投资信托基金有了很大的发展，其投资对象的范围日益扩展。迄今为止，几乎所有的房地产类型如公寓、超市、商业中心、写字楼、零售中心、工业地产、酒店等，都有相应的房地产投资信托基金与之对应。在各种房地产投资中，零售业、住宅、工业地产、写字楼的投资占绝大部分，累计超过总投资的 70%。

（五）按投资是否上市分类

按是否上市，房地产投资信托基金可以分为上市房地产投资信托基金和非上市房地产投资信托基金两种。上市的房地产投资信托基金可以在市场上随时买进和卖出，没有时间限制。在美国，一般非上市的房地产投资信托基金都属于私募基金的性质，在基金到期后就要把掌握的所有资产变现，把收益全部派发给投资者并解散基金。

第三节　操作模式与实施案例

由于房地产信托与房地产投资信托基金在本质上有所差异，这就使得两者各自的实际操作模式与实施过程不可能完全一致。本节将要介绍的一些主要的房地产信托与房地产投资信托基金的融资模式，并附有案例，以帮助学生理解其中各自的规定，特别是相互区别。

一、房地产信托的操作模式与实施案例

房地产信托分为资金信托和财产信托两种，因此也有两种最基本的操作模式与之相对应。但是在实务工作中，房地产信托的操作是非常灵活的，已经开发出来的模式也有很多，它们分别是直接债务融资模式、优先股融资模式、信托受益权转让模式、投资信托模式、产权投资信托模式、信托回购模式、混合信托模式、间接债务融资模式等。鉴于模式太多，下面首先介绍基本的房地产信托操作模式并佐以典型案例，然后再简单介绍一些相对复杂的案例。

（一）房地产资金信托的操作模式与案例

1. 操作模式

房地产资金信托的操作流程可以归结为以下五个步骤。

（1）房地产企业与信托公司就房地产信托融资达成合作意见。

（2）信托公司就信托产品的设计与发行向监管当局报告。

（3）信托公司发起设立房地产资金信托计划，并向合格投资者销售信托受益凭证。

（4）作为受托人，信托公司根据合同约定将其所募集的资金以贷款、股权投资、房地产收购、收益权购买等方式交由房地产企业使用，并确定回收信托资金及保障收益的方案。

（5）信托公司按照约定，监督使用信托资金的房地产企业合法、合规地使用资金，按时回收相关收益并向投资者偿付本息。

2．典型案例

（1）直接债务融资模式（信托贷款模式）。

上海爱建信托投资有限责任公司于 2008 年 11 月推出了"鼎立建设集团融资集合资金信托计划"，信托规模 8 600 万元，信托产品的申购门槛为 50 万元。该信托的资金运用方式为向鼎立建设集团股份有限公司提供一年期信托贷款。借款人以其所掌握的鼎立股份有限公司部分股权和应收账款作为质押。操作流程如图 6-2 所示。

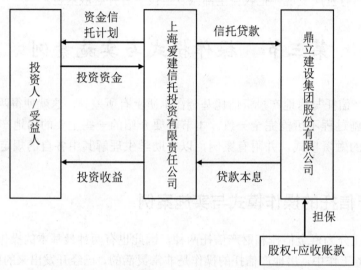

图 6-2　信托贷款模式的房地产资金信托

（2）优先股融资模式（股权回购/转让模式）。

这种信托模式表面上属于权益性股权投资，但实质上是一种结构性信托融资模式。信托公司以股权投资方式运作，通过阶段性持股为项目融资或帮助房地产公司（或开发项目）达到贷款条件，从而成为企业的名义股东，但并不实质性参与和介入房地产公司的日常经营和管理，而是在投资之前与房地产公司签署协议，双方约定在规定时间内由房地产公司或其关联企业承诺按照一定的溢价比例，全额将信托公司持有的相应股权全部回购或转让，进而确保投资人（委托人）信托资金的归还和收益的实现。

由于信托公司并不参与经营活动，同时在退出时附有固定比例的投资收益，性质上类似于优先股，故称优先股融资模式，也称股权回购或转让模式。

这种模式的典型代表是重庆国际信托投资有限公司（以下简称重庆国投）为北京中建森岚房地产有限责任公司设计的信托融资计划。重庆国投通过发行集合资金信托，募集 8 000 万元信托资金，此信托资金以重庆国投名义、采取股权投资方式投入北京中建森岚房地产有限责任公司，期限 1 年，信托期满后，北京中建森岚建设投资有限公司以 9%的溢价收购该股份，用此来归还信托资金并支付相应的收益。操作流程如图 6-3 所示。

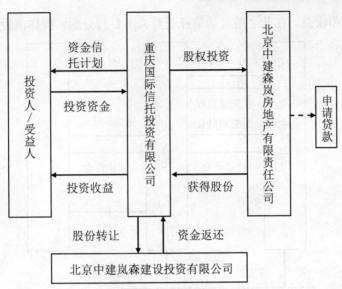

图 6-3　股权回购/转让模式的房地产资金信托

（二）房地产财产信托的操作模式与案例

1. 操作模式

目前，房地产财产信托中最有影响的模式是信托受益权转让模式。这种模式除了前两个步骤与房地产资金信托相同之外，还有以下三个步骤。

第一，房地产企业将开发建设的项目委托给信托机构，设立房地产财产信托，房地产企业取得信托受益权。

第二，房地产企业将享有的受益权分割为优先级和普通级，然后将优先级的受益权转让给投资者或进行抵押，从而获得相应的资金融通。

第三，信托公司将处置信托财产所得的全部收入优先用于支付已取得优先级受益权的投资的本金和收益，只有当优先级受益人取得全部本金和收益后，其他受益人方可参与收益分配。

2. 典型案例

北京国际信托有限公司（以下简称北京信托）推出的"盛洪大厦财产信托优先受益权转让项目"是房地产财产信托的典型代表。该项目的具体运作是：北京元鸿房地产公司将其开发和建设的价值 4.1 亿元的北京盛洪大厦委托给北京信托，设立盛洪大厦财产信托。元鸿公司取得该信托关系下的全部收益权。然后元鸿公司设立 2.5 亿元的优先级受益权（其余为普通级受益权），并委托北京信托将优先级受益权转让给投资人。项目期限 3 年，预期年收益率 6%。北京信托对该受托财产采取出租和出售的方式进行处置，收益来源于租金和售价。最后，北京信托将处置信托财产所得全部收入存入信托专户，优先用于清偿优先级受益人的本金和收益，在此之前其他信托受益人不参与分配。操作流程如图 6-4 所示。

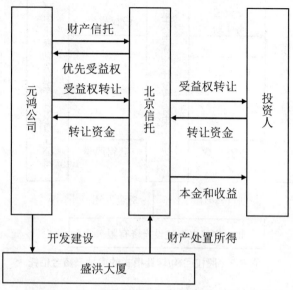

图 6-4　信托受益权转让模式的房地产资金信托

（三）其他房地产信托案例

1. 房地产投资信托模式

房地产投资信托模式也被称作准房地产投资信托基金模式。信托公司通过发行信托计划集合运用资金购买房地产，并以房地产租金收入支付信托收益，而投资者既可以通过持有房地产产权持续获得收益，也可以通过转让相应的信托单位所有权来实现退出。

该模式的典型案例是北京信托推出的"欧尚信托"。该信托计划通过集合资金购买法国欧尚天津第一店的产权，以房地产的租金收入和房地产自身的升值来实现投资人长期稳定的高回报收益。在退出环节，该信托计划采取发行新信托取代旧信托的方法，即发行下一个信托计划募集资金，用于归还上一期投资人的本金。从获利模式上看，这种模式更类似于房地产投资信托基金，因此才被称作准房地产投资信托基金。该案例的操作流程如图 6-5 所示。

2. 房地产信托回购模式

在此种模式下，信托公司运用信托资金先买下房地产，房地产的购买价格通常为市场价格的 70%～80%。同时，信托投资公司与该房地产项目的开发商签订项目回购协议，约定房地产商在信托期限内溢价将房地产回购来实现信托受益。这种模式可以保证信托资金的阶段性退出。该模式的操作流程如图 6-6 所示。

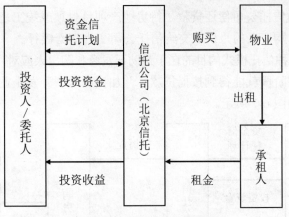

图 6-5 房地产投资信托模式

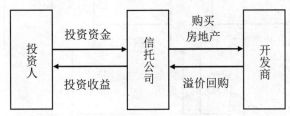

图 6-6 房地产信托回购模式

3．房地产混合信托模式

房地产混合信托模式也被称为"夹层"信托融资模式，这是一种介于股权与优先债权之间的投资形式，即房地产企业以权益融资和债务融资相结合的方式向信托公司融资。实际上夹层融资信托也就是指从风险和收益的角度看介于单纯的股权和债权之间的信托融资方式。

房地产混合信托融资的典型操作模式一般是这样的：信托公司通过集合资金信托计划募集资金后，将一部分资金用于购入房地产开发企业的股份并取得控股权，再用剩余资金向开发企业发放信托贷款。待信托计划到期后，由其他企业（一般是被控股开发企业的母公司或关联公司）购买相应股份，而信托贷款的利息与本金则由开发商负担。

4．间接债务融资模式

间接债务融资模式比较少见，它是指以购房者为借款主体向信托公司借款买房，从而间接实现为房地产开发企业融资的目的。

间接债务融资模式的操作流程是：首先，信托公司通过发行资金信托向投资者募集资金；其次，信托公司以自身的名义将所募集的资金以按揭贷款的形式为购房人提供短期融资。购房人以购房款的形式再将资金支付给开发商，并在普通商品住房封顶或商业用房竣工之前，每月定期向信托公司偿还贷款。待房地产项目封顶或竣工之后，信托公司再把贷款资产转让给银行，购房人的月供从交给信托公司变为交给银行。

信托公司推出这种信托模式的目的在于帮助开发商和购房人应对"封顶按揭"的政策[①]，使购房人在房屋预售阶段就能得到按揭贷款，并加快房地产开发企业资金回流的速度。这一模式的操作流程如图 6-7 所示。

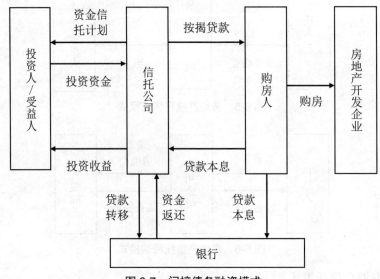

图 6-7　间接债务融资模式

二、房地产投资信托基金的运作与实施

由于中国目前尚无成熟的、专门的房地产投资信托基金法律法规，而相关试点工作也刚刚展开，因此这一部分主要是针对国外制度和经验的介绍。鉴于美国是房地产投资信托基金的起源地，并拥有世界上最为发达和完善的房地产投资基金市场和相应的法律制度，我们将主要以美国房地产投资信托基金为样本展开介绍。

（一）房地产投资信托基金的基本运作模式

在组织体系上，房地产投资信托基金是由基金持有人、基金管理人、基金托管人以及投资顾问等通过信托关系构成的系统，其基本结构和运作模式可用图 6-8 表示。

基金持有人也称作基金投资人，是基金的个人投资者、境内机构投资者和合格境外机构投资者以及法律法规允许或经中国证监会批准可以购买证券投资基金的其他投资者的

---

① 个人住房贷款一章中将对此政策进行介绍。

合称。

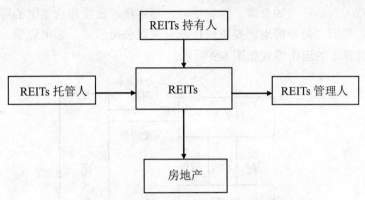

图 6-8　房地产投资信托基金的基本结构

　　基金管理人也就是基金管理公司，是指凭借专门的知识与经验，运用所管理基金的资产，根据法律、法规及基金章程或基金契约的规定，按照科学的投资组合原理进行投资决策，谋求所管理的基金资产不断增值，并使基金持有人获取尽可能多收益的经营机构。基金管理人在不同国家（地区）有不同的名称，例如在英国称投资管理公司，在美国称基金管理公司，在日本称投资信托公司。

　　基金托管人是投资人权益的代表，是基金资产的名义持有人或管理机构。为了保证基金资产的安全，基金按照资产管理和保管分开的原则进行运作，并由专门的基金托管人保管基金资产。为充分保障基金投资者的权益，防止基金信托财产被挪作他用，各国的证券投资信托法规都规定：凡是基金都要设立基金托管机构，即由基金托管人来对基金管理机构的投资操作进行监督，并对基金资产进行保管。

　　图 6-8 中的房地产投资信托基金结构是专门针对信托型房地产投资信托基金的，公司型房地产投资信托基金的结构更加简单，只要去掉房地产投资信托基金托管人和房地产投资信托基金管理人就可以了。信托型房地产投资信托基金的操作流程包括七个步骤：① 发起人以自有房地产作为资产基础，设立房地产投资基金。② 寻找并委托合格机构作为基金的管理人、托管人和投资顾问（估价师）。③ 向证券监管机构申请并获许可后，向投资者公开发行基金份额。④ 以发行所获资金偿付发起人，以及投资于新的房地产项目。⑤ 向相关证券交易所申请上市，成为上市证券。⑥ 必要时设立特别目的工具（SPV），用于持有房地产。⑦ 持有和经营房地产资产，获得租金以及其他相关收入，并向投资者分配。此外还需按照监管部门的要求披露相关信息。

　　（二）美国房地产投资信托基金的运作模式

　　美国是房地产投资信托基金的起源地，其房地产投资信托基金的发展具有代表性。美国的房地产投资信托基金一般采取公司型或者契约型的组织形式，集合多个投资者的资金，收购并持有收益类房地产（如公寓、购物中心、写字楼、旅馆和仓储中心等），或者对房地产进行投资。美国大部分房地产投资信托基金采取公司形式，公司股票一般在证券交易所进行交易。其基本的运作模式如图 6-9 所示。

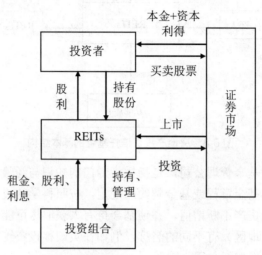

图 6-9　典型的美国房地产投资信托基金模式

为了在享受税收优惠的同时获得必要的成长性，在相关法律逐步放松管制的基础上，UPREITs 和 DOWNREITs 结构的房地产投资信托基金在美国获得了快速发展。

1. UPREITs

UPREITs 结构也被称作伞形合伙结构，即上市的房地产投资信托基金通过下属合伙制实体拥有房地产，出租并收取租金。在运作上，一般先发行 UPREITs 合伙权益凭证来交换相关房地产，这种合伙权益可按比例转换为上市房地产投资信托基金的股份，并在公开市场上套现，形成双赢的局面。这种模式下，原房地产持有方有效规避了高额的资产转让所得税，并与房地产投资信托基金分享这一利益，从而可以降低房地产出让价格。而为了向产业链上下游延伸，房地产投资信托基金会成立一个或多个纳税子公司，从事房地产开发、维护、管理等增值服务，并可能从事有线电视等服务。图 6-10 展示了 UPREITs 的一般结构。

2. DOWNREITs

DOWNREITs 的运作原理与 UPREITs 相同，是为使传统房地产投资信托基金获得 UPREITs 在税收方面的优惠而设计出来的。所不同的是，其原有房地产由房地产投资信托基金直接持有，而新购入的房地产则由从属合伙人实体持有。收购新投资项目和向产业链上下游延伸的模式是类似的。此种房地产投资信托基金的结构如图 6-11 所示。

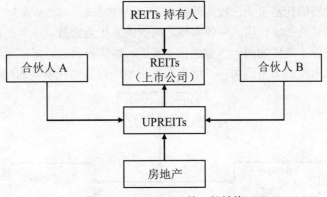

图 6-10　UPREITs 的一般结构

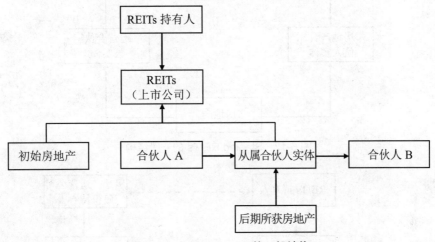

图 6-11　DOWNREITs 的一般结构

3．Stapled REITs

"Stapled"的含义是"合订的"。Stapled REITs 本质上是由房地产投资信托基金加上房地产运营公司联合组成。这种房地产投资信托基金的股东同时拥有两家公司的股票，两个公司的股票整合在一起以一个单位进行交易。由于绝大部分的房地产投资信托基金都不直接运营不以租金为收入来源的房地产，所以，相比而言，"合订"型房地产投资信托基金就有很多优势，不但可以享受房地产投资信托基金的税收优惠，还可以充分实现经营房地产的收益。"合订"型房地产投资信托基金的结构如图 6-12 所示。

4．Paperclipped REITs

"Paperclipped REITs"通常翻译成"纸夹"型房地产投资信托基金，它是近年发展起来的一种基金类型。这种房地产投资信托基金的运作模式通常是：先成立一家运营公司，再由该公司从房地产投资信托基金处租借房地产，挖掘房地产投资信托基金无法经营的商业领域，或收购按规定房地产投资信托基金无法收购的房地产。这种模式与 Stapled REITs 比较相似，但也有一些区别，主要是在这种模式中各实体之间的关系更为松散，房地产投资信托基金和房地产运营公司的股份不是作为同一单位进行交易的，运营公司一经成立便与房地产投资信托基金分开，从而成为新的上市公司。"纸夹"型房地产投资信托基金的结构如图 6-13 所示。

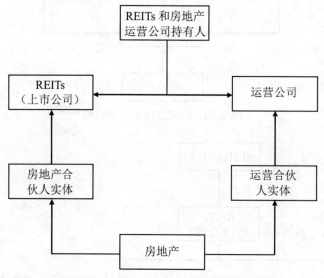

图 6-12　Stapled REITs 的一般结构

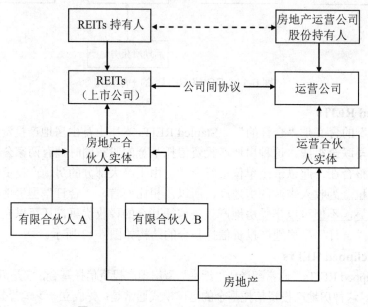

图 6-13　Paperclipped REITs 的一般结构

两个公司之间的关系通过各种协议约定，如运营公司有权拒绝租用或管理房地产投资信托基金将要收购的房地产项目，或房地产投资信托基金有权拒绝收购运营公司建议的房地产项目等。这样一来便可以有效降低系统内部的利益冲突。此外原有房地产投资信托基金的股东也可以获得新上市的运营公司的股份，从而保证两家公司的利益一致性。

（三）中国房地产投资信托基金模式的走向

1. 现状与问题

2008 年 12 月 3 日，在国务院会议层面上，房地产投资信托基金首次被提出作为拓宽企业融资渠道的方式，相关试点工作也开始着手，此举大大加快了中国房地产投资信托基金的发展进程。此前，银监会和证监会就分别开始了对房地产投资信托基金的研究工作，提出了两套实施方案。银监会的方案是以债券类产品的方式组建房地产投资信托基金，发行受益凭证，地产公司继续持有房地产的所有权，房地产投资信托基金在银行间市场交易，主要参与者是机构投资者；证监会的方案是以股权类产品为基础组建房地产投资信托基金，将房地产所有权转移到房地产投资信托基金名下并分割出让，房地产公司与公众投资者一样通过持有房地产投资信托基金股份间接拥有房地产所有权，房地产投资信托基金在交易所公开交易，机构投资者和个人投资者均可参与。

无论是从工业化与城市化的角度看，还是从各参与主体的角度看，中国房地产投资信托基金的发展前景都毋庸置疑。但它的大发展还需要政府通过税收政策和其他法律措施解决好收益性、成长性和流动性三大问题。

首先，房地产投资信托基金的收益由租金收入和资本增值两部分构成，收益率的高低很受关注。目前已实施房地产投资信托基金的国家都通过税法改革，避免双重征税，以便提高房地产回报率。例如美国，在免除了企业所得税的情况下，房地产投资信托基金收益回报率平均达到 8.4%。而在中国现有税法框架下，租金收入要缴纳 5.5% 的营业税，12% 的房产税，然后要缴纳 25% 的企业所得税，收入分红后还要缴纳个人所得税，这抬高了可供选择的房地产的门槛，只有部分稀缺的核心地段的房地产才具备成为房地产投资信托基金投资对象的可能。

资本增值是房地产投资信托基金收益的另一重要来源，其前提是这种基金拥有房地产的所有权。但目前中国还处于城市化进程加速时期，大部分城市人口、面积都在扩张，核心地段的稀缺房地产具有较大的升值空间，除非提供一个有吸引力的价格，否则让房地产持有者放弃所有权很难，这又会降低房地产投资信托基金的收益率。

其次，成长性是房地产投资信托基金有别于债券和一般房地产项目的重要特点。如何在有效避税的前提下，扩大资产规模和实现盈利模式多样化，如向产业链上下游延伸，是房地产投资信托基金成长的主要方式。美国 1990 年之后房地产投资信托基金迅猛发展的最重要原因就是它为投资者提供了成本最低的退出渠道。普通的资产转让需要缴纳高额的资产转让所得税，但是通过房地产投资信托基金就可以避免。上市房地产投资信托基金通过发行 UPREITs 合伙权益来交换拟收购资产，这种合伙权益可以转换为上市房地产投资信托基金的股份，并在公开市场上套现。中国还需要在房地产投资信托基金收购资产免税方面寻求突破。

再次，美国房地产投资信托基金在交易所上市，无论是机构投资者还是个人投资者，抑或无论是中国投资者，还是国外投资者，都可以参与，并享受不同程度的税收减免待遇。目前如果选择银监会方案，那么参与者主要是机构投资者；如果选择证监会方案，那么参与者则包括机构投资者和个人投资者。孰优孰劣尚无定论，但无论采取何种方式，通过细分投资份额，将小众投资品变成大众投资品，显然是提高流动性的重要思路。

最后，除了上述问题外，房地产投资信托基金操作上的一些细节问题也有待解决，包括产品登记、托管、评级、公司治理、基金产品中的房地产管理增值服务等问题。

2．试点方案介绍

根据目前监管部分的思路，未来上市的房地产投资信托基金可能类似于一个封闭式房地产投资私募基金。据此上海浦东新区率先提出了三套试点方案。其中方案一和方案二为债权方案，即发起人仅转让租金收益权给受托人，收益权证在银行间市场发行；方案三为股权方案，发起人须将房地产资产转让给信托公司并在证券市场发行投资凭证。

具体说来，方案一的发起人为金桥集团、外高桥集团、张江集团和陆家嘴集团，它们提供年租金收入可达 4.7 亿元的房地产，把这些房地产未来 10 年的租金收益权打包设立信托，然后由发行人委托主承销商在银行间市场向符合条件的机构投资者发行该信托的租金权益凭证，发行规模在 35 亿～45 亿元，期限 10 年。方案二的发起人为陆家嘴集团，发行规模为 15 亿元，期限 3～5 年，所涉及的房地产仅为办公楼。这两种方案对于房地产投资信托基金投资者而言，商业地产是最受欢迎的，而工业地产则吸引力较低，因此前一种方案更有吸引力。

目前推行房地产投资信托基金试点遇到的主要问题是房地产所有权能否转移，以及双重征税能否得到解决。

监管层倾向于选择债权型的方案一或方案二，主要是基于以下三点考虑。

第一，防止风险扩散。由于房地产投资信托基金在中国是新生事物，试点首先在银行间市场发行，面向风险承受能力较强的机构投资者，可以防止可能出现的产品风险向社会扩散。要通过试点积累立法和监管经验，在风险可控之后再在交易所上市发行，面向个人投资者，这样更有利于中国资本市场的稳定发展。

第二，股权化的房地产投资信托基金在政策出台前仍有很多技术问题需要解决。比如作为市场化的金融产品，这种基金需要向投资者保证较高的收益，但在中国商业地产尚不成熟的现实环境下，如何界定收益、如何防范投资风险等，都有待于细化规定。

第三，股权化房地产投资信托基金的双重征税问题尚难解决。这种基金是以公司形式存在的，按照当前的税法，应当缴纳公司所得税，而基金产生的收益以红利形式分配给股东后，股东还需要缴纳个人所得税，两个环节双重征税无疑降低了该基金的收益率，因而吸引力大减。

 **本章小结**

▶ 信托一般涉及三方面当事人（也称信托主体），即投入信用的委托人、受信于人的受托人，以及受益于人的受益人。信托业务是由委托人依照契约或遗嘱的规定，为自己或第三者（即受益人）的利益，将财产上的权利转给受托人（自然人或法人），受托人按规定条件和范围占有、管理、使用信托财产，并处分其收益。

▶ 信托的委托人可以是自然人，也可以是法人，而受托人则一般是法人。信托的受益人既可以是委托人自己，也可以是第三人。前者叫作自益信托，后者称为他益信托。但在任何情况下，受托人不得是同一信托的唯一受益人。

▶ 在中国，房地产财产信托更多是作为一种规避相关政策规定、有效实现委托人融资目的的手段而存在的。具体来讲，委托人将业已存在并具较强变现能力的房地产类信托财产委托给信托机构，设立财产信托，委托人取得信托受益权，然后再将信托受益权转让给投资者来实现融资，或者将受益权抵押进行债务融资。

▶ 房地产投资信托基金与房地产信托都是投资于房地产，两者都可以理解为房地产金融产品，且两者都属于信托行为。信托投资公司在产品中都占有重要的法律主体地位，这是这两个金融产品的相似或相同之处。但是房地产投资信托基金与房地产信托之间却存在着本质的区别。

 **综合练习**

一、本章基本概念

信托；信托财产；受托人；受益人；集合资金信托；房地产信托；房地产资金信托；房地产财产信托；房地产投资信托基金；权益型房地产投资信托基金；抵押型房地产投资信托基金；混合型房地产投资信托基金；UPREITs；DOWNREITs；Stapled REITs；Paperclipped REITs。

二、本章思考题

1. 房地产信托具有哪些特征？

2. 房地产信托主要有哪些作用？

3. 资金信托包括哪几类？

4. 房地产投资信托基金与房地产信托有哪些区别？

5. 房地产信托业务包括哪些种类？

6. 如何促进中国房地产信托业的发展？

7. 房地产投资信托基金有哪些类型？

 推荐阅读资料

1. 中国人民大学信托与基金研究所. 中国信托业发展报告（2010）[M]. 北京：中国经济出版社，2010.

2. 王铁军，王熙，魏守林，等. 中国房地产融资 20 种模式与成功案例[M]. 北京：中国金融出版社，2009.

3. 王仁涛. 中国房地产金融制度创新研究——基于 REITs 理论的探讨[M]. 上海：复旦大学出版社，2009.

4. 陈柳钦. 美国房地产投资信托基金（REITs）的发展与启示[J]. 太原理工大学学报（社会科学版），2004.

5. 住房和城乡建设部政策研究中心，平安银行地产金融事业部. 平安地产金融报告2016：房地产证券化投资趋势研究[M]. 北京：中国金融出版社，2016.

6. 高旭华，修逸群. REITs：颠覆传统地产的金融模式[M]. 北京：中信出版集团，2016.

7. [美]拉尔夫 L.布洛克. REITs：房地产投资信托基金（原书第 4 版）[M]. 宋光辉，田金华，屈子晖，译. 北京：机械工业出版社，2014.

第七章　个人住房贷款

学习目标

通过对本章的学习，学生应了解或掌握如下内容：
1. 个人住房贷款的相关概念、特点、操作流程与偿还规定；
2. 假按揭的含义、方式、成因与危害；
3. 住房抵押贷款分类及各种还款方式；
4. 提前还贷的原因、操作流程与违约金约定；
5. 个人住房贷款保险的含义、分类与特征。

导言

中国的个人住房贷款业务是在 1998 年住房制度改革后开始迅速发展起来的。20 世纪 90 年代初期，只有中国建设银行等少数金融机构能够提供个人住房贷款。当时建行上海分行发放的住房抵押贷款，首付比例高达 50%，期限只有 5 年。而今天个人住房贷款业务已经成为各家银行最重要的长期利润来源之一，贷款规模越来越大，贷款方式也越来越灵活。截至 2015 年 6 月末，中国个人房贷余额 12.64 万亿元，同比增长 17.8%，增速比各项贷款增速高 4.4 个百分点，余额是 2009 年年末的近 3 倍。2015 年 1—6 月，中国个人购房贷款增加 1.12 万亿元，比 2014 年同期多增 1 767 亿元，这也是有记录以来半年度个人房贷增量首破万亿。

第一节　个人住房贷款的相关概念

本书在前面的章节中曾不止一次地提到过房地产抵押贷款这个概念，而很多同类书籍也将房地产抵押贷款列为重要的章节进行独立介绍。但本书没有采用此种安排，这主要是考虑到房地产抵押贷款的内涵和外延要比本书各个章节涉及的内容都要广泛，或者说分类方式根本不同。

一、个人住房贷款的含义与分类

从各种相关文献的介绍以及国外情况来看，房地产抵押贷款通常被用来专指住房抵押贷款或者个人住房贷款。这是因为：首先，通常只有个人需要进行住房投资时才会以房产为抵押购入房产，其规模也远大于企事业单位的购房贷款规模；其次，由于购房所需资金庞大，个人只有以其所购房产或其他已购房产为抵押才能得到银行贷款。事实上，由于房地产抵押贷款的主体既可以是企业也可以是个人，贷款用途既可以是房产开发、土地开发也可以是购买房屋，因此它实际上覆盖了房地产金融的许多方面，是一个综合性的大概念，而个人住房贷款的概念则要窄得多。从这个意义上看，将房地产抵押贷款与房地产开发贷款、房地产企业的市场融资以及房地产信托等概念并列在一起并不合适。

（一）个人住房贷款的含义

个人住房贷款是指银行向借款人发放的用于购买住房的贷款，也可称作住房抵押贷款。申请借款时借款人为取得借款需要将房屋作为抵押物，既可以是借款所购房屋，也可以是已经拥有的房屋，通常前者最为常见。

（二）个人住房贷款的分类

一般而言，个人住房贷款有三种分类方法，即按资金来源划分、按房屋类型划分和按贷款利率划分。

1. 按资金来源划分

按资金来源划分，个人住房贷款分为自营性个人住房贷款、公积金个人住房贷款和个人住房组合贷款。自营性个人住房贷款是银行向购房者个人发放的贷款，也称商业性个人住房贷款；公积金个人住房贷款是指由住房资金管理机构运用住房公积金，委托银行发放的个人住房贷款，也称个人住房担保委托贷款，具有利率低、政策性较强的特点；个人住房组合贷款是指以住房公积金存款和银行信贷资金为来源向同一借款人发放的用于购买住房的贷款，是个人住房委托贷款和自营贷款的组合。

2. 按房屋类型划分

按房屋类型划分，个人住房贷款可以分为现房抵押贷款和期房抵押贷款。需要特别说明的是，由于现房抵押贷款是购房人以担保清偿贷款为目的，不转移所有权，符合中国抵押权的构成要件，是一种抵押权的实现形式；而期房抵押贷款的权利性质现在仍有争议，因为期房购房人拥有的只是对开发商交付房屋的要求权，这种权利从法理上说顶多只能进行质押而不能设定抵押权。在实际操作中，由于中国人民银行 2003 年发布了《关于进一步加强房地产信贷业务管理的通知》，只有房屋主体结构封顶后商业银行才能向购房人发放个人住房贷款，所以期房抵押（或者质押）只是非常短的过渡。设定期房抵押时，期房很快就会转变为现房。按照《城市房地产抵押管理办法》的规定，一旦期房竣工，购房人取得房屋产权证后，应当将期房抵押重新办理现房抵押。

此外，根据房屋的不同类型，个人住房贷款还可以分为个人一手房贷款和个人二手房贷款等多种类型。

3．按贷款利率划分

按贷款利率划分，个人住房贷款主要分为固定利率抵押贷款和可调利率抵押贷款。在此基础上国外又出现了分级付款抵押贷款、"气球贷"、双周付款抵押贷款和利率买低式抵押贷款等创新型信贷产品。

（1）固定利率抵押贷款。固定利率抵押贷款（Fixed Rate Mortgages，FRMs）是最早出现也是最常见的一种抵押贷款类型，指利率在特定时期内固定不变的抵押贷款。根据贷款本金和利息的偿还方式不同，又分为等额本息抵押贷款和等额本金抵押贷款两类。由于事先确定了利率，所以这种贷款方式在利率上升时对借款人较为有利。

（2）可调利率抵押贷款。可调利率抵押贷款（Adjustable Rate Mortgages，ARMs）也被称为可变利率抵押贷款，是指在贷款期限内，允许根据一些事先选定的参考利率指数的变化，对合同利率进行定期调整的抵押贷款。

可调利率抵押贷款所参考的利率标准，一般为市场利率（国债基准利率），或是基于储蓄机构资金成本计算出来的一些利率指数。利率调整的时候往往是根据参考利率再上调一定的幅度。可调利率抵押贷款的具体形式达数百种以上，名称也多种多样。虽然具体形式不完全相同，但它们有一个共同的基本特征，就是贷款利率可变，只是变的基础、幅度、条件方面规定不一致。

为了吸引客户，有的可调利率抵押贷款开始时只要求借款人归还利息，这样借款人就能够借到更大数额的抵押贷款。但是日后要求支付贷款本金或贷款利率上调时，此类贷款的还款金额将会大幅增加，经常使借款人还不起贷款，导致坏账产生。

（3）分级付款抵押贷款。分级付款抵押贷款（Graduated Payment Mortgages，GPMs）是从固定利率还款法中衍生出来的，贷款利率和偿还期固定，通常采用5年一分级的还款方式，在最初的几年中偿还额较低，以后随着借款人收入增长而逐步增加，依次偿还的金额呈阶梯状。此类贷款方法适合虽然现阶段收入水平较低，但收入增长潜力较大的青年人，如名校热门专业的毕业生。这类贷款的还款方式又可以分为等比累进还款和等额累计还款两种。

（4）"气球贷"。"气球贷"（Balloon Loan）又称大额尾付贷款，指的是借款人最后一次付款额比以前历次都大的一种还款方式，即贷款本金的偿还仍通过分期付款方式完成，每月付款额中贷款本金和利息一起支付，待到期日须一次性清偿所有贷款余额，或根据当时的利率标准再确定一个续期贷款时限。

例如，5年期的"气球贷"可以按照贷款10年或是更长时间计算每月本息还款额，5

年期到时再把所有剩余贷款还清。客户在银行申请一笔50万元住房按揭"气球贷"，贷款期限5年，客户可以和银行约定选择按照30年（也可以为10年、20年等）的月供计算期计算每月还款额，在第5年年末贷款到期日一次性偿还剩余本金和利息。

（5）双周付款抵押贷款。双周付款（Biweekly Payments）的抵押贷款是指每两星期还款一次，每次还款额为月还款额一半的抵押贷款。该种贷款方式能加快本金清偿速度，节省利息支出，缩短还款期限。

（6）利率买低式抵押贷款。利率买低式抵押贷款（Buydown Mortgages）是指允许售房人、建筑商、购房人、购房人父母或任何第三方，或者几方一起，在贷款起始时向抵押贷款机构支付一笔相当数额的资金，以换取贷款人降低贷款期前几年的利率，进而减少购房人的月还款压力。

二、按揭贷款与住房抵押贷款的区别

在中国内地，按揭贷款和住房抵押贷款常常被混用，但事实上二者是既有区别又有联系的。这里有必要对"按揭"的相关概念做简要介绍。

"按揭"一词起源于英国，由中国香港传入内地，是英文中Mortgage的粤语译法。"按揭"是英美法中一种将担保物所有权转移给债权人的担保制度，是为了担保特定的债务或义务的履行而进行的土地或动产的权利转移和让渡，在按揭人进行清偿前按揭物的所有权属于受揭人，按揭人可占有、使用和获取收益，但不能在法律上处分。

由于香港和内地分属不同法律体系，再加上内地目前尚无明确的规范按揭制度的法律，按揭在内地的做法发生了一些变化，和纯正的"按揭"有所不同。在香港，按揭有广义和狭义之分，广义上的按揭包括抵押、质押在内的多种形式的担保；狭义上的按揭则是与抵押、质押相并列的一种财产所有权转移的担保形式。

房地产按揭贷款指的是在房地产买卖过程中，按揭人（购房人）与开发商签订房屋买卖合同，在付清首付款后，凭买卖合同与贷款人（按揭权人）签订按揭贷款合同，由按揭权人向房地产开发商付清剩余款项。此时按揭人所购房屋的所有权属于提供按揭贷款的银行，如果买方未能依约履行还本付息和及时支付有关费用的义务，银行有权处分按揭房屋并优先取得偿还。在整个贷款过程中，由于按揭人没有房产的所有权，因而也不必进行抵押登记。

住房抵押贷款有时也被看作是抵押消费贷款的一种，是指抵押人（购房人）将自己或第三方已购买的房产，交清全部房款并办妥房屋所有权证和土地使用权证，凭"两证"向抵押权人（银行）做抵押以获得贷款用于个人消费。抵押的房屋产权和土地使用权所有证必须经过政府管理部门依法登记后方才有效。当抵押人按合同约定还清贷款本息后，抵押人即可收回其抵押的"两证"。

在中国内地，按揭和按揭贷款的含义有所不同，在按揭期间银行作为受揭人并不取得标的物的所有权，所有权仍然归按揭人所有，按揭房屋所有权也不会因按揭人不清偿债务而当然地转移给银行。实践中通常由银行将按揭财产变卖并优先受偿，或由开发商按之前的约定将房屋回购，以此偿付银行贷款本息。从概念上看，在中国住房按揭贷款与住房抵押贷款并没有本质的区别，一个突出的差异可能就是住房抵押贷款以贷款人已经拥有的房产为抵押，而住房按揭贷款则是以所购房屋本身为抵押，某种意义上中国内地的按揭贷款可以看作是住房抵押贷款和英美按揭贷款的折中。正是由于这种含义上的模糊性，目前住房按揭贷款和住房抵押贷款两个概念常常被混同使用。

需要特别注意的是，对真正的按揭贷款与抵押贷款来说，两者的当事人以及其中的法律关系并不相同。在按揭贷款当中，按揭人实际上是通过分期付款的方式，在一定期限内结束按揭过程，从而结束整个购房程序，然后取得所购房屋的所有权。这是一个三方债权债务关系，涉及三个当事人，即按揭人（购房人）、按揭担保人（房地产开发商）和按揭权人（银行）。在实际操作中，房地产开发商与银行之间签订"按揭贷款承诺协议书"，开发商与购房人之间签订"商品房预（销）售合同"，购房人与银行之间签订"按揭贷款合同"。而在抵押贷款中，一般只涉及抵押人（购房人）和抵押权人（银行）这一对关系，只需双方签订"抵押贷款合同"。

三、个人住房贷款的经济学分析

（一）个人住房贷款的作用

根据经济学理论，个人住房贷款具有增进居民福利和效用，提高住房购买力的作用。根据弗里德曼的持久收入假说，家庭一般偏好平滑的消费。如果预期收入增加，家庭就会通过借贷的途径增加当前消费。而一旦家庭无法获得信贷支持时就会陷入"流动性约束"。住房是一种能够在较长时间内提供效用的耐用品，因此住房购买不仅取决于当前收入，还取决于预期收入。在预期收入增加的条件下，家庭可以通过借贷来购买住房，家庭福利因而得到增加。

如图 7-1 所示，C1 和 C2 代表家庭两个时期的住房享用水平。N（c1', c2'）代表家庭在没有住房信贷时原有的住房情况，其含义是由于家庭当期收入水平较低，故选择较低的住房享用水平 c1'；而未来收入上升带来了较高的住房享用水平 c2'，这时家庭效用为 U1。当存在住房信贷时，家庭可以选择通过贷款的方式，以适当降低未来享用 c2 为代价（现实表现为贷款月供），提高当前住房享用水平 c1，此时家庭效用为 U2，很明显，U2>U1。图 7-1中，线段 MN 代表家庭在当前和未来的预算约束，可以表示为 c1+c2/(1+r)=I，其中，r 是贷款利率，I 是家庭当前和未来的总收入，显然线段 MN 斜率的绝对值就是 1+r。显而易见，家庭通过借贷来购买住房可以有效地增加福利、提高效用。

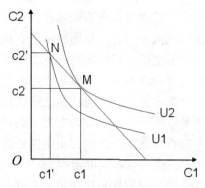

图 7-1　住房贷款对家庭福利改善作用

　　住房享用的一大特点就是总价昂贵，个人往往难以在短期内全款支付，这导致住房资金的严重短缺，从而影响房地产市场的发育。住房抵押贷款的出现可以使房地产开发商在银行的配合下推行分期付款来销售住房。这样会使那些达到一定收入水平的家庭只要能交纳住房全款的 20%～30%作为首付款，银行便能以该住房作为抵押财产，提供相当于房价70%甚至 80%的贷款。购房人将取得的贷款一次性交付给房地产开发商，然后在以后较长时间里向银行分次偿还本息，名义上是抵押贷款，本质上却是分期付款。这样一来无疑增强了居民的购房能力，无形中扩大了房地产市场规模，将高价值的难以交易的房地产尽快推进了流通领域，提高了市场的流通速度，使居民的住房需求得以提前实现，提高了住房的商品化程度和自有率。根据有关统计，目前中国已经是住房自有率最高的国家之一。

（二）个人住房贷款的需求与供给

　　个人住房贷款的需求与供给是由很多因素共同决定的。一般而言，需求取决于以下三个方面：新建住房的融资需求量、现有住房的交易量、尚未出售住房的融资量。其中新建住房的融资需求量又受三个因素的制约，即需要融资的住房数量、住房价格以及贷款房价之比。当然现有住房的交易对住房贷款的需求也要受以上三个因素的影响。

　　住房抵押贷款的供给量取决于银行等金融机构在该领域的资金量、借贷人对抵押贷款的清偿额之和等因素。此外，如果住房抵押贷款二级市场和证券市场发展得更加成熟，那么这个市场的资金供给格局还将发生变化。

（三）个人住房贷款与经济周期的关系

　　美国次贷危机的爆发使人们将住房贷款与经济危机和经济衰退紧密地联系在了一起。事实上，真正诱发危机的不是住房贷款本身，而是对住房抵押贷款进行的不透明的重复证券化。持续的证券化过程和过于复杂的金融衍生产品使得委托—代理链条无限拉长，最终使金融机构失去了对贷款本身的风险控制，而道德风险不断积累，诱发了这次危机。事实上，住房抵押贷款自身是具有拉平经济周期作用的。

一般而言，在经济衰退时，价格和利率呈下降趋势，住房价格和贷款成本相应降低，这在一定程度上会刺激购房需求，从而提升社会投资，促进经济复苏。而在经济过热阶段，利率水平和物价水平的上升反过来又会大幅提高贷款成本，从而抑制个人过度投资。实际上，住房抵押贷款为政府制定反周期政策提供了一个强有力的工具，政府通过改变利率或制定税收政策可以强化住房贷款的自发调节作用，进一步缩小经济波动幅度。

四、个人住房贷款的特征

20 世纪 80 年代中期至 90 年代中期，以烟台等城市为试点开始发放住房贷款。1995 年，中国人民银行颁布了《个人住房担保贷款管理试行办法》，标志着中国住房贷款业务正式产生。1998 年，以住房制度改革以及中国人民银行颁布《个人住房贷款管理办法》为标志，个人住房贷款业务进入快速发展阶段。

个人住房贷款具有以下特征。

（1）贷款金额大、期限长。个人住房贷款的期限一般为 10～20 年，最长可达 30 年，贷款比例最高可达 80%。

（2）以抵押为主要担保方式。个人住房贷款一般有抵押、质押和保证三种担保方式，通常以住房抵押为主，实质上属于融资关系而非买卖关系。

（3）带有系统性风险。在正常的市场和经济条件下，个人住房贷款具有拉平经济周期的作用。但是一旦极端事件出现，个人住房贷款也有可能成为经济危机甚至社会政治危机的催化剂。例如亚洲金融危机期间，香港房地产市场崩溃，很多投资者因为住房价格暴跌而沦为负资产者——即使住房被银行收回并拍卖也不足以清偿贷款，不仅首付款全部损失，甚至倒欠银行款项。一旦这种现象普遍发生就可能诱发社会动荡。

（4）其他特征。对借款者来说，以分期付款的方式偿还，每期金额较小；而对银行来说，经营成本高，手续烦琐，耗时长。

第二节　个人住房贷款的操作流程

很长时间以来，中国的银行金融机构在从事个人住房贷款业务时缺少统一的制度规范，基本依靠《贷款通则》和《中华人民共和国商业银行法》等法律法规自行制定贷款操作流程，这造成个人住房贷款业务的风险管理和内部控制极为薄弱。2004 年，银监会出台《商业银行房地产贷款风险管理指引》，其中对个人住房贷款的风险管理进行了详细规定，使个人住房贷款的操作流程得到初步规范。

一、个人住房贷款的申请

（一）个人住房贷款业务的基本要素

个人住房贷款业务的基本要素包括贷款对象、贷款利率、贷款年限、还款形式、还款方法、担保方式以及贷款额度等七个方面，各有不同的规定和要求。

1．贷款对象

除公积金贷款外，个人住房贷款的对象是具有完全民事行为能力的自然人，包括年满18周岁且具有完全民事行为能力的中国公民、在中国大陆有居留权的具有完全民事行为能力的港澳台自然人、在中国大陆境内有居留权的具有完全民事行为能力的外国人。

2．贷款利率

个人住房贷款的利率按商业性贷款利率执行，上限放开，实行下限管理。

3．贷款年限

贷款最高期限为30年，一般贷款期限为15～20年；个人二手房贷款的期限不能超过所购住房剩余使用年限；原贷款期限与延长期限之和不能超过贷款最高期限。

4．还款形式

还款形式分为委托扣款和柜面还款两种方式。委托扣款是借款人委托贷款银行在其银行开立的各种存款账户中直接划扣还款。柜面还款则是借款人直接以现金形式到贷款银行指定的营业场所柜台还款。

5．还款方式

个人住房贷款常用还款方式有一次性还本付息法、等额本息还款法和等额本金还款法。由于个人住房贷款的期限一般较长，所以一次性还本付息法极少见。

（1）一次性还本付息法。对贷款期限为1年或在1年以内的个人住房贷款，实行到期一次性还本付息法，即贷款人在贷款到期日前一次性还清贷款本息。

（2）等额本息还款法。等额本息还款法是指借款人每月以相等的金额偿还贷款本息。

（3）等额本金还款法。等额本金还款法是指借款人每月等额偿还本金，贷款利息随本金的减少而逐月递减。

6．担保方式

个人住房贷款担保方式主要有抵押、质押、保证以及抵押加阶段性保证等四种形式。由于在第一章中已经介绍了前三种常见的担保方式，这里仅介绍第四种担保方式，即抵押加阶段性保证。

抵押加阶段性保证是指贷款银行以借款人所购住房作为抵押，在借款人取得该住房的房屋所有权证和办妥抵押登记手续之前，由售房人（开发商）提供阶段性连带责任保证。此外，保证人还必须与贷款银行签订《商品房销售贷款合作协议书》等带有承诺性的法律文件，且保证人必须是借款人所购住房的开发商而不能是其他开发商。

7. 贷款额度

关于贷款额度，银行一般规定：对首套自住房且建筑面积小于 90 平方米的，贷款最高额度为房屋总价的 80%；对首套自住房且建筑面积大于 90 平方米的，贷款最高额度为房屋总价的 70%；对所购房为非首套的，最高贷款额度为房屋总价的 60%。这个比例在学术上被称为贷款价值比（Loan to Value，LTV），中央银行和银行监管部门经常将 LTV 作为市场调控的重要政策手段，在市场过热时要求商业银行降低该比例，在市场过冷时提高比例。

（二）申请个人住房贷款所需提交的材料

个人住房贷款的申请人必须满足一定的资格要求，填写相应的银行个人住房借款申请书并提交以下材料。

（1）申请人及其配偶、财产共有人及其配偶的有效身份证件，如身份证、户口本、居留证件或其他身份证件。

（2）申请人婚姻状况说明。

（3）由贷款银行认可的部门出具的申请人及其共同还款人的收入证明。

（4）合法的购房合同、协议及其他批准文件。

（5）不少于所购房价 20% 的首付款发票或收据。

（6）若申请人购买的是开发商未与贷款银行签约合作的楼盘，且以所购房产作为抵押物的，还需要提供土地使用权证、房产销售（预售）许可证以及建设用地规划许可证、建设工程规划许可证、开发商营业执照、开发商资质证书等文件。在合法的抵押登记手续和保险手续办妥前还要提供由开发商出具的书面阶段性担保协议。

（7）抵押物权利清单、权属证明文件、享有处分权人出具的同意抵押的证明，贷款银行认可的评估机构出具的抵押物估价报告书。

（8）保证人同意提供担保的书面意见及保证人的资信证明。

（9）贷款银行规定的其他文件和资料。

二、个人住房贷款的流程

个人住房贷款的实施一般要遵循如下程序。

（一）受理和调查

个人住房贷款的受理一般由两个环节构成：一是贷前咨询；二是贷款材料初审。贷前咨询是银行就个人住房贷款的品种、申请人条件、申请人递交的材料、贷款程序、贷款利率和还款方式等主要条款及其他相关事宜，通过现场面谈和宣传材料等方式进行介绍。贷款材料初审主要是针对借款申请人提交的借款材料的规范性、完整性和真实性进行审查。

个人住房贷款的贷前调查也包括两个部分：一是对借款人的调查；二是对借款人所购房产及相应开发商的调查。

1．对借款人的调查

通过对借款人的调查，确保对可能存在风险的内容、申请材料中未包含但应作为贷款审批依据的内容以及其他可能对贷款产生重大影响的内容进行排查，保证借款人资料的规范、合法、真实和有效。

贷前调查的方式主要有五种，分别是书面材料审查、面谈、个人征信记录查询、电话调查和实地家访调查。

对借款人的贷前调查要注意了解以下四个方面的信息：借款申请人基本情况、借款基本情况、所购房屋情况和借款担保情况。具体包括申请人材料前后是否一致、借款申请人身份证明的真实性、借款人信用记录如何、借款申请人偿还能力材料调查、所购房屋首付款是否满足要求、购房合同或协议是否有效、借款用途是否合规、担保材料是否真实等。

2．对房产及开发商的调查

对借款申请人所购房产及相应开发商的贷前调查主要包括三个方面，即对开发商资信的调查、对项目本身的调查以及对房产的实地考察。

对开发商资信的调查主要包括：开发商资质等级审查；企业信用记录或信用等级审查；基本营业证照审查，如营业执照、税务登记证明；企业财务报告和项目会计报表审查；对开发商债权债务关系及对外担保情况的调查；对企业法人情况的调查。

对项目本身的调查主要包括：项目资料的完整性、真实性和有效性检查；项目合法性检查，主要是审查"五证"；对项目工程进度与项目资金到位情况的调查。

对房产的实地考察主要包括：开发商所提供的资料和数据是否与实际情况一致，要保证资料的真实性、合法性；开发商从事房地产开发和销售的资格认定；项目的销售前景判断；如能看到现房则还应当对房产具体情况进行调查，以确保评估报告的准确性。

（二）审查和审批

1．贷款的审查

贷款的审查主要是对借款人提交材料的合规性进行审查，以核实借款人提交的材料和调查内容的真实性。贷款审查人审查完毕后，应提出贷款建议，并将有关申请材料、面谈记录送交贷款审批人审批。

2．贷款的审批流程

（1）组织贷款材料。这些资料包括个人信贷业务报批材料清单、个人信贷业务申报审批表、个人借款申请书等。

（2）审批贷款。包括审查借款人资格，审查借款用途，审查申请借款金额和期限，审查借款人材料的合法性、完整性、有效性，审查贷前调查人的贷款建议合理性，审查贷款风险点及风险防范措施的合理性、合规性、可行性等。

（3）提出审批意见。包括是否批准贷款，规定具体的贷款利率、期限和金额，以及对还款方式和贷后风险控制的具体要求。

（4）落实审批意见。包括对未批准的借款申请要及时通知申请人，并解释原因；对材料不齐全的要按照审批要求及时补充材料，重新进行审批；对审批通过的借款申请应及时通知申请人，签订信贷合同并落实抵押和保险手续，发放贷款。

（三）签约和发放

1. 贷款签约

（1）填写合同。根据贷款审批意见确定合同文本并填写贷款合同，应确保贷款金额、期限、利率、担保方式、还款方式、划款方式等有关条款与贷款最终审批意见一致。

（2）审核合同。确保合同文本及附件填写的完整性、准确性、合规性。

（3）签订合同。确保合同签订的合法性、完整性。根据有关规定，个人住房贷款应当坚持面签制度，即贷款银行负责人与借款人当面签署合同，防止出现虚假借款人的情况。

2. 贷款发放

（1）落实贷款发放条件。银行在放款前要仔细确认借款人首付款是否全额支付到位，确认所购房屋是否符合规定的贷款条件（如主体结构是否封顶），落实抵押及保险、公证等手续，落实贷款保证责任。

（2）支付贷款。个人住房贷款的支付与普通贷款在原则上是一致的，即要保证贷款的专款专用。根据中国银监会 2010 年 2 月颁布的《个人贷款管理暂行办法》，个人住房贷款应当采取受托支付方式，也就是说银行（贷款人）根据借款人的提款申请和支付委托，将贷款资金直接支付给符合合同约定用途的借款人交易对象。

（四）贷后管理

1. 贷后检查

通过对借款人、抵押物、担保人、担保物、合作开发商及项目进行贷后检查，可以对个人住房贷款资产质量进行持续跟踪调查分析，判断借款人的风险状况，并提出相应的预防措施。

对个人住房贷款的检查可以通过电话访谈、面谈、实地检查、征信记录查询等方式进行。由于个人住房贷款的借款人是自然人，不可能像企业那样提供财务报表，因此贷款银行要特别注意借款人的职业特征、收入变化、家庭资产结构甚至是家庭成员的变化等细微情况，从中找出有用的信息防范贷款风险。

个人住房贷款的贷后检查内容主要包括：对借款用途和借款人还款能力的检查、对保证人进行的检查、对抵押物价值和变现能力的检查、对开发商和项目的检查。

2．档案管理

个人住房贷款档案包括：借款人的申请材料、个人住房借款申请审批表、借款合同、抵押合同、保险合同、借款借据、各种划款凭证、贷后检查报告、购房发票、借款人基本材料、用于抵押的房产他项权利证。

三、个人住房贷款操作流程实例

个人住房贷款分为个人住房按揭贷款和二手住房贷款，相应的贷款操作流程也不完全一样。前面我们根据个人住房贷款的基本特征介绍了贷款操作的一般流程，下面将根据××银行的真实规定对不同贷款的操作流程进行分类介绍。

（一）××银行个人住房按揭贷款操作流程

1．贷款对象及条件

（1）具有完全民事行为能力的自然人。

（2）信用良好，无未结清违约记录，有按期偿还贷款本息的能力。

（3）提供真实、合法、有效的商品房买卖合同或协议。

（4）缴纳的首付款比例符合我行规定。

（5）其他合理条件。

2．合作单位及项目的准入条件

（1）开发商须具有较强的资金实力、较高的房地产开发资质、成功的房地产开发经验，其所控制的下属开发企业经营管理规范，信用记录良好，无尚未解决的重大违约或重大纠纷事件。

（2）保障性住房和普通商品住房项目的最低资本金比例为20%，其他房地产开发项目的最低资本金比例为30%。承建商具备较高的建筑施工资质，销售价格与项目品质、地理环境、交通条件、配套设施相匹配，房屋预期销售良好。其中，他行设定项目抵押、我行开展按揭业务的条件。

《商品房买卖合同》中规定须具备"抵押权人同意抵押房屋销售的证明"，且在符合以下任一条件的情况下，方可操作按揭贷款业务：① 按揭贷款全额存入保证金账户，在抵押权人办理解押手续后释放。② 抵押权人出具同意解押的承诺。③ 按揭项目的开发企业具备一级开发资质或为一级开发资质企业的控股公司，并承担阶段性担保责任。④ 开发商承担阶段性担保责任，一次性存入不低于100万元的保证金，且开发商能够根据我行尚未办理解押手续的按揭贷款总额按月存入不低于5%的保证金。业务经办机构要在放款后及时归集能够证明按揭贷款使用的相关凭证或要求抵押权人补充提供同意解押的书面证明文件。

（3）与我行合作开展个人商品房按揭贷款业务的房地产开发商和专业担保机构等合作单位必须经总行有权机构或授权机构批准并签署合作协议。

（4）与我行合作的房地产开发商原则上须在我行开立结算账户，用于结算按揭的售房款项。

（5）其他合理条件。

3．贷款额度、期限、利率

个人住房按揭贷款的成数及期限最高执行8成、30年；截至贷款最终到期日，借款人年龄不超过65周岁。如有共同借款人的，可以年龄较小者为基准计算贷款期限；利率下限为基准利率的0.7倍。

借款人家庭（指夫妻双方及未成年子女）首次利用贷款购买普通住房（依据当地政府主管部门制定的标准确定，各分行须将当地执行标准上报总行个贷管理部备案），且所购住房用途为家庭自用，贷款首付款比例下限为20%，贷款利率下限为中国人民银行公布的同期同档次基准利率的0.7倍。

借款人家庭首次利用贷款购买非普通自住房，贷款首付款比例原则上执行30%，贷款利率原则上为中国人民银行公布的同期同档次基准利率的0.75倍，单笔贷款审批依据借款人资信情况及对我行的综合贡献度确定。

对"第二套及以上住房贷款"的借款人，贷款首付款比例不得低于40%，贷款利率根据监管机构的规定执行。

新申请及已发放的个人住房按揭贷款均可申请固定利率贷款。固定利率水平由总行有权部门制定，各业务经办机构遵照执行。

固定利率水平根据贷款期限确定，分为基准利率和优惠利率。基准利率和优惠利率作为各业务经办机构与客户议价的参考，其中优惠利率为同期限的固定利率下限，上限放开。

银行有权根据中国人民银行公布的关于调整存贷款利率的相关文件、市场变化、同业水平等定期、不定期对固定利率进行调整，业务经办机构须在总行固定利率发布当天起执行调整后的固定利率，其中遇中国人民银行上调贷款利率而总行暂未公布新的固定利率期间，暂停该项业务的办理。

原则上，借款申请人贷款的月房产支出与收入比控制在50%以下（含），月所有债务支出与收入比控制在55%以下（含）。收入是指借款申请人自身的可支配收入（单一申请为申请人本人可支配收入，共同申请为主申请人和共同申请人的可支配收入）。但对于单一申请的贷款，如考虑将申请人配偶的收入计算在内，则应该先予以调查核实，同时对于已将配偶收入计算在内的贷款也应相应地把配偶的债务支出一并计入。

4．贷款担保

（1）贷款所购房产须全额抵押给我行业务经办机构。

（2）以共有房屋作为抵押物的，须经全体共有人书面同意。

（3）抵押权设定后，房屋他项权证按我行会计制度要求入库保管。

5．保险

（1）借款人应为商品房按揭贷款的抵押房产办理财产保险，免保险须经总行有权审贷机构或授权机构同意。

（2）抵押房产的财产保险金额不低于贷款金额，保险期不得短于借款期限，保险第一受益人为我行业务经办机构。

（3）保险期间，抵押财产如发生保险责任以外的毁损且财产价值不足以清偿贷款本息，须要求借款人重新提供我行认可的担保。

（4）抵押期间，保险单正本由我行保管，但需向借款人提供保单复印件。

6．对房产的要求

应对购买主体结构已封顶住房的个人发放个人住房按揭贷款，应对购买已竣工验收商用房的个人发放个人商用房按揭贷款。

7．还款方式

（1）个人商品房按揭贷款适用于等额本金、等额本息、按季结息到期还清、利随本清一次性偿还四种基本还款方式，并适用于全部自主还款方式，具体规定按照《个贷还款方式管理规定》执行。

（2）贷款期限在一年（含）以内的，可以采用按季结息到期还清、利随本清一次性的还款方式，贷款期限在一年以上的，须采用等额本金或等额本息的还款方式。

8．贷款展期

贷款展期须提前一个月向我行提出书面申请，经总行审贷机构或授权机构审批同意后，方可办理展期手续，贷款展期按照《贷款通则》有关规定执行。

（二）××银行个人二手房贷款操作流程实例

1．基本概念

本操作规程所称的个人二手房贷款，依据担保方式的不同，分为先抵押登记后放款及先放款后抵押登记两种模式。担保方式的确定执行总行审贷机构或授权机构的批复意见。

（1）先抵押登记后放款模式。业务经办机构按我行有关规定办妥借款审批手续和法律手续，收齐贷款房屋有关资料，包括房屋所有权证、借款合同等贷款资料，审查无误后，完成抵押登记手续（第一顺序抵押权人为本行业务经办机构），取得他项权证后放款。

（2）先放款后抵押登记模式。在存在全额保证金或我行认可的有价单证质押、我行指定的专业担保机构承担阶段性担保、售房人提供阶段性担保及我行认可的其他阶段性担保的前提下，业务经办机构按我行有关要求办妥借款审批手续和担保法律手续后可先行发放贷款，放款后及时将上述（1）条所述资料收齐，并完成抵押登记手续（第一顺序抵押权人为我行业务经办机构）后，解除阶段性担保。

① 采取全额保证金或我行认可的有价单证质押阶段性担保方式的个人二手房贷款，未

完成抵押登记部分的贷款余额，在任一时点均不得超过对应保证金或质押担保的有效余额。

② 对采取我行指定的专业担保机构承担阶段性担保方式的个人二手房贷款，我行完成房产抵押登记手续，取得抵押房产他项权证后解除阶段性担保。

③ 对房产抵押加售房人阶段担保方式的，贷款发放的同时对售房人账户中的贷款办理止付手续，我行落实抵押登记并他项权益后，释放止付款项，即解除售房人阶段担保责任。

④ 对房产抵押加我行认可的其他担保方式，待完善担保法律手续后放款；如属阶段性担保，我行完成房产抵押登记手续，取得抵押房产他项权证后，可解除阶段性担保。

对采用房产抵押加阶段性信用方式的，待完善贷款审批手续，落实审贷机构或授权机构批复后放款，同时及时办理房产抵押登记手续，取得抵押房产他项权证。

2. 个人二手房贷款业务中介机构的准入条件

（1）采取先抵押登记后放款操作模式的个人二手房贷款业务，合作单位主要提供业务源，可不受准入条件的限制。

（2）采取先放款后抵押登记操作模式的个人二手房贷款业务，中介公司应符合下列条件。

① 中介单位、法定代表人和控股股东均无不良信誉记录及违规记录。

② 已开办存量房交易代理业务一年以上，年度代理规模在 5 000 万元以上。

③ 企业经营管理规范，基于有效内控的组织架构、业务操作流程、岗位职责等规章制度的建设基本完善，同时具备规范经营所需的专业人员队伍。

④ 当保证金不足 30 万元时，按不低于 1%的比例存入保证金；超过 30 万元的，可采取封顶保证金额度的做法。

3. 贷款对象及条件

（1）具有完全民事行为能力的自然人。

（2）信用良好，无未结清的不良信用记录，有按期偿还贷款本息的能力。

（3）贷款所购房产全额抵押给我行经办机构。

（4）提供合法、有效的二手房买卖合同或协议。

（5）缴纳的首付款比例符合我行规定。

（6）其他合理条件。

4. 贷款成数、期限及利率

个人住宅性二手房按揭贷款金额的上限为评估价格与本次交易价格较低者的 80%；免评估的房产，贷款金额的上限为本次交易价格的 70%；贷款期限不超过 30 年；贷款最终到期日借款人年龄不超过 65 周岁，如有共同借款人的，可以年龄较小者为基准计算贷款期限；利率下限为基准利率的 0.7 倍。

借款人家庭（指夫妻双方及未成年子女，下同）首次利用贷款购买普通住房（依据当地政府主管部门制定的标准确定，各分行须将当地执行标准上报总行个贷管理部备案），且所购住房用途为家庭自用，贷款首付款比例下限为 20%，贷款利率下限为中国人民银行公布的同期同档次基准利率的 0.7 倍。

借款人家庭首次利用贷款购买非普通自住房，贷款首付款比例原则上执行 30%，贷款利率原则上为中国人民银行公布的同期同档次基准利率的 0.75 倍，单笔贷款审批依据借款人资信情况及对我行的综合贡献度确定。

对"第二套及以上住房贷款"的借款人，贷款首付款比例不得低于 40%，贷款利率根据贷款风险度确定。

新申请及已发放的个人住房按揭贷款均可申请固定利率贷款。固定利率水平由总行有权部门制定，各业务经办机构遵照执行。

固定利率水平根据贷款期限确定，分为基准利率和优惠利率。基准利率和优惠利率作为各业务经办机构与客户议价的参考，其中优惠利率为同期限的固定利率下限，上限放开。

总行有权根据中国人民银行公布的关于调整存贷款利率的相关文件、市场变化、同业水平等定期、不定期对固定利率进行调整，业务经办机构须在总行固定利率发布当天起执行调整后的固定利率，其中在中国人民银行上调贷款利率而总行暂未公布新的固定利率期间，暂停该项业务的办理。

原则上，借款申请人贷款的月房产支出与收入比控制在 50%以下（含），月所有债务支出与收入比控制在 55%以下（含）。收入是指借款申请人自身的可支配收入（单一申请为申请人本人可支配收入，共同申请为主申请人和共同申请人的可支配收入），但对于单一申请的贷款，如考虑将申请人配偶的收入计算在内，则应该先予以调查核实，同时对于已将配偶收入计算在内的贷款也应相应地把配偶的债务支出一并计入。

5．评分卡的规定

个人二手房贷款通过评分卡对客户信用状况进行综合评估，并将评分结果作为贷款审查的重要依据。个人二手房贷款评分卡已嵌入个贷管理系统，个贷管理部于每年初根据宏观经济形势、政策环境的变化、我行信贷政策的调整由专人对评分卡的评分项、分值和处理方式的判断条件予以调整，并提交信用风险部、贷后管理部等有权机构审批。

6．房源的确定

个人二手房按揭贷款的房源须位于我行设立网点的市内各区，产权清晰，无任何法律纠纷，房龄 30 年（含）以内，变现性强。

我行不受理下列二手房按揭贷款业务。

（1）列在拆迁范围内的房屋。

（2）居住年限不满 5 年且未缴纳综合地价款的经济适用房。

（3）未按规定缴纳物业费、契税等相关税费的二手房。

7．贷款担保

贷款所购房产须全额抵押给我行业务经办机构。以共有房屋作为抵押物的，须经全体共有人书面同意抵押。抵押权设定后，房屋他项权证按我行会计制度要求入库保管。

8. 抵押房产评估

个人二手房贷款的抵押房产须经我行指定评估机构评估。我行对房产价值无疑义且经我行有权审贷机构或授权机构同意可免评估。

9. 抵押房产保险

借款人应对二手房贷款的抵押房产办理财产保险，免保险须经总行有权审贷机构或授权机构同意。

抵押房产的财产保险金额不低于贷款金额，保险期不得短于借款期限，保险第一受益人为我行业务经办机构。

保险期间，抵押财产如发生保险责任以外的毁损且财产价值不足以清偿贷款本息，须要求借款人重新提供我行认可的担保。

抵押期间，保险单正本由我行保管，但须向借款人提供保单复印件。

10. 还款方式

个人二手房贷款适用于等额本金、等额本息、按季结息到期还清、利随本清一次性偿还四种基本还款方式，并适用于全部自主还款方式。

贷款期限在一年（含）以内的，可以采用按季结息到期还清、利随本清一次性偿还的还款方式；贷款期限在一年以上的，须采用等额本金或等额本息的还款方式。

11. 贷款展期

贷款展期须提前一个月向我行提出书面申请，经总行审贷机构或授权机构审批同意后，方可办理展期手续。贷款展期按照《贷款通则》有关规定执行。

四、个人住房贷款的风险管理

合作机构风险、操作风险和信用风险是商业银行个人住房贷款业务面临的主要风险。

（一）合作机构风险管理

由于中国目前的征信系统尚不完善，社会信用水平仍然较低，个人住房贷款业务在很大程度上依赖于中介合作机构。这些合作机构在贷款中承担着一定的担保风险，有时甚至还发挥着某种信用评级作用，此外中介机构还可以为银行提供必需的客户。在激烈的市场竞争中，银行为了取得客户会降低保证金标准，由此将导致住房贷款风险的上升。

1. 合作机构风险管理的内容

合作机构风险管理的内容主要包括以下三个方面。

（1）合作机构分析。合作机构分析包括合作机构领导素质分析、合作机构声誉分析、合作机构信用记录分析、合作机构内部管理水平分析、合作机构经营成果分析、合作机构偿债能力分析。

（2）与开发商关系的管理。与房地产开发商合作关系的确定及合作管理包括及时了解开发商的工程进度、经营及财务状况、借款人的入住情况、借款人发生违约行为后对抵押物的处置情况、房地产市场形势等。

（3）与其他中介机构的合作管理。如对与房地产评估机构、担保公司、律师事务所的合作情况进行调查分析等。

2．合作机构风险的主要形式

合作机构风险主要体现在以下三个方面。

（1）开发商和中介机构的欺诈风险。"假按揭"是合作机构欺诈风险的主要表现形式，除借款人不具备真实购房目的外，借款人资料或相关材料通常都是捏造的。此类风险的表现形式有：滞销楼盘突然热销、楼盘售价与周围楼盘相比明显偏高、开发企业员工与关联方集中购买同一楼盘、借款人收入证明与年龄职业等明显不相称、借款人对所购房屋信息知之甚少、借款人集中断还款、借款人首付款非本人交纳、还款由同一单位统一进行转账或现金支付。

（2）担保公司的担保风险。担保风险是指担保公司或担保人的担保能力不足，从而给贷款银行造成损失。在个人住房贷款中，以专业担保公司为借款人提供连带责任担保时较容易出现此类风险。

（3）其他合作机构的风险。其他合作机构风险在二手房贷款业务中较为常见。在二手房贷款业务中，涉及多个社会中介机构，银行贷款也经常直接转入中介机构的账户，容易出现风险。

3．合作机构风险的防范措施

对于各类合作机构风险的防范措施包括以下几方面。

（1）严格贷款准入，加强借款人资信审查。注意检查借款人各种身份证明的真实性、信用状况、申报材料的准确有效性、贷款金额的合理性。

（2）完善个人住房贷款风险保证金制度。

（3）利用法律手段，严厉打击各类"假按揭"行为。

（4）选择信用等级较高的合作机构，降低对中介机构的业务依赖程度。

（5）严格执行合作机构的准入退出制度，加强对合作机构的监督制约。

（6）严格落实贷款面签、实地家访等审慎的贷款经营和贷后检查措施。

（二）操作风险管理

1．操作风险的主要内容

（1）贷款受理和调查中的风险。贷款受理涉及的风险体现在借款申请人资格是否符合贷款管理办法的规定，申请人提交的材料是否齐全，格式是否符合银行的要求，各种纸面材料的原件与复印件是否一致等几个方面。

贷款调查涉及的风险体现在借款申请人所提交材料的真实性与合法性，申请人第一还款来源是否稳定充足，担保措施是否足额有效等几个方面。

（2）贷款审查和批准中的风险。贷款审批涉及的风险体现在是否按照独立公正原则审批，审贷是否分离，是否按照权限审批贷款，审批人员是否尽职等几个方面。

（3）贷款签约和发放中的风险。合同签订涉及的风险体现在所签订的合同是否有效，合同文本是否规范，是否对合同署名签字的真实性进行核实等几个方面。

贷款发放中涉及的风险体现在个人信贷信息录入是否准确，贷款发放程序是否合规，贷款担保手续是否齐备有效，抵押物是否办理抵押登记手续，贷款发放前各种手续是否齐备，贷款发放时会计凭证填制是否准确等几个方面。

（4）贷后管理与档案管理中的风险。贷后管理涉及的风险体现在是否建立贷后监控检查制度，是否对贷款使用情况进行跟踪检查，房屋抵押的他项权利证是否及时办理，是否及时催收逾期贷款，各种贷款合同文本和相关资料是否妥善保管，是否对借款人还款能力进行跟踪。

贷款档案管理中涉及的风险包括是否按照要求收集和整理贷款档案资料，是否对每笔贷款设立专卷，是否按照贷款种类和业务发生时间顺序编序，是否核对贷款档案清单，重要单证保管是否及时移交会计部门保管等几个方面。

2．操作风险的防范措施

操作风险的防范措施包括四个方面：一是要从职业道德教育入手，提高银行内部员工的敬业精神和职业操守；二是从规章制度入手，加强对信贷流程的管理；三是严格落实贷前调查和贷后检查工作；四是逐步建立完善的贷款数据库，全面提升风险管理水平和技术水平。目前，商业银行为避免在二手房交易中出现操作风险，一般在做完贷款审批后，银行先下发同意贷款函，然后买卖双方进行二手房过户交易，过户后买方（即借款人）将房屋抵押给贷款银行，抵押办妥后银行再将贷款（贷款额按房屋评估值计算）直接支付给原房主（即卖方）。房屋首付款则由买卖双方协商通过自行转账、资金监管或资金存管等方式交割。资金监管或资金存管类似于"支付宝"的操作模式，由政府、商业银行或房屋中介对首付资金进行监管或存管，实现防范交易风险的目的。

（三）信用风险管理

信用风险（Credit Risk）又称违约风险，是指交易对手未能履行约定契约中的义务而造成经济损失的风险，即借款人不能履行还本付息的责任而使贷款银行的预期收益与实际收益发生偏离的可能性，它是金融风险的主要类型。

1．信用风险的分类

造成信用风险的原因一般有两种，分别是还款能力下降和还款意愿下降。由还款能力下降引起的信用风险被称作还款能力风险，是指借款人由于家庭、工作、收入、健康等方面的不利变化，无法按期或无力偿还银行贷款，被迫违约而放弃所购住房进而给银行贷款带来损失的风险；由还款意愿下降引起的信用风险被称作还款意愿风险，是指借款人从自身利益出发选择放弃偿还贷款的理性违约行为。

2．信用风险的表现形式

信用风险一般有以下几种表现形式。

（1）借款人为了取得银行贷款，有意提供与实际情况不符的虚假资料，而其实际还款能力不足或根本无法偿还，从而埋下贷款违约的风险。

（2）借款人疏忽或误解合同的有关规定，导致没有及时、足额偿还贷款。

（3）借款人因失业、投资失利甚至健康问题等原因造成经济收入下降从而导致还款能力受到影响，增加了违约风险。

（4）借款人所购房屋质量出现问题或借款人与开发商发生买卖纠纷。

（5）借款人信用意识淡薄或缺乏诚信，恶意拖欠银行贷款或逃避债务。

（6）利率或信贷政策调整。利率或信贷政策调整可能导致借款人提前归还贷款甚至放弃归还贷款。需要说明的是，从广义上来看，提前还贷也是一种违约行为，并且越来越受到商业银行的重视。

（7）房地产价格大幅下降。当房地产市场出现价格大幅下降时，尤其是当价格下降幅度超过所购房屋的首付比例时，借款人就可能变为负资产状态（将房屋拍卖也不足以偿还贷款），在这种状态下借款人选择违约就是一种理性行为。

（8）其他意外情况。如借款人发生人身意外、婚姻变故等都可能造成其无法按时足额偿还贷款，从而导致违约。

3．信用风险产生的原因与防范措施

在个人住房贷款业务中出现信用风险的主要原因有：征信体系不健全、信用数据匮乏；违约惩罚制度不够严厉；贷款时间较长，贷款期限内不确定因素过多；市场竞争激烈导致银行降低贷款准入门槛，借款人信用等级下降。

个人住房贷款信用风险的防范措施主要有：严格贷前调查和审查，着重验证借款人的工资收入、租金收入、投资性收入和经营性收入的具体构成和稳定性；深入了解借款人的还款意愿，加强回访，强化贷后检查和管理；完善个人征信体系建设，提高个人信用水平识别能力。

第三节　个人住房贷款的偿还

在国外房地产金融市场上，个人住房贷款逐步衍生出多种创新型的住房抵押贷款产品。

这些类型的贷款除了跟利率设定密切相关外，最关键的还是与贷款偿还方式紧紧地联系在一起。不同类型的住房抵押贷款往往对应着不同的贷款偿还方式，如每一期的总偿还金额及其中本金与利息的构成等。个人住房贷款的偿还问题不仅是房地产金融学的必备知识，对于指导实践有着重要意义，而且也是进一步研究抵押贷款资产证券化等金融创新业务的基础。

一、固定利率住房抵押贷款[①]

固定利率抵押贷款（FRMs）是指预先确定利率和分期付款方式，在确定的期限内利率不随物价或其他因素的变化而调整的抵押贷款方式。固定利率抵押贷款一般有传统的等额本金还款方式和等额本息还款方式两种，此外还包括以分级付款方式为代表的创新型抵押贷款品种。

（一）等额本金偿还方式

等额本金偿还的固定利率抵押贷款（Constant Amortization Mortgages，CAMs）指的是在贷款期限内均匀地摊还本金，并按照实际本金余额和合同利率支付利息。在这种方式下，每月的还款额由清偿的本金和当月应付利息两部分共同构成。其中本金部分等于贷款额按月均摊的数额，利息部分则由当月贷款余额（即贷款总额减去已归还的本金部分）决定。

在等额本金还款方式中，贷款利息随着本金余额的逐月递减而递减，相应的每月还款总额也会逐月递减，因此又称为递减法。等额本金偿还方式下的每月还款额计算公式为

每月还款额=(贷款本金/贷款总月数)+(本金-已归还本金累计额)×月利率

贷款本金余额=本金-已归还本金累计额

等额本金还款方式的特点是，由于每月的还款本金额固定，而利息越来越少，借款人起初还款压力较大，但是随时间的推移每月还款数额也越来越少。此外，等额本金还款方式还是一种相对保守的贷款方式，因为这种方式过于注重本金的清偿，使得每月还款额总是以一定比例递减，而这恰恰与居民收入水平以及所抵押住房价值稳步提升这一规律相违背。因此相对来说等额本金还款方式的贷款不如等额本息贷款方式受欢迎。

（二）等额本息偿还方式

等额本息偿还的抵押贷款（Constant Payment Mortgages，CPMs）是在美国20世纪30年代经济大萧条后兴起的，并在过去半个多世纪里主宰抵押贷款市场的一种贷款模式。这种还款方式是把按揭贷款的本金总额与利息总额相加，然后平均分摊到还款期限的每个月

[①] 有关固定利率抵押贷款还款方式的详细讲解，读者可参考：谷任，蒋先玲. 房地产金融[M]. 北京：对外经济贸易大学出版社，2008.

中，每个月的还款额是固定的，但每月还款额中的本金比重逐月递增、利息比重逐月递减。该方法是目前最为普遍，也是大部分银行长期推荐的方式。

等额本息偿还方式的优点在于付款方式简单明了，每月还贷金额完全相等，使借贷双方都能准确掌握借贷成本，因此这种类型的抵押贷款被广泛用于个人住房贷款以及商业中心和写字楼等以盈利为目的的房地产融资之中，是目前国际上最为普遍的房地产抵押贷款还款方式。等额本息还款法又称等额法，月还款额计算公式为

每月还款额=[贷款本金×月利率×(1+月利率)^{总还款期数}]/[(1+月利率)^{总还款期数}-1]

贷款本金余额=每月还款额×[(1+月利率)-(1+月利率)^{1-剩余还款期}]/月利率

相比于等额本金还款方式来说，等额本息还款方式的计算公式更加复杂，它本质上是利用复利现值计算公式按如下过程推导计算出来的：

$$P = PMT\sum_{i=1}^{n}\frac{1}{(1+R)^i} \tag{7.1}$$

$$\frac{P}{1+R} = PMT\sum_{i=2}^{n}\frac{1}{(1+R)^i} \tag{7.2}$$

两式相减：

$$P\left(\frac{-R}{1+R}\right) = PMT\frac{1}{1+R}\left[\frac{1}{(1+R)^n}-1\right] \tag{7.3}$$

由式（7.3）得

$$PMT = \left[PR(1+R)^n/(1+R)^n-1\right] \tag{7.4}$$

其中：P 代表本金；R 代表月利率；n 代表贷款总月数；PMT 代表月还款额。

在等额本息还款方式中，每月还款额同样由本金和利息两部分构成。与等额本金还款方式不同的是，在贷款初始阶段贷款总额很大，因而在恒定的每月偿付额中，绝大部分是用于清偿利息，本金减少不多。等额本息还款方式对于商业银行来说，好的方面是可以收取更多利息，不好的方面则是一旦借款人在早期违约，商业银行能回收的贷款本金较少。这一点在房地产市场正常的状态下影响不大，然而一旦房价大跌，在处置作为抵押物的房产过程中由于已经收回的贷款本金较少，很容易损失银行贷款本金。

（三）分级偿还方式

分级偿还抵押贷款（Graduated Payment Mortgages）是美国近几年出现的新的住房抵押贷款形式，是美国消费经济学研究成果与银行信贷理论和实践相结合的产物。分级偿还抵押贷款的借款者在还款时不是各期平均偿还贷款，而是对各期规定不等的偿还额。一般来说，年轻的家庭收入偏低，在头几年的偿还期内偿还贷款的金额规定得低一些，此后由于职称、职务逐步上升，技术日益成熟，收入逐渐增加，合同规定的偿还金额高一些。这样各次分期偿还贷款的金额形成梯级越来越大的阶梯形状，因而被称为分级付款抵押贷款。

1. 分级偿还方式出现的原因

通货膨胀对抵押贷款利率有着重要影响，而传统的等额本金和等额本息偿还方式都没有充分考虑通货膨胀这个因素。分级偿还抵押贷款的出现可以帮助借款人以更低的实际贷款成本获得资金购买住房，从而在一定程度上克服了通货膨胀对传统抵押贷款借款人的不利影响，同时也可以为银行等金融机构吸引到更多客户。

通货膨胀对固定利率抵押贷款的影响可以简单归纳为"倾斜效应"（Tilt Effect）。所谓倾斜效应是指如下这种情况：根据经济学理论，贷款利率由真实利率和预期通货膨胀率决定，当真实利率不变时贷款利率的高低就取决于预期通货膨胀率，因此对于等额本息还款抵押贷款来说经过通货膨胀调整的真实值将会逐月下降。例如，利率为5%的10年期100万元抵押贷款，若此时通货膨胀率为2%，则相应的真实率为3%（为方便计算，假设按年还款）。按等额本息还款法计算每年未经调整的还款额约为13万元，而当预期通货膨胀率为零时（即以3%利率计算）每年还款额约为11.72万元；若对贷款进行通货膨胀调整并假定未来通货膨胀率始终保持在2%的水平，则每年的实际还款额为$13/(1+0.02)^{n-1}$（其中 n 为还款期年数），这样从第1年到第10年的还款额分别为13万元、12.75万元、12.5万元、12.25万元、12万元、11.72万元、11.54万元、11.32万元、11.1万元、10.88万元，如图7-2所示。

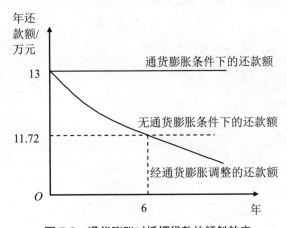

图7-2　通货膨胀对抵押贷款的倾斜效应

图7-2清楚地表现了通货膨胀对抵押贷款的影响——降低了每期还款额的实际购买力。从图7-2中还可以看出，大约在贷款的前6年，经通货膨胀调整后的还款额均大于无通货膨胀情况下的还款额，并且在贷款的前几年这种增加的幅度特别大。这说明，从购买力角度看传统的等额本息还款法存在明显的缺陷，即实际还款额前高后低——前期还款压力过大，后期还款负担很小，这不但抑制了当下借款人的住房承受能力，而且不利于房地产市场的发展。从另一个方面看，随着时间的推移，总体上借款人的收入水平应当是不断上升

的，而且在通货膨胀的经济环境中，用于抵押的住房价格也应当保持增长，而这恰好与通货膨胀的倾斜效应形成鲜明对比。

分级付款抵押贷款的出现可以有效缓解通货膨胀的倾斜效应，降低贷款初期的每月还款额，使普通居民，特别是那些虽然当前收入水平不高，但短期内薪水可能明显上涨的年轻人能够比较容易地得到抵押贷款，从而进一步扩大房地产金融市场的规模。

2. 分级付款的计算

分级偿还方式通过适当降低现期的每月还款额，然后根据预先设置的比率逐年提高，若干年后再转化为普通等额本息还款方式，可以有效克服通货膨胀的倾斜效应对借款人造成的早期还款压力过大问题。

分级偿还的具体分级方法可以根据预期通货膨胀率和房地产抵押贷款利率的差别设计出年限不同、递增比率不同的多级支付的还款方案。但无论如何分级，贷款偿还额的计算公式都是一致的：

$$P = \text{PMT} \sum_{t=0}^{N} \left\{ \left[\frac{1+g}{(1+R)^{12}} \right]^{t} \sum_{i=1}^{12} \frac{1}{(1+R)^{i}} \right\} \tag{7.5}$$

其中：P 是贷款本金；PMT 是第一年的每月还款额；g 是贷款每级的还款额增长幅度；R 是月利率；N 是分级的级数；g 和 N 由银行根据具体情况在合同中设定。图 7-3 是对式（7.5）的一个图示。

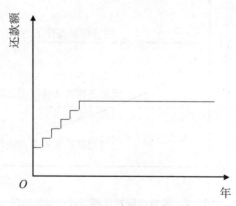

图 7-3　分级付款还款方式的还款额

（四）不同偿还方式下本金与利息的构成

以上介绍的三种类型固定利率抵押贷款不仅还款方式不同，而且每月的还款额构成差别也很大，选择恰当的还款方式有时可以为借款人节省大量贷款利息。所谓还款额构成就是指在借款人每一期还款中分别有多少用于偿还贷款本金，又有多少用于偿还贷款利息。由于前面已经对等额本金还款方式的本金与利息构成做过介绍，此处只简单对比等额本息和分级付款两种还款方式。

1．等额本息偿还方式

对于等额本息还款方式来说，由于每期还款金额是固定不变的，在贷款初期阶段，还款金额当中被用于清偿利息的比例很高。随着贷款余额不断下降，利息支付所占比重逐步下降，而本金支付的比重逐渐上升。例如，利率为5%的10年期100万元抵押贷款（为方便计算，这里仍然只考虑以年为还款间隔），每年还款额都为13万元，其中第一年的贷款利息为 100×0.05=5 万元，相应的本金归还额就是 13-5=8 万元，第二年贷款利息为(100-8)×0.05=4.6 万元，本金归还额就是 13-4.6=8.4 万元，以此类推。

2．分级偿还方式

在分级付款的头几年，每期还款额通常都低于等额本息方式下的还款额，这种在通货膨胀率较高时期适当降低贷款初期还款额的方式对于收入水平暂时较低的借款人来说确有帮助，但是分级付款的偿还方式也存在着一个不可回避的问题——在分级付款期间，如果每月还款额不足以清偿当月贷款利息，则未被清偿的利息就会自动增加到贷款本金之中。随着付款次数的增加，贷款本金有可能不仅没有下降，反而逐月增加，出现所谓的"负分期"现象。因此与传统的等额本金和等额本息还款方式相比，分级付款存在着较大的贷款风险，贷款人必须密切注意未来房地产价格的走势和借款人收入水平的变化，以防借款人违约后贷款本金的增加超出抵押物价值，从而给银行带来损失。

等额本金偿还方式的贷款本金清偿速度快、总利息支出较低、贷款风险小，但贷款早期压力最大；等额本息偿还方式的贷款本金清偿速度较慢、总利息支出较多、贷款风险适中，贷款各期压力相同（不考虑通货膨胀因素）；分级偿还方式的本金偿还速度最慢，且本金可能不降反增，贷款风险较大，早期贷款压力轻。总体而言，三种方式各有利弊，借款人必须根据自身情况慎重选择。

二、可调利率住房抵押贷款

可调利率住房抵押贷款（ARMs）是一种当市场利率（通常是国库券利率）变动时，其利率也随之变动的抵押贷款。其优点是贷款银行能在利率上升时得到较高的利息收益。具体做法是银行规定利率在整个抵押贷款期间可变动，为了吸引客户，其初始利率可以低于固定利率抵押贷款的利率，并在利率上涨中得到回报。

可调利率抵押贷款出现后，由于其偿还利息可能比较高，许多公众仍偏好固定利率抵押贷款，于是两种方式长期共存。直到20世纪80年代，由于美国市场利率波动频繁，使得按固定利率贷出抵押贷款的银行遭到很大损失，再加上金融市场中各类债券收益不断上升，出现了资金纷纷从抵押市场抽走的现象。于是美国政府允许金融部门经办可调利率的抵押贷款。起初上调利率的幅度限制在5%以内，后来由于利率涨幅过大，5%的上限已远不能弥补上涨的差距，所以美国政府同意银行办理不受限制的可调利率贷款。而作为贷款人，银行必须按某些公布的利率指数进行调整，并在调整前 30～50 天通知借款人，如果借款人不接受此项调整而提前还款也不收罚息。可调利率抵押贷款对贷款人有较大吸引力，从而可以增加抵押市场的资本流动性，保证足够的信贷资金。

可调利率抵押贷款目前主要还是在西方发达国家比较流行，在中国尚比较少见，这里就不再详细介绍了。

三、个人住房抵押贷款违约

当借款人无法按时足额偿还住房抵押贷款时就会发生违约现象。借款人违约的情况可以分为被迫违约和理性违约两种类型。被迫违约通常由借款人的经济问题直接引起，如失业。理性违约是指借款人放弃继续还款可带来更大利益或更少损失时的主动违约行为。一般来说，如果借款人购买房屋后房价不断上升，则理性违约的情况很少发生，因为对借款人来说继续偿还贷款所付出的利息成本远小于房屋升值收益。而当房价下跌时，若剩余贷款额大于购置相同房地产所需投入时，借款人选择理性违约的情况的概率会大大增加。式（7.6）给出了理性违约的一般条件：

$$(H_0 - H_1)/H_0 > 1 - \alpha + E/H_0 + \beta \qquad (7.6)$$

其中：H_0 是房屋购买时的价格；H_1 是房屋未来价格；α 是抵押贷款率（贷款额与房屋购买价之比）；E 是贷款的本金偿还累计额；β 是房屋购买时的交易费用与房价之比。假设 α 为 0.8，β 为 0.05，E/H_0 为 10%，则 $1 - \alpha + E/H_0 + \beta$ =0.35。即对首付两成的个人住房抵押贷款来说，当已偿还本金达到房屋购买价格的 10% 时，若房价下跌超过 35%，则根据理性违约条件购房人将选择违约。

除上述情况外，理性违约的另一种方式是提前还贷。当市场利率降低时，借款人可以以较低的利率进行再融资，并以此归还原抵押贷款。有关提前还贷的问题，将在下节具体讲解。

第四节　提前还贷问题

提前还贷是指借款人在还款期未到之前即先行偿还贷款的行为。提前还款在某些情况下对借款人有利而对贷款人不利，所以是否允许提前还款以及提前还款的条件越来越受到商业银行的重视。提前还贷包括提前全部还款、提前部分还款且贷款期限不变、提前部分还款的同时缩短贷款期限三种情况。贷款银行只能受理自发放个人贷款第二个还款月起借款人提前还款的申请。提前还贷固然能够节省利息支出，但并不是所有借款人都适合提前还贷。

一、提前还贷的原因

提前还贷有主动和被动之分，主动提前还贷一般被看作是理性的还贷行为。在美国，主动提前还贷主要与借款人为住房进行再融资的行为有关——当市场利率上升时，提前还贷可以明显降低融资成本。目前在中国，主动提前还贷的情况大多还是因为借款人收入水平快速上升而具备了提前支付全部购房贷款余额的能力。被动提前还贷也叫作非自愿提前还贷，是借款人由于一些突发事件而造成的，如失业、离婚、病故等。这些意外因素可能促使金融机构取消借款人对抵押房产的赎回权，通过拍卖或出售抵押房产被动造成贷款提前偿还。从这个意义上看，被动提前还贷又和商业银行的不良贷款问题以及信用风险问题有着千丝万缕的联系。在美国，被动的提前还贷总体上只占贷款总额的不到1%，因此相对来说主动提前还贷才是值得研究的重点问题。

需要指出的是，提前还贷问题涉及了比较高深的金融学知识，比如借款人的提前还贷决策、提前还贷条件下的抵押贷款定价等。以提前还贷条件下的抵押贷款定价为例，其本质上是一个期权定价问题，提前还贷的违约金就是期权费。由于这些内容的难度已经超出了本书范畴，这里不做详细介绍，有兴趣的读者可以参考专门的金融学书籍。

二、提前还贷的操作流程

根据银行的规定，提前还贷的客户须提前一周至一个月提出书面申请，并约定还款日期。然后按照约定的日期，携带身份证和与银行签订的贷款合同到银行填写还贷申请表和提前还贷协议，并按银行的要求，将需要还贷的款项存到扣缴贷款本息的账户上，由银行自动扣收。各家银行对于提前还贷并没有次数的限制，可以一次全部还清，也可部分归还贷款。只是各银行对每次还贷的起点金额规定不一，有的规定是1万元或1万元的倍数，有的银行则规定千元以上就可以提前部分还贷。

提前部分还贷的借款者，可以选择两种方式：一是减少每月还款额，还款期限不变；另一种是缩短还款期限，每月还款额不变。如果借款人的收入不断增加，可以选择缩短贷款期限的还款方式。如果收入没有太大增加，可以采取减少还款额、还款期限不变的方式，这样会减轻还贷压力。

通常，提前还款申请一经贷款银行确认后便不可撤销，并作为借款合同的补充条款，与借款合同具有同等法律效力。如借款购房人不论任何原因，未能按照其向贷款银行出具的提前还款申请中规定的日期与金额提前还款，则视为逾期还款，借款购房人按借款合同承担相应的违约责任。

在借款人提前偿还全部贷款后，原个人住房贷款房屋保险合同此时也提前终止。按有关规定，借款人可携带保险单正本和提前还清贷款证明，到保险公司按月退还提前缴的保

费。银行处理全部付清提前还贷的手续较为简便，一般要求客户提前通知银行（通常提前10个工作日到1个月），银行计算好客户的总欠款数，指定客户到银行付清款项，支付当月利息，同时银行将房契送到合同指定的律师事务所，办理取消按揭贷款的契约并到房产管理部门登记，办好一切手续之后，银行会通知业主领回所有的房产契约。

三、等额本金还款法适合提前还贷

前面提到，在等额本金、等额本息和分级付款三种还款方式中，贷款初期等额本金还款法的贷款本金余额下降最快，因此借款人选择提前还贷前一定要充分考虑自己的资金运作和后续资金来源。举例来说，借款人选择最高年限30年，总额68万元的等额本息贷款，其开始一年每月等额还款金额为3 906.62元，其中，3 160.99元为利息，745.63元为本金，一年后共还本金为745.63×12=8 947.56元，偿还利息为3 160.99×12=37 931.88元。可见等额本息还款法下，大部分资金偿还的只是利息，而本金仅占19.1%。此时若选择提前还贷，由于大部分本金尚未偿还，会一次性产生大量利息支出。所以借款人若有提前还贷的预期，最好选择等额本金还款法，贷款期限也不宜过长。

四、不适宜提前还贷的情况

（一）等额本息贷款进入还款中期

目前在商业性住房贷款当中，使用最广泛的是等额本息还款法。进入还款阶段的中期后，月供的构成中，大部分都是本金，提前还款的意义已经不大了，如果消费者资金不是很充裕，可以不急于提前还款。特别是进入还款后期，也就没有必要动用集中的资金还款。这样既打乱了理财计划，又不利于资金的有效使用。

（二）有更好的投资理财渠道

如果消费者的资金只是在银行存着，近期内都不会使用，回报率为存款利率，两者相比较贷款利率明显高于存款利率，这种情况下将资金用于提前还贷比较合适。如果借款人的资金有更好的投资理财渠道，比如投资于基金、外汇等理财产品，而且资金运作能力比较强，可以获得更高的回报率，资金所产生的收益高于提前还款所节省的利息，那么从发挥流动资金的效用看，没有必要将资金用于提前还贷。

五、提前还贷的违约金

中国的传统观念认为，有能力尽早还贷是个人良好信誉的表现，但实际上银行并不希望借款人提前还贷。个人住房贷款风险相对较小，收益相对安全，这样的"黄金业务"对银行来说是难得的，但是客户提前还贷打乱了银行资金的使用计划，也损失了贷款所带来的稳定利息收入，因此实践中银行也将主动提前还贷视为一种违约行为，并向借款人收取违约金。

提前还贷违约金是在借贷款双方的合同中共同认可的条款，一旦借款方在指定的时间内提前还清全部贷款，或大部分本金，借款人将支付一笔违约金。违约金一般是按照提前还款时的未结余额的百分比计算（一般是 2%~5%），或规定为若干个月份的利息。但最高违约金受到合同或法律的约束。

违约金条款的有效期通常不会超过 3 年（也有的为 5 年）。有效期过后，违约金的比率会取消，或逐渐减少，或者只有余额的 1%。有的每年只要提前部分还款额不超过贷款余额的 20%就不用缴纳违约金。此外，不是所有的贷款提前还贷都必须缴纳违约金，一般固定利率贷款提前还贷有违约金，而可调节利率贷款提前还贷没有违约金，有些特殊种类的贷款提前还贷也没有违约金。所以在签订贷款合同前，借款人需要知道提前还贷是否有违约金、是多少、在什么期限内有效。

提前还贷违约金是借贷双方可以协商的。如果借款人是长期贷款，当贷款因素变化时，借款人需要重新优化贷款，这时就会启动合同上的违约金条款。为避免缴纳违约金，借款方可以申请在合同中取消违约金。一般的，贷款方会提供几种违约金的方案供借款人选择。如果借款人选择有违约金的合同时，贷款方会提供较低的贷款费用，或较低的贷款利率，一般的带有违约金的合同的利率要比没有违约金合同的利率低 0.25%~1.00%。

总之，提前还贷违约金根据借款人的个人因素和贷款银行的信贷政策决定，甚至在贷款过程中也可以重新协商违约金。如果借款方不满意，可以提前结束在当前贷款机构的贷款，改在别的贷款机构进行重新优化贷款。实际上也有方法能避开缴纳违约金，比如目前各银行都提供的转按揭等办法，个人住房转按揭贷款完全可以帮助借款人在更换住房时有效避开提前还贷的违约金。

第五节 个人住房抵押贷款保险

在本书的第四章中曾介绍过房地产开发贷款中的保险问题。与之相对应，在购房个人办理住房抵押贷款时，也不可避免地需要参加保险。通过保险，可以保障作为债权人的银行免受因被抵押房屋受损而导致贷款违约所造成的损失。本节将对个人住房贷款中的保险问题做简要介绍。

一、个人住房抵押贷款保险的含义与分类

为保证个人住房贷款抵押物安全，降低贷款风险，银行通常要求借款人购买房屋保险。

保险品种主要有个人抵押住房综合险、抵押贷款履约险和房屋财产险等类型。

（一）个人住房抵押贷款保险的含义

当前，在房地产交易过程中，办理房地产保险已经成为必备手续。在第三章中我们已经介绍过，目前涉及房地产业的保险险种主要有建筑工程保险、房屋保险、房地产财产保险、房地产责任保险和个人住房抵押贷款保险等。其中，个人住房抵押贷款保险作为一种新型的融资担保方式正在越来越多地被采用。一般银行在操作个人住房贷款业务时通常都要求借款人办理贷款保险手续。

个人住房抵押贷款保险是指借款人在申请住房抵押贷款时，根据合同约定购买相应的住房贷款保险，而保险人根据合同约定，对可能发生的意外事件所造成的财产损失承担赔偿责任，或在被保险人因意外无法按期偿还贷款本息时代为偿还的行为。保险期限为抵押登记日至全部还清贷款本息日，保险金额不低于贷款本息总和，第一受益人为贷款人。

（二）个人住房抵押贷款保险的分类

个人住房贷款保险包括人寿险、财产险和综合险三类。其中人寿险是为避免借款人因疾病、事故等导致死亡或残疾进而丧失偿还贷款能力的保险；财产险是为避免所购住房因意外事故（如火灾、爆炸或自然灾害）遭受损失而设立的保险；综合险就是人寿险和财产险的结合。在实践中，中国住房抵押贷款保险主要采取财产险和综合险的方式。

目前，中国市场上的住房抵押贷款保险品种主要有：第一，个人抵押住房综合保险，包括原财产保险和还贷保证保险。投保后被保险人在保险期限内因意外伤害事故所致死亡或伤残，而丧失全部或部分还贷能力，造成连续三个月未履行或未完全履行还贷责任，由保险人承担贷款本金的全部或部分还贷责任。第二，抵押贷款履约保险，即借款人将房屋抵押给银行，同时购买履约保险，当借款人连续一定期限不还款时，保险公司代为清偿剩余贷款本息，银行将抵押权转移给保险公司。第三，房屋财产险，即防止作为抵押品的房屋灭失或者损害的财产保险。

近年来，各地不时出现因自然灾害或人为事故导致的房屋严重受损的情况，典型案例就是2015年"天津滨海新区爆炸事故"导致附近居民小区被波及。这些意外事件发生固然是悲剧性的，但同时也对中国不动产保险产品的发展和推广提出了更大的需求。

二、个人住房抵押贷款保险的特征

与包括房地产开发贷款保险在内的其他财产险相比，个人住房抵押贷款保险具有期限长、强制性和出险率低等特点。

（一）期限长

不同于一般以一年为期限的普通人寿保险、汽车保险等，住房抵押贷款保险的保险期限不短于贷款期限，因此往往长达几十年。

（二）强制性

住房抵押贷款保险一般都是应贷款银行的要求而投保的，具有相当的强制性。由于银行大多在贷款合同中规定了保险条款，这样只要购房人想得到贷款，就必须购买合同约定的住房抵押贷款保险，没有其他选择。这种强制性一方面确保了银行的利益不受损失，但另一方面也加重了购房人的负担。此外，住房抵押贷款保险的强制性还体现在作为投保人的购房人必须将贷款银行设定为保险的第一受益人，贷款期间保险单由银行保管。

（三）出险概率低

对于财产险来说，由于住房抵押贷款保险的保险标的是房地产，而作为不动产，房地产的安全度较其他保险标的而言要高得多，因而出险概率很低。

案例/专栏 7-1　转按揭贷款

转按揭就是个人住房转按揭贷款，是指已在银行办理个人住房贷款的借款人，向原贷款银行要求延长贷款期限或将抵押给银行的个人住房出售或转让给第三人而申请办理个人住房贷款变更借款期限、变更借款人或变更抵押物的贷款。

目前二手房市场存在同行转按揭和跨行转按揭两种情况。由于买方的资信、贷款意愿、月供能力、购房资金安排不尽相同，在转按揭的同时，买方可以根据自身需求申请不同的贷款期限、贷款金额和还款方式。在实际操作中，转按揭都采用为卖方提前还贷的方式，因此买方的贷款可以和卖方的未还清贷款不一致。

一、转按揭的分类

转按揭涉及两方主体：借款人和银行。对于银行而言，按揭是债权；而对于借款人来说，按揭是债务。根据转让主体不同，可以将转按揭分为债权转让和债务转让。债权转让是指按揭在债权人之间的转让，即借款人将在甲银行办理的按揭转到乙银行；债务转让是指按揭在债务人之间的转让，即原借款人将按揭转给新借款人。

香港地区的转按揭主要是债权转让，而中国内地现阶段的转按揭还仅限于债务转让。按贷款类型区分，转按揭又有公积金贷款、商业性贷款（按揭）、组合贷款、消费贷款等类型。

二、转按揭的业务流程

（1）买卖双方签订《房屋买卖合同》。

（2）买方、卖方、律师事务所三方签订《转按揭交易安全保证合同》。

（3）买方交纳房屋价格30%的首付款（按交易价格与评估价格孰低的原则，一年内免评估，以原购买价为准）。

（4）卖方的贷款银行书面同意提前一次性还款的确认函（包括所欠资款本息、还款账号）。

（5）买方据前述文件及个人资信文件向贷款银行申请二手房按揭贷款。

（6）卖方向买方实际交付房屋。

（7）银行复审通过后放款，向卖方的银行划款。

（8）卖方收到款项后，与原贷款行解除贷款合同和抵押登记，与买方、律师一同办理过户，并且抵押给买方的贷款银行。

（9）买方的贷款银行将30%的首付款付给卖方。

案例/专栏 7-2　个人住房贷款调控

2010年4月17日，国务院发出了《关于坚决遏制部分城市房价过快上涨的通知》（国发〔2010〕10号）。通知中提出十条举措，被业内称为房地产"新国十条"。通知要求遏制房价过快上涨，实行更为严格的差别化住房信贷政策：对购买首套自住房且套型建筑面积在90平方米以上的家庭（包括借款人、配偶及未成年子女，下同），贷款首付款比例不得低于30%；对贷款购买第二套住房的家庭，贷款首付款比例不得低于50%，贷款利率不得低于基准利率的1.1倍；对贷款购买第三套及以上住房的，贷款首付款比例和贷款利率应大幅度提高，具体由商业银行根据风险管理原则自主确定。

此后，很多地区陆续出台的限购政策禁止家庭购买第三套住房，第二套住房贷款首付比例也上升至60%。在如何认定第二套住房的标准上，商业银行也一度趋于严格，执行所谓"认房又认贷"原则，即，现有住房贷款尚未结清或有1套已结清贷款（无贷款）住房的，再次贷款购买住房都被认定为第二套房，执行相应贷款政策。

2014年9月30日，中国人民银行、银监会联合出台《关于进一步做好住房金融服务工作的通知》，放松了与自住需求密切相关的房贷政策：对拥有1套住房并已结清相应购房贷款的家庭，为改善居住条件再次申请贷款购买普通商品住房，银行业金融机构执行首套房贷款政策。多套房在非限购城市结清贷款也可以发放贷款，增强金融机构个人住房贷款投放能力；继续支持房地产开发企业的合理融资需求。

2015年3月30日，中国人民银行、住建部、银监会联合发布《关于个人住房贷款政策有关问题的通知》，将二套房最低首付比例调整为不低于40%；使用住房公积金贷款购买首套普通自住房，最低首付20%；拥有1套住房并已结清贷款的家庭，再次申请住房公积金购房，最低首付30%。当日，财政部和国家税务总局又联合发布消息，称从3月31日起，个人住房转让免征营业税的期限由购房超过5年（含5年）下调为超过2年（含2年）。个人住房贷款政策明显放松。

在"去库存"政策的影响下 2016 年房贷增速较快。央行数据统计，2016 年新增房地产贷款 5.7 万亿元，同比大幅增长 57.9%，占新增人民币贷款比重高达 45%，较 2015 年年底的 31% 提升了 14 个百分点。其中新增个人住房贷款更是高达 4.96 万亿元，占新增房地产贷款比重为 87%，占新增人民币贷款比重为 39%，较 2015 年年底的 23% 提升近 17 个百分点。个人购房贷款余额 19.14 万亿元，同比增长 35%。

 本章小结

▶ 个人住房抵押贷款是由银行（或其他房地产金融机构）以借款人提供的预购住房或其他房地产作为还款担保的抵押贷款，住房抵押贷款主要由抵押物、抵押率、利率、贷款期限、贷款金额、还款方式等要素组成。

▶ 在中国大陆，住房按揭贷款与住房抵押贷款并没有本质的区别，一个突出的差异是住房抵押贷款以借款人已经拥有的房产为抵押，而住房按揭贷款则是以所购房屋本身为抵押，某种意义上中国大陆的按揭贷款可以看作是住房抵押贷款和英美按揭贷款的折中。鉴于含义上的模糊性，目前住房按揭贷款和住房抵押贷款二者常常被同义使用。

▶ 根据贷款利率的不同，可将个人住房贷款分为固定利率抵押贷款和可调利率抵押贷款两类。其中固定利率抵押贷款主要包括等额本金贷款和等额本息贷款。国外的创新型的固定利率抵押贷款还有分级付款抵押贷款、"气球贷"、双周付款抵押贷款和利率买低式抵押贷款等类型。

 综合练习

一、本章基本概念

固定利率抵押贷款；可调利率抵押贷款；等额本息还款法；等额本金还款法；分级付款还款法；气球贷；假按揭；按揭贷款。

二、本章思考题

1. 固定利率抵押贷款的创新型偿还方式有哪些？

2. 什么是抵押贷款的通货膨胀倾斜效应？

3. 等额本金还款法的基本特征是什么？

4. 等额本息还款法的基本特征是什么？

5. 分级付款还款法的基本特征是什么？

6．提前还贷对哪种贷款方式有利？

7．个人住房抵押贷款有哪些分类？

8．"假按揭"的特征是什么？它有什么危害？

9．按揭贷款和住房抵押贷款有何异同？

10．个人住房贷款应当遵循什么样的操作流程？

 推荐阅读资料

1．谢世清．中国银行业从业人员资格认证考试指导用书——个人贷款科目[M]．北京：中国发展出版社，2009．

2．王世豪．房地产信贷战略与实务[M]．北京：中国金融出版社，2006．

3．谢经荣，殷红，王玉玫．房地产金融[M]．北京：中国人民大学出版社，2008．

4．洪艳蓉．房地产金融[M]．北京：北京大学出版社，2007．

5．张红．房地产金融学[M]．第2版．北京：清华大学出版社，2013．

6．肖振宇．我国商业银行个人住房贷款风险研究[D]．成都：西南财经大学，2007．

第八章　住房金融体系与住房公积金

学习目标

通过对本章的学习，学生应了解或掌握如下内容：
1. 住房金融体系的构成以及典型国家的基本情况；
2. 住房公积金制度的含义、性质、用途以及缴存与贷款规定；
3. 中国住房公积金制度建立的背景与发展历程；
4. 中国住房公积金管理存在的问题与对策。

导言

截至目前，本书已经介绍了房地产金融市场中最重要的两个组成部分：一是房地产开发企业的融资问题；二是购房人的住房融资问题。而在进一步学习之前，如果能从更加宏观的层面重新考察整个房地产金融市场的结构，无疑具有承前启后的作用，既方便查漏补缺，又有助于从整体上把握学科的脉络。事实上，一个国家的住房金融体系选择与其住房公积金制度是紧密联系在一起的。

第一节　住房金融体系概述

住房金融体系按照住房金融机构和住房金融工具的资金来源、运行方式可以大致划分为开放型（如英国和美国）和内生封闭型（如德国、法国和新加坡）。内生封闭型的住房金融体系房价涨幅有限，但相应的 GDP 增速也较缓慢；而开放性高的国家经济发展速度总体上快于封闭化的国家。

一、房地产业与金融业的关系

房地产业对金融业依赖程度高，国际经验表明金融的过度支持容易导致房地产泡沫催生，而信贷快速收紧又会引发地产泡沫破灭。不同国家房地产市场的巨大差别，很大程度上是源于各国住房金融体系的不同，在以封闭化住房金融体系为特征的国家，房价涨幅有限；相反，在以开放式住房金融体系为特征的国家，房价往往上涨较快。

房地产业与金融业的密切关系体现在房地产业对宏观金融环境的敏感、对住房金融体系的依赖和房地产业本身呈现出的资本密集型特征上。

首先，按揭和预售制度体现着房地产业与金融业的高度关联。按揭使得消费者能够利用信贷杠杆，提前释放需求，而预售制度则使开发商可以提前回笼销售资金，提高资金的利用效率。两者相结合，使得房地产业区别于其他一般制造业，与金融业的关系更密切。图 8-1 显示了房地产与一般制造业融资模式的异同。

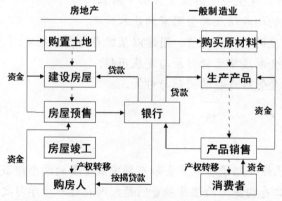

图 8-1　房地产与一般制造业融资模式的比较

其次，房地产业对资金依赖性强，因而对宏观金融环境变化更为敏感。从价值量上看，住房本属于大件商品，但其附着的土地的稀缺性与按揭工具带来的需求扩张能力使其具有了投资品属性，因而房地产行业对于宏观金融环境变化更为敏感。

最后，住房金融体系决定了房地产行业发展。住房金融体系面对的是居民购房需求，基础在于住房抵押贷款业务。不同的住房金融体系决定了购房者获得资金的便捷程度以及使用杠杆的大小和成本，也从根本上决定了房地产行业的发展。

二、房地产金融体系

图 8-2 展示了一个完整的房地产金融体系的构成。其中，"双箭头"表示资金与产权的共同转移，"单箭头"表示仅有资金转移。从图 8-2 中可以清楚地看到，住房金融市场由抵押贷款一级市场和抵押贷款二级市场构成，在抵押贷款一级市场上，最常见的是个人住房抵押贷款业务，抵押贷款二级市场则主要是一个以住房抵押贷款为基础的证券化资产和金融衍生品市场，它包括了 MBS、CDS 等债券或衍生金融工具。

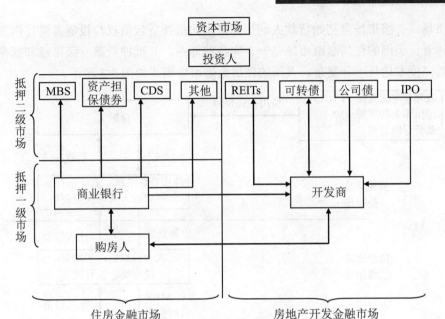

图 8-2　房地产金融体系构成

与住房金融市场相对应的是房地产开发金融市场，这个市场由债权融资、混合融资以及股权融资等业务构成。债权融资方式包括发行公司债和发放银行贷款，混合融资方式包括发行可转债和 REITs，股权融资就是在股票市场上进行 IPO 或增资扩股。

三、各国房地产金融市场体系

前面已经提及，按参与住房金融机构的资金来源、运行方式的不同，各国的住房金融系统可以划分为开放型和内生封闭型两种：在开放型住房金融体系中，资金供应主体主要是商业化的住房金融机构，如商业银行、储蓄银行等，其资金来自金融市场，而国家的扶植主要体现在减免税收、政策性保险等方面，典型的国家如英国、美国；内生封闭型住房金融体系则较为复杂，政府在其中的主导作用较强，体系中往往有政策性、商业性住房金融机构并存的情况，其中商业性住房金融机构的资金直接来自金融市场，而政策性住房金融机构有特殊的金融工具和专门的融资渠道，资金封闭运行，这类国家有德国、新加坡等。

（一）美国

美国房地产金融市场是全球规模最大、制度最完善的市场，以抵押型房地产制度为其核心。美国的房地产金融市场可以分为抵押贷款一级市场和抵押贷款二级市场，一级市场是住房抵押贷款的直接发放市场，也就是住房抵押贷款的借款人与金融机构之间进行直接交易的市场。二级市场是初始贷款人利用已贷出的抵押贷款债权与投资者进行再交易的市场。总体看，美国的住房金融市场是一个完备的体系，其抵押贷款一级市场和抵押贷款二级市场均高度发达且十分复杂。美国的住房金融市场模式如图 8-3 所示。

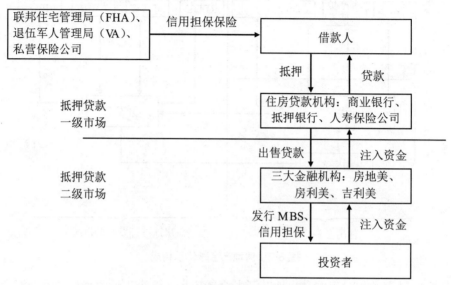

图 8-3　美国的住房金融市场模式

截至 2009 年，美国全国未清偿的住房抵押贷款余额达到 11.68 万亿美元；在抵押贷款二级市场上，MBS 的发行额从 1970 年的 10 亿美元上升到 9 万亿美元，抵押贷款证券占未清偿贷款的比值，从最初的不到 5%上升到占比超过 75%。

需要注意的是，美国的住房金融体系和图 8-2 中总结的一般模式有一点不同。在美国，并不是由商业银行等贷款机构直接将贷款进行资产证券化，进而出售给抵押贷款二级市场投资人的，进行资产证券化的是在 2008 年金融危机中"名声大振"的吉利美、房地美、房利美等美国政府支持的住房金融机构。

（二）英国

英国住房金融市场与美国类似，也是基于抵押制度而形成，但参与抵押贷款的金融机构主要是房屋互助协会和商业银行部门，且没有一个完善的抵押贷款二级市场，保险公司和退休基金可以直接资助购房贷款。英国住房市场的主体类型是二手房交易，新房交易仅占约 10%，因此其绝大部分的抵押贷款都是用于现有住宅的改建，而不是房屋新建。

截至 2009 年，英国住房抵押贷款余额达到 1.2 万亿英镑；在抵押贷款二级市场上，MBS 及资产担保债券余额约为 1 400 亿欧元，占未清偿贷款的比值在 12%左右，远低于美国。总体而言，英国的住房金融市场是以抵押贷款一级市场为主体的。

（三）德国

德国住房金融市场主要基于契约型住房储蓄体系，集合了契约、存款和抵押银行三大系统，分别由建筑与贷款协会和抵押银行、储蓄银行与信用合作社三类金融机构实施。德国模式的主要特点是互助合作、以存定贷、资金专用、封闭运行，如图8-4所示。

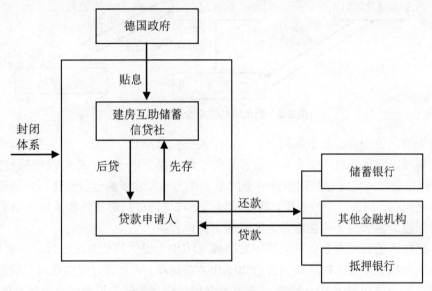

图8-4 德国的住房金融市场模式

在德国市场上，参加住房储蓄的储户必须与住房储蓄银行签订"建（购）房储蓄契约"，储户每月按合同约定额度（一般为合同金额的5‰）存款，存满合同金额的50%时，即可得到住房储蓄银行按1：1配给储户相当于存款金额的贷款用于购建住房。而且德国政府专门制定了《住房储蓄银行法》，以立法形式规定所有住房储蓄资金只能用于住房领域，保证了住房储蓄资金不被挪用和挤占。住房储蓄资金也与资本市场完全脱钩，存贷利率实行固定的"低存低贷"利率政策，不受资本市场的影响。

德国截至2009年年底的住房抵押贷款市场规模是1.16万亿欧元。在抵押贷款二级市场方面，德国拥有欧洲最大的资产担保债券市场，总规模约2 174亿欧元，而抵押贷款证券主要采用表内模式，被证券化的资产仍然留在抵押银行资产负债表内，一旦银行破产，抵押债权的投资者具有对抵押贷款的直接追索权。

（四）新加坡

新加坡房地产金融市场的特点在于以基金为后盾，通过把公积金制度和住宅发展计划（居者有其屋计划）相联系的方式，解决住房建设投资和住宅信贷资金来源，其模式如图8-5所示。

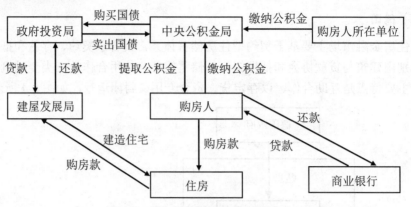

图 8-5　新加坡的住房金融市场模式

在新加坡，公积金会员上缴的公积金由中央公积金局独立管理，中央公积金局将公积金加以归集后，除保证公积金会员正常提存外，绝大部分用于购买政府投资局发行的长期债券。政府投资局再将发行长期债券所得的资金作为国家发展基金贷给建屋发展局（HDB）和其他法定机构，或进行海外投资，建屋发展局则将这部分政府贷款和其他补贴用于为中、低收入阶层建造廉价的公共住宅并为他们提供抵押贷款。

中、低收入的公积金会员购买建屋发展局（HDB）提供的公共住宅时，只需从自己在公积金局的公积金账户上提取约房价的 20%作为首付款，其余部分则由建屋发展局（HDB）提供贷款，其贷款期限达 20～25 年。建屋发展局从购房人的公积金账户中每月摊还本息，比例一般只占购房者月收入的 13.5%～16%，并不影响低收入者的日常生活。

第二节　住房公积金与住房公积金贷款

住房公积金是单位及其在职职工缴存的长期住房储金，是住房分配货币化、社会化和法制化的表现形式。住房公积金制度是国家法律规定的重要的住房社会保障制度内容，具有强制性、互助性、保障性。单位和职工个人必须依法履行缴存住房公积金的义务。职工个人缴存的住房公积金以及单位为其缴存的住房公积金，实行专户存储，归职工个人所有。这里的单位包括国家机关、国有企业、城镇集体企业、外商投资企业、城镇私营企业及其他城镇企业、事业单位、民办非企业单位、社会团体。

一、住房公积金的性质

住房公积金是在职职工在其工作期限内，由职工本人及其所在单位，分别按照职工工资总额的一定比例逐月缴存的。住房公积金全部归职工个人所有，记入职工个人住房公积金账户的住房保障基金。在缴存期内，职工可以用住房公积金购买、建造住房，维修已有住房，或按照规定用于缴纳房租和住房贷款的本息。住房公积金的本息结余在职工退休时可一次性结算支取。

住房公积金作为一种专项用于住房支出的长期个人住房基金，其外在表现形式是由住房公积金的内在本质属性决定的。住房公积金的本质属性是工资，包括两个组成部分：一是单位缴存部分（通常不体现在工资总额中，也无须纳税）；二是单位从个人工资总额中代为划转缴存的部分。用人单位按职工工资的一定比例，为职工缴存住房公积金，实质是把低工资时期单位用于住房实物分配的工资以货币形式分配给职工，从而达到转换住房分配机制的目的。转住房实物分配为货币分配的方式是多种多样的，如直接提高工资、增发住房补贴等。

在社会经济发展、住房建设以及房改推动等内外条件作用下，采取住房公积金的方式转换住房分配机制，同直接提高工资和增发住房补贴相比，具有更好的经济效益和社会效益。这是因为：第一，通过住房公积金的方式筹集住房资金有利于住房资金的积累、周转和政策性住房抵押贷款制度的建立；第二，采取住房公积金的方式筹集住房资金有利于建立公平、公正和公开的住房金融制度，通过公积金向中低收入群体发放低息个人住房抵押贷款可以起到积极的"收入再分配"效应，维护中低收入群体的基本住房权利。

总体来看，住房公积金制度具有如下性质。

（一）强制性

根据《住房公积金管理条例》的规定，凡在职职工及其所在单位都需要按规定的缴存基数和缴存比例为职工建立住房公积金账户，个人在缴存期间内定向使用住房公积金。强制性代表了义务性，职工个人、单位，包括各级财政均需执行条例的规定。

（二）互助性

住房公积金制度集中了全社会的力量，包括已经解决住房问题的职工和新参加工作急需解决住房问题的职工。建立住房公积金制度使我们找到了有房职工帮助无房职工的机制和渠道，而住房公积金在资金方面为无房职工提供了帮助，体现了职工住房公积金的互助性。

（三）保障性

按照国家规定，住房公积金的管理机构——住房公积金管理中心负责归集的公积金资金，除留足备付金外，其他只能定向运用于以下几个方面：安居工程、住宅建设、城市危旧房改造、集资合作建房、为参与缴纳住房公积金的职工提供住房抵押贷款等，剩余资金只能投资于国债。这样的规定有助于在保证住房公积金运用安全的同时，实现基金合理增值，充分体现住房公积金帮助职工实现基本住房需求的属性。

二、住房公积金的特点

从国家制定《住房公积金管理条例》的宗旨来看，住房公积金具备如下特点。

（一）普遍性

城镇所有在职职工无论其工作单位性质如何、家庭收入高低、是否已有住房，都必须按照《住房公积金管理条例》的规定缴存住房公积金。

（二）政策性

单位不办理住房公积金缴存登记或者不为本单位职工设立住房公积金账户的，住房公积金管理中心有权责令限期办理，逾期不办理的，可以按《住房公积金管理条例》的有关条款进行处罚，并可申请人民法院强制执行。

（三）专用性

职工住房公积金应当用于职工购买、建造、翻建、大修自住住房，或者支付租金，任何单位和个人不得挪作他用。

（四）福利性

除职工缴存的住房公积金外，单位也要为职工缴纳一定的金额（通常按照 1:1 配套缴纳），而且住房公积金贷款的利率低于商业性贷款。

（五）返还性

职工离休、退休，或完全丧失劳动能力并与单位终止劳动关系，户口迁出或出境定居等，缴存的住房公积金将返还给职工个人。

三、住房公积金的用途

（一）住房公积金的提取

记在职工个人账户下的住房公积金，其所有权归职工个人，但由于其中含有单位的缴存部分和对缴存人长远利益保障的引导，所以职工个人不能随意支取使用。

按照《住房公积金管理条例》的规定，住房公积金除应当用于职工购买、建造、翻建、大修自住住房外，任何单位和个人不得挪作他用。但职工有下列情形之一的，可以提取住房公积金账户内的存储余额，同时注销职工住房公积金账户：① 离休、退休的；② 完全丧失劳动能力，并与单位终止劳动关系的；③ 出境定居的；④ 偿还购房贷款本息的；⑤ 房租超出家庭工资收入的规定比例的。

2015 年年初，为鼓励住房消费，住房城乡建设部、财政部和人民银行联合下发了《关于放宽提取住房公积金支付房租条件的通知》，规定职工连续足额缴存住房公积金满 3 个月，本人及配偶在缴存城市无自有住房且租赁住房的，可提取夫妻双方住房公积金支付房租。

职工死亡或者被宣告死亡的，职工的继承人、受遗赠人可以提取职工住房公积金账户内的存储余额；无继承人也无受遗赠人的，职工住房公积金账户内的存储余额纳入住房公积金的增值收益中。

（二）住房公积金贷款

缴存住房公积金的职工，在购买、建造、翻建、大修自住住房时，可以向住房公积金管理中心申请住房公积金贷款。住房公积金管理中心应当自受理申请之日起 15 日内做出准予贷款或者不准贷款的决定，并通知申请人。准予贷款的，由受委托银行办理贷款手续。

职工申请住房公积金贷款还有两个限制条件：一是对贷款申请人条件的限制，即贷款申请人必须是缴存住房公积金的职工；二是对贷款用途的限制，即贷款只能用于购买、建造、翻建和大修自住住房。

四、住房公积金的缴存

（一）缴存范围

住房公积金的缴存范围是下列单位及其在职职工（不含外籍员工）：① 机关、事业单位；② 国有企业、城镇集体企业、外商投资企业、港澳台商投资企业、城镇私营企业及其他城镇企业或经济组织；③ 民办非企业单位、社会团体；④ 外国及港澳台商投资企业和其他经济组织常驻代表机构。城镇个体工商户、自由职业人员，可以申请缴存住房公积金。

（二）缴存金额

职工和单位住房公积金的缴存比例均不得低于职工上一年度月平均工资的 5%，原则上不高于 12%；有条件的城市，可以适当提高缴存比例。具体缴存比例由住房公积金管理委员会拟订，经本级人民政府审核后，报省、自治区、直辖市人民政府批准。城镇个体工商户、自由职业人员住房公积金的月缴存基数原则上按照缴存人上一年度月平均纳税收入计算。

（三）处罚规定

单位不办理住房公积金缴存登记或者不为本单位职工办理住房公积金账户设立手续的，由住房公积金管理中心责令限期办理；逾期不办理的，处 1 万元以上 5 万元以下的罚款。单位逾期不缴或者少缴住房公积金的，由住房公积金管理中心责令限期缴存；逾期仍不缴存的，可以申请人民法院强制执行。

五、住房公积金贷款

住房公积金贷款是指由各地住房公积金管理中心运用职工以其所在单位所缴纳的住房公积金，委托商业银行向缴存住房公积金的在职职工和在职期间缴存住房公积金的离退休职工发放的房屋抵押贷款。住房公积金贷款的类别有新房贷款、二手房贷款、自建住房贷款、住房装修贷款、商业性住房贷款转公积金贷款等。

图 8-6 描述的是住房公积金贷款的审批和发放程序。住房公积金贷款的全部程序包括借款申请、借款审批、借款手续办理、贷款担保、借款使用及偿还。不同地区的住房公积金贷款规定可能略有差别，此处介绍的是常规性要求。

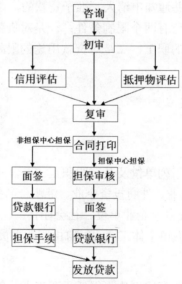

图 8-6　住房公积金贷款的程序

（一）借款申请

1. 申请条件

（1）只有参加住房公积金缴存的职工才有资格申请住房公积金贷款，没有参加住房公积金缴存的职工不能申请住房公积金贷款。

（2）申请贷款前连续缴存住房公积金的时间不少于六个月，累计缴存住房公积金的时间不少于两年。连续缴存说明申请人工作稳定，第一还款来源有保证。

（3）配偶一方申请了住房公积金贷款，在其未还清贷款本息之前，配偶双方均不能再获得住房公积金贷款。住房公积金贷款是为满足职工家庭住房基本需求提供的金融支持，是一种"住房保障型"的金融支持，不能支持用于带有投资性质的多套房贷款。

（4）贷款申请人在提出住房公积金贷款申请时，除必须具有较稳定的经济收入和偿还贷款的能力外，还必须没有尚未还清的数额较大、可能影响住房公积金贷款偿还能力的其他债务。当职工有其他债务时，再给予住房公积金贷款，风险就很大，违背了住房公积金安全运作的原则。

2．申请材料

申请住房公积金贷款必须提供以下材料。

（1）申请人及配偶住房公积金缴存证明。

（2）申请人及配偶身份证明（指居民身份证、常住户口簿和其他有效居留证件），婚姻状况证明文件。

（3）家庭稳定经济收入证明及其他对还款能力有影响的债权债务证明。

（4）购买住房的合同、协议等有效证明文件。

（5）用于担保的抵押物、质押物清单、权属证明以及有处置权人同意抵押、质押的证明，有关部门出具的抵押物估价证明。

（6）住房公积金管理中心要求提供的其他资料。

（二）借款审批

住房公积金管理中心在受理借款申请之日起 15 日内，按照受理时间的先后顺序，做出是否批准借款申请的决定。对于批准借款的，住房公积金管理中心发放准予借款决定书或审批意见书，决定书或意见书载明借款人可以申请借款的金额及借款期限。

住房公积金管理中心在审批借款申请时，主要对以下关键要素进行审查。

（1）申请人提供材料的真实性和准确性。

（2）申请人基本申请条件的真实性和准确性。

（3）所购房屋是否符合公积金管理中心规定的建筑设计标准（如建筑面积）。

（4）购房首期付款是否符合规定的比例要求（有关最新规定可参见阅读材料）。

（5）申请人信用记录及资信评估。

（三）借款手续办理

在准予借款决定书或意见书规定的有效期内，借款人凭决定书或意见书到受住房公积金管理中心委托的商业银行办理具体借款手续。受托银行与借款人应当以书面形式签订公积金借款合同。公积金借款合同主要包括以下内容：借款人的姓名与住所；贷款人、受托银行的名称与住所；贷款金额、期限、利率；贷款支付的时间；贷款偿还方式、每月还款金额的计算方法；担保方式和担保范围；违约责任；当事人需要约定的其他事项。签订借款合同和保证合同后，受托银行按照借款合同约定的时间和金额，以转账支付的方式将贷款资金直接支付给售房人。

（四）贷款担保

由于公积金管理中心不是专业的金融机构，其贷款的发放和收回都需要委托商业银行运作。这样的运作机制固然方便了公积金管理中心，但中间也产生了一个问题，即商业银行只受托负责贷款资金的收放和托管，并不承担贷款本身的风险管理、贷后监控和不良贷款的清收。因此为确保贷款资金的安全，公积金贷款一般需要增加格外的担保措施。

目前通行的做法是引入专业的贷款担保公司。此办法的好处是，一旦贷款出现问题而无法全部收回，根据担保合同的要求，担保公司要首先代为偿还欠款，然后再处置抵押房产。这样做，公积金管理中心不仅省去了处置抵押物的麻烦，而且能较为迅速和安全地收回贷款本息。

以上海市公积金管理中心的做法为例，公积金贷款办法规定贷款担保采取担保公司担保的方式，要求申请人提供担保机构作为偿还贷款的连带责任保证人，并将借款购买的有所有权的住房抵押给担保机构作为反担保物。公积金贷款的保证责任范围包括公积金贷款本金、利息、违约金、损害赔偿金和实现债权的费用。

担保公司提供公积金贷款连带责任保证的，要与住房公积金的委托贷款人（公积金管理中心）、受托贷款人（商业银行）订立书面保证合同或书面保证条款。保证合同或保证条款应当包括以下内容：被保证的公积金贷款金额、借款人履行公积金贷款的还款期限、保证或担保的范围、保证或担保的期间、双方认为需要约定的其他事项。

担保机构担保公积金贷款的保证期间为：借款人将所购买的自住住房抵押给担保机构之日起至公积金贷款债务全部清偿时止。若借款人没有按照公积金贷款合同的约定履行还款义务，并时间达6个月时，受托贷款银行向担保机构送达"履行连带保证责任通知书"，担保机构接到通知书后7日内，承担偿还借款本息责任。

根据担保机构提供保证的责任范围，住房公积金管理中心和借款人需要分别缴纳担保费用。担保费用标准根据所担保的借款本金的数额、期限、预计逾期率等因素综合确定。

（五）贷款使用及偿还

借款人配偶或者同户成员可以作为公积金的共同借款人，共同借款人承担偿还公积金贷款的连带责任。

借款本息的偿还方式除现金支付外，借款人还可以提取本人住房公积金账户存款的余额以及借款后单位与个人每月继续缴存的住房公积金用于偿还借款。但借款人住房公积金账户余额不足时，可以提取其配偶、同户成员和非同户直系血亲的住房公积金账户余额。需要提取住房公积金账户存款余额的借款人应当向住房公积金管理中心提出申请，经审核同意后在借款合同中约定，并由受托商业银行以转账的方式代为办理提取手续。

需要特别注意的是，借款申请人或者共同借款申请人不能使用住房公积金账户中的余额支付购房首付款，因为提取住房公积金需要向公积金管理中心提供购房合同、交房款的专用发票或专用收据以及契税完税凭证和房产证，而这些材料只有在交完首付款之后才能提供。

（六）贷款期限及额度

公积金贷款期限由住房公积金管理中心或受托银行根据借款人的申请及偿还能力确定。但每项公积金贷款期限最长不超过 30 年，并不长于借款人（或共同借款人中最年轻者）法定退休时间后的 5 年。

大部分城市都规定了单笔住房公积金贷款的最高额度，比如 2018 年北京市住房公积金贷款额度最高是 120 万元，广州市公积金贷款额度个人 60 万元，两人以及以上 100 万元。住房公积金贷款额度计算公式为

贷款最高额度=申请人公积金月缴存额/实际缴存比例×12×还款能力系数×贷款期限

其中夫妻双方共同借款且缴存比例不一致的，按比例较高的一方确定实际缴存比例。此外，申请公积金贷款还应满足月还款/月收入不大于 50%（月还款包括已有负债和本次负债每月还款之和）的规定。

六、住房公积金贷款与商业住房贷款的差异

住房公积金贷款与商业住房贷款存在以下差异。

（一）贷款对象有所不同

住房公积金管理机构发放的住房抵押贷款的对象是缴存住房公积金的在职职工和汇缴单位的离退休职工，其贷款对象必须具备下列条件：① 持续缴存 6 个月住房公积金或已累计缴存 24 个月以上且目前还在继续缴存；② 具有稳定的职业和收入，有偿还贷款本息的能力；③ 具有购买住房的合同或有关证明文件；④ 提供住房资金管理中心及所属分中心、管理部同意的担保方式；⑤ 符合住房资金管理中心规定的其他条件。

一般来说，金融机构发放住房抵押贷款的对象是具有完全民事行为能力的自然人，即不限于住房公积金的缴存人和离退休职工，也就是说其对象的范围大于前者。

（二）贷款额度有所不同

一般的金融机构发放的住房抵押贷款的最高贷款额不得超过总房价的 80%，而住房公积金贷款都规定了最高限额及限制比例，并根据实际情况进行适时调整。

（三）贷款手续不同

公积金贷款必须先到住房公积金管理中心进行申请，接受公积金管理中心的初审，初审合格后由公积金管理中心出具证明，方可办理公积金贷款。因此，公积金贷款的手续较一般住房贷款的手续更为复杂。商业贷款在借款人签订购房合同后，直接到相关银行经办机构或与银行签订合作协议的开发商处提供有关材料即可办理。

（四）贷款利率不同

公积金贷款的利率由人民银行规定，区别于商业银行的贷款基准利率，且较商业贷款利率低一个百分点左右。

（五）住房公积金贷款需要额外担保

住房公积金贷款除要办理正常的抵押登记手续并签订抵押担保合同外，往往还要住房置业担保公司提供额外的担保，即购房职工将所购住房抵押给担保公司作为反担保物，担保公司为购房职工向银行承担担保责任。这中间增加了一层担保公司的信用担保，同时也为住房公积金管理中心处置不良贷款的抵押物提供了便利。此外，也有些地方采用保险公司提供保险的方式增加担保。

（六）参与的商业银行的角色和作用不同

普通商业住房贷款的贷款人是商业银行，贷款资金由商业银行提供，利息也由商业银行收取。而公积金贷款的贷款主体实际上是公积金管理中心，商业银行只承担委托放款和代收本息的责任。在商业银行看来，公积金贷款实际上是一种委托贷款业务，经办此类业务只能收取少量的手续费，而贷款利息收入全部归公积金管理中心所有。

案例/专栏 8-1　近年住房公积金贷款政策演变情况

一、2010 年"新国十条"

2010 年 4 月，国务院颁发了针对房地产的新政，简称"新国十条"。根据"新国十条"规定，一些地方也对公积金贷款政策进行了调整。

以北京市公积金贷款新政为例，规定：① 公积金首套房贷款，90 平方米以上房屋贷款首付至少三成，90 平方米以下房屋贷款可首付两成；② 公积金二套房贷款，首付由原来四成调高至五成；③ 公积金三套房贷款，暂停发放公积金三套房贷款。

二、2010 年试点公积金贷款建保障房

住房和城乡建设部 2010 年 8 月 10 日公布，北京、天津、重庆、唐山等 28 个城市，作为利用公积金贷款支持保障房建设的试点城市；133 个经适房、棚户区改造安置用房、公租房建设项目作为申请利用公积金贷款支持保障房建设的试点项目，贷款额度约 493 亿元，贷款期限最长 5 年。

28 个试点城市包括：北京、天津、重庆、唐山、运城、包头、大连、长春、哈尔滨、无锡、杭州、宁波、淮南、青岛、济南、福州、厦门、洛阳、武汉、长沙、儋州、攀枝花、昆明、西安、兰州、西宁、银川、乌鲁木齐。

三、2010 年《关于规范住房公积金个人住房贷款政策有关问题的通知》

2010 年 11 月，住房和城乡建设部、财政部、中国人民银行和银监会联合下发通知，规定"住房公积金个人住房贷款只能用于缴存职工购买、建造、翻建、大修普通自住房，以支持基本住房需求。严禁使用住房公积金个人住房贷款进行投机性购房。使用住房公积金个人住房贷款购买首套普通自住房，套型建筑面积在 90 平方米（含）以下的，贷款首付款比例不得低于 20%；套型建筑面积在 90 平方米以上的，贷款首付款比例不得低于 30%。第二套住房公积金个人住房贷款的发放对象，仅限于现有人均住房建筑面积低于当地平均水平的缴存职工家庭，且贷款用途仅限于购买改善居住条件的普通自住房。第二套住房公积金个人住房贷款首付款比例不得低于 50%，贷款利率不得低于同期首套住房公积金个人住房贷款利率的 1.1 倍。停止向购买第三套及以上住房的缴存职工家庭发放住房公积金个人住房贷款。"

四、2015 年《住房城乡建设部　财政部　人民银行关于放宽提取住房公积金支付房租条件的通知》

2015 年年初，为鼓励住房消费，住房城乡建设部、财政部和人民银行联合下发了《关于放宽提取住房公积金支付房租条件的通知》，规定职工连续足额缴存住房公积金满 3 个月，本人及配偶在缴存城市无自有住房且租赁住房的，可提取夫妻双方住房公积金支付房租。职工租住公共租赁住房的，按照实际房租支出全额提取；租住商品住房的，各地住房公积金管理委员会根据当地市场租金水平和租住住房面积，确定租房提取额度。

第三节　中国的住房公积金制度

住房公积金制度是一个国家住房金融体系的重要组成部分，也是住房保障制度建设的重要内容。从上面的介绍里不难看出，是否选择建立公积金制度以及建立什么样的公积金制度，不但决定了这个国家的住房金融市场模式，而且对整个国家的经济发展也有着重要影响。

一、中国建立住房公积金制度的背景

从房地产市场的运行规律来看，住房资金不能实现良性循环的突出障碍就是住房资金的有效需求不足。对于个体购房人来说，一般都将自己视作住房的消费者而非投资者。住房是普通家庭价值量最大的财产，对于普通居民家庭来说，有支付能力的住房需求总是有限的，居民家庭支付现金购买住房通常需要长时间的储蓄才可能实现。住房公积金制度的推行，能把购房者集中一次性付清的经济负担分解为长期的较轻的经济负担，提高了有效需求。另外购买完成后资金回到开发商手中，还能大大提升开发资金的筹集能力，提高有效供给。

中国的住房公积金制度是为了配合、支持、促进住房制度改革而生的。在传统的计划经济体制下，中国长期实行的住房制度是以低房租为特征、由国家包办、近似无偿分配的制度。住房由国家和职工所在单位进行投资建造，运用行政手段直接将其分配给职工个人，这种以低房租为特征的住房制度不但使得住房投资不能回收，无法进行住房的简单再生产和扩大再生产，而且由于住房消费和投资被排斥在个人支出之外，国家和单位的近似无偿分配大大刺激了人们对住房的过高需求，住房供不应求的矛盾日益加剧。

1980年，国家正式宣布将实行住房商品化的政策。此后，城镇住房制度改革在众多城镇进行了实践。初期的改革措施比较单一，或搞优惠售房、补贴出售试点，或搞小步提租试点，或搞集资建房试点等。1987年，住房制度改革进入全面试点阶段。房改的全面试点以提高房租、增加工资为主要内容，同时促进住房出售，并相应进行工资、财政、金融等配套改革并建立住房基金。在住房的生产领域，国家对住房投资逐步由无偿拨款改为银行贷款，加大企业投资建造商品房的比例。

在这一阶段的改革中也遇到很多实际困难，资金短缺是其中的核心难题。从1990年开始，各地积极探索新的融资渠道，扩大住房资金的来源。1991年，上海市推出了实施分步提租补贴和出售公有住房的改革方案，同时特别提出建立住房公积金制度的改革措施。在房改方案实施过程中，迅速筹集了一大笔资金，对增加住房投入起到了积极的作用，住房公积金制度的优越性得到明显体现，各地纷纷仿效。在总结上海市推行住房公积金制度经验的基础上，国家在1994年把全面建立住房公积金制度作为住房制度的改革的首要内容。

二、中国住房公积金制度的发展历程与问题

中国住房公积金制度的建立始于上海，迄今已有20多年的历史，并正在逐步完善。

（一）中国住房公积金制度的发展历程

中国住房公积金制度建立于20世纪90年代初。财政部、国务院住房制度改革领导小组和中国人民银行联合发布的《建立住房公积金制度的暂行规定的通知》明确住房公积金是一种长期性住房储蓄。1999年国务院颁布了《住房公积金管理条例》，2002年3月进行了修订。住房公积金的本质属性是工资，是住房分配货币化的重要形式。单位和个人按职工工资的一定比例缴存的住房公积金，其所有权归个人。住房公积金缴存比例实行动态调整机制，一般不低于5%。

中国目前实行的公积金制度形式上与新加坡的中央公积金制度相似，但在解决公积金缴纳者的住房问题上还存在一些问题：第一，劳动者的工资收入不高，每月按工资一定比例缴纳的公积金数目很少，不足以用来支付住房贷款的月还款额。第二，公积金缴纳的比例一直是采取雇主和雇员同比例缴纳的方式，这对一部分经济效益不好的企业来说客观上加重了负担，阻碍了企业的发展。第三，公积金的利率水平低，目前公积金存款大多数地

区是按活期利率进行计算的。实际上公积金应该视同定期存款，过低的利率水平造成了利息损失，也挫伤了公积金缴纳者的积极性。

1. 住房公积金制度的建立（1991—1994 年）

1991 年 5 月，上海市借鉴新加坡公积金制度的成功经验，结合中国国情，率先建立了有中国特色的住房公积金制度。这是中国在福利住房制度向住房市场化、商品化改革的推进过程中，完善城镇住房制度的重大突破，标志着一个由国家支持、单位资助、依靠职工群众自己力量解决住房问题的市场化机制开始形成。

从 1992 年起，北京、天津、南京、武汉等城市相继建立了符合本地实际的住房公积金制度。在建立初期，住房公积金制度主要以发放住房建设贷款为主，特别是单位建房贷款、安居工程贷款、危房改造贷款、住房解困贷款等，尚未被用于发放个人购房贷款。

2. 住房公积金制度的全面推行（1994—1999 年）

1994 年，国务院在总结部分城市建立住房公积金制度试点经验的基础上，颁发了《国务院关于深化城镇住房制度改革的决定》，充分肯定了住房公积金制度在住房分配机制的转换、住房保障体系的建立以及推动住房建设方面的地位和作用。在认真总结十多年来房改实践经验的基础上，明确提出建立与社会主义市场经济相适应的城镇住房新制度的基本框架和全面推行住房公积金制度，要求所有行政和企事业单位及其职工均应按照"个人存储、单位资助、统一管理、专项使用"的原则建立住房公积金制度。

1998 年国务院发布《关于加强住房公积金管理的意见》，明确规定住房公积金实行"房委会决策、中心运作、银行专户、财政监督"的管理原则，住房公积金管理工作得到加强。在此期间，住房公积金和其他房改资金为安居工程和经济适用住房建设提供了大量配套资金，为支持和推进住房建设，解决职工的住房短缺问题，发挥了重要作用。

3. 住房公积金制度的进一步发展（1999—2002 年）

1999 年 4 月 3 日，国务院施行了《住房公积金管理条例》。这是在认真总结全国住房公积金制度实践经验的基础上，针对发展过程中存在的问题，结合进一步深化城镇住房制度改革和加快住房建设的新情况、新形势制定的。该条例的发布，标志着中国住房公积金制度进入了法制化、规范化发展的新时期。根据条例规定，各地分别建立了住房公积金总账、单位账和个人明细账三级账目，记账核算到职工个人，为确立公积金管理中心的管理主体地位、规范住房公积金管理、保障职工合法权益提供了基础和保障。

1999 年下半年，国家又颁布了《住房公积金财务管理办法》和《住房公积金会计核算办法》，对住房公积金和其他住房资金实行了分账管理、分账核算，初步规范了住房公积金财务管理和会计核算工作。此后，全国各地大多数城市根据新制度要求，停止了单位住房建设贷款发放工作。

4. 住房公积金制度的不断完善（2002 年至今）

2002 年 3 月 24 日，国务院根据全国住房公积金制度的发展情况，公布了《国务院关于修改〈住房公积金管理条例〉的决定》，对全国统一的《住房公积金管理条例》做了相应的修改。

2003 年 5 月，建设部同财政部、中国人民银行等有关部门联合下发了《关于严禁在住房公积金管理机构调整工作中发生违纪违法行为的通知》《关于完善住房公积金决策制度的意见》《关于住房公积金管理机构调整工作的实施意见》等配套文件。

2005 年，建设部、财政部和中国人民银行联合出台《关于住房公积金管理若干具体问题的指导意见》，表明中国住房公积金制度得到进一步健全，住房公积金的归集使用和风险防范机制进一步完善。

2015 年 11 月，住房和城乡建设部起草《住房公积金管理条例（修订送审稿）》，提出了一些修改意见，报请国务院审议。

需要说明的是，中国的这一行政法规经常因为宏观调控的需要，出现临时性调整。例如，2018 年 5 月，住房和城乡建设部等三部门下发通知，将降低企业住房公积金缴存比例政策延长至 2020 年 4 月 30 日，缴纳单位可在公积金缴存比例下限 5%到上限 12%之间，自主确定比例。2018 年，住房和城乡建设部、财政部、中国人民银行、公安部四部委发布了《关于开展治理违规提取住房公积金工作的通知》，要求重点支持提取住房公积金在缴存地或户籍地购买首套普通住房和第二套改善型住房，防止提取住房公积金用于炒房投机。

（二）中国住房公积金管理的问题与对策

从目前来看，中国住房公积金管理仍存在不少问题，影响了行业的发展和住房保障制度的建设。

1．中国住房公积金管理中存在的问题

（1）住房公积金管理机构体制不顺。有些地方的公积金管理中心未按规定实行公积金的统一管理、统一制度、统一核算。住房公积金归集使用管理措施的确定、住房公积金个人贷款的最高额度、增值收益分配等基本由住房资金管理中心自行决定。一些行业的公积金分中心或管理部，既隶属于本行业，同时也隶属于当地住房资金管理中心，两块牌子一套人员，公积金的管理名义上归属住房公积金管理中心，实际条块分割，各自独立运作，导致各分中心自行归集住房公积金。

（2）不同收入群体住房公积金缴存比例和缴存额差距过大。收入越高的单位和职工，缴存的比例越高，缴存额也越高。电信、烟草、税务、银行等垄断或高收入行业个别人月缴存额有的多达数万元，缴存比例为 20%～25%。而一些效益不好的企业月均缴存基数最低仅为 100 多元。

（3）使用不规范，资金运用效率低。首先，部分地区住房公积金的个人贷款使用率不高，且不平均。个别住房公积金管理中心、分中心甚至没有发放过个人住房贷款，这使得住房公积金制度的作用没有得到充分发挥。

其次，挤占和挪用住房公积金的现象仍很严重。有不少地方政府认为住房公积金规模大、成本低、监管不严格，便将资金挪作他用，如进行旧城改造等开发类投资。这使得公积金的作用未能得到充分发挥，在发挥住房保障功能上使用效率较低。甚至个别地方出现住房公积金管理中心"坐吃利差"的现象。挤占挪用导致公积金资金的投资收益率非常低，且风险巨大。

最后，大量住房公积金沉淀在银行。目前全国多个中小城市住房公积金个贷率较低，一些城市个贷率低于 45%，资金大量结余闲置，成为低收益的银行存款。官方提供的数据显示，截至 2014 年 3 月，全国住房公积金结余资金 9 498 亿元。资金沉淀不仅造成公积金制度原本的政策意义丧失，而且事实上将住房公积金管理中心变成银行的盈利"捷径"①。

2. 完善住房公积金管理的对策

针对上述问题，我们认为必须采取以下措施完善公积金管理工作。

（1）要按照《住房公积金管理条例》的规定，完善住房公积金民主、科学决策机制，健全相关工作规章制度，明确住房公积金缴存基数、缴存比例的上限和下限，通过税收和财政补贴政策，合理调节高收入和低收入阶层的缴存额，真正让低收入群体享受到住房保障。

（2）加大住房公积金制度的宣传，加强住房公积金归集工作，要在全面建立住房公积金制度的基础上，重点推进自收自支事业单位、企业和非公有制经济组织建立住房公积金制度。要积极研究对策，采取切实有效的措施，在巩固现有公积金缴款单位的同时，努力扩大公积金覆盖面，重点推动国有企业、外企、私企、股份制企业及新建企业建立住房公积金制度。

（3）加强违规住房公积金的清理回收工作，积极清理以前年度单位、项目贷款。对挤占挪用情况制订还款计划，实行责任追究制度，确保住房公积金的安全、完整和合理有效使用。

（4）完善住房公积金缴存及管理使用制度，加快住房公积金管理工作规范化、法制化进程。明确政府、房管、建设等部门在住房公积金管理中的责任，建立责任追究制度。维护住房公积金所有者权益，提高住房公积金使用效益。

（5）改善利率机制，开发多样化的业务种类。目前，很多国家已开始实行与市场利率相近甚至相同的住房金融利率机制，不再坚持"低存低贷"的利率安排。这样做能够降低目前大量低利率的闲置住房公积金给缴存人造成的"机会成本"，提高缴纳积极性。

---

① 住房和城乡建设部住房公积金监管司提供的数据显示，过去十年，职工个人住房公积金账户加权平均存款利率仅为 1.89%，比同期平均 CPI 低 1.07 个百分点，贬值问题突出。职工个人账户的住房公积金，上年结转的按 3 个月定期存款利率计息，远低于很多理财产品收益水平。

案例/专栏 8-2　北京住房公积金 2018 年年度报告

根据国务院《住房公积金管理条例》和住房和城乡建设部、财政部、中国人民银行《关于健全住房公积金信息披露制度的通知》（建金〔2015〕26 号）的规定，经北京住房公积金管理委员会审议通过，现将北京住房公积金 2018 年年度报告公布如下：

一、机构概况

（一）住房公积金管理委员会

北京住房公积金管理委员会有 30 名成员，2018 年召开两次会议，审议通过的事项主要包括：2017 年住房公积金归集使用计划执行情况和 2018 年计划，北京住房公积金增值收益 2017 年收支情况和 2018 年收支计划，确定 2018 年度住房公积金缴存比例，企业缓缴情况报告，北京住房公积金 2017 年年度报告，处置抵债资产沈阳外汇商品大楼，调整住房公积金个人住房贷款政策，对受托办理住房公积金归集业务银行进行考核及支付手续费，增加住房公积金归集、贷款业务受托银行等有关事项。

（二）住房公积金管理中心

北京住房公积金管理中心（以下简称管理中心）为北京市政府直属的不以营利为目的的全额拨款事业单位。中心有 3 个分中心：中共中央直属机关分中心（以下简称中直分中心）、中央国家机关分中心（以下简称国管分中心）、北京铁路分中心（以下简称铁路分中心）；内设 12 个处室和工会；垂直管理 20 个分支机构（18 个管理部和住房公积金贷款中心、结算中心）；下设 2 个直属事业单位：北京住房公积金客户服务中心、北京市住房贷款担保中心。从业人员 880 人，其中，在编 785 人，非在编 95 人。

二、业务运行情况

（一）缴存

2018 年，北京地区新开户单位 39 042 个，实缴单位 183 219 个，净增单位（实缴）24 956 个；新开户职工 95.7 万人，实缴职工 778.87 万人，净增职工（实缴）46.64 万人；缴存额 1 980.1 亿元，同比增长 15.7%。2018 年年末，缴存总额 13 096.37 亿元，同比增长 17.8%；缴存余额 4 244.08 亿元，同比增长 14.1%。

受管理中心委托办理住房公积金缴存业务的银行 9 家，与 2017 年相比无变化。

（二）提取

2018 年，缴存人提取住房公积金 1 455.39 亿元，同比增长 15.3%。占当年缴存额的 73.5%，同比减少 0.2 个百分点。2018 年年末，提取总额 8 852.29 亿元，同比增长 19.7%。

（三）委托贷款

1. 住房公积金个人住房贷款

个人住房贷款最高额度 120 万元，其中，单缴存职工和双缴存职工的最高额度均为 120

万元。

2018 年，北京地区发放住房公积金个人住房贷款 80 738 笔、831.33 亿元，同比分别增长 39.6%、55.2%。其中，北京地方发放 65 662 笔、693.7 亿元，中直分中心发放 431 笔、4.04 亿元，国管分中心发放 12 566 笔、120.15 亿元，铁路分中心发放 2 079 笔、13.44 亿元。

2018 年，回收个人住房贷款 295.23 亿元。其中，北京地方回收 244.9 亿元，中直分中心回收 1.9 亿元，国管分中心回收 42.27 亿元；铁路分中心回收 6.16 亿元。

2018 年年末，北京地区累计发放个人住房贷款 110.84 万笔、6 358.66 亿元，贷款余额 4 036.3 亿元，同比分别增长 7.9%、15%、15.3%。个人住房贷款余额占缴存余额的 95.1%，比 2017 年同期增加 1 个百分点。

受委托办理住房公积金个人住房贷款业务的银行 8 家，与 2017 年相比无变化。

2. 住房公积金支持保障性住房建设项目贷款

2018 年，支持保障性住房建设项目贷款无发放，回收项目贷款 10.65 亿元。2018 年年末，累计发放项目贷款 201.09 亿元，项目贷款余额 19.42 亿元。

（四）购买国债

2018 年，未发生新购买、兑付、转让、回收国债情况。2018 年年末，国债抵债资产 2.27 亿元，国债余额与 2017 年年末相比无变化。

（五）调剂资金

2018 年，当年无调剂其他住房资金，当年调回调剂资金 20 亿元。2018 年年末，调剂总额 250 亿元，调剂资金余额 160 亿元。

（六）资金存储

2018 年年末，管理中心住房公积金存款 435.06 亿元。其中，活期 1.47 亿元，1 年以内定期（含）118.35 亿元，1 年以上定期 143.18 亿元，其他（协定、通知存款等）172.07 亿元。

（七）资金运用率

2018 年年末，住房公积金个人住房贷款余额、项目贷款余额和购买国债余额的总和占缴存余额的 95.6%，比 2017 年同期增加 0.6 个百分点。

三、主要财务数据

（一）业务收入

2018 年，住房公积金业务收入共计 1 345 495 万元，同比增加 9.5%。其中，北京地方 1 059 097.63 万元，中直分中心 7 958.76 万元，国管分中心 236 392.83 万元，铁路分中心 42 045.79 万元；存款（含增值收益存款）利息收入 125 558.13 万元，委托贷款利息收入 1 218 847.95 万元，无国债利息收入，其他收入 1 088.93 万元。

（二）业务支出

2018 年，住房公积金业务支出共计 661 565.59 万元，同比增长 5.2%。其中，北京地方 515 579.96 万元，中直分中心 4 090.41 万元，国管分中心 114 121.32 万元，铁路分中心

27 773.9 万元；住房公积金利息支出 601 236.89 万元，归集手续费用支出 8 208.73 万元，委托贷款手续费支出 21 927.5 万元，其他支出 30 192.47 万元。

（三）增值收益

2018 年，住房公积金增值收益 683 929.41 万元，同比增加 14.1%。其中，北京地方 543 517.67 万元，中直分中心 3 868.35 万元，国管分中心 122 271.51 万元，铁路分中心 14 271.89 万元。增值收益率（增值收益与月均缴存余额的比率）1.7%，与 2017 年相比无变化。

（四）增值收益分配

2018 年，提取贷款风险准备金 118 925.38 万元，提取管理费用 16 302.68 万元，提取城市廉租房（公共租赁住房）建设补充资金 548 701.36 万元。

2018 年，上交财政管理费用 67 276.89 万元。上缴财政城市廉租住房（公共租赁住房）建设补充资金 317 486.35 万元，其中北京地方 308 230.35 万元，铁路分中心 9 256 万元。

2018 年年末，贷款风险准备金余额 975 856.98 万元。累计提取城市廉租住房（公共租赁住房）建设补充资金 3 709 683.57 万元。其中，北京地方提取 3 269 505.32 万元，中直分中心提取 22 746.89 万元，国管分中心 296 288.4 万元，铁路分中心 121 142.95 万元。

（五）管理费用支出

2018 年，管理费用支出 62 659.28 万元，同比增长 5.4%。其中，人员经费 22 970.5 万元，公用经费 2 408.73 万元，专项经费 37 280.05 万元。

北京地方管理费用支出 51 242.96 万元，其中，人员、公用、专项经费分别为 18 262.64 万元、1 777.93 万元、31 202.39 万元；中直分中心管理费用支出 963.59 万元，其中，人员、公用、专项经费分别为 436.97 万元、91.67 万元、434.95 万元；国管分中心管理费用支出 6 513.34 万元，其中，人员、公用、专项经费分别为 1 807.26 万元、401.08 万元、4 305 万元；铁路分中心管理费用支出 3 939.4 万元，其中，人员、公用、专项经费分别为 2 463.63 万元、138.04 万元、1 337.73 万元。

四、资产风险状况

（一）住房公积金个人住房贷款

2018 年年末，逾期住房公积金个人贷款 886.37 万元，住房公积金个人贷款逾期率 0.02‰。其中，国管分中心住房公积金个人贷款逾期率 0.2‰。

个人贷款风险准备金按贷款余额的 1% 提取（其中国管分中心按当年可供分配增值收益的 60% 提取）。2018 年，提取个人贷款风险准备金 119 185.38 万元，当年无使用住房公积金个人贷款风险准备金核销金额，住房公积金个人贷款风险准备金余额为 953 969.40 万元，住房公积金个人贷款风险准备金余额与住房公积金个人贷款余额的比率为 2.4%，住房公积金个人贷款逾期额与住房公积金个人贷款风险准备金余额的比率为 0.1%。

（二）支持保障性住房建设试点项目贷款

2018 年年末，无逾期项目贷款。项目贷款风险准备金提取比例为贷款余额的 4%。2018

年，冲回项目贷款风险准备金 260 万元，当年无使用项目贷款风险准备金核销金额，项目贷款风险准备金余额为 21 887.58 万元，项目贷款风险准备金余额与项目贷款余额的比率为 11.3%。

（三）历史遗留风险资产

2018 年年末，无历史遗留风险资产。

五、社会经济效益

（一）缴存业务

2018 年，住房公积金实缴单位数、实缴人数和缴存额同比分别增长 15.8%、6.4% 和 15.7%。

缴存单位中，国家机关和事业单位占 6%，国有企业占 5%，城镇集体企业占 0.5%，外商投资企业占 4.9%，城镇私营企业及其他城镇企业占 71%，民办非企业单位和社会团体占 1.6%，其他占 11%。

缴存职工中，国家机关和事业单位职工占 16%，国有企业职工占 19.6%，城镇集体企业职工占 0.5%，外商投资企业职工占 9.4%，城镇私营企业及其他城镇企业职工占 42.4%，民办非企业单位和社会团体职工占 0.9%，其他职工占 11.2%；中、低收入群体占 91.9%，高收入群体占 8.1%。

新开户职工中，国家机关和事业单位占 6.6%，国有企业占 13.8%，城镇集体企业占 0.4%，外商投资企业占 7.6%，城镇私营企业及其他城镇企业占 57.8%，民办非企业单位和社会团体占 1.3%，其他占 12.5%；中、低收入群体占 96.5%，高收入群体占 3.5%。

（二）提取业务

2018 年，370.14 万名缴存职工提取住房公积金 1 455.39 亿元。

提取金额中，住房消费提取占 88.2%（购买、建造、翻建、大修自住住房占 64.6%，偿还购房贷款本息占 16%，租赁住房占 7.5%，其他占 0.01%）；非住房消费提取占 11.8%（离休和退休提取占 9.7%，完全丧失劳动能力并与单位终止劳动关系提取占 0.1%，户口迁出本市或出境定居 0.01%，其他占 2%）。

提取职工中，中、低收入群体占 88.2%，高收入群体占 11.8%。

（三）贷款业务

1. 住房公积金个人住房贷款

2018 年，支持职工购房 681.37 万平方米。年末住房公积金个人住房贷款市场占有率（指 2018 年年末住房公积金个人住房贷款余额占当地商业性和住房公积金个人住房贷款余额总和的比率）为 28.9%，比 2017 年同期增加 2.3 个百分点。通过申请住房公积金个人住房贷款，购房职工减少利息支出约 2 063 379.01 万元。

职工贷款笔数中，购房建筑面积 90（含）平方米以下占 68.8%，90~144（含）平方米占 28.2%，144 平方米以上占 3%；购买新房占 18.9%（购买保障性住房占 12.1%），购买二手房占 81.1%。

职工贷款笔数中，单缴存职工申请贷款占 47.9%，双缴存职工申请贷款占 52.1%。

贷款职工中，30 岁（含）以下占 26.5%，30 岁～40 岁（含）占 56.8%，40 岁～50 岁（含）占 13%，50 岁以上占 3.7%；首次申请贷款占 69.8%，二次及以上申请贷款占 30.2%；中、低收入群体占 97.1%，高收入群体占 2.9%。

2．异地贷款

2018 年，发放异地购房贷款 327 笔、32 326 万元。2018 年年末，发放异地购房贷款总额 79 208.8 万元，异地贷款余额 76 770.4 万元。

3．公转商贴息贷款

2018 年，发放公转商贴息贷款 2 笔、155 万元，支持职工购建住房面积 119.73 平方米，当年贴息额 1 067.32 万元。2018 年年末，累计发放公转商贴息贷款 13 527 笔、496 253.8 万元，累计贴息 15 260.26 万元。

4．支持保障性住房建设试点项目贷款

2018 年年末，累计发放项目贷款 36 个，贷款额度 201.09 亿元，建筑面积 942.65 万平方米，可解决 90 606 户中低收入职工家庭的住房问题。32 个项目贷款资金已发放并还清贷款本息。

（四）住房贡献率

2018 年，住房公积金个人住房贷款发放额、公转商贴息贷款发放额、项目贷款发放额、住房消费提取额的总和与当年缴存额的比率为 106.8%，比 2017 年增加 9.2 个百分点。

六、其他重要事项

（一）明确缴存住房公积金的比例为 5%～12%，单位根据自身情况可自行选择

职工当月缴存的住房公积金为单位和本人月缴存额之和，金额为职工上一年月平均工资乘以缴存比例。2018 住房公积金年度（2018 年 7 月 1 日至 2019 年 6 月 30 日），北京地区住房公积金缴存比例为 5%～12%。单位和个人缴存上限分别为 2017 年北京市职工月平均工资的 3 倍乘以缴存比例，职工和单位月缴存额上限均为 3048 元。

缴存比例低于 12% 的单位无须经职工代表大会、工会或全体职工同意；对生产经营困难的单位，经职工代表大会或工会讨论通过（没有职工代表大会或工会的，经全体职工 2/3 以上同意），可在 1%～4% 范围内降低比例缴存住房公积金或申请缓缴住房公积金。

（二）加强执法，维护缴存职工合法权益

2018 年，管理中心受理职工维护缴存权益投诉案件 4 295 件，结案 3 872 件，为职工追缴住房公积金 5 758.83 万元。对 16 个单位不依法办理住房公积金缴存登记、不为职工设立住房公积金账户的违法行为共给予行政处罚 17 万元。对于不缴、少缴住房公积金的 546 个单位，向人民法院申请强制执行，维护了职工的合法权益。

（三）全面升级信息系统，实现通缴通取、实时结算和移动查询

2018 年 5 月份管理中心正式上线升级后的中心业务系统，实现了住房公积金缴存单位

和职工全市通缴通取、业务资金实时结算，投入使用北京住房公积金微信服务号、支付宝城市服务和移动客户端。

（四）采取有效措施，全面规范服务工作

推出了规范服务的 13 条措施。2018 年 5 月 7 日出台《北京住房公积金管理中心（北京市住房资金管理中心）关于切实改进办事大厅服务工作的通知》（京房公积金发〔2018〕17 号），提出了编写完善办事指南、合理划分业务区域、设置咨询引导员、实行首问负责制和一次性办结制度、业务窗口要实行动态人员管理等 13 条措施，对办事大厅服务工作进行全面规范。

（五）取消了部分证明材料，为缴存职工提供方便

2018 年 4 月 13 日出台《北京住房公积金管理中心关于销户提取等事项取消相关证明的通知》（京房公积金发〔2018〕11 号文），取消了 10 项办事证明。如对进城务工人员与单位解除劳动关系申请销户提取住房公积金，不再要求提供所在单位开具的"解除劳动关系证明"，改由进城务工人员提供身份证、户口本原件，办理销户提取。无法提供户口本原件的，可通过微信等方式提供户口本影印件办理销户提取。5 月 15 日出台《北京住房公积金管理中心关于取消身份证明材料复印件作为住房公积金归集和贷款业务办理要件的通知》（京房公积金发〔2018〕20 号），全面取消了办理住房公积金归集和贷款业务时要求当事人提供身份证复印件的规定。

2018 年 5 月 7 日出台《北京住房公积金管理中心关于调整部分住房公积金归集、贷款业务单据的通知》（京房公积金发〔2018〕18 号），优化了 8 种住房公积金归集业务单据，取消了 8 种业务单据；优化了 10 种住房公积金贷款业务单据，取消了 10 种业务单据。

（六）实现住房公积金业务网上受理和网上办理

按照市里"一网通办"要求，管理中心组织全面梳理住房公积金业务。住房公积金涉及的 40 个公共服务事项，除 3 个特殊事项外，其余 37 个事项在 2018 年底前全部实现网上受理和网上办理。其中，8 个住房公积金缴存和提取类事项，7 个住房公积金贷款类事项，可以通过网上办结；16 个住房公积金缴存、提取类事项，6 个住房公积金贷款类事项，可以通过网上受理。

（七）落实房住不炒的定位，调整个贷政策

2018 年，经北京住房公积金管理委员会第十九次全体会议批准，管理中心印发了《关于调整住房公积金个人住房贷款政策的通知》（京房公积金发〔2018〕51 号），实行住房公积金个人住房贷款（以下简称贷款）额度与借款申请人缴存住房公积金年限挂钩，缴存 1 年可贷 10 万元，连续缴 12 年可贷 120 万元，超过 120 万元按 120 万元计算。同时，对户籍在城六区的购房家庭，在城六区外购房且为首套房的，根据借款申请人在城六区的户籍情况，最高贷款额度在 120 万元的基础上可分别上浮 10 万元、20 万元。下调了二套房贷款最高贷款额度，由 80 万元下调为 60 万元。在贷款条件上，实行认房认贷。

（八）强化对委托银行考核，实行公开招标选择银行代办网点

加强对委托办理住房公积金业务银行网点的服务考核，调动银行积极性，招标增加银行代办网点。2018 年 9 月 13 日出台《北京住房公积金管理中心关于对受托办理住房公积金归集业务银行进行考核及支付手续费的通知》（京房公积金发〔2018〕53 号文），明确了受托银行业务种类，自 2017 年 7 月 1 日起按季支付受托银行归集手续费。依据住建部《住房公积金归集业务标准》（GB/T51271-2017），12 月 5 日管理中心进行公开招标，确定了北京银行、华夏银行、浦发银行、北京农商行，开办归集业务。

资料来源：http://gjj.beijing.gov.cn/web/zwgk/_300583/zxzysx/369226/index.html

 本章小结

▸ 住房金融体系按照住房金融机构的资金来源、运行方式可以大致划分为开放型与内生封闭型。内生封闭型的住房金融体系房价涨幅有限，但 GDP 增速也相对缓慢；而开放性高的国家经济发展速度总体上快于封闭化的国家。

▸ 在开放型住房金融体系中，住房金融机构主要是商业化的商业银行、储蓄银行等，其资金来自金融市场，而国家的扶植政策体现在减免税收、政策性保险方面；内生封闭型体系则较为复杂，政府的主导作用较强，体系中往往是政策性、商业性住房金融机构并存，其中商业性住房金融机构的资金直接来自金融市场，而政策性住房金融机构有特殊的金融工具和专门的融资渠道，资金封闭运行。

▸ 中国住房公积金制度始于 20 世纪 90 年代初，主要是借鉴新加坡的经验，因此中国也应当属于内生封闭型的住房金融体系。中国的公积金制度经历了四个发展阶段。住房公积金的本质属性是工资，它是住房分配货币化的重要形式。单位和个人按职工工资的一定比例缴存的住房公积金，其所有权归个人，它具有强制性、互助性和保障性等特征。

▸ 记在职工个人账户下的住房公积金所有权归职工个人，但由于其中含有单位的缴存部分和对缴存人长远利益保障的引导，所以职工个人不能随意支取使用。缴存住房公积金的职工，在购买、建造、翻建、大修自住住房时，可以申请住房公积金贷款。

 综合练习

一、本章基本概念

住房金融体系；住房公积金；住房公积金贷款。

二、本章思考题

1. 建立住房公积金制度的背景是什么？

2. 住房公积金制度的基本属性是什么？

3. 住房公积金的使用范围是如何规定的？

4. 住房公积金的支取需要具备什么条件？遵循什么程序？

5. 住房公积金贷款有哪些类型？

6. 简述申请和办理住房公积金贷款的程序。

7. 当前住房公积金制度存在哪些问题？如何解决？

8. 住房金融体系分为哪些类型？

9. 简要分析英美模式的住房金融体系与德国、新加坡模式的差异。

 推荐阅读资料

1. 张红，殷红. 房地产金融学[M]. 第 2 版. 北京：清华大学出版社，2013.

2. 谢经荣，殷红，王玉玫. 房地产金融[M]. 北京：中国人民大学出版社，2008.

3. 洪艳蓉. 房地产金融[M]. 北京：北京大学出版社，2007.

4. 裴庆科. 试论我国住房金融体系的建构[D]. 大连：大连理工大学，2002.

第九章　房地产证券化

学习目标

通过对本章的学习，学生应了解或掌握如下内容：
1. 房地产证券化的基本概念；
2. 房地产证券化产品的种类与含义；
3. 房地产证券化产品的定价方法；
4. 中国房地产证券化的发展情况。

导言

房地产证券化作为金融创新的一个重要领域，极大地改变了人们对房地产投资的看法，并对房地产金融业和房地产市场产生了极为深远的影响。房地产证券化这一崭新的融资渠道，将在今后的房地产融资中扮演重要的角色。目前，中国社会各界已经从理论上对房地产证券化进行了较为深入的研究，并在实践上有了较为广泛的进展，资产证券化产品已经成为中国金融市场的一个重要组成产品。

第一节　房地产证券化概述

由于房地产投资金额巨大，很多投资者并没有足够的资金进行房地产项目的开发投资或置业投资，即便有足够的资金往往也没有时间和足够的专业知识去对房地产投资进行精确的分析，这极大地限制了投资者的范围，对房地产企业的融资造成了一定约束。对于这些投资者来说，只有通过参与房地产投资信托或者购买房地产抵押证券才能达到投资的目的，而房地产证券化为这种投资提供了可能。

一、资产证券化的概念与发展历史

虽然对于资产证券化这一概念尚未出现公认的权威解释，但是从 20 世纪 70 年代以来，资产证券化却是金融界最重要也是极具争议的一个金融创新概念，从美国资产证券化产品市场的产生到飞速发展，直至超越美国国债存量规模，成为美国第一大固定收益产品，只用了短短 30 多年的时间。

但在 2007 年，资产证券化产品在经过一系列复杂而危险的结构化后，引发了近百年来最严重的一场金融危机，这场金融危机源自美国，影响波及全球。直到现在这场危机的余波仍不断冲击各国的经济、金融体系，资产证券化产品特别是结构化的资产证券化产品，也因此饱受诟病。

（一）资产证券化

资产证券化这一概念最早来源于美国银行家刘易斯·兰尼埃瑞（Lewis S. Renieri），在一次他与《华尔街日报》记者的谈话后，资产证券化这一概念成为了之后 30 年最热门的金融词汇之一，也由此引发了对这一概念的诸多理解与解释。在美国证券交易委员会（SEC）的定义中，资产证券化是一种证券的构造过程，"这种证券的现金流来源于一组应收账款或其他金融资产所构成的资产池收益，并且具有特定的权利特征条例来保证收益人拥有在规定的时间内获得规定现金的权利"。

目前，加德纳（Gardner）所给出的定义被广泛引用："证券化是储蓄者与借款者通过金融市场得以部分或全部地匹配的一个过程或工具。在这里，开放的市场信誉取代了银行或其他金融机构所提供的封闭市场信誉。"

对于资产证券化行为的理解可以在广义的和狭义的范畴内进行。可以看出，SEC 所给出的定义偏向于一种特定金融证券的构成以及组织方式，属于对证券化狭义范畴的理解，而 Gardner 所提出的定义则可以看作是广泛的金融关系的形成过程以及形式，属于对证券化广义范畴的理解。一般来说，若将资产证券化作为一类特定的证券产品进行分析时，狭义的理解将更加合适，而本章节所研究的资产证券化产品也属于狭义范畴的理解。

（二）资产证券化的历史

回顾资产证券化的发展历史不难发现，这一占据当今金融市场重要地位的金融产品，其出现、兴起以及发展过程均是在美国市场完成的。总的来说，可以将资产证券化的发展分为三个时间段。

首先是资产证券化产生之前的时间，这段时间可看作基础金融产品的累积阶段。从大萧条的恢复时期开始，美国政府开始建立数个促进国内住房抵押贷款业务发展的机构，以促进国民的住房购买力。在经济大发展的背景下，美国住房抵押贷款市场以及个人金融贷款的市场规模有了极大提高，金融产品种类极为丰富，这为证券化产品的出现提供了基础铺垫。而美国经济在 20 世纪 60 年代后陷入了滞胀时期，金融市场利率波动性加大，利率不断攀升，融资成本大幅上涨。而住房贷款的发放机构，包括银行与储蓄贷款协会，其存贷款利率受到政府管制，在通货膨胀以及市场利率高涨的冲击下，其融资能力以及贷款获益能力大幅下降。这导致了储蓄信贷协会危机，由此产生了对于房地产抵押贷款二级转让市场以及新的融资渠道的极大需求。

其次是自20世纪70年代开始，在资产证券化发展历史中最重要的三家机构也逐渐建立起来，即政府国民抵押协会（GNMA，也称Ginnie Mae）、联邦全国抵押协会（FNMA，也称Fannie Mae）、联邦住宅贷款抵押公司（FHLMC，也称Freddie Mac）[①]。三家机构的主要业务范围主要为收购由联邦住房管理局、退伍军人管理局以及各储蓄贷款协会的住房抵押贷款，并且以此为基础发行抵押证券。这个阶段也是证券化产品开始出现的阶段，虽然发展很快，但是总体市场规模还较小，仅在固定收益市场中占一个很小的比例，远不能与国债、市政债、公司债等传统的产品相比，市场范围也仅仅限于美国国内，并且资产证券化市场中产品种类较少，所有的产品均是以住房抵押贷款为基础资产发行的。到1985年时，资产证券化产品的总体市场规模仅不到4 000亿美元。

最后是从20世纪80年代中期开始，美国的政策以及市场环境开始转向对资产证券化市场有利的方向。资产证券化在法律以及制度上的阻碍被逐渐消除，许多十分重要、有利的法律、会计规定以及监管政策都在这一时段出台，降低了证券化产品的发行以及持有成本，对发起人和投资人的吸引力都大大增强；在另一方面，金融创新的进一步发展，使结构化金融产品的定价以及风险管理技术有了突破发展，并且进入了大规模市场应用阶段。相应地，资产证券化产品在形式、基础资产以及风险收益结构方面的可变性加强，各种形式的抵押担保证券开始大量出现。并且除住房抵押贷款外，基础资产的范围开始扩展到汽车抵押贷款、信用卡贷款等其他消费信贷领域。所以在这个时间段中，资产证券化在美国市场进入了高速发展的阶段，市场规模的年增长率超过20%，并且欧洲市场也开始逐渐引入这些产品并且发展起来。

二、资产证券化兴起的原因

自首次出现起，资产证券化在30年中发展迅速，代替了美国国债成为美国固定收益市场的第一大存量规模的金融产品。究其原因，可以看到有双重作用的发起人和投资者均起到重要作用。

首先，对于发起人来说，资产证券化对于自身资产配置特别是财务结构的优化有着重要的推动作用，资产证券化为发起人带来的最直接作用是资产流动性的增加。由于资产证券化的基础资产如个人住房抵押贷款，一般来说是具有稳定的长期现金流，但是这一类资产流动性较差，在很多情况下，发起人可能会遇到资产错配的问题，所以资产配置策略可能需要偏向流动性较高、持有期较短的资产或者现金。在这一需求的直接推动下，这类机构就有对所持有的长期资产进行证券化的动力。特别是在《巴塞尔协议》的规制下，银行

[①] 这三家公司也经常分别被翻译为"吉利美""房利美""房地美"。

均受到最低资本充足率的限制，而发起资产证券化则会使表内资产转移至表外，提高商业银行的资本充足率。从长期来看，在流动性管理中，资产证券化可以成为增强银行资产流动性的重要手段，这是银行进行资产证券化行为的最大动因。

其次，证券化产品发行后，受托管理资产池可以成为一种稳定的中间业务收入来源。银行作为传统的资产证券化服务商，将会收入一笔稳定的托管服务费，这对于银行优化业务结构，提高自身在优势业务领域的专业化程度有着重要的作用。

再次，资产证券化行为对于发起人来说，可以看作是一种新的融资方式（对应于传统的权益融资和债务融资），而这种新的融资方式相对于传统的融资方式具有更低的融资成本。融资成本低则成为发起人选择进行资产证券化的动因之一。

此外，对于投资者而言，证券化产品作为一种新的金融产品，具有不同于其他产品的风险收益特征。证券化产品的风险相关特征直接与基础资产池的违约率相挂钩，进而提供了一种对冲特定风险，以更低成本组建所需资产配置结构的工具，特别是结构化的证券化产品，将现金流打包成各种具有更多样化特定风险收益的证券，如优先次级结构、利息本金剥离结构等，为投资者进行投资组合提供了大量新的金融市场工具。

最后，对于房地产金融行业来说，由于标的债务资产规模都比较庞大，并且到期时间较长，从房地产项目开发贷款的三五年，到房地产抵押贷款的二三十年，而且债权资产是一个非同质化的交易产品，导致了房地产金融债权在二级市场上的流通性非常差，房地产金融业常常面临一个资产负债不相匹配的局面。而资产证券化对于房地产金融业来说，是一种新型的融资渠道，能够通过证券化的方式，迅速取得长期融资，减少长期资产，获得急需的流动性，从而保持经营的主动性。

三、房地产证券化的分类与含义

（一）房地产证券化的分类

房地产证券化有广义和狭义之分。广义的房地产证券化包括两大系统：一是房地产抵押债权证券化和房地产开发公司的股票；二是房地产投资权益证券化，即商业房地产证券化。狭义的房地产证券化指的就是商业房地产证券化，在中国现阶段主要是指房地产投资信托基金，即 REITs。

商业房地产证券化是房地产物业或房地产投资权益的证券化，房地产抵押债权证券化则是房地产抵押权的证券化。鉴于本书第六章已经介绍过 REITs 的相关概念，本章将主要讲解房地产抵押债权证券化。如无特别说明，本章后面提到的房地产证券化就是指房地产抵押债权证券化[①]。

---

① 对于银行来说，抵押债权是一种资产，因此对抵押债权的证券化也是资产证券化。

（二）房地产证券化的含义

广义的房地产证券化主要指房地产抵押债权证券化，但有时约定俗成地，房地产证券化也被称作房地产抵押贷款证券化或房地产抵押二级市场。虽然从严格意义上看这种提法并不十分准确，但已经被大多数人所接受，因此本书也沿用并介绍房地产抵押贷款证券化和房地产抵押二级市场这两个概念。房地产抵押债权证券化、房地产抵押贷款证券化和房地产抵押二级市场定义如下。

1．房地产抵押债权证券化

房地产抵押债权证券化也被称作房地产抵押证券化，是将众多抵押债权（如房地产抵押贷款）集合包装后，分割成小面值的抵押权证券，转售给投资者，或者以抵押债权集合作为担保发行证券。

2．房地产抵押贷款证券化

房地产抵押贷款证券化是把金融机构创造的房地产抵押贷款作为担保，进行组合、包装之后发行证券，或者直接转售给其他金融机构后再发行证券的过程及其机制。在这个过程中，由于金融机构可以出售房地产抵押贷款资产，所以房地产抵押贷款证券化也可以被看作是金融机构的一种融资方式。

3．房地产抵押二级市场

房地产抵押二级市场是指买卖抵押房地产债权的市场。在这个市场上，房地产抵押贷款银行将已拥有的房地产抵押债权转让给另一家机构，这一机构将由不同银行承办的、大量分散的房地产抵押债权"打包"，统一推向证券市场，从证券市场吸引资金投到房地产抵押银行，该银行就换取了连续的房地产抵押贷款资金，用于发放新的房地产抵押贷款。

从房地产抵押债权证券化、房地产抵押贷款证券化和房地产抵押二级市场的含义来看，三者在本质上是统一的：第一，房地产抵押贷款证券化是专门将房地产贷款这类抵押债权进行证券化的资产证券化活动；第二，可以将房地产抵押贷款证券化视为房地产抵押二级市场的一部分，前者突出的是一种操作或机制，而这种操作或机制运行在房地产抵押二级市场上。

四、房地产证券化的构建过程

一个债务关系产生时，一定的现金流就被确定了，这个过程也可以看作是一个带有期限、金额以及一定的风险特征的金融资产生成的过程。资产证券化过程实质是将可以产生未来现金流收入的一组资产进行组合，构建一个能够产生一定现金流以及具有特定风险特征的资产集合。这个资产集合的权利所有者通过资产集合所产生的现金流获得特定收益。由于每一个资产池都具有独特的资产性质，并且在规模、提前偿付率或者说地理位置上都有所区别，这也就带来了每个资产池现金流收益特征的差异。

一般来说，银行发放的个人房地产抵押贷款等流动性较差的资产是证券化产品的传统对象。房地产资产证券化（或者说房地产证券化产品）的产生一般有如下过程（见图9-1）。

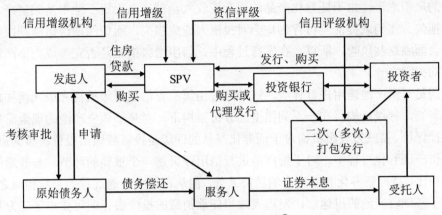

图 9-1 房地产证券化流程[①]

第一是构建基础资产池。如果发起人出于一定目的，如税务、监管、财务或战略角度的考虑，需要剥离或出售现在持有的、可产生收益的一部分资产，那么资产证券化是完成这一目标的手段之一。发起人首先分析自身的融资要求，按照自身需求以及所持资产结构确定需要证券化的资产集合，进而将需要剥离的相似资产打包，将应收和可预见现金流的收益资产进行组合，创造出一个证券化产品的基础资产池，这个基础资产池是证券化产品收益的最原始来源，投资者的收益也是该资产池所产生的现金流收益。

第二是设立用以剥离资产的中介机构并且进行基础资产池所有权的收购。特殊目的实体，亦即 SPV（Special Purpose Vehicle），由于具有免税的性质，用于资产证券化特殊目的实体的活动受到监管机构的严格控制，其资本化程度必须很低，该实体所获得的现金流收入将来源于证券发行以及基础资产池所产生的现金流。在证券化过程中，特殊目的实体的职能是收购基础资产池，它是一个以完成资产证券化过程，持有基础资产为目的的独立信托实体，将该资产集合从发起人的资产负债表中剥离出来，从而起到破产隔离的作用。即在完成资产池从发起人向特殊目的实体的转移以后，即便发起人进行破产清算，资产池内资产亦不列入法定的资产清算范围。为了达到这一目的，资产池的交易必须是真实的，在完成转移之后，基础资产池将从发起人的资产负债表中分离出来，之后所有的法律、证券安排都将围绕这一中介开展。

第三是针对基础资产池进行信用增级。为了减少基础资产池的违约风险，吸引更广泛的投资者，改善资产证券化的发行条件，使证券化产品的风险特征符合投资者的要求，几

---

① 李子强. 次贷危机的形成机理及其影响研究[D]. 济南：山东师范大学，2009.

乎所有的资产证券化过程都有一个信用增级的过程。一般来说，信用增级的手段有次级化、超额担保、超额利息保证、外部信用增级等，信用增级可以保证证券化产品达到一个市场可接受的风险水平，由于证券化产品的现金流收入全部来源于资产池中基础资产，池内债务人的拖欠、违约或提前偿付行为均会对投资人造成损失，而信用增级措施则决定了投资者是否会面临这些风险，所以，在发行过程中，信用增级措施是否完善成为资产证券化成功与否的关键之一。

第四是对资产池信用进行评级。这一过程由第三方信用评级机构完成（例如标普、穆迪和惠誉），评级机构将在一系列模型的分析架构下，对基于该资产池的现金流损失的可能性进行评价。第三方评级机构对于证券化产品的评级是投资者做出投资决策的重要依据，所以在资产证券化过程中，对于资产池进行信用评级是一个重要的环节。与普通的证券信用评级相比，资产证券化有着自身的独特之处，但从评级的普遍过程上来看相似之处更多。在完成了基础资产池的组建后，发起人或担任承销商的投资银行即可要求第三方独立评级机构对于资产的信用情况进行评级。一般来说，第三方独立评级机构会依照资产自身的违约风险状况，对评级资产做出信用风险方面的评级，而市场风险由于更多地取决于外部因素，一般不作为评级因素纳入考虑。因为资产证券化过程中所出现的特殊目的实体，对于评级资产与证券化发起人起了破产隔离的作用，并且在证券化产品设计和发行中广泛运用了信用增级措施，所以导致公开发行的证券化产品的信用评级结果通常相对发起人的信用等级要高。在完成证券化产品的初始评级后，第三方独立评级机构还必须基于资产池管理人提供的不断变化的信息情况，定期向市场公布证券化产品的评级变化情况。

第五是对特殊目的实体基于之前打包的资产池，进行证券发行。一般来说，基于资产证券化过程的证券类型有普通的转手证券（Pass-through Securities）、剥离的转手证券（Stripped Pass-through Securities）、抵押担保债券（Collateralized Mortgage Obligation）、房地产投资信托基金（Real Estate Investment Trusts，REITs）等。在完成了资产剥离、信用增级以及证券评级后，证券化证券即可进入公开发售阶段。完成证券发行后，发行收入将通过特殊目的实体支付给证券化发起人，从而完成资产证券化的融资过程。在发行完成后，证券化产品可申请到交易所上牌交易，从而为投资人取得流动性。

第六是资产池的管理维护。这个工作一般由特殊目的实体或受托进行该资产池托管的机构进行，主要内容是对资产池进行相应的管理，负责兑现资产池内证券的权益，获得资产池的相应现金流收入，并且以此为基础，按照证券发行时的约定，在完成对于聘用的各类中介机构专业服务费的支付后，再向各个证券受益人进行现金流的支付，并在证券到期时，进行证券资产的清算。

以上过程，基本概括了一个资产证券化产品的创立到消灭的过程，各个环节均涉及多方的参与以及复杂的操作。

五、房地产证券化的主要参与人

在房地产证券化的上述六个步骤中，涉及众多参与人。首先是基于基础资产关系形成的参与人，比如银行与借款人。银行以借款人的房产作为抵押物，向借款人放款，形成借贷关系，产生了资产证券化的原始贷款，原始借款人所偿还的本金与利息即是形成证券化产品现金流的基础，而贷款人将众多风险收益特征相似的原始贷款通过出售或者打包的方式，即形成了资产证券化的基础资产池，在基础资产产生后，发起人便可按照自身的财务结构取向，以及业务发展方向来决定是否发起资产证券化以及以何种形式进行证券化过程。

一般来说，传统金融机构如贷款公司或银行等，会选择比较简单的证券形式如转手证券来完成证券化的过程，而投资银行或投资基金会选择以结构化金融衍生产品的形式发起资产证券化的过程。由于证券的息票收益一般会固定在一个较低的水平或者说在一个较低的水平内进行波动（如浮动利息债券），资产池收益相对于债券投资者所获得的本息收益高出很多，那么发起人以一个较低的投资成本，获得债券本息之外的超额收益，得到一个很高的投资杠杆率。根据所选择的证券化形式的不同，发起人可实现不同的证券化动力，如通过转手证券形式，将自身收益资产在市场中进行流通，迅速获得现金流回笼，调整资产负债结构，减低风险资产规模，提高资本金比例；或者以获取超额收益，提高投资杠杆率为目的，持有结构化金融衍生产品的次级部分。

在实施 SPV 设立、资产池转移、资产池风险评级、证券发行这一系列过程时，会涉及信用增级机构、投资银行、会计师和律师、投资者等多方参与人。

（一）信用增级机构

根据信用增级策略的不同，为证券化产品提供信用增级的机构可能是发起人自身，可能是为达到一定的政策目的而提供担保的政府机构，也可能是有偿提供外部信用增级的担保机构或保险公司。因发起人不同、基础资产与证券化产品内部结构的差异，证券化过程所涉及的信用增级机构会有所差异。政府国民抵押协会、联邦全国抵押协会和联邦住宅贷款抵押公司三大传统机构发行的所谓机构证券化产品由于复杂程度较低，基础资产的风险较小，并且有着政府的隐形或显性担保，一般涉及的除政府外的担保机构较少；但是除此以外的非机构证券化产品则会涉及更多的商业性质的外部信用增级机构，这些外部信用增级机构以担保、保函、债券保险或者基础资产保险等方式提供外部信用增级，并且按照所涉及的金额收取担保费用。

（二）投资银行

自 20 世纪 70 年代兴起以来，资产证券化市场由于其庞大的规模，成为投资银行的一个重要业务领域。在证券化过程中，投资银行一般担任构造证券化过程，进而进行证券化产品承销的角色。资产证券化是一个复杂的过程，在处理整体的会计、税务以及法律等有关问题时，需要一个具有丰富金融产品构造以及销售经验的中介机构，协调参与各方，协助发起人完成整个过程。

（三）会计师和律师

在资产证券化产品构造以及发行过程中，发起人必须聘请具有相关资质的会计师事务所进行基础资产以及财务报告的真实性审计、处理特殊目的实体可能产生的税务问题，还必须聘请律师事务所协助处理证券化过程中的法律问题，如起草法律文书，出具律师事务所意见等。

（四）投资者

投资者是证券化过程的一个关键性参与者。投资者购买证券化产品，其购买收益权的初始投资将为发起人提供流动性融资。相应地，证券化资产的收益权将转为投资者所有。在大多数情况下，通过资产证券化转换过程，并且进行信用增级后，高评级的证券化产品是一个理想的投资产品，所以在过去的 30 年间，证券化产品的市场规模才会成百倍地增长。从基础资产上来看，虽然资产证券化产品，特别是房地产证券化产品的基础资产大致相似，但是由于债务人的个人特点以及地区特点有所不同，这使得一个大规模的资产池可以起到资产风险分散的作用，虽然某一地区，某一特征人群的债务风险可能爆发，但是总体资产池由于资产的分散性，其总体收益不会受到太大影响。

在整个资产证券化构造完成并且证券产品成功发行后，投资者凭借购买的证券产品要求取得相应的现金流，而资产池的托管人则按照证券发行时的约定，向各个证券受益人支付现金并且在证券到期时，进行证券资产的清算。基础资产池的现金流被分配给各个环节的参与人，各环节的参与人凭借自己所提供的服务或资本，获得相应的收入。

证券化过程同所有金融产品的设计与发行一样，均可以被看成是一个实体收益在投资者之间分散的过程。而在工业化中后期，房地产行业的收益可以通过证券化过程被整个社会所分享，并且其行业风险也可以借此进行分散，所以投资者乐于接受这样一个具有优秀风险收益特征的投资产品。

六、房地产证券化的运作方式

在美国，房地产证券化的具体运作方式一般有以下六种。

（一）将债权直接出售给证券投资者

银行可以直接将房地产抵押证券出售给资本市场的机构投资者，如保险公司、其他商业银行。这种方式操作简单，但证券的流动性差。

（二）通过中介将债权出售给投资者

通过中介机构，证券发行方可以在较短的时间内扩大证券的销售范围，但同时要支付一定的费用。在这种方式中，中介机构以促销者的身份参与，其作用仅是帮助证券发行方。

（三）通过政府指定机构担保后出售给投资者

各家房地产抵押贷款发行机构可以请政府指定的担保机构（如政府国民抵押协会）对房地产抵押债权统一进行担保，组合"打包"后发行房地产抵押证券。经过担保的证券对投资者来说风险更低，因而更易销售，发行方的成本也更低。

（四）通过政府中介机构转售给投资者

银行或其他抵押贷款机构首先将抵押债权（一般是房地产抵押贷款）出售给联邦全国抵押协会（房利美）、联邦住宅贷款抵押公司（房地美）等中介机构，中介机构取得债权后以所有者身份将抵押债权"打包"发行证券给投资者。这种运作方式中，中介机构参与了债权的买卖，不同于上一种方式当中仅作为中介机构给予担保。

（五）抵押债权证券与债权的交换

联邦全国抵押协会、联邦住宅贷款抵押公司或其他中介机构以其发行的抵押证券，同银行等贷款机构的抵押债权进行交换，并将抵押债权证券化后出售给投资者。在这种方式中，银行等贷款机构出售抵押债权获得的不是现金收入，而是中介机构发行的证券。

（六）中介机构以抵押债权为资产发行公司债或股票

联邦全国抵押协会、联邦住宅贷款抵押公司或其他中介机构将其购买的银行等贷款机构的抵押债权变为自身的资产，然后再以这些资产为基础发行公司债、股票，从而达到融资的目的。

七、房地产证券化中的关键问题

在房地产证券化的构建过程中，一些关键问题决定了证券化产品的独特性质，下面将对这些问题进行详细的介绍。

（一）特殊目的实体

特殊目的实体（SPV）是证券化产品构建过程中的中心环节，所有的证券化构建行为均围绕这一实体展开。特殊目的实体所发挥的作用主要是承接基础资产池的所有权，构成真实出售。所谓真实出售，是指承接基础资产池的交易对象必须是在法律与财务上与发起人一样是独立的机构。通过真实出售，能够从发起人的资产负债表中剥离资产证券化的基础资产池，进而形成基础资产池与发起人破产隔离的结果。这样的转移过程保证了基础资产池的所有收益与风险均从发起人转移至特殊目的实体，发起人的经营管理风险与特殊目的实体以及其所持有的基础资产池的风险收益达到隔离的效果。

一般来讲，特殊目的实体绝大部分是以信托的形式存在着。信托形式的特殊目的实体

利用信托财产的独立性特点，达到基础资产池的破产隔离效果，而不同的信托类型带来不同的资产证券化类型。具体来说，信托制度的独立性、所有权特点决定了信托制度能够担当证券化产品构建过程中独立持有人的角色，其所有权与收益权的分离特点，又使信托形式可以完成中介作用，将基础资产池产生的现金分配给产品投资人。《中华人民共和国信托法》第十六条规定："信托财产与属于受托人所有的财产（以下简称固有财产）相区别，不得归入受托人的固有财产或者成为固有财产的一部分。受托人死亡或者依法解散、被依法撤销、被宣告破产而终止，信托财产不属于其遗产或者清算财产。"

最基础的信托形式是委托人信托（Grantor Trusts）。在这种信托形式下，基础资产池所产生的现金流不做任何进一步处理，将会按照证券化产品投资者（或者说信托受益人）在整个资产池权益中所占比例进行现金流的分配，委托人信托结构下的收益分配完全是基础资产池现金流收入的被动反映。

所有者信托（Owner Trusts）相对委托人信托来说，具有更加灵活的特点。在所有者信托结构下，对基础资产池所产生的现金流，可以重新分配与组织，从而形成灵活性更大的多种证券化产品。所有者信托形式下的产品可以按照事先约定，对于信托受益人所获得的现金流的期限，以及现金流的偿付优先等级等要素进行处理，从而构造出多种风险收益特征的金融产品。

除信托方式之外，特殊目的实体还可能以公司或者资产管理计划的形式出现，但是以公司形式出现的特殊目的实体必须基于特定的税收制度背景下才可能被用于证券化产品的构建。例如，在美国符合一定特征的公司会被免于收取公司所得税，或者以在避税国家注册的离岸公司的形式存在，这样免去可能出现的所得税二次征收。

（二）信用增级

信用增级是发起人为了提高证券化产品的吸引力，减少其的违约风险，使其风险特征符合投资者的要求所进行的风险结构重组，目的是增强产品信用评价等级。在进行信用增级的过程中，对抵押物或现金流进行重新规划，将会影响到资产证券化整体产品的结构以及风险收益特征。一般来说信用增级手段有以下几种。

1. 结构化安排

结构化是信用增级最常用的方法之一。在结构化产品中，将会出现偿付优先等级不同的两种或多种产品，基础资产池所产生的现金流将按照投资者所持证券偿付的优先顺序进行支付，低偿付优先级的证券持有者只有在高偿付优先等级证券持有者获得现金支付后，才能获得支付。这种产品规划，使持有高偿付等级产品的投资者所面临的违约风险大大降低。由于低偿付等级投资者在面临损失时处于先损失的地位，所以基础资产池的违约风险先由低偿付等级的投资者吸收，在低偿付等级产品的应收本息全部损失掉之前，高偿付等级产品并不受到违约风险的影响。

相应地，在收益率上高优先等级产品的投资者所获得的投资收益一般来说要低于低优先等级产品的投资者，高优先等级产品的投资者所获得的是固定收益，低优先等级产品投资者所获得的是所谓剩余收益，即基础资产池所产生的现金流在扣除服务费以及其他税费后的收益。

2．超额担保措施

超额担保措施（Over-Collateralization）是另一种被广泛应用的内部增级策略，可以被看作是结构化安排的一种特殊形式。证券化产品在市场发行之前，即确定了处于最低偿付等级的担保人，这样的安排使在市场发行时，基础资产池的总资产相对于证券化产品的总发行额度（或者说市场价值）要高出一个特定的水平，这超额的额度即是所谓的超额担保水平，超额担保额度是对于投资者收益的一个制度性保护。在典型的超额担保行为里，还包括一个动态的超额担保补足机制，即在整个资产池面临损失时，超额担保额度会随着损失的出现而减少，在超额担保额度下降到一个特定水平时，超额担保部分的利息将被用于补足超额担保额度，使超额担保额度补足至安全水平。

3．外部信用增级

以上两种信用增级手段是在证券化产品发行时，通过产品内部结构的设定，由发起人提供的。除此之外，发起人还能通过外部担保人提供信用担保行为，达到信用增级的效果。一般来说，提供外部信用担保的机构有商业银行、保险公司以及政府机构等（如 Ginnie Mae 的证券受到美国政府的完全信用担保，Fannie Mae 和 Freddie Mac 的证券化产品也隐性地享有美国政府信用担保）。

外部信用增级可以使证券化产品的风险降低，不论基础资产池的违约情况如何，证券产品的本息支付均不会受到影响。

第二节　房地产证券化产品

按照资产池内资产的种类以及证券化产品结构化程度的不同，证券化产品主要有抵押证券、抵押担保证券和资产支持证券。一般来说，抵押证券和抵押担保证券是最主要的房地产证券化产品，其标的资产大多数是由房地产金融的基础业务所产生的债务资产。

一、抵押证券

抵押证券（Mortgage Backed Security，MBS）也叫作住房抵押贷款支持证券，是最早出现的也是最具代表性的资产证券化产品。其基础资产池一般是由大量同质的住房按揭贷款构成的，这些住房按揭贷款的本息支付是抵押证券所支付现金流的来源。一般来说抵押证券均为转手证券，未进行结构化处理，在发行时即确定了转付利率或转付利率的确定方式，转付利率即为投资者所获得的利息收入水平，转付利率一般来说低于资产池的加权平均利率，差额部分作为担保费、服务费以及其他费用被分配给相关机构。美国的抵押证券发行情况非常富有代表性，下面就根据美国抵押证券的发行情况来介绍抵押证券。

（一）基本的抵押贷款证券

在美国抵押证券市场上，最具有影响力的三家发行机构都是具有政府背景的机构，即前文中提到过的政府国民抵押协会（GNMA，也称 Ginnie Mae）、联邦全国抵押协会（FNMA，也称 Fannie Mae）和联邦住宅贷款抵押公司（FHLMC，也称 Freddie Mac），这三家机构成立的初衷，是促进住房抵押贷款的发展，以提升国民的房屋购买力。

这三家机构既可以直接向借款人发放住房抵押贷款再将贷款证券化，也可以给商业银行发行的房地产抵押贷款证券提供担保，还可以通过收购商业银行或其他贷款机构所发放的合乎统一标准的住房抵押贷款来构建资产池进而实施证券化操作。由于以上三家机构的业务范围受到监管限制，不能购买超出贷款限额的抵押贷款，贷款限额每年会根据住宅价格指数进行调整，而这也导致了美国大多数房屋抵押贷款的贷款额度低于这个指标。此外，由于美国的住房抵押贷款合同的标准化程度较高，大部分住房抵押贷款均使用联邦全国抵押协会统一的贷款合同，这使得住房抵押贷款进行资产证券化的成本降低，在美国现存的未清偿住房抵押贷款中，约有 50%以上的贷款被用于资产证券化。

在美国资产证券化市场中，除三家政府背景的发起机构所发行的抵押证券之外，还存在很多未经三家机构担保支付本息的抵押证券，可以统称为非机构抵押担保证券。非机构抵押担保证券一般来说都具有不符合以上三家机构要求的抵押担保品，比较典型的担保品有超过贷款限额的担保品、房屋权益贷款[①]、ALT-A 贷款[②]等，比较值得一提的是房屋权益贷款中的次级抵押贷款（Sub-prime Mortgage）以及 ALT-A 贷款。

（二）次级抵押贷款

所谓的次级抵押贷款是美国次贷危机中的关键因素。在美国的信用评价体系中，对个人信用等级的评价已经达到了一个模型化的水平。借助于信用局对个人信用数据比较完备地收集，美国的一些公司开发出了基于个人现状以及个人历史行为的信用评分模型，其中

[①] 房屋权益贷款是一种虽以房屋为抵押，但贷款的用途一般却是用于个人消费如房屋大修、教育投资或医疗费用等的贷款。

[②] 按揭贷款市场大致可以分为三个层次，即优质贷款市场（Prime Market）、ALT-A 贷款市场和次级贷款市场（Subprime Market）。优质贷款市场面向信用等级高（信用分数在 660 分以上），收入稳定可靠，债务负担合理的优良客户，这些人原来主要是选用最为传统的 30 年或 15 年固定利率按揭贷款。次级市场面向信用分数低于 620 分，收入证明缺失，负债较重的人。而 ALT-A 贷款市场面向介于二者之间的庞大灰色地带，它既包括信用分数在 620 到 660 之间的主流阶层，又包括分数高于 660 的高信用度客户中的相当一部分人，它泛指那些信用记录不错或很好的人，但却缺少或完全没有固定收入、存款、资产等合法证明文件的人。ALT-A 贷款的全称是"Alternative A"贷款，这类贷款被普遍认为比次级贷款更"安全"，而且利润更高。

被广泛使用的即是由 Fair Isaac 公司为美国信用局开发的通用信用局模型（Generic Credit Bureau Scores）。该模型根据被评价者的历史行为进行个人信用风险程度评分，按照违约的概率划分了多个信用分数群体，群体内的人群信用风险特征相似，各个贷款机构根据本身的风险管理策略以及贷款申请人的 FICO 评分，确定是否发放按揭贷款。而达不到普通按揭贷款的发放标准（一般来说，FICO 评分在 620 分以下）的申请人，只能向愿意发放次级贷款的贷款公司（如在次贷危机中最先倒闭的新世界公司）申请贷款。作为对较高风险的补偿，次级贷款公司在发放此类贷款时将收取更高的利率作为风险溢价。而以次级贷款作为基础资产池的证券化产品，并且由此衍生出的担保债务凭证（Collateralized Debt Obligation，CDO）、信用违约互换（又称为信贷违约掉期、贷款违约保险，Credit Default Swap，CDS）等产品即是直接引发次贷危机的根源。

ALT-A 贷款与次级抵押贷款不同，其发放对象是不符合传统银行贷款对象条件但本身信用较好的优质借款人，而这些优质借款人无法获得普通贷款的原因一般是无法取得信贷资格或贷款额度超出限制。

由于非机构抵押证券无法获得美国政府或三家政府发起机构的付款担保，其内外部信用增级手段一般多于以上三家机构所发行的抵押证券。超额担保、外部信用担保等措施运用较多，而许多产品由于其运用结构化的优先/次级化结构，已经属于抵押担保证券（Collateralized Mortgage Obligations，CMO）的范畴。

二、抵押担保证券

（一）抵押担保证券的产生

抵押担保证券是在抵押证券（MBS）的基本流程基础上，将基础资产池所产生的现金流进行结构化处理，从而产生了多种具有不同收益收益率、风险特征、期限配置的证券产品。比较而言，抵押证券由于其收益与基础资产池所产生现金流直接相关，众多资产池在相同的宏观经济环境以及市场环境下表现类似，所以导致了抵押证券投资模式单一、各产品间业绩相似，而投资者特别是机构投资者，出于自身资产配置的策略取向不同，带来了对于证券产品风险收益的多样化需求，抵押担保证券正是迎合了这些投资者的需求而生的。而对于资产证券化发起人来说，抵押担保证券所带来的是更多的收益，由于投资者寻求特殊风险收益特征的证券产品，一般来说他们愿意为此付出额外的费用，那么资产证券化发起人即可获得额外的收益。一个抵押担保证券对于发起人来说，相当于一个套利行为，可以将基础资产池所产生的现金流按照特定结构进行销售，从而获得比基础资产池更高的现金流收益。

（二）抵押担保证券的现金流规划

从上面介绍可以看到，对抵押担保证券基础资产池所产生现金流的重新分配规则是发

起人和投资人所关注的焦点。一般来说，现金流的重新规划是对证券化产品的本金以及利息支付的比例、时间、优先等级进行重新规划，下面将对比较常见的规划方式进行介绍。

首先是顺序支付结构。在顺序支付结构中，各顺序档的投资者，必须在顺序档位处于本档之前的投资者所有的本金、利息偿付完成后，才能开始获得本档本息的偿付，而在本档所有本息偿付完成后，下一档本息的偿付才开始进行。这样的规划方式对于本金支付档位比较靠前的投资者来说，其投资期限被缩短，投资风险被减小，同时相应地其所获得的利息收入相对于档位靠后的投资者来说较少。随着偿付顺序档位的后移，本金偿付时间也将后移，在这种结构下，每一档投资者的本金开始偿付后可以在一个较短的时间内完成，减小了本金支付的不确定性。

其次是按比例分配结构。按比例分配的结构可能涉及本金或利息的重新规划，在确定了支付顺序结构后，对于某一个顺序档位的现金流还可以进一步分配，划分不同本金支付比例与利率。

再次是计划偿付结构。计划偿付结构是为应对基础资产池中的借款人的提前偿付行为对于产品现金流的影响而设计的。在计划偿付结构中，现金流将会被划分成保护组和被保护组两个部分。在基础资产池的提前偿付速度保持在一定范围内时，基础资产池所产生的提前偿付行为将被保护组吸收，保护组须在提前偿付行为发生时，吸收计划外的本息，改变自身的现金流安排，只要整个基础资产池的现金流保持在计划偿付结构的预期内，被保护组将具有一个符合预期的稳定现金流安排，而一般来说保护组所能覆盖的提前偿付速度足以应付大多数情况。但若是提前偿付速度超出或低于计划偿付结构的覆盖范围，那么被保护组的本息支付也将受到影响，会出现提前或延后支付本息的情况。

最后是本息剥离结构。本息剥离结构是将基础资产池所产生的现金流按照本金与利息的来源划分开来，作为单独的证券化产品出售。资产证券化产品的本息剥离结构相对于其他证券产品的本息剥离产品而言，具有更多的不确定性。受到基础资产池提前偿付行为的影响，仅付本金的产品也相应地具有了较大的波动性，而仅付利息的证券现金流直接取决于资产池内未偿贷款余额以及相应的利率，相应地具有了更大的不确定性，在进行该类产品的投资分析时，应该加倍谨慎。

三、资产支持证券

资产支持证券（Asset Backed Security，ABS）是基础资产池由房地产抵押贷款之外其他的生息资产构成的资产证券化产品的总称，主要种类有汽车贷款资产担保证券、信用卡资产担保证券、学生贷款担保证券。此外还有比较特殊的担保债务凭证（Collateralized Debt Obligation，CDO），它包括了担保贷款凭证（Collateralized Loan Obligation，CLO）和担保债券凭证（Collateralized Bond Obligation，CBO）。

（一）一般资产支持证券

汽车贷款资产担保证券、信用卡资产担保证券、学生贷款担保证券的总体特点类似于抵押证券和抵押担保证券，所发行的证券化产品可能采用转付结构，也可能采用结构化处理形式，产品的风险收益特征随基础资产池的变化有所不同。比较特殊的一点来自信用卡资产担保证券：由于信用卡贷款与其他有担保以及偿付期比较明确的贷款不同，其贷款的发生与清偿随时都在进行，所以信用卡资产担保证券的本息支付时间与基础资产池的现金流产生的时间并不一致，一般分为两个阶段：首先是周转期，在信用卡资产担保证券的周转期内，证券持有人仅仅获得利息支付，而在此期间整个资产池所产生的现金流除被用于支付服务费以及利息之外，均会用于重新购买信用卡贷款，以保持基础资产池的生息资产在一定的规模上；在周转期结束之后，即进入偿付期，在此期间内信用卡资产担保证券的本息将分期被清偿完毕，在此期间资产池所产生的现金流将首先被用于清偿服务费以及证券本息，剩余的部分继续用于购买信用卡贷款资产，直到偿付期结束，所有的资产池内资产将被清偿完毕。

（二）担保债务凭证

除了上述比较传统的被动经营型资产支持证券，近20年来还出现了类似于对冲基金的主动经营型资产支持证券，即担保债务凭证（Collateralized Debt Obligation，CDO）。CDO是一种投资于高收益、固定收益产品的，具有主动管理性质的证券化产品。与传统的证券化产品相比，CDO在构建及运作过程中始终有一个投资管理人负责资产池的初始构建与调整。构成CDO基础资产池的一般是银行信贷资产（除上面所述的个人贷款）或证券，高收益债券（垃圾债）、新兴市场公司债或国家债券（Emerging Market Corporate Debt）、资产证券化证券（如MBS、CMO）等，都是其投资的范围。

由于担保债务凭证投资范围较传统的资产支持证券大，并且投资风格更为激进，其收益一般高于传统的资产证券化产品，相应地其所承担的风险也大出许多。在此基础上，担保债务凭证的发起人进一步划分了所发行的担保债务凭证的偿付结构，强化了各等级的风险收益特征。所谓偿付结构一般是指对于证券偿付顺序以及优先等级进行划分，首先构造出收益为固定利率或浮动利率的低风险现金流产品，这些产品的偿付优先级较高。在高偿付优先级产品之外，是处于最低偿付等级的现金流收益产品，可被视为权益资产或剩余现金流，在其他等级的产品完成了本息的偿付之后，该部分的所有人可以获得资产池所有剩余现金流。由于此部分额度一般不会很多，相对剩余现金流而言收益就显得非常高，同时其较低的偿付顺位也带来较大风险，从而形成一个高风险、高收益、高杠杆率的投资产品。

在CDO构造基础资产池的过程中，为对冲所持有证券的违约风险，进一步引入了信用违约互换（Credit Default Swap，CDS），而信用违约互换的交易对手则将CDO基础资产池的部分违约风险引入，导致某些投资者所持信用违约互换空头仓位过大，对信用风险极

其敏感，所以在次贷危机中，受到了巨大的损失。

四、资产证券化产品的组成结构

以上介绍的几种常见资产证券化产品在美国次贷危机中时常被人们提起，广受关注。但总体来看，由于这些金融产品的构成相当复杂，相互之间盘根错节、相互重叠，容易使大多数人看得一头雾水。即便学习过上面介绍的内容也很难一下就形成直观的概念。图9-2有助于初学者形成一个关于资产证券化产品结构层次的初步印象。

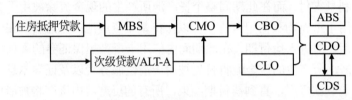

图9-2　资产证券化产品结构

第三节　房地产证券化产品定价分析

由于资产证券化产品具有固定收益产品的稳定现金流，所以对于传统资产证券化产品的投资分析，可以基于传统的证券定价理论进行，其定价基础是证券化产品所产生的本息现金流以及各期的利率，而由于房地产证券化产品现金流产生机制与传统的证券产品存在许多差异，所以在分析中，会涉及许多独有的分析方式。

一、房地产证券化产品定价基础

基于通用的理性人风险偏好假设以及货币的时间价值而衍生出的现值理论，是对于固定收益产品进行定价分析的基础。未来所产生的现金流，均可以按照一定的折现率转换为分析期初的价值，即：现值=未来现金流/（折现率）。

需要说明的是，折现率是对这个未来现金流的预期收益率，所以实际上是用对现金流的预期收益（即资本成本）来计算现值的。但是，折现率的复杂性还远不止于此。一般来说，决定折现率的因素有两个：货币的纯时间价值与风险补偿。货币的时间价值与市场的利率预期及利率期限结构有关，风险补偿的问题则涉及更为复杂的方面，不但与经济基本面变化及市场预期相联系，而且具有复杂的个体差异。一般来说，理性被认为是风险规避，亦即风险厌恶，但具体到市场投资主体，其厌恶风险程度也有极大差别，这给确定用于现值分析的折现率的高低带来了非常大的障碍，而在比较复杂的定价体系中，可以运用风险中性定价来解决折现率难以确定的问题。风险中性定价的具体理论在这里不详细阐述，在下面的分析中均使用投资收益率作为折现率进行分析。

由于债券的本息收益是由一系列固定的现金流组成，那么将每一个时期所产生的现金流按照相应的折现率，折现到分析期初的价值，再将每一期现金流的现值加总，即可以得到一个债券的期初价格，即

$$债券价值=\sum_1^n \frac{第\,n\,期现金流}{(1+折现率)^n} \tag{9.1}$$

传统的资产证券化产品，由于具有与固定收益证券类似的现金流结构，所以可以引入与其相似的分析方式，将证券化产品固定支付的现金流收入作为定价的基础，计算其现值，作为定价的参考。

二、房地产证券化产品提前偿付率分析

房地产证券化产品由于其基础资产大多来源于房地产抵押贷款，与债券产品每半年或一年才进行一次利息支付不同，房地产抵押贷款每月偿付一次本息的特征，也使得房地产证券化产品的本息交付频率变为每月一次。此外，更重要的一点是，房地产证券化产品的基础资产池每月产生的并非是纯粹利息，而是房地产抵押贷款还款计划表中的每月本息偿付，房地产抵押贷款的债务人往往具有提前偿付的权利，可以在约定的期限前，加速本金的偿付，从而减少总债务的存续时间。

在表 9-1 中，在不提前还款、不违约时，可以看到一个同质资产池的前 30 个月以及后 30 个月的每月现金流分布如下：本金数额为 1 亿元，期限为 360 个月，利率为每年 6%。但是，由于提前偿付的存在，该资产池的存续期由 360 个月缩短为 300 个月，每月资产池所产生的现金流高于无提前偿付时的水平，而利息总额由于存续期的缩短而减少。

表 9-1　房地产证券化资产池现金流分布

单位：元

期　　数	剩 余 本 金	当期现金流	本 金 偿 付	利 息 偿 付
0	100 000 000.00	599 550.53	99 550.53	500 000.00
1	99 900 449.47	599 550.53	100 048.28	499 502.25
2	99 800 401.20	599 550.53	100 548.52	499 002.01
3	99 699 852.68	599 550.53	101 051.26	498 499.26
4	99 598 801.42	599 550.53	101 556.52	497 994.01
5	99 497 244.90	599 550.53	102 064.30	497 486.22
6	99 395 180.60	599 550.53	102 574.62	496 975.90
7	99 292 605.98	599 550.53	103 087.50	496 463.03
……	……	……	……	……

续表

期　数	剩余本金	当期现金流	本金偿付	利息偿付
24	97 468 235.50	599 550.53	112 209.35	487 341.18
25	97 356 026.15	599 550.53	112 770.39	486 780.13
26	97 243 255.76	599 550.53	113 334.25	486 216.28
27	97 129 921.51	599 550.53	113 900.92	485 649.61
28	97 016 020.59	599 550.53	114 470.42	485 080.10
29	96 901 550.17	599 550.53	115 042.77	484 507.75
30	96 786 507.40	599 550.53	115 617.99	483 932.54
……	……	……	……	……
331	16 147 708.82	599 550.53	518 811.98	80 738.54
332	15 628 896.84	599 550.53	521 406.04	78 144.48
333	15 107 490.80	599 550.53	524 013.07	75 537.45
334	14 583 477.73	599 550.53	526 633.14	72 917.39
335	14 056 844.59	599 550.53	529 266.30	70 284.22
336	13 527 578.29	599 550.53	531 912.63	67 637.89
337	12 995 665.66	599 550.53	534 572.20	64 978.33
……	……	……	……	……
354	3 535 180.37	599 550.53	581 874.62	17 675.90
355	2 953 305.74	599 550.53	584 784.00	14 766.53
356	2 368 521.75	599 550.53	587 707.92	11 842.61
357	1 780 813.83	599 550.53	590 646.46	8 904.07
358	1 190 167.37	599 550.53	593 599.69	5 950.84
359	596 567.69	599 550.53	596 567.69	2 982.84
360	0.00	599 550.53	599 550.53	0.00

可见，每月产生的总现金流收入 599 550 元，由一定数量的本金偿付以及一定数量的利息偿付组成。所以，在进行房地产证券化投资分析时，必须考虑影响每月产生本金以及利息收入的违约情况与提前偿付情况。一般来说，估计提前偿付率的常用方法有 12 年生命周期法、FHA（联邦住宅管理局）经验法、固定（条件）提前偿付率法、PSA 法四种，特别是后两种，其估计方法比较简便，并且预测效果较好，运用广泛。

（一）12 年生命周期法

联邦住宅管理局（FHA）1957—1980 年的资料显示，一般 30 年期的抵押贷款，借款人多在第 12 年提前偿还本金余额。FHA 导出平均单一家庭住宅贷款（Single-family Loan）最久将持续 12 年，因此假设抵押担保证券之担保群组在第 143 个月以前，贷款者均按期缴付本金、利息，在第 144 个月时才会全部偿还。据此，政府国民抵押协会的 30 年期抵押担保证券假设到期日为 12 年，可折算出现金流量，再求得证券价格。但是，这个方法很快就被发现会导致错误的预测结果，因为并非所有的转手证券都以相同的速度提前偿付，利率的改变将会使某些贷款群组的提前偿付率比另外一些快。当抵押贷款群组的市场利率低于契约利率时，这些抵押贷款提前偿付率就会加速。因此，此方法已被其他较复杂的方法所取代。

（二）FHA 经验法

联邦住宅管理局依其历史资料以 30 年房贷估计并设定提前偿付率，此偿付率根据由该局提供保证的个人住房贷款整理未清偿者（Survivorship）资料，建立未清偿者情况表（Survivorship Table），以此为基础计算。这个方法的优点是提前偿付的概率会随时间变动，该概率在贷款初期时比较低，随后增加，并在第 5～8 年间达到顶峰，但之后又下降；不过这些提前偿付率是根据联邦住宅管理局保证的贷款的经验数据计算出来的，不一定适用于其他所有的抵押担保群组；再者 FHA 经验法只假设提前偿付率受历经年数的影响，未考虑利率等其他影响提前偿付的重要因素，此提前偿付率的估计也会产生相当程度的误差。

（三）固定（条件）提前偿付率法

另一个被经常使用的方法是固定（条件）提前偿付率法（Constant Prepayment Rate，CPR）。该方法假设在特定期间内，贷款抵押群组以一个固定比率提前偿付，即假设每一期的提前偿付额为期初贷款本金余额的固定比率。CPR 的优点在于简单易用，而缺点是只利用过去的经验就对未来的趋势加以估计，并未考虑到环境因素改变对提前偿付率的影响。表 9-2 是按月提前偿付率（SMM）为 0.1%的固定（条件）提前偿付率法考虑提前偿付后的现金流量表。

表 9-2　固定（条件）提前偿付率法考虑提前偿付后的现金流量表

单位：元

期　数	提前偿付数额	计划本金偿付	提前偿付后本金偿付	提前偿付后利息偿付	剩余本金	提前偿付后月现金流
0	100 000.00	99 550.53	199 550.53	500 000.00	100 000 000.00	699 550.53
1	100 000.00	100 048.28	200 048.28	499 002.25	99 800 449.47	699 050.53
2	100 000.00	100 548.52	200 548.52	498 002.01	99 600 401.20	698 550.53
3	100 000.00	101 051.26	201 051.26	496 999.26	99 399 852.68	698 050.53
4	100 000.00	101 556.52	201 556.52	495 994.01	99 198 801.42	697 550.53
5	100 000.00	102 064.30	202 064.30	494 986.22	98 997 244.90	697 050.53
6	100 000.00	102 574.62	202 574.62	493 975.90	98 795 180.60	696 550.53
7	100 000.00	103 087.50	203 087.50	492 963.03	98 592 605.98	696 050.53
8	100 000.00	103 602.93	203 602.93	491 947.59	98 389 518.48	695 550.53
9	100 000.00	104 120.95	204 120.95	490 929.58	98 185 915.55	695 050.53
10	100 000.00	104 641.55	204 641.55	489 908.97	97 981 794.60	694 550.53
……	……	……	……	……	……	……

续表

期　　数	提前偿付数额	计划本金偿付	提前偿付后本金偿付	提前偿付后利息偿付	剩余本金	提前偿付后月现金流
272	100 000.00	386 555.94	486 555.94	76 994.58	15 398 916.69	563 550.53
273	100 000.00	388 488.72	488 488.72	74 561.80	14 912 360.75	563 050.53
274	100 000.00	390 431.17	490 431.17	72 119.36	14 423 872.03	562 550.53
275	100 000.00	392 383.32	492 383.32	69 667.20	13 933 440.86	562 050.53
276	100 000.00	394 345.24	494 345.24	67 205.29	13 441 057.54	561 550.53
277	100 000.00	396 316.96	496 316.96	64 733.56	12 946 712.30	561 050.53
278	100 000.00	398 298.55	498 298.55	62 251.98	12 450 395.34	560 550.53
279	100 000.00	400 290.04	500 290.04	59 760.48	11 952 096.79	560 050.53
280	100 000.00	402 291.49	502 291.49	57 259.03	11 451 806.75	559 550.53
……	……	……	……	……	……	……
291	100 000.00	424 979.06	524 979.06	29 071.47	5 814 294.02	554 050.53
292	100 000.00	427 103.95	527 103.95	26 446.57	5 289 314.97	553 550.53
293	100 000.00	429 239.47	529 239.47	23 811.06	4 762 211.02	553 050.53
294	100 000.00	431 385.67	531 385.67	21 164.86	4 232 971.55	552 550.53
295	100 000.00	433 542.60	533 542.60	18 507.93	3 701 585.88	552 050.53
296	100 000.00	435 710.31	535 710.31	15 840.22	3 168 043.28	551 550.53
297	100 000.00	437 888.86	537 888.86	13 161.66	2 632 332.97	551 050.53
298	100 000.00	440 078.30	540 078.30	10 472.22	2 094 444.11	550 550.53
299	100 000.00	442 278.70	542 278.70	7 771.83	1 554 365.81	550 050.53
300	100 000.00	444 490.09	544 490.09	5 060.44	1 012 087.11	549 550.53

（四）PSA 法

PSA 法由美国公共证券协会（PSA）为了估计个人住房抵押贷款证券的提前偿付率所研发的分析方法。PSA 法结合了 FHA 经验法和固定提前偿付率法的特点。一般而言，PSA 模型的标准假设是一个100%的PSA，是以月为基础的固定提前偿付率,在第一个月为0.2%，直到第 30 个月 CPR 达到每月 6%后，抵押权群组的提前偿付率趋于平稳并维持在 6%。200%的 PSA 是标准 PSA 的两倍，以此类推。

三、房地产证券化产品的情景分析

在证券化产品持有过程中，市场利率的变化将导致房地产抵押贷款资产池所产生的未来现金流的现值产生波动。简单来说，在资产池中债权资产对应着固定利率的情况下，由于未来现金流的金额与时间已经被固定，影响贷款现金流现值的是折现率。随着市场利率的上升，折现率也将上升，导致资产池现值的下降；相应地，随着市场利率的下降，折现率也将下降，从而资产池的现值会上升。

一般用来简单估计未来现金流对于利率变化的敏感性的方法被称作久期（Duration），久期的计算方式为

$$久期 = \sum（每期现金流的现值 \times 期数）/ \sum 每期现金流的现值 \qquad (9.2)$$

在折现率发生变动时，可以以久期来大致估计资产池现值的变动情况。估算方法为

$$\frac{\Delta P}{P} = -D \times \frac{\Delta r}{1+r} \qquad (9.3)$$

其中：P 代表资产价格（即现金流的现值）；D 代表久期；r 代表贴现率；Δ 代表变化量。例如，若资产池含有一批房地产抵押贷款，该批贷款均分为 20 期偿还，每期偿还额度为 802 元，折现率为 5%，现金流现值为 10 000 元，那么可以计算出该资产池的久期为

$$\left[\sum_{t=1}^{20} \frac{802 \times t}{(1+0.05)^t}\right] \bigg/ 10\,000 \approx 8.89$$

显然，若市场中折现率出现了 0.1% 的上升，那么该资产池的变动额度为-84.5 元。也就是说按照久期的方法估计，在折现率上升 0.1% 时，资产池未来现金流的现值将减少 84.5 元。

第四节　中国房地产证券化的发展情况

房地产业的发展不可能离开金融的支持，两者的结合需要进行大量的金融创新活动。从目前实际情况看，中国的房地产金融创新仍然处于较低层次，至今没有建立起一个稳定的房地产资本市场。房地产证券化将为中国的房地产金融创新带来新的契机。

一、中国房地产证券化出现的背景

从资产证券化的主要标的物——个人住房抵押贷款市场的发展来看，1998 年，中国进行全面的城镇住房制度改革，停止实物分配制度，实施住房分配货币化改革，此时中国的银行业开始大面积推行个人住房抵押贷款业务。随着国家宏观经济的调整，鼓励居民个人消费的措施也相继出台。此后几年个人住房抵押贷款业务发展迅速。截至 2016 年 12 月，仅全国住房抵押贷款余额已超过 19.14 万亿元，相比 1997 年年底增长了 1 000 多倍，占商业银行人民币贷款余额的 20%，但其中已有相当数量的房地产信贷资产进行了资产证券化处理，资产证券化在国内的发展大有可为。

资产证券化在中国的最早尝试源于海南省三亚市，当时以三亚某地产项目的资产为标的物，公开发行投资证券。之后，珠海市以本市高速路收费收益的稳定现金流为基础，在

国外发行了 2 亿美元的证券；此后又多次出现了资产管理公司为处理不良贷款发行的、以不良资产为基础的具有资产证券化性质的证券。最后到 2000 年，中国人民银行正式确立了几家国有大型银行为住房抵押贷款证券化试点单位，包括中国建设银行、中国工商银行等，这标志着资产证券化的模式在中国正式确立。

二、资产证券化在中国的发展历程

2000 年，中集集团与荷兰银行合作，发起了一项总金额为 8 000 万美元的应收账款证券化项目。该项目的主要内容为，在不超过 3 年的时间内，中集集团可以要求荷兰银行通过其管理的资产购买公司（TAPCO）收购所有由中集集团产生的应收账款，并且以此为基础，由该公司在国际商业票据市场上公开发行商业票据，总发行金额不得超过 8 000 万美元。在此期间，发行商业票据所募得的资金由荷兰银行向中集集团支付，而中集集团应收账款的收益权则由特定的信托人持有。该信托人履行收款义务，获得应收账款所产生的现金流收入，而应收账款的现金流收入将作为商业票据的还款来源，商业票据的投资者可以获得高出 LIBOR 市场 100 个基点的收益率。该项目是中国企业与国外投资银行合作发行的资产证券化项目，为国内企业进一步以资产证券化方式融资打下了基础。

2003 年 6 月，华融资产管理公司为处置由中国工商银行收购的不良金融资产，以资产证券化的方式发行了国内首个资产处置信托项目。该信托项目共涉及 132 亿元的债权资产，由中信信托作为受托人管理信托资产，持续期 3 年，以优先/次级结构作为信用增级方式。优先受益级别的证券在次级证券前获得本息的支付，共发行优先收益级证券 10 亿份，优先收益级证券的预期收率为 4.17%，按季度进行本息的支付。由于该证券无直接的二级交易市场，为保证其流动性设置了赎回条约。该项目已经具备了比较鲜明的资产证券化流程特点，并且首次在国内以结构化方式进行资产证券化的内部信用增级。

自 2004 年起，为进一步发展国内金融市场，实施金融创新，国家加强了对资产证券化产品的支持力度。2004 年的《国务院关于推进资本市场改革开放和稳定发展的若干意见》明确提出了要积极探索并开发资产证券化品种。之后各部委相继出台了一系列配套制度，促进证券化产品的进一步发展。中国人民银行、银监会、财政部、建设部、全国银行间同业拆借中心、中央国债登记结算有限责任公司相继发布了一系列相关制度，包括《全国银行间债券市场债券交易流通审核规则》《信贷资产证券化试点管理办法》《建设部关于个人住房抵押贷款证券化涉及的抵押权变更登记有关问题的通知》《信贷资产证券化试点会计处理规定》《资产支持证券交易操作规则》《资产支持证券发行登记与托管结算业务操作规则》《金融机构信贷资产证券化试点监督管理办法》等。这一系列制度与规程，从市场准入、风险管理、资本要求等方面对开展资产证券化业务的相关企业制定了监管标准，规范了证券化产品在发行、登记、托管、结算以及兑付等环节的流程与制度，使资产证券化的相关会计处理以及涉及的不动产权属变更登记等有了正式制度规范，并对银行间债券市场中证券化产品的登记、托管、交易、结算以及信息披露制定了标准。

在2007年美国次贷危机以及随之而来的2008年席卷全球的金融危机中，各种高度结构化的资产证券化产品的泛滥被认为是此次金融危机的根源。在此背景下，监管机构暂停了国内资产证券化试点。

2011年9月，证监会重启对企业资产证券化项目的审批。2012年5月，中国人民银行、银监会、财政部联合下发《关于进一步扩大信贷资产证券化试点有关事项的通知》，资产证券化重启，进入第二轮试点阶段。本轮试点批复了500亿试点额度。2012年8月，银行间交易商协会发布《银行间债券市场非金融企业资产支持票据指引》，资产支持票据（简称"ABN"）业务正式开闸。2013年8月，信贷资产证券化第三轮试点启动，本次试点总额度达到了破纪录的4 000亿元，国内资产证券化开启了大发展时期。

2014—2016年，资产证券化市场呈现爆炸式的发展，发行量及产品存量年均增长接近60%，仅2016年，全国共发行资产证券化产品8 420.51亿元，市场存量为11 977.68亿元，资产证券化产品已成为中国固定收益市场中一个重要的产品类型。

三、建元系列住房抵押贷款证券化产品

在相关配套制度的进一步完善、资产证券化市场进一步发展的大背景下，中国建设银行发布了中国首个MBS证券——建元2005-1证券化信托资产支持产品。该证券化产品由中信信托投资有限责任公司作为发行人和受托机构。建元2005资产支持证券发行总金额共计30.17亿元，资产池内共包括15 162笔个人住房抵押贷款，贷款分布于上海、江苏、福建等地。建元2005的法定最终到期日是2037年11月26日，持续期为32年。产品按照优先/次级结构进行内部信用增级处理：优先级证券共分为三级，第一级为A级证券，其面值为人民币26亿元；第二级为B级证券，面值为人民币2亿元；第三级为C级证券，面值为人民币0.5亿元。次级证券的总面值为人民币0.9亿元。各级之间按照以下顺序进行证券本息的支付：首先为A级证券、其次为B级证券、再次为C级证券，最后为次级证券。建元2005产品由中诚信国际评级公司进行评级，其结果为：A级证券为"AAA"，B级证券为"A"，C级证券为"BBB"，次级证券无评级。

发行人中信信托在银行间市场进行优先级证券的发行，次级证券由发起机构中国建设银行持有。A级证券和B级证券经中国人民银行批准在全国银行间债券市场交易，可以流通转让；C级证券按照中国人民银行的相应规定进行转让；次级证券不进行转让交易。这些证券在全国银行间债券市场的登记、托管、交易、结算，按照《全国银行间债券市场债券交易管理办法》及中国外汇交易中心和全国银行间同业拆借中心发布的《资产支持证券交易操作规则》等相关交易结算规则办理。

建元 2005 优先级证券的计息方式为基准利率加基本利差，优先级三档的基准利率均为7 天回购利率。基准利率按月浮动，而三档的基本利差则不同，其中 A 级证券的基本利差为 110 个基点，B 级证券的基本利差为 170 个基点，C 级证券的基本利差为 280 个基点。各优先等级的证券利率均有上限，A 级证券的利率上限为资产池加权平均贷款利率减去 119 个基点，B 级证券的利率上限为资产池加权平均贷款利率减去 60 个基点，C 级证券的利率上限为资产池加权平均贷款利率减去 30 个基点。

建元 2005 产品是首个参照标准流程进行建构的住房抵押贷款证券化产品，其后中国建设银行又发行了建元 2007 证券化产品。

四、中国房地产证券化产品的发展前景

从国外的情况来看，证券化产品的市场份额已经接近甚至超过国债市场份额，是一项十分重要的投融资渠道。从国内的情况来看，近 30 年来资产证券化市场逐渐有了较大发展，公开市场规模已经有了显著扩大，发行标的也逐渐广泛，除银行债权或不良资产之外，各类收费权、新兴消费金融公司的小额贷款以及新兴金融主体的债权资产也大量成为资产证券化产品的标的资产除。相对于公开市场，信托公司进行以银信合作为形式的类资产证券化操作，发行余额已超过 2 万亿元，但 2010 年银监会已叫停银信合作，2007 年开始的次贷危机则对中国资产证券化进一步发展产生了较多负面影响。总之，国内资产证券化市场发展的主要障碍一是金融机构资产证券化的动力不足，二是资产证券化业务相应的配套制度缺乏。

国内金融市场近年来流动性情况有着较大变化，一方面由于同业相关业务的爆发式发展，各类监管套利行为及产品大行其道，资金在金融体系内的空转现象突出，新兴金融机构在市场中发挥的作用日益重要，影子银行已成为国内金融市场的一个关键风险点，而监管机构也对此有着较为清醒的认识，去杠杆的政策思路明显，在监管政策上已经开始收紧国内流动性，并将资产证券化产品你作为规范影子银行风险的重要途径。而另一方面对于传统银行机构的监管进一步加强，各家银行机构面临较为严峻的资本充足率考验，这一背景下资产证券化作为解决其流动性问题的融资渠道，对于国内银行机构也有了相当吸引力。但是，资产证券化在中国市场进一步发展所需的配套税收、法律、评级体系尚不十分完备，影响了资产证券化的实施效率与成本，资产证券化三个监管机构以及发行市场的割裂也影响了其产品的进一步发展。

为进一步推动中国金融市场改革，丰富多层次的资本市场结构，推进资产证券化这一重要金融工具在中国经济金融市场的进一步发展，必须以市场化原则为基础，进一步建立适应资产证券化发展的政策与制度环境。

资产证券化市场的稳定发展必须基于市场主体对于资产证券化产品的有效供给与需求

这一基础，遵循市场规律，不能盲目为发展而发展。从国外经验来看，即便资产证券化发起人特别是住房抵押贷款证券化业务的发起人具有一些政府背景，但其运作模式以及核算主体也应遵循市场运行规律，自负盈亏，只有在市场化原则的前提下，才能保证市场的健康、有序发展。在市场化原则以及现有试点成果的基础上，应该进一步推广资产证券化业务的开展范围，如在需要大量长期资金投入并且可以产生长期稳定现金流收入的基础建设领域，可以发行以基础建设运营现金流收入为基础资产的证券化产品，筹集建设资金，现有的 PPP 模式已经开始试点引入资产证券化模式作为退出的渠道。

房地产证券化市场的发展完善，需要一个成熟、稳定的制度环境相配合，从监管制度到实际操作中的会计、法律、税收制度均会对实际业务产生较大影响，只有在借鉴国外成熟市场的经验的基础上，为房地产证券化业务的实际运行构建一个低成本、高效率的制度环境，才能促使这一重要金融产品在中国快速发展。

案例/专栏 9-1　次贷危机

美国次贷危机肇始于美国房市泡沫破裂，并随房市继续向下探底而呈逐步升级和扩散之势。随着房利美和房地美被强行"国有化"，雷曼兄弟无奈破产，高盛、摩根士丹利变身转型，美国最大储蓄银行华盛顿互惠银行被收购，次贷危机更引发了新一轮全球金融动荡。美联储前主席格林斯潘表示，美国正在经历一场"百年一遇"的金融危机。

在次贷的多米诺骨牌效应愈加显现之际，我们尝试着对次贷危机逐本溯源，探求这场被许多人称为自 20 世纪 30 年代"大萧条"以来最严重的金融危机的根源与启示，以便能够从中吸取教训，厘清不断改革开放中的中国金融业发展之路。

初露峥嵘：低门槛放贷引发危机

2007 年春季，一场金融风暴在华尔街酝酿。美欧媒体开始频繁出现一个大众比较陌生的词语——"次级房贷"。而在接下来一年多时间里，由之引发的金融危机，不仅震撼了全球金融市场，更使得一批"明星"级金融巨头濒临破产困境。

2007 年 4 月 2 日，美国第二大次贷供应商新世纪金融公司宣告破产。当年春天，美国次贷行业崩溃，超过 20 家次贷供应商宣布破产、遭受巨额损失或寻求被收购。由此，广为世人所知的美国次贷危机渐显"峥嵘"。

所谓次贷，是指美国房贷机构针对收入较低、信用记录较差的人群专门设计出的一种特别的房贷。相对于风险较低的"优质"贷款而言，这类借款人的还贷违约风险较大，因此被称为"次贷"。

2001—2005 年，美国房市在长达 5 年的时间里保持繁荣，这也刺激了抵押贷款机构超常规发展的欲望。受利益的驱动，一些银行等放贷机构纷纷降低贷款标准，使得大量收入较低、信用记录较差的人加入了贷款购房者的大潮，成为所谓"次贷购房者"。

美联储前货币事务局局长文森特·莱因哈特认为，危机的一个重要根源，"是许多（美国）家庭基本没有通过资产积累创造财富的公开途径，只有一个例外：大量资源可以帮助人们对住宅进行杠杆式投资，政府也对此提供各种各样的激励手段，如抵押贷款还款利息的税收减免等"。政府、企业、个人共同忽视风险的结果，为危机日后全面爆发埋下了隐患。

2005 年 8 月，美国房价达到历史最高点，此后美国不少地区房价开始回落。到 2006 年，房价上涨势头停滞，房市开始大幅降温。房价下跌使购房者也难以将房屋出售或者通过抵押获得融资。

与此同时，美联储为抑制通货膨胀持续加息，加重了购房者的还贷负担。在截至 2006 年 6 月的两年时间里，美联储连续 17 次提息，利率先后提升了 4.25 个百分点。

由此，出现了大批"次贷购房者"无力按期偿还贷款的局面，次贷危机开始显现并呈愈演愈烈之势。

愈演愈烈：滥用创新工具导致金融风暴"火"速蔓延

在经历了 2007 年前几个月的发酵后，美国次贷危机开始蔓延到购买了次贷支持证券的投资者。

2007 年 6 月 7 日，美国第五大投资银行贝尔斯登宣布，旗下两只基金停止赎回。惊恐、疑惑的投资者很快发现，这两只基金持有大量与次贷有关的证券。

在美国，个人向银行等放贷机构申请住房抵押贷款，放贷机构再将住房抵押贷款作为一种资产"卖给"房利美和房地美等机构。后者将各种住房抵押贷款打包成"资产支持证券"（ABS），经由标准普尔等评级公司评级，然后再出售给保险公司、养老金、对冲基金等投资者，这个过程被称为"资产证券化"。

在美国住房市场繁荣时期，上述过程运转流畅，购房者、放贷机构、负责打包资产支持证券的投资银行和购买这部分证券的投资者，各取所需，皆大欢喜。但这场在美国住房市场泡沫中形成的投机盛宴注定不能长久。随着越来越多的次贷购房者无力偿还贷款，损失开始弥漫，最终波及持有次贷的各类投资者。

但此时，华尔街对即将到来的风暴似乎毫不知情。7 月 19 日，纽约股市道琼斯 30 种工业股票平均价格指数创下历史新高，首次突破 14 000 点大关。

到 2007 年 8 月，随着大量次贷形成坏账，基于这些次贷的证券也大幅贬值，次贷危机全面爆发。由于金融创新和金融全球化的发展，从美国花旗银行到德国德意志银行，从英国汇丰银行到瑞士瑞银集团，全球各地的投资银行、保险公司、养老金、对冲基金均发现自己手中持有大批次贷支持证券。由于这部分证券缺乏流动性，其价值和风险均难以判断。不少金融机构为满足有关资本充足率和风险控制方面的要求，开始抛售资产，停止发放贷款和储备资金。一时间，银行系统惜贷气氛浓厚，全球主要金融市场出现了严重的流动性短缺，这种现象又被称为"信贷紧缩"和"信贷危机"。

2007 年 8 月 6 日，美国住房抵押贷款公司宣布破产。8 月 16 日，美国第一大商业抵押贷款供应商全国金融公司濒临破产边缘，此后该公司从银行集团获得 110 亿美元紧急贷款后逃脱一劫。9 月 14 日，英国诺森北克银行发生储户挤兑事件。

以上事件只是信贷危机中众多金融机构境遇的一个简单写照。在此期间，随着美国房价下跌，房贷违约率上升，房贷支持的证券价值缩水，众多金融机构宣布遭受巨额损失，有的宣布破产或被收购。

2007 年 9 月 17 日，格林斯潘首次承认，美国房市存在泡沫，并警告说美国房价有可能超出大多数人预料，出现两位数的降幅。

为应对金融动荡，美联储等西方央行开始采取联手行动，向金融市场投放资金，以缓解流动性不足，增强投资者信心。

2007 年 9 月—2008 年 4 月，美联储连续 7 次降息，将基准利率由 5.25% 大幅削减至 2%。除此之外，美联储还宣布降低直接面向商业贷款的贴现率，并通过向投资银行开放贴现窗口、拍卖贷款等方式，持续向金融市场投放资金。

尽管如此，次贷危机开始向美国经济基本面扩散：失业上升、消费下降。2007 年四季度美国经济下降了 0.2%，为 2001 年第三季度以来最糟糕表现。

双高危期：华尔街五大投行巨头"惨遭"历史巨变

全球金融市场在动荡中迎来了 2008 年，这注定又将是华尔街的一个"多事之秋"。从年初开始，美国次贷危机引发的金融动荡大致经历了两个高危期。

在第一个高危期中，美国第五大投资银行贝尔斯登陷入困境，最终被摩根大通银行收购。

3 月 14 日，美联储宣布对陷入困境的贝尔斯登提供紧急贷款，但贝尔斯登最终没能"挺"下去。两天后，即 3 月 16 日，在美联储权力撮合下，贝尔斯登以每股 2 美元的"跳楼价"将自己卖给了摩根大通银行。美联储则为这笔并购案提供了大约 300 亿美元的担保。

对于这起并购案，许多媒体均以"枪口下的婚姻"来形容，意指贝尔斯登虽万般无奈，但饱受资金短缺之苦最后只能委身于摩根大通。

美联储主席伯南克和财长保尔森事后说，之所以对贝尔斯登采取断然措施，并提供政府担保，主要是当时市场对贝尔斯登破产没有任何精神准备，而贝尔斯登与其他金融机构有千丝万缕联系，其一旦破产，将对整个金融体系造成无法预料的打击。

尽管从救助贝尔斯登开始，美国舆论对用纳税人的钱救助华尔街投行提出了质疑。但从效果来看，美联储的举动在一定程度上缓解了市场的忧虑。在接下来的一个多月里，次贷危机有所缓和，纽约股市也出现回稳迹象。4 月份纽约股市道琼斯 30 种工业股票平均价格指数上涨 4.5%，标准普尔 500 种股票指数上涨 4.8%，纳斯达克综合指数上涨 5.9%。当月美国花旗银行、高盛和德国德意志银行的负责人均表示，美国次贷危机最严重的时期可

能已经过去。

不过，接下来事态的发展明显超出了外界的预料，也证明西方主要金融机构负责人对当时金融形势的判断过于乐观。

进入2008年7月，美国金融市场再度紧张起来：投资者开始担心美国住房抵押贷款市场巨头房利美和房地美有可能陷入困境。

"两房"是私有企业，但又作为"政府授权企业"享有各种优惠。次贷危机爆发后，有政府担保背景的"两房"地位更加突出。同时，为谋求更大市场，"两房"也大举扩张，发放了更具风险性的贷款种类，这导致亏损不断扩大并形成影响全球金融市场的危机。

在过去一年中，"两房"亏损达到了140亿美元。"两房"股价也暴跌了约90%。9月7日，美国政府再度出手，出资2000亿美元接管"两房"。

保尔森的解释是，考虑到"两房"的庞大规模和对金融体系的重要性，"两房"中任何一家企业垮台，"都会使美国和全球金融市场产生巨大动荡"，因此，接管两公司是当前保护市场和纳税人的"最佳手段"。

但"两房"问题只是第二个高危期的一个序曲，随后不到一个月时间内，美国多家重量级金融机构陷入困境，局势演变成一场全面的金融危机。

9月15日，美国第四大投银雷曼兄弟公司宣布破产。同日，美国第三大投行美林公司被美国银行收购。9月17日，美国政府被迫对陷入困境的保险业巨头美国国际集团（AIG）提供高达850亿美元的紧急贷款。9月20日，美国政府向国会提交了高达7000亿美元的金融救助计划。21日，美联储宣布批准美国第一大投行高盛和第二大投行摩根士丹利实施业务转型，转为银行控股公司，即普通商业银行。25日，美国监管机构接手美最大储蓄银行华盛顿互惠银行，并将其部分业务出售给摩根大通银行。

将被摩根大通收购的贝尔斯登计算在内，次贷危机已使美国前五大投行全军覆没。华尔街正经历一场"世纪洗牌"。

耶鲁大学金融学教授陈志武对"新华视点"记者说："人们印象中的华尔街格局已经成为过去。"美国有线电视新闻网（CNN）在其网站上说："美国投资银行业的巨变，造就了'华尔街的新世界'。"路透社则发表评论说："这意味着一个'时代的终结'。"

何去何从：次贷危机发展方向仍待观察

在诸多重量级金融机构相继倒下之后，谁是下一个牺牲品？一些经济学家认为，对冲基金和一些实力较弱的银行也可能很难逃过这场噩运。对冲基金经营模式和投行类似，甚至投机性更高，一些对冲基金已经因此蒙受巨额损失而遭遇清盘；在美国最大储蓄银行——华盛顿互惠银行因流动性困境被迫卖给摩根大通银行后，美国另两大银行——美联银行和国民城市银行也因巨额损失被投资者抛售，股价近来出现暴跌。

美国《华尔街日报》刊文说，由美国次贷引发的这场金融危机发展到今天已进入一个更为严峻的阶段。目前，导致诸如 AIG 等机构陷入困境的已不再是次贷支持证券，而是信贷违约掉期（CDS）等金融衍生产品。

另据高盛估计，在 2012 年之前，美国房贷损失将达到 6 360 亿美元，这将引发金融机构普遍惜贷。这种状况有可能导致 2008 年和 2009 年美国经济增长率下降 1.8 个百分点，相当于美国整体经济每年损失 2 500 亿美元。

相关分析人士指出，美国房价走势是这场金融危机的关键，但美国房地产市场目前还未走出谷底，房贷违约率仍在上升。因此，预计次贷危机很有可能将持续到 2009 年甚至 2010 年。

不过考虑到美国 7 000 亿美元的庞大救市措施的出台，一些经济学家认为，美国金融市场的多米诺骨牌效应可能会暂时停止。陈志武表示，从积极角度看，"现在最低谷阶段已经过去"。

教训颇多：创新还需扎根实体经济

次贷危机的不断深化已经给世界金融稳定和全球经济增长带来了极大的不确定性，对于许多以美国式金融创新为效仿模式的新兴经济体来说，反思和吸取次贷危机的教训显得尤为重要。

世界银行高级副行长、首席经济学家林毅夫表示，这次危机暴露了美国金融创新的隐患，金融衍生品越搞越复杂，监管又没跟上，这就使泡沫不断膨胀，最终酿成严重的金融危机。"金融创新是必要的，也是不能禁止的，但是创新后，应该了解这些创新产品的好处和影响，在监管上，给予一定的重视"。

中国银监会有关负责人也指出，应充分评估金融全球化影响的深度和联动效应，对金融创新的应用和推广做辩证分析。要更加稳妥地处理好监管与创新的关系，积极引导和扎实推进银行业金融创新，同时注重防范创新风险，坚持风险可控、成本可算、信息充分披露的监管理念。

"为适应金融全球化条件下金融风险传递越来越快的特点，应当加强金融监管的全球协调。"社科院金融研究所金融市场研究室主任曹红辉说。他建议，应当加强与各国金融监管当局、国际金融组织之间的交流与合作，以杜绝跨国金融机构的监管真空。同时，制定统一的风险监测和控制体系，共同跟踪和关注跨国金融活动和资金流动。

事实上，次贷危机的爆发与许多机构违背"审慎经营"的原则，利用创新滥用金融杠杆密切相关，高负债率和利用资本市场过度融资造成了金融系统与实体经济深度灾害。中国建设银行研究部高级研究员赵庆明表示"对于中资金融机构来说，如何有效地处理好创新与谨慎经营的基本原则两者之间的关系，将是我们面临的现实问题。"

招商银行资金交易部总经理吴晓辉则认为，次贷危机表明虚拟经济已经严重脱离了实体经济的发展。根据国际清算银行的数据，仅 2007 年 4 月，全球外汇日均交易量就达到了

3.21万亿美元，衍生品交易量为10.37万亿美元，据此测算，全年交易量将超过3 000万亿美元，相当于2006年全球GDP的67倍。"虚拟经济的超常发展鼓励了投机，导致大量资本从事非生产性投资，也加大了经济的波动，增加了经济的脆弱性。"

银河证券首席经济学家左小蕾也认为，次贷泡沫的危机给新兴市场最大的启示就是不要过度虚拟，要成为实体经济的晴雨表，把资源有效配置给有成长价值的行业和公司，做实做强做大基础"标的"市场。

资料来源：http://www.china.com.cn/news/txt/2008-09/29/content_16553722.htm.

案例/专栏9-2　穆迪预测2015中国资产证券化产品规模超5 000亿

"近年我国资产证券化行业最大的特点是，做资产证券化已经从'求名'逐渐转向'求利'。换句话说，已经开始从监管导向型转向自主需求导向型。"穆迪董事总经理马力认为，在监管改革和市场驱动的共同作用下，2015年中国的资产证券化产品的发行规模有望达到5 000亿~6 000亿元。

中国资产证券化市场的发展正得到前所未有的重视

3月3日，正值中国2015年两会开幕第一天，基金行业唯一的全国政协委员、交银施罗德基金公司副总经理谢卫在接受媒体采访时表示，中国的资产证券化市场接下来"应该建立多元化的投资者结构、制定更高层级的监管法规、加强中介机构的行业规范"。

同日，穆迪投资者服务公司（下称"穆迪"）举办了一场以资产证券化为主题的媒体讨论会。穆迪董事总经理胡剑在会上表示，预计2015年将有更多壁垒被打破，并有很多新的资产类别和发起人涌现，比如由商业银行、国际银行的本地分行、金融租赁公司和资产管理公司等现有及首次发行人发起的设备租赁、房地产贷款及消费贷款证券化交易。

国家开发银行（下称"国开行"）副行长袁力日前公开撰文称，中国的资产证券化市场需要在加强业务开展的顶层设计，拓展发行市场并培育多层次投资人，以及强化风险控制和后续监管三个方面加以完善。国开行是中国资产证券化市场的主力军，自2005年中国启动资产证券化以来，产品发行总规模达1 251.5亿元，市场占有率更是高达32.3%。

亟须提升资产证券化法律层级

我国信贷资产证券化市场自2005年起步，2008年因全球金融危机被叫停。2012年试点重启后，信贷资产证券化基础资产范围不断扩大。穆迪研报指出，信贷资产证券化产品发行规模从2013年的160亿元，迅速攀升至2014年的2 800亿元，整体规模约为美国信贷资产证券化市场的六分之一。

尽管发展迅猛，但中国毕竟是一个资产证券化的新兴市场，存在诸多需要完善的地方。

"随着越来越多参与主体的进场，由监管部门制定的现行部门条例很快就难以应对层出不穷的市场问题。接下来监管层应该借鉴国外成熟市场的经验以及市场主体的实践，制定相关法律，以防止市场出现乱象。"

"信托计划的资产证券化受央行、银监会监管，证券公司、基金子公司资管计划的资产证券化受证监会、基金业协会、交易所监管，保险公司资管计划的资产证券化受保监会监管。"谢卫认为，资产证券化市场缺乏高层次法规制度，缺乏统一监管，是制约资产证券化市场发展的重要障碍。他建议，由全国人民代表大会制定资产证券化的专项法律或由国务院制定专门的行政法规，提升资产证券化的法律法规层级。

穆迪董事总经理胡剑告诉记者，美国的资产证券化市场起步阶段也较为混乱，但随着市场的发展，美国陆续出台了针对资产证券化市场的法律，并做出相应的税收优惠安排。例如，美国资产证券化交易中的特殊目的载体（SPV）可免税，而中国目前对用作 SPV 的信托计划征印花税、营业税等。"中国在这方面则正在起步，不过，因为有美国的经验可以借鉴，中国这个阶段会大大缩短"。

此外，谢卫还认为，中国资产证券化市场还存在投资者结构单一、二级市场交易不活跃，以及中介机构经验有限等问题。他建议，监管机构大力发展和培育投资者队伍，鼓励社保基金、企业年金、保险资金、理财资金等对固定收益产品需求较多的机构积极入市；同时，相关部门应该出台和完善专门的配套制度，明确相关领域标准，简化操作流程，为资产证券化大力发展扫清障碍。

资料来源：http://bond.hexun.com/2015-03-04/173721972.html.

 **本章小结**

▶ 在美国证券交易委员会的定义中，资产证券化是一种证券的构造过程，"这种证券的现金流来源于一组应收账款或其他金融资产所构成的资产池收益，并且具有特定的权利特征条例保证收益人拥有在规定的时间内获得规定现金的权利"。

▶ 按照资产池内资产的种类以及证券化产品结构化程度的不同，资产证券化产品主要有抵押证券、抵押担保证券、资产支持证券。一般来说抵押证券、抵押担保证券是最主要的房地产证券化产品，其标的资产多为由房地产金融所产生的债务资产。

▶ 抵押证券也叫作住房抵押贷款支持证券，是最早出现的也是最具代表性的资产证券化产品。其基础资产池一般是由大量同质的住房按揭贷款构成，其本息支付是抵押证券所支付现金流的来源。一般来说抵押证券均为转手证券，未进行结构化处理，在发行时即确定了转付利率或转付利率的确定方式，转付利率即为投资者所获得的利息收入水平。

▶ 抵押担保证券是在抵押证券的基本流程基础上，将基础资产池所产生的现金流进

行了结构化处理，从而产生了多种具有不同收益率、风险特征、期限配置的证券产品。这类产品迎合了投资者特别是机构投资者的需求。

❧ 资产支持证券是基础资产池由房地产抵押贷款之外其他的生息资产构成的证券化产品的总称，主要种类有汽车贷款资产担保证券、信用卡资产担保证券、学生贷款担保证券。此外还有比较特殊的担保债务凭证。

综合练习

一、本章基本概念

资产证券化；抵押证券；特殊目的实体；提前偿付行为；MBS；CMO；ABS；CBO；CDO；CDS。

二、本章思考题

1. 房地产证券化产品产生的最主要背景是什么？

2. 房地产证券化过程的六个主要步骤是什么？

3. 特殊目的实体在房地产证券化过程中的最大作用是什么？

4. 抵押证券与担保抵押证券在产品结构上有何区别？

5. 抵押贷款债务人的提前偿付行为如何影响房地产证券化产品的收益？

6. 中国近年来资产证券化高速发展的原因有哪些？

7. 衡量提前偿付率的主要方法有哪些，各自的优缺点是什么？

8. 房地产证券化的运作方式有哪些？

 推荐阅读资料

1. 法博齐. 固定收益证券手册[M]. 北京：中国人民大学出版社，2005.

2. 王铁军，王熙，魏守林，胡良军. 中国房地产融资20种模式与成功案例[M]. 北京：中国金融出版社，2009.

3. 张健. 财富永续：房地产金融实务[M]. 北京：上海财经大学出版社，2007.

4. 洪艳蓉. 房地产金融[M]. 北京：北京大学出版社，2007.

5. 李子强. 次贷危机的形成机理及其影响研究[D]. 济南：山东师范大学，2009.

6. [美]法博齐，巴塔恰亚，伯利纳. 抵押支持证券：房地产的货币化[M]. 宋光辉，译. 北京：机械工业出版社，2008.

参 考 文 献

1．常永胜．中国房地产金融体系研究[M]．北京：经济科学出版社，2008．

2．曹建元．房地产金融新编[M]．上海：上海财经大学出版社，2009．

3．曹龙骐．金融学[M]．北京：高等教育出版社，2003．

4．陈建．信用评分模型技术与应用[M]．北京：中国财政经济出版社，2005．

5．董藩，王家庭．房地产金融[M]．第 3 版．大连：东北财经大学出版社，2009．

6．戴维森．资产证券化：构建和投资分析[M]．北京：中国人民大学出版社，2006．

7．邓宏乾．房地产金融[M]．上海：复旦大学出版社，2006．

8．法博齐．固定收益证券手册[M]．第 6 版．北京：中国人民大学出版社，2005．

9．法博齐．债券市场：分析和策略[M]．第 5 版．北京：北京大学出版社，2007．

10．房地产金融分析小组．中国房地产金融报告 2008[R]．北京：中国金融出版社，2009．

11．古川令治．资产证券化手册[M]．北京：中国金融出版社，2006．

12．洪艳蓉．房地产金融[M]．北京：北京大学出版社．2007．

13．黄新林．房地产项目融资若干问题的研究[D]．北京：中国农业大学，2003．

14．琚向红．我国企业项目融资风险管理研究[D]．成都：西南石油大学，2004．

15．彭建刚．中国地方中小金融机构发展研究[M]．北京：中国金融出版社，2010．

16．邵宇，刁羽．微观金融学及其数学基础[M]．北京：清华大学出版社，2008．

17．王重润，刘颖．房地产金融[M]．北京：北京大学出版社，2010．

18．王淑敏，石信谊．房地产金融实务[M]．北京：清华大学出版社，2009．

19．王仁涛．中国房地产金融制度创新研究[M]．上海：复旦大学出版社，2009．

20．王志强．银行资产证券化的直接动因与作用效果：来自美国的经验证据[M]．北京：科学出版社，2008．

21．王世豪．房地产信贷战略与实务[M]．北京：中国金融出版社，2006．

22．谢经荣，殷红，王玉玫．房地产金融[M]．第 2 版．北京：中国人民大学出版社，2008．

23．谢世清．个人贷款科目[M]．北京：中国发展出版社，2009．

24．徐滇庆．房价与泡沫经济[M]．北京：机械工业出版社，2006．

25．饶海琴，孙克任．房地产金融[M]．上海：上海人民出版社，2008．

26．尹百宽．商业房地产项目融资工具创新性研究[D]．北京：北京化工大学，2007．

27．尹朝辉．中小房地产项目融资模式研究[D]．成都：西南交通大学，2008．

28．张健．财富永续：房地产金融实务[M]．上海：上海财经大学出版社，2007．

29．张红，殷红．房地产金融学[M]．北京：清华大学出版社，2007．

30．张健华．中国金融体系[M]．北京：中国金融出版社，2011．

31．周京奎．金融支持过度与房地产泡沫：理论与实证研究[M]．北京：北京大学出版社，2005．

32．中国建设银行研究部专题组．中国商业银行发展报告（2010）[R]．北京：中国金融出版社，2010．

33．中国银行业从业人员资格认证办公室．公司信贷[M]．北京：中国金融出版社，2010．

34．中国银行业从业人员资格认证办公室．风险管理[M]．北京：中国金融出版社，2010．

35．中国人民大学信托与基金研究所．中国信托业发展报告[R]．北京：中国经济出版社，2010．

36．朱欣．大型房地产项目融资结构设计[D]．北京：清华大学，2005．